청소년학총서 4

청소년문제와 보호

Adolescents' Risk Behavior and Protection

(사)청소년과 미래 편
김도영·권남희·노자은 공저

학지사

청소년학총서 시리즈를 내며

우리는 그 어느 때보다 미래를 예측하기 힘들 정도로 빠른 변화의 시대에 살고 있습니다. 청소년들 역시 이러한 시대의 한가운데를 살고 있으며, 특히 이들은 인간의 발달 단계 중 변화가 빠른 시기를 보내고 있는 중이기도 합니다. 이처럼 급변하는 세상 속에서 미래를 준비하는 청소년들과 이들을 둘러싼 환경을 글로써, 이론으로써 다룬다는 것은 쉬운 일이 아닙니다. 더군다나 청소년학의 역사가 그리 길지 않은 것을 감안하면 청소년학의 이론서를 쓰는 것은 더더욱 고민이 되는 일이기도 합니다.

청소년현장에서 일을 하고 청소년학을 전공하면서 청소년학의 정체성, 청소년학의 현장 기여도 등에 대해 여러 생각과 고민이 있었고, 특히 청소년학을 전공으로 하는 이들을 위한 교재가 안팎으로 좀 더 풍부해야 한다는 생각을 늘 갖고 있었습니다. 이러한 고민은 청소년, 청소년지도사, 청소년현장 등을 좀 더 구체적으로, 제대로 알릴 수 있는 풍부한 고민의 장이 마련되어야 한다는 작은 결론에 이르게 되었습니다. 그래서 나름대로는 야심 찬 계획을 세웠고 청소년학을 전공한 박사님들을 한 분 한 분 만나기 시작했습니다.

박사님들의 공통적인 견해는 청소년 분야를 두루 아우르면서 각 영역의 이론과 지식을 전달할 수 있는 교재가 필요하다고 하였고, 특정 교재 한 권 정도로 한정 짓지 말자는 것이었습니다. 그래서 우선 현재 대학에서 청소년지도사 양성을 위한 전공 교과목을 중심으로 집필하기로 하였습니다.

교재를 집필하기 전에 8종 모두 청소년학을 전공한 박사학위 소지자들을 집필진으로 세웠고, 전 집필진이 모여서 워크숍을 개최하고 의견을 공유하였으며, 집필 중

간중간에 모임을 갖고 교재의 통일성을 위해 논의를 하기도 하였습니다. 집필진 나름대로는 기존의 교재들을 조금이라도 보완하기 위하여 애를 쓰기는 하였지만 막상 다 완성된 시점에서 들여다보니 너무 많이 부족하다는 말씀을 전하셨는데, 독자 여러분은 어떻게 보실지 모르겠습니다.

이 교재들은 청소년지도사 2급 자격 검정을 위한 8개 과목, '청소년활동' '청소년문화' '청소년복지' '청소년문제와 보호' '청소년심리 및 상담' '청소년육성제도론' '청소년지도방법론' '청소년 프로그램 개발과 평가'로 시리즈 형식으로 구성하였습니다. 청소년지도사 2급의 경우, 다른 급수에 비해 많이 배출되었을 뿐 아니라 청소년활동 현장에서도 2급 청소년지도사들을 많이 볼 수 있습니다. 실제로 여성가족부(2018)에 따르면, 우리나라 청소년지도사는 청소년지도사 양성 계획에 따라 1993년부터 2018년까지 1급 청소년지도사 1,730명, 2급 청소년지도사 35,425명, 3급 청소년지도사 12,691명 등 총 49,846명의 국가 공인 청소년지도사를 배출한 것으로 보고하고 있습니다.

이와 같이 청소년지도사가 5만 명에 이르고 있으나 기존에 예비 청소년지도사를 포함한 청소년지도사들을 위한 교재는 그리 많다고 볼 수 없으며, 자격 검정을 준비하는 이들이나 대학에서 강의하는 교수님들 역시 관련 교재가 충분하지 않음을 토로하기도 합니다. 이러한 상황 역시 저희 법인에서 더욱 청소년지도사를 위한 교재를 준비해야겠다고 생각하게 된 계기가 된 지점이기도 합니다.

본 법인이 이 교재를 기획하긴 하였지만 신규 법인이다 보니 집필진 여러분에게 큰 힘이 되어 드리지 못한 것 같아 송구스럽기도 합니다. 그럼에도 불구하고 저희 법인에서 용기를 낸 것은 기존에 출판되어 있는 청소년학 교재들이 단권이나 몇몇 교재에 한정하여 출판하는 경우가 많아 시리즈로 구성되는 사례가 많지 않고, 집필진 전원을 청소년학을 전공한 이들로 구성하는 경우 또한 흔치 않아 이 부분을 지원하면 좋겠다는 판단이 들었기 때문입니다.

이 책을 접하는 독자의 입장에서는 전체 교재가 나름의 일관성을 지니게 되어 책을 보는 데 좀 더 수월하지 않을까 하는 기대와, 집필진의 입장에서는 책의 내용에 있어서 최대한 청소년학 전공자의 관점을 유지할 수 있지 않을까 하는 생각을 하게 되었기 때문이기도 합니다.

이러한 고민들을 모으고 논의를 거쳐서 책을 내놓게 되었습니다. 집필진의 말씀처럼 나름의 노력과 고민을 담았으나 여전히 부족함이 눈에 보이고 부끄러운 마음도 없지 않지만, 조금이나마 청소년지도사를 꿈꾸는 후배 청소년지도사들에게 도움이 되기를 바랍니다.

앞으로도 저희 사단법인 청소년과 미래는 청소년들과 청소년지도사들을 위한 다양한 연구와 사업에 매진할 것입니다. 여러분의 많은 관심과 응원 부탁드립니다.

2019년 청소년의 달, 5월에

사단법인 청소년과 미래 대표 진은설

머리말

청소년문제행동을 어떤 관점으로 바라봐야 할까? 지금껏 우리 사회는 청소년이 문제행동을 왜 하는지에 대한 본질적인 내용을 보기보다는 비행과 범죄 시각에 초점을 두고 처벌을 통해 문제행동을 해결하려는 경향이 강했다. 하지만 청소년은 다양한 심리적 · 환경적 요인에 의해 문제행동을 할 가능성이 높기 때문에 이제는 청소년문제행동을 비행과 범죄처럼 단순히 반사회적 행동으로 국한하지 말고 그 관점을 확대해야 한다. 즉, 청소년문제행동을 청소년이 성장 과정에서 겪는 부정적 · 긍정적인 결과를 모두 내포하고 있는 행동으로 볼 필요가 있다. 그래야만 청소년을 '문제아'가 아닌 '가능성을 지닌 존재'로 인식할 수 있기 때문이다.

『시골의사 박경철의 자기혁명』이라는 책을 보면, "방황은 살아 있다는 증거이다. 인생에서 방황은 곧 시행착오일 뿐인데 우리는 이것을 죄악시하곤 한다. 방황은 죄악이 아니다. 인간에게 방황이 없다는 것은 나아가려는 의지가 없다는 말과 같다. 모든 방황은 의미가 있다. 지금 이 순간, 우리가 고민하고 방황하고 노력하는 것은 바른 길을 찾기 위한 여정이다."라는 내용이 나온다. 이 내용은 청소년문제행동을 어떠한 관점으로 바라봐야 하는지에 대해 잘 표현해 주고 있다.

청소년문제와 보호는 청소년지도사 자격을 취득하기 위한 필수 과목이다. 따라서 예비 청소년지도사는 이 책을 통해 청소년문제와 보호를 공부하게 된다. 가르치는 사람의 관점에 따라 청소년을 지도하는 방향이 달라진다는 것을 잘 알기에 청소년지도사를 교육하는 이 책의 집필은 쉬운 작업이 아니었다. 이 책의 집필은 이러한 고민에서 시작되었다.

먼저 청소년학 전공자를 중심으로 집필진이 구성되었다. 교재의 내용과 목차를

구성하기 위해 청소년문제와 보호 관련 서적의 분석 등이 이루어졌고, 제주에서의 1박 2일 워크숍을 통해 교재의 내용이 최종 확정되었다. 본격적인 집필이 이루어지면서 조금이라도 완성도 높은 책을 만들기 위해 집필진 간의 끊임없는 소통이 이루어졌다. 청소년 활동 및 복지 실천현장에 근무한 경험과 대학에서의 강의 경험을 바탕으로 학생들에게 꼭 필요한 내용을 담기 위해 토론을 통해 내용을 집필하였다.

집필진은 청소년문제와 보호를 배우는 학생들이 쉽게 이해할 수 있도록 작성하였고, 학생과 교수님들을 위해 가급적 최신자료와 참고문헌을 인용하는 등 최근의 사회 변화를 담으려고 노력하였다.

이 책의 출판은 단 한 명의 집필진도 포기하지 않고 함께해 주었기 때문에 가능했다. 기한을 엄수해서 집필해 주었고, 집필진 모임 또한 빠지지 않고 참석하여 토론을 통해 의견을 제시해 주었다. 이러한 집필진의 노력이 있기에 이 책이 완성될 수 있었다. 이 지면을 통해 집필진에게 감사드린다.

이 책은 총 12장으로 구성되었다. 각 장의 집필은 1장 노자은, 2장 권남희, 3장 김도영, 4장 김도영, 5장 권남희, 6장 권남희, 7장 권남희, 8장 김도영, 9장 노자은, 10장 노자은, 11장 노자은, 12장 김도영이 하였다. 1장은 청소년문제행동과 보호의 개념에 대해 설명하였고, 2장은 청소년문제와 보호의 관점을 제시하였다. 3장부터 10장까지는 약물 오남용, 가출, 가정폭력, 학교폭력, 성문제, 인터넷 및 도박 중독, 자살, 무관심에 대해 자세하게 기술하였다. 11장은 청소년보호 관련 법과 정책에 대해 다루었고, 마지막으로 12장은 청소년문제 예방 및 보호에 대한 발전 방향에 대해 살펴보았다. 비록 이 책이 청소년문제와 보호에 대한 광범위한 내용을 모두 담지 못하여 부족한 점이 있지만 청소년문제와 보호를 이해하고 실천하는 데 조금이나 도움이 되길 바란다.

마지막으로, 이 책의 출판을 위해 도움을 주신 학지사의 김진환 사장님을 비롯한 편집부 선생님들께 고맙다는 말씀을 드린다.

2020년 2월

눈 쌓인 한라산이 보이는 연구실에서 집필진을 대표하여 김도영 드림

차례

7장 성문제 … 183

8장 인터넷 및 도박 중독 … 213

9장 자살 … 249

10장

11장

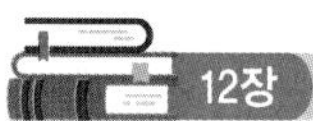
12장

제1장

청소년문제행동과 보호의 개념

학습개요

청소년문제행동과 보호는 사회적으로 중요한 이슈이다. 문제행동은 사회 구성원이 서로 지켜야 할 약속을 어겼다는 사실을 의미한다. 즉, 사회 구성원의 문제행동은 이러한 사회적 규범을 벗어나는 행위이기 때문에 그에 대한 예방과 제재가 필요하게 된다. 청소년문제행동과 보호에 대한 이해의 필요성이 여기에 있다.

이 장에서는 청소년문제행동과 보호의 개념을 이해하기 위해 먼저 청소년기의 발달 특성과 그 과정에서 나타날 수 있는 부적응 양상을 살펴본다. 다음으로 청소년문제행동의 개념, 청소년보호의 개념 및 필요성을 확인하고, 청소년보호의 방향에 대해 논의한다.

01 청소년기에 대한 이해

청소년기에는 신체적 · 심리적 · 사회적으로 많은 변화가 나타나며 청소년들은 이러한 변화에 적응하기 위해 노력한다. 대부분의 청소년은 이 시기에 잘 적응하는 한편 일부 청소년은 부적응을 경험하게 되고, 이러한 부적응은 문제행동으로 표출된다. 이와 같은 부적응 양상은 성인이 되어서까지 유지되는 경우도 있지만 대부분의 경우 사춘기가 시작될 때 폭발적으로 증가하고, 후기 청소년기에는 급격히 감소한다. 청소년문제행동과 보호 개념을 알기에 앞서 청소년기의 이러한 특성을 이해하는 것이 필요하다.

1) 청소년기의 신체발달상 특성

청소년기의 사춘기(puberty)는 성인기를 의미하는 라틴어 'pubertas'에서 파생된 단어로, 주로 여자아이는 생리를 시작하는 시기를, 남자아이는 음부에 털이 나기 시작하는 시기를 의미한다. 이처럼 사춘기의 원어는 주로 성적 성숙과 연관된 변화를 의미하는데, 실제로는 이 시기에 이와 같은 생식계의 변화나 2차 성징뿐만 아니라 심장과 심혈관계의 변화, 호흡계에 영향을 미치는 폐의 변화, 근육의 힘과 크기의 변화 등 많은 신체적 변화가 동반된다. 즉, 청소년들은 사춘기에 들어서면서 신장과 체중의 급격한 증가와 같이 눈에 보이는 변화뿐만 아니라 내장기관들의 변화 또한 경험한다. 예를 들어, 심장의 무게가 2배 가까이 증가하고, 폐가 커지며, 적혈구의 수, 수축기의 혈압이 증가하며, 기초대사량 또한 높아진다. 더불어 청소년 스스로도 변화를 느낄 정도로 신체적 힘과 지구력 또한 현저하게 증가한다. 따라서 사춘기는 많은 신체적 변화를 동반하는 넓은 의미의 신체적 사건이라 할 수 있다(Coleman & Hendry, 2006).

이처럼 청소년들은 사춘기에 급성장한다. 여기서 기억할 것은 보편적 발달 속도

를 보이는 아동 개개인 간에도 이러한 현상이 시작되는 연령과 급성장하는 기간에 큰 차이를 보인다는 것이다. 남자아이들은 대략 9세경에 시작하고, 늦는 경우에는 15세에 시작되기도 한다. 반면 여자아이들은 빠르면 7, 8세에 시작하지만 어떤 아이들은 12~14세까지도 시작되지 않을 수 있다. 사춘기의 연령에 대한 많은 연구 또한 서로 다른 의견을 보이기도 한다. 여기에는 사춘기의 시작 연령에 거의 차이가 없다고 하는 주장과 과거 동일 연령대에 비해 더 빨라졌다고 보는 주장이 있다(Coleman & Hendry, 2006).

청소년의 서로 다른 신체적 성숙 상태는 그 차이가 겉으로 드러나기 때문에 이러한 변화에 적응하는 과정이 필요하고, 이 과정에서 서로 다른 심리적·사회적 발달 양상을 보인다. 즉, 또래보다 빠르거나 느린 신체적 발달 특성은 주변인과의 상호작용 양상의 차이를 유발하고 자기개념이나 신체 이미지 형성에 영향을 미치게 된다. 예를 들어, 주변 성인들은 겉으로 보이는 청소년의 신체발달 수준에 따라 이들의 행동이나 태도에 대한 기대 수준이 달라지기 때문에 청소년들은 이러한 기대에 부응하기 위한 행동이나 태도를 보인다.

신체적 발달의 속도 차이가 심리적·사회적 발달에 미치는 영향은 주로 성별 차이 연구에서 다루어져 왔다. 이러한 연구들은 남자 청소년 집단 중에서는 느리게 성숙하는 경우, 여자 청소년 집단 중에서는 빠르게 성숙하는 경우 겉으로 드러나는 신체적 특성으로 인해 다른 아이들보다 눈에 띄게 되어 이들의 사회적 발달에 부정적 영향을 미친다는 결과를 나타냈다(Silbereisen & Kracke, 1993, 1997; Coleman & Hendry, 2006 재인용).

예를 들어, 조숙한 남자 청소년들은 동년배의 여자 청소년들과 신체적으로 큰 차이가 없으므로 이들과 더 빨리 쉽게 친해질 수 있고 운동과 같이 신체활동이 필요한 분야에서 두각을 나타내어 인기가 많고 성숙한 존재로 간주되지만, 늦게 성숙하는 남자 청소년들은 더 오랫동안 어린 취급을 받고 그 기대에 따라 더 오랫동안 어리게 행동하는 경향을 보인다. 이들은 운동이나 이성과의 관계에서 인정을 받기 어려우며, 자신의 신체적 성숙 상태에 대해 열등감을 가지는 경우가 많다. 반대로 여자 청소년 집단에서는 빠른 신체 성숙을 보이는 구성원에 대한 기대가 별로 없어 동료들에게 인기가 별로 없고, 표현력이 떨어지며, 안정적이지 않은 특징을 보인다. 더불어 데이트나 성관계의 압력을 상대적으로 더 많이 받으며, 비행이나 약물, 학교 부적응 등의 양상을 보이기도 한다(한상철, 2009).

한편, 현대 사회에서 보이는 청소년기의 신체적 발달 속도와 그 양상이 과거와는 현저하게 달라진 가운데 이와 같은 조숙(早熟)이나 만숙(晩熟)으로 인한 신체적 발달 상태가 동일한 성별 집단 내에서 어떠한 의미를 가지는지, 그리고 서로 다른 성별의 신체적 발달 상태에 대한 의식의 차이가 어떠한지에 대해 새롭게 연구될 필요가 있다.

2) 청소년기의 심리발달상 특성

청소년기는 다른 어떤 시기보다 감정적 기복이 심하고 불안정한 정서적 변화를 경험하는 것으로 알려져 있다. 또한 수줍어하며, 민감하고, 자신의 감정에 열중하는 특징이 있다. 가족관계나 친구관계 문제, 경제적 어려움, 성적문제 등 자신의 경험에 몰입하기 때문에 때로는 위축된 행동을, 때로는 부정적 행동을 보이기도 하며 절망에 쌓여 반사회적 행동을 일으키기도 한다. 이러한 심리적 갈등, 욕구불만과 같은 청소년의 심리적 발달 특성은 다양한 요인의 영향을 받는다.

먼저, 앞서 언급한 신체적 변화는 직접적으로 청소년 개인의 심리적 변화를 일으키는 요인으로 작용한다. 즉, 청소년의 심리적 변화는 호르몬 변화의 직접적 영향을 받는다. 자신의 신체가 커지고 그 형태가 급격히 바뀌면서 청소년들은 이러한 변화로 인해 신체적 통증을 느끼기도 하고 불편함을 느끼기도 한다. 예를 들어, 여자 청소년들은 월경을 부정적이거나 불쾌한 경험으로 여기기도 하고, 남자 청소년들은 사정이나 몽정 등의 경험으로 인해 심리적 갈등과 혼란을 겪기도 한다.

심리적 변화에 미치는 신체적 변화의 영향력은 고전적인 이론들로 입증되어 왔다. 미국의 심리학자이자 교육학자인 홀(G. S. Hall, 1844~1924)은 청소년기의 신체적 · 생리적 변화가 청소년의 질풍노도와 같은 심리적 변화에 영향을 미친다고 보았고, 정신분석이론의 창시자인 프로이트(S. Freud, 1856~1939)는 청소년기의 급격한 심리적 변화의 원인으로 성욕의 증가를 꼽았다. 아동심리학자인 케스틴버그(J. S. Kestenberg, 1910~1999) 또한 사춘기의 호르몬 변화와 심리적 발달 간의 직접적 관

계를 언급하였다. 이처럼 생물학적 변화로 인한 심리적 변화를 다루는 이론들에서는 청소년의 심리적 특성으로 본능적 불안, 심한 감정 변화, 퇴행적 행동과 같은 양상을 꼽는다. 외형적으로나 기능적으로 급격한 신체적 변화 과정을 겪는 청소년들이 일반적으로 가지는 심리는 무엇보다도 불안감, 즉 정서적 불안정이라 할 수 있다. 정서적으로 불안정한 심리상태는 청소년의 학업과 사회적 적응, 대인관계 등 사회적 발달 양상에 영향을 미치며, 더 나아가 그들의 삶의 질을 좌우하기도 한다.

청소년의 심리적 발달에는 사회문화적 환경 또한 영향을 미친다. 대표적인 예로, 청소년들의 신체적 변화를 수용하는 과정에 대한 환경의 영향력을 들 수 있다. 청소년들이 신체적으로 변화하는 자신의 모습을 어떻게 지각하고 수용하는지를 결정하는 데 있어 스스로의 가치관과 태도는 중요한 기준이 되는데, 그 기준은 사회적 분위기, 문화적 규범이나 관습의 영향을 받아 형성된다. 특히 성적 성숙에 대한 사회적 기준은 청소년들의 신체 이미지 및 자기개념 형성에 지대한 영향을 미친다는 점을 염두에 둘 필요가 있다. 주변인들이 날씬하고 마른 체형을 선호하면 청소년은 자신의 외모나 체격에 대해 부정적으로 인식하기 쉽고, 열등감에 빠지게 된다. 이밖에도 학업 성적이 강조되는 학교의 환경, 하고 싶은 일과 할 수 있는 일의 괴리 등으로 인한 스트레스와 좌절감 또한 청소년기에 사회문화적 환경의 영향을 받아 나타나는 심리적 특성이라 할 수 있다.

청소년기의 발달단계에 따라 심리적 특성을 구분하기도 한다. 한상철과 임영식(2000)에 따르면 급격한 신체적 · 성적 성숙으로 인한 정서적 불안감과 같은 심리적 특성은 주로 청소년 초기, 또는 사춘기에 나타난다. 청소년 초기에는 지식을 구하려는 열정에 비해 논리적으로 문제를 완전히 해결하지는 못하며, 공상적 이상과 동경에 몰입한다. 주위 사람들에 대해서는 부정적 태도를 나타내며, 높은 자아의식과 민감한 정서로 인하여 스스로 불안과 초조에 빠져들기도 한다. 대부분의 청소년은 이러한 정서적 문제를 자발적으로 해결하지만 일부는 부적응 행동을 보이기도 한다.

이후 청소년 중기에는 청소년 초기보다 더욱 정서가 강렬해지지만 의식적 억압을 통해 직접적 표출을 억제하는 경향을 보인다. 이러한 억압은 자기혐오와 열등감을 유발하고, 우울이나 정서의 불안정성을 고조시키기도 한다. 자아의식이 더욱 높아지면서 기성세대와 기존의 사회구조를 부정적이고 회의적으로 인식하는 경향이 강해지며, 사회의 도덕과 법에 대해 나름대로의 사고로 비판적 논리를 전개하기도 한다. 이들의 정서가 사회적으로 안정을 보이는 시기는 청소년 후기로, 이상을 추구하면서도 현실에 적응하기 위해 노력하고, 스스로를 합리적으로 통제하면서 자아의식을 점차 완성해 간다.

3) 청소년기의 사회발달상 특성

(1) 사회인지의 발달

청소년은 1차 집단인 가족을 포함하여 친구, 교사 등 타인과 상호작용하며 사회화를 경험한다. 이 과정에서 청소년은 자신과 타인의 역할이나 관계를 비롯하여 생각, 감정, 의도 등을 관찰하고 추론하며 개념화하는 사회인지(social cognitive)를 형성한다.

청소년 초기에는 타인의 생각이나 관점을 추론하면서도 자기몰두로 인해 타인에 대한 객관적 이해가 잘 이루어지지 않아 잘못된 가정을 하기 쉽고, 이로 인해 독특한 사고와 행동양식을 보이게 된다. 이때 발견되는 대표적인 현상이 '상상의 청중'과 '개인적 우화'이다.

상상의 청중(imaginary audience)은 청소년이 과장된 자의식으로 인해 가상의 청중을 만들어 내고 그들이 모두 자신에게 주의를 집중하고 있다고 믿는 현상을 말한다. 예를 들어, 자신이 입은 옷이 마음에 들지 않는 날에는 길을 걷거나, 버스를 타거나, 학교에 있을 때 주변 모든 사람이 자신의 옷에 주의를 기울일 것이라고 생각한다. 즉, 이 시기의 청소년들은 어디선가 늘 자신을 누군가가 지켜보고 있다고 생각하기 때문에 자신의 사소한 실수나 주변의 작은 비난과 같이 청중들에 대한 자신의 위신이 손상되는 일에 크게 분노하고 좌절한다. 상상의 청중의식이 높은 청소년들은 부정적 자아개념, 낮은 자아존중감 수준을 보인다. 또한 대인관계에서 과민한 태도를 보임으로써 사회적 기술 부족으로 이어지기도 한다(한상철, 2009).

다음으로 개인적 우화(personal fable)는 청소년 자신의 독특성에 대한 비합리적이고 허구적인 관념을 가리킨다. 청소년 초기나 중기에는 자신의 생각이나 정서가 아주 특별하다고 생각하기 때문에 아무도 자신의 경험을 이해하지 못할 것이라고 생

각한다. 이에 자신의 감정이나 경험을 주변 사람들이 일반적으로 해석하면 크게 분노하고, 충고를 전혀 귀담아 듣지 않는다. 그러면서 아무에게도 이해받지 못한다고 생각하여 외로움을 표현하기도 한다. 개인적 우화는 자신이 남들보다 특별하다는 인식으로 인해 자신감과 위안을 부여한다는 점에서 긍정적이다. 그러나 이러한 인지적 특성은 위험행동을 유발하기도 하는데, 오토바이를 탈 때 헬멧을 쓰지 않아도 자신은 다치지 않을 것이라는 믿음, 성관계를 할 때 임신의 가능성을 무시하는 태도, 약물을 복용할 때 중독되지 않을 것이라는 신념을 보이는 등 위험행동의 부정적 결과가 타인에게는 몰라도 자신에게는 해당하지 않는다는 허구적 관념을 가지기 때문이다.

(2) 사회성의 발달

청소년기에는 그 어떤 생애주기보다 가장 강한 친밀감 욕구를 보인다. 설리번(Sullivan, 1953)의 대인관계 욕구 발달단계에 따르면 청소년 초기에는 단순한 친구가 아닌 '단짝' 친구를 필요로 하고, 그 관계를 깊게 가지면서 교감을 확인하고자 하는 욕구가 강하게 나타난다. 청소년 중기에는 생리적 변화를 경험하면서 이성에 대한 관심이 증가하고, 성적 만족을 얻으려는 욕구가 커진다. 그러나 이러한 욕구를 충족하는 데 있어 현실적 제약을 인식함과 동시에 성적 욕구를 의식적으로 밀어내려는 노력을 함으로써 심리적 갈등과 혼란을 경험하게 된다. 청소년 후기에는 인지적 발달이 거의 완성되면서 사회, 정치, 문화 등 보다 넓은 주제로 관심을 확장하게 되고, 폭넓고 안정적인 사회적 관계를 맺고자 하는 욕구가 나타난다. 이처럼 청소년기에 보이는 사회성 발달 양상은 신체적 · 정서적 발달과 면밀하게 연관된다.

청소년은 중요한 타인에게 비춰진 자신의 모습에 근거하여 자아를 형성하고 발달시키기 때문에 이 시기의 대인관계는 이들의 성장에 많은 영향을 미친다. 부모로부터 심리적으로 독립하여 친구, 선후배, 교사 등으로 대인관계의 폭을 넓혀가는 반면 정서적으로 불안정한 상태와 대인관계 기술이 미숙하여 대인관계에서 갈등을 경험하기도 한다. 대인관계 문제는 주로 부모 및 형제자매와의 갈등, 동성 및 이성 친구와의 문제로 나타나며, 사회적 고립 및 위축, 지나친 의존성 또는 지나친 지배적 성격, 따돌림 등 다양한 형태를 보인다.

02 청소년문제행동의 개념

1) 문제행동

일반적으로 문제행동이란 "타인 또는 자신에게 해를 주거나 재산상에 피해를 야기하는 다양하고 광범위한 행동"을 의미한다. 이러한 행동은 사회 구성원이 서로 지켜야 할 약속을 어겼다는 사실을 의미한다. 여기서 청소년기의 문제행동을 예방하고 제재해야 할 필요성을 찾을 수 있다.

국가와 사회는 구성원의 이러한 문제행동에 관심을 가지고 이를 예방하거나 제재하는 제도를 마련하기 위해 노력한다. 그 이유는 사회 구성원이 사회적 규범을 지킬 때 그 사회가 유지될 수 있고 나아가 발전할 수 있기 때문이다. 다시 말해 사회적 규범은 구성원이 행동을 결정함에 있어 중요한 지침이 되며, 이것이 지켜졌을 때 그 사회가 가치지향적인 방향으로 발전할 수 있는 원동력으로 작용한다. 구성원의 문제행동은 이러한 사회적 규범을 벗어나는 행위이기 때문에 그에 대한 예방과 제재가 필요하게 된다.

문제행동을 보다 구체적으로 정의하고자 할 때에는 어떠한 기준으로 문제행동을 규정하느냐가 중요한데, 그 기준에 따라 문제행동의 범위가 달라지기 때문이다. 문제행동을 규정하는 기준은 다양하지만 대체적으로 법률적 기준과 사회규범상 문제시되는 행동으로 구분할 수 있다. 먼저, 법률적 문제행동은 행위 자체나 행위의 결과를 전제로 행동의 문제 여부를 규정하는 것으로, 기본적인 사회 질서와 안녕을 보장하기 위해 제정된 법률의 제재 대상이 되는 행동, 그리고 필요시 공권력으로 제재를 가할 수 있도록 명문화된 대상행동을 말한다. 다음으로 규범적 문제행동은 법에 근거하는 것이 아닌 행위자가 속한 사회적 가치나 도덕적 기준, 그리고 행위자의 지위 등 사회적 규범에 따라 문제행동 여부가 규정되는 것이다(임성택 · 김혁진, 2001; 김영한 · 이명진 · 이승현, 2005 재인용).

표 1-1 문제행동의 정의

구분		정의
문제행동		–타인 또는 자신에게 해를 주거나 재산상에 피해를 야기하는 다양하고 광범위한 행동
기준	법률적 문제행동	–행위 자체나 행위의 결과를 전제로 행동의 문제 여부를 규정하는 것 –기본적인 사회 질서와 안녕을 보장하기 위해 제정된 법률의 제재 대상이 되는 행동, 그리고 필요시 공권력으로 제재를 가할 수 있도록 명문화된 대상행동
	규범적 문제행동	–법에 근거하는 것이 아닌 행위자가 속한 사회적 가치나 도덕적 기준, 그리고 행위자의 지위 등 사회적 규범에 따라 문제행동 여부가 규정되는 것

2) 청소년문제행동

(1) 청소년문제행동의 개념

청소년문제라고 하면 흔히 폭력, 강도와 같은 범죄행위는 물론 가출, 음주, 흡연, 약물남용, 성적비행과 같은 행위를 떠올린다. 이러한 행동을 청소년문제로 규정짓는 이유는 특정 행동 그 자체의 문제적 속성에 초점을 두기보다는 그 행동의 주체가 바로 청소년이라는 점에 기인한다. 다시 말해 청소년의 그러한 행동은 사회의 도덕과 가치관을 위협하는 행동, 즉 사회적으로 바람직하지 않은 행동이라고 판단되기 때문이라고 할 수 있다. 이에 청소년문제행동은 "청소년들의 사회적 행위에 대해 성인 또는 영향력 있는 집단이 사회적 규범을 저해한다고 판단하는 행동, 즉 반사회적 행동임과 동시에 청소년들의 부적응 행동, 즉 비사회적 행동"으로 규정된다(한상철, 2009). 이때 청소년문제행동은 법을 위반하는 행위뿐 아니라 법을 위반하지 않더라도 반사회적이거나 공격적인 행위(예를 들면, 괴롭힘, 동물학대, 패싸움)를 포함한다.

청소년문제는 청소년비행과 유사한 의미로 쓰이기도 한다. 그 예로 청소년상담 분야에서는 '청소년문제행동'보다는 '청소년비행'이라는 개념으로 청소년의 문제적 행위를 규정하는 경향을 보인다. 이때 청소년비행은 법률적 개념으로서의 소년범죄와 명확하게 구분하기 어려운 개념으로, "현재 사회적 규범을 위반하여 앞으로 사회 설정법인 「형법」을 위반할 가능성이 있는 모든 행동"으로 정의된다. 구체적으로 청소년비행은 "절도, 강간, 향정신성 약물 복용 등과 같은 심각한 소년범죄뿐 아니라 가출, 무단결석, 음주, 흡연, 흉기 소지, 유흥업소 출입, 지나친 성인 모방 행동 등과 같은 일탈행동을 모두 포함"한다(김춘경 · 이수연 · 최웅용, 2006; 정순례 · 양미진 · 손재환, 2015). "청소년의 행동을 비행으로 규정하는 데 사회의 전통, 도덕, 관습, 교육풍토, 법률에 따라 다르고, 한 사회 내에서도 하위집단이나 개인에 따라 제각기 다른 관점을 제시할 수 있다"라고 설명하고 있는 점에서 이 분야에서의 청소년비행 개념은 앞서 소개한 청소년문제행동의 정의와 유사하게 쓰이고 있다. 그러나 일반적으로 청소년비행은 절도나 방화, 약물흡입과 같이 법으로 금지하는 행동을 청소년이 행할 경우를 가리킨다. 즉, 같은 행동을 성인이 했을 때는 범죄가 되는 행동을 의미하게 된다. 따라서 청소년문제행동은 비행보다 넓은 의미를 지닌 개념이기 때문에 구별하여 사용될 필요가 있다.

문제행동은 대체로 위험행동과 관련이 있다. 위험행동(risk behavior)이란 주관적인 면에서 손실의 가능성을 초래할 수 있는 행동, 즉 신체적 · 심리적 · 법적 · 경제적 부담을 감수하는 행동을 의미한다. 위험행동은 "그 행동의 결과로 나타날 수 있는 미래의 부정적인 결과에 대해 알지 못하는 상태에서 자신의 의지에 따라 수행되는 행동(Irwin, 1993)" "경제적 계산이나 모험 추구 행동과 관련된 것(Arnett, 1992)"으로 정의되기도 하는데, 이를 통해 위험행동 발현 여부에 있어 개인의 의지가 중요한 변수로 작용됨을 알 수 있다.

위험행동에는 사회적 규범에 반대되는 행동이나 무모한 행동(예를 들어, 흡연, 싸움, 가출)부터 모험적이고 개척적인 행동과 같이 사회문화적으로 허용되는 행동이 포함된다(한상철, 2009). 즉, 위험행동은 부정적 결과와 긍정적 결과 모두를 내포한다. 여기에는 법에 저촉되는 심각한 수준의 범죄행동은 포함되지 않는데, 이는 이미 위험의 범주를 넘어선 잘못된 행동이기 때문이다(McWhirter et al., 2004; 한상철, 2009 재인용). 한편, 위험행동은 일반적으로 행위를 하는 시기와 관련된다. 즉, 위험행동은 범죄가 아니며 성인이 이러한 행동을 했다면 위험행동 또한 아니다. 단, 행위를 하는 시기, 즉 그러한 행동을 한 행위자가 청소년이기에 일탈행동 혹은 위험행동으로 규정된다. 이처럼 성인이 했을 때에는 범죄로 규정되지 않지만 청소년이

했을 때에는 청소년이라는 사회적 지위 때문에 일탈행동으로 간주될 수 있는 위험행동은 '지위비행(status offense)'이라고도 한다. 따라서 청소년문제행동은 위험행동을 포함한다고 볼 수 있다.

(2) 청소년문제행동의 원인

청소년문제행동의 원인을 설명하는 이론은 주로 문제행동을 저지르는 개인에게서 원인을 찾는 이론과 개인을 둘러싼 주변 환경에서 원인을 찾는 이론으로 나뉜다. 이론들을 살펴보면 청소년문제행동의 원인에 대한 설명은 크게 생물학적 접근, 심리학적 접근, 사회학적 접근으로 구분할 수 있다.

첫째, 생물학적 접근은 문제행동의 원인을 문제행동을 하는 청소년의 신체적 특성 및 체격, 질병, 염색체 등과 같은 생리적 구조에서 찾으려는 입장이다. 이 접근은 문제행동을 하는 사람은 태어날 때부터 정상적인 사람과는 다른 유전인자를 가지고 있다고 전제하며, 문제행동을 하는 청소년은 신체적 특성이나 생김새 등을 통해 알 수 있다고 주장한다. 그러나 문제행동을 일으키는 생물학적 요인을 밝히기 위한 많은 연구 결과에도 불구하고 그 영향의 범위나 정도를 구체적으로 밝힐 수 있는 명확한 증거가 제시되지 못하고 있다. 또한 문제행동의 원인을 개인이 통제하기 어려운 선천적 · 유전적 요인에서 찾는다는 점에서 이 접근은 문제행동을 근본적으로 해결하는 데 한계를 가진다.

둘째, 심리학적 접근은 문제행동의 원인이 행위자의 성격이나 정서적 상태에 있다고 전제한다. 즉, 개인의 욕구불만에 따른 정서불안과 긴장, 부정적 자아개념, 충동성이나 공격성, 정신질환과 같이 개인적 동기나 성격적 · 정서적 특성에서 문제행동의 원인을 찾으려는 입장이다. 심리역동적 관점에서는 프로이트(S. Freud)의 정신분석이론에 근거하여 초자아(superego), 원초아(id), 자아(ego)의 개념으로 설명한다. 이 관점에서 문제행동은 덜 발달된 초자아, 또는 지나치게 억압된 원초아적 본능이 비정상적이고 위험한 방법으로 한꺼번에 표현된 양상으로 본다. 행동주의적 관점에서는 학습된 결과로서 나타나는 인간의 행동에 초점을 맞추고 있으며, 정신병리이론에서는 개인의 특수한 성격이 비행행동과 연관된다고 주장한다(김춘경 외, 2006).

셋째, 사회학적 접근은 문제행동의 원인을 청소년을 둘러싼 사회구조적인 측면

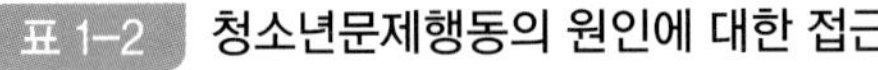

표 1-2 청소년문제행동의 원인에 대한 접근

구분	원인	관련 이론 및 관점
생물학적 접근	행위자의 신체적 특성 및 생리적 구조	뇌 발달 이론
심리학적 접근	행위자의 성격적 · 정서적 상태	심리역동적 관점 행동주의적 관점
사회학적 접근	행위자가 속한 사회구조적인 측면	아노미 이론 낙인이론

에서 설명하는 접근방법이다. 사회학 이론에서는 비행을 사회구조적 문제, 비행하위문화, 상반된 가치관과 이해관계에 의한 갈등, 무규범 상황, 계층 및 빈부 격차, 사회적 통제의 결여, 기회구조의 차이, 범죄행동과의 접촉 등으로 설명한다(김춘경 외, 2006). 개인의 문제행동을 유발하는 요인을 분석하기 위해 활용되는 이론으로는 현존하는 사회적 규범이 모순적으로 나타나 사회 구성원이 방향성을 상실하게 되는 혼란스러운 상태, 즉 아노미(anomie) 상태에서 사회 구성원이 보이는 문제행동을 다룬 아노미 이론, 그리고 개인이 어떤 규칙이나 규범을 위반하면 사회가 일탈자로 낙인을 찍고 개인이 그 낙인을 수용하여 반복적 문제행동을 보이는 인과관계를 설명하는 낙인이론 등이 있다.

03 청소년보호의 개념 및 필요성

1) 청소년보호의 개념

청소년보호는 시대사적으로 그 개념과 관점이 변화해 왔다. 청소년이 부모의 소유물로 인식되었던 18세기까지만 해도 청소년보호는 국가가 개입하지 않는 사적(私的) 영역이었다. 19세기 산업혁명이 진행되면서 청소년보호가 공적(公的) 영역으로 인식되기 시작하였는데, 청소년 계층의 빈곤, 노동착취 등 심각한 반인권적 문제들이 발생하면서 이를 해결하기 위한 국가의 개입이 필요하다는 사회적 의식이 생

겨났기 때문이다. 숙련공을 양성하기 위한 도제식(徒弟式) 교육과 학교교육의 발달 또한 청소년에 대한 국가의 구제, 후견(後見) 책임을 강조하는 계기가 되었다. 이후 20세기에 들어서면서 복지국가가 출현하면서 국가가 본격적으로 가정의 청소년 자녀 양육 및 보호 기능을 보조하게 되었다(김지연 · 정소연, 2017).

우리나라는 1997년 「청소년보호법」 제정을 계기로 청소년에 대한 제도적 보호 노력을 지속해 왔다. 이 법은 "청소년에게 유해한 매체물과 약물 등이 청소년에게 유통되는 것과 청소년이 유해한 업소에 출입하는 것 등을 규제하고 청소년을 유해한 환경으로부터 보호 · 구제함으로써 청소년이 건전한 인격체로 성장할 수 있도록 함을 목적으로 한다"(제1조). 이 법에서 내포하는 청소년보호의 개념은 '청소년에게 유해한 환경을 규제하거나, 이것들로부터 청소년의 접근을 제한하는 것'이다. 즉, 청소년들이 성장과정에서 위험요인에 노출되지 않도록 국가와 사회가 이들을 유해한 환경으로부터 보호해야 함을 의미한다.

이는 청소년보호에 대한 협의의 개념이라 할 수 있는데, 청소년을 미성숙한 존재이자 사회적 약자, 보호의 객체로 규정하여 법률을 기반으로 이들의 생활을 제한하는 데 초점을 맞추는 제도적 개입을 의미하기 때문이다. 그렇다면 청소년보호에 대한 광의의 개념은 무엇인가? 이를 도출하기 위해서는 청소년보호가 왜 필요한지에 대한 논의가 선행되어야 한다.

2) 청소년보호의 필요성

「청소년기본법」에서는 청소년을 9~24세 사이의 이들을 지칭하는 반면, 「청소년보호법」에서는 만 19세 미만의 사람을 청소년으로 규정한다. 또한 「소년법」 「아동복지법」 「민법」 등 청소년을 규정하는 서로 다른 연령 범위와 이들을 지칭하는 다양한 용어가 존재한다. 이는 각 법이 추구하는 목적에 따라 청소년을 규정함으로써 이들에 대한 올바른 보호의 가치를 실현하고자 하기 때문이다.

이렇게 다양한 영역에서 청소년을 보호해야 하는 이유는 무엇일까? 이에 대한 답은 청소년을 바라보는 관점, 그리고 이들의 삶에 영향을 미치는 정책이 어떠한 목적과 방향으로 형성 및 실현되어야 하는가에 대한 시각에 따라 달라진다. 이에 대해

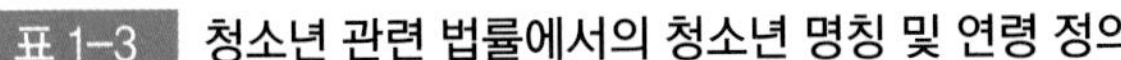

표 1-3 청소년 관련 법률에서의 청소년 명칭 및 연령 정의

법률(조항)	연령	법률상 용어
청소년기본법(제3조)	9~24세 이하인 사람	청소년
청소년보호법(제2조)	만 19세 미만인 사람 (만 19세가 되는 해의 1월 1일을 맞이한 사람은 제외)	청소년
소년법(제2조)	19세 미만인 자	소년
아동복지법(제3조)	18세 미만인 사람	아동
민법(제4조)	19세 미만인 사람	미성년자
근로기준법(제66조)	18세 미만인 자	연소자
형법(제9조)	14세 되지 아니한 자	형사미성년자

배규한(2014)은 다음의 네 가지 접근을 소개하였다.

첫째, 보호론적 접근이다. 청소년은 아직 성숙하지 못하여 자신의 가치관이나 행위에 대한 스스로의 판단능력이 부족한 존재이기 때문에 성인이 이처럼 약하고 미숙한 존재인 청소년을 적극적으로 보호하고 육성해야 한다고 본다. 이 접근의 전제는 성인의 가치와 판단이 청소년에 비해 우월하고, 이러한 가치와 판단을 청소년에게도 그대로 적용하는 것이 가능하다는 것이다.

둘째, 자율론적 접근이다. 청소년은 미숙하기 때문에 양육과 보호가 필요한 존재로 간주하는 점에서 보호론적 접근과 동일한 이 시각은 청소년이 미성년자이지만 독립적 인격체이므로 이들 스스로의 자율적 판단을 존중해 줌으로써 최소한 그들의 자율성을 인정한다는 점에서 차이가 있다.

셋째, 주체론적 접근이다. 이 접근은 청소년이 자신의 권리를 주체적으로 행사할 수 있는 능력을 지닌 자율적 존재로서 단순한 보호차원을 넘어 청소년의 인권과 주체성을 존중해 주어야 한다고 본다. 여기에는 청소년이 독립적 인격체일 뿐 아니라 스스로 판단하고 자신의 행위에 책임을 지며 권리를 주장할 수 있는 존재라는 대전제가 있다.

넷째, 미래지향적 접근이다. 청소년은 스스로 자신의 미래를 선택하고 설계할 수 있는 존재이기 때문에 청소년 스스로 미래 정보사회에 부응하는 가치관을 형성하

표 1-4 청소년보호에 대한 접근

구분	내용
보호론적 접근	• 전제: 청소년은 성인에 비해 미숙하고 판단능력이 부족함 • 보호의 목적: 미숙한 존재에 대한 보호 및 육성
자율론적 접근	• 전제: 청소년은 미숙하면서도 독립적 인격체임 • 보호의 목적: 미숙한 존재에 대한 보호 및 자율성을 인정하는 육성
주체론적 접근	• 전제: 청소년은 독립적 인격체이자 권리를 주장할 수 있는 존재임 • 보호의 목적: 단순한 보호차원을 넘어 청소년의 인권과 주체성 존중
미래지향적 접근	• 전제: 청소년은 스스로 자신의 미래를 선택하고 설계할 수 있는 존재임 • 보호의 목적: 청소년 스스로 미래 정보사회에 부응하는 가치관을 형성하고 역량을 계발 및 강화할 수 있도록 지원

*출처: 배규한(2014)의 내용을 발췌하여 정리함.

고 역량을 강화할 수 있도록 지원해 주는 것이 진정한 보호라는 입장이다. 즉, 청소년징책의 초점은 이들이 미래지향적 가치관을 형성하고 자신의 잠재적 역량을 최대한 계발할 수 있도록 지원하는 데 있다.

앞의 네 가지 접근을 통해 청소년보호란 청소년들이 성장과정에서 위험요인에 노출되지 않도록 유해한 환경으로부터 안전하게 보호하는 것부터 모든 청소년이 자신의 역량을 계발할 수 있도록 지원하는 일을 포함한다는 것을 알 수 있다. 여기서 청소년보호의 광의의 개념을 도출하면, 청소년보호란 "위험에 노출된 청소년은 물론 모든 청소년이 건강한 성장을 통하여 각자의 잠재적인 역량을 최대한 계발할 수 있도록 제도적으로 보호하고 지원해 주는 것"이다(배규한, 2014). 즉, 청소년보호는 청소년들이 공통의 사회적 가치와 목표를 습득하고, 나아가 사회 구성원으로서 역할을 수행해 나갈 수 있는 환경을 조성하는 일이어야 한다. 왜냐하면 사회는 구성원이 그 규범을 알고 지킬 때 안정적으로 유지되고, 나아가 발전할 수 있기 때문이다(배규한, 2014).

성숙한 사회일수록 청소년의 기본권을 보장하기 위해 적극적으로 보호하면서도 지원하고자 하는 정책을 강구하고자 노력한다. 우리나라에서는 1997년 「청소년보호법」 제정을 통해 청소년을 아동으로부터 구별하고 성인과 차별화하여 보호하려

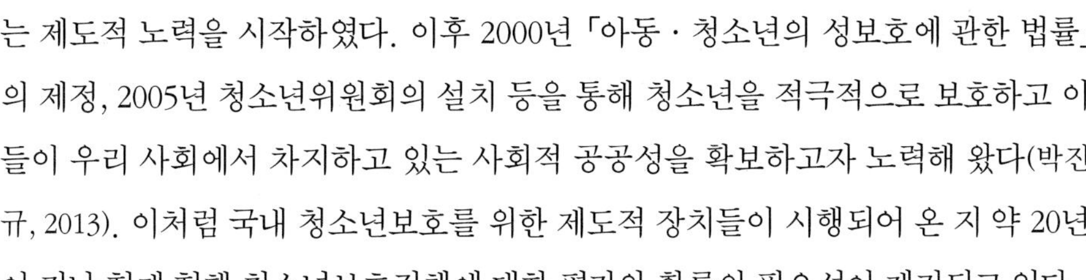

는 제도적 노력을 시작하였다. 이후 2000년 「아동 · 청소년의 성보호에 관한 법률」의 제정, 2005년 청소년위원회의 설치 등을 통해 청소년을 적극적으로 보호하고 이들이 우리 사회에서 차지하고 있는 사회적 공공성을 확보하고자 노력해 왔다(박진규, 2013). 이처럼 국내 청소년보호를 위한 제도적 장치들이 시행되어 온 지 약 20년이 지난 현재 현행 청소년보호정책에 대한 평가와 환류의 필요성이 제기되고 있다.

04 청소년보호의 방향

앞서 언급했듯이, 사회 구성원으로서 청소년의 중요성과 가치가 더욱 강조되고 있는 현 사회에서 필요한 것은 청소년들이 사회적 패러다임의 틀 안에서 건강하게 성장하면서 공통의 사회적 가치와 목표를 습득하고 지켜 나갈 수 있는 환경 조성을 위한 노력이라 할 수 있다. 이러한 맥락에서 현행 청소년보호정책은 다음과 같은 한계를 보인다.

첫째, 청소년보호정책은 정부 주도적으로 시행되고 있고, 관련 정책이 기성세대의 가치관에 바탕을 두고 있다(송은지 · 민경식 · 최광희, 2013; 김지연 · 정소연, 2017). 즉, 청소년 스스로 잠재능력을 계발하고 건강하게 성장할 수 있도록 지원하기보다는 기성세대의 관점에서 안전을 보장하기 위한 울타리를 설정하고 있다. 이러한 점에서 한국의 청소년보호정책은 보호론적 접근의 성격이 강하다(배규한, 2014). 청소년보호는 청소년이 시민이기 때문에 보장받을 수 있는 권리의 측면을 포함하고 있음에도 불구하고, 현행 청소년보호정책은 이러한 측면보다 청소년의 미성숙을 전제로 한 생활환경의 보호와 유해환경 정화의 의미가 강하게 나타나 있다(이철수, 2013).

김지연과 정소연(2017)은 청소년보호를 위한 국가의 역할에 대한 고민에 있어 청소년이 "보호대상임과 동시에 인권주체라는 이중지위(dual status)를 가진 존재"라는 점을 고려해야 한다고 강조하였다. 이들은 특히 청소년보호의 목적과 대상, 방법이 당사자인 청소년보다 성인의 관점에 의해 결정된다는 점을 한계로 지적하였는데, 이러한 접근은 청소년의 행동이 기성세대의 양식과 가치관에 부합하지 않는다는

이유로 위험행동(risk behavior)이나 문제행동으로 규정되어 제재당하는 오류를 발생시킨다고 설명하였다.

둘째, 국내 청소년보호정책을 청소년에게 유해한 환경을 통제하거나 차단하는 부정적 접근(negative approach)을 취하고 있다(배규한, 2014). 매체의 발달로 인해 수많은 정보가 쏟아져 나오고 이에 대한 청소년의 접근이 쉬워진 현대 사회에서 법적 · 기술적인 차단정책만으로는 청소년을 보호하기에 분명히 한계가 있다(김기봉, 2003). 배규한(2014)은 청소년과 성인의 생활환경을 분리하는 것의 어려움과 함께, 청소년의 활동 반경을 제한하기 위한 목적으로 이를 분리하는 것은 바람직하지 않다고 주장하였다. 청소년의 생활환경에 대한 타율적 제약은 오히려 청소년의 호기심이나 반발을 불러일으키며, 일상생활에 대한 청소년의 자기적응력을 떨어뜨릴 수 있기 때문이라고 그 이유를 제시하였다. 김지연과 정소연(2017) 또한 현행 청소년보호정책은 그 대상인 청소년에 대한 직접서비스보다 유해환경을 통제하여 청소년을 보호하는 접근방식을 채택하고 있음을 지적하면서, 환경에 대한 규제와 단속에서 탈피하여 다양한 정책수단 간의 균형이 필요하다고 강조하였다.

마지막으로, 국가 발전을 위한 거시적 접근이 아닌 문제청소년이나 보편적 범주 바깥에 있는 미성년자 개인 또는 개별행위에 초점을 맞추는 미시적 접근(micro approach)의 양상을 보이고 있다(배규한, 2014). 즉, 현행 청소년보호정책은 청소년을 사회적 약자이면서 보호의 객체로 규정하여 주로 법률을 기반으로 청소년의 생활을 제한하는 데 초점이 맞추어져 있다(김지연 · 정소연, 2017). 이는 청소년을 국가발전의 성장 동력으로 보는 미래지향적 접근과는 거리가 먼 정책 효과성 측면에만 초점을 맞춘 흐름이라고 볼 수 있다(배규한, 2014).

현대 사회에서 청소년이라는 존재가 지닌 중요성과 가치는 더욱 커지고 있다. 이러한 시대적 변화 가운데 청소년보호의 목적과 방법에 대한 재검토가 필요하다. 특히 청소년보호정책은 약자를 보호하기 위한 보호론적 목적, 즉 규제 위주의 패러다임에서 벗어나 청소년의 삶의 질을 향상시키기 위해 보호요인을 강화시키는 등 그 외연을 넓힐 필요가 있다.

이를 위해 먼저 청소년보호를 목적으로 청소년의 자유권을 일부 제한하는 것이 목적상 정당하다고 인정되더라도 이들의 자율성과 기본권을 침해하는 방식은 지양

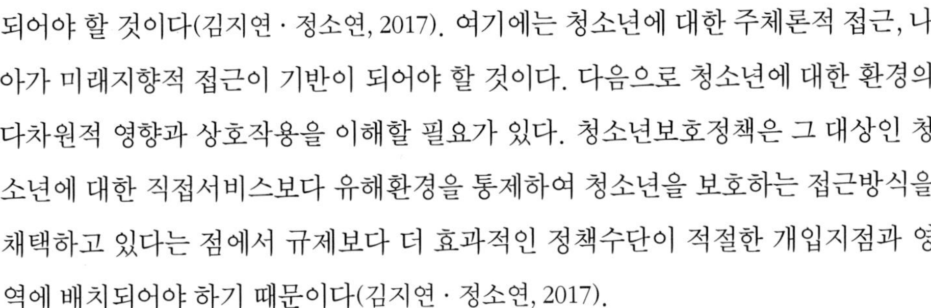

되어야 할 것이다(김지연 · 정소연, 2017). 여기에는 청소년에 대한 주체론적 접근, 나아가 미래지향적 접근이 기반이 되어야 할 것이다. 다음으로 청소년에 대한 환경의 다차원적 영향과 상호작용을 이해할 필요가 있다. 청소년보호정책은 그 대상인 청소년에 대한 직접서비스보다 유해환경을 통제하여 청소년을 보호하는 접근방식을 채택하고 있다는 점에서 규제보다 더 효과적인 정책수단이 적절한 개입지점과 영역에 배치되어야 하기 때문이다(김지연 · 정소연, 2017).

요약

1. 청소년기에는 신체적 · 심리적 · 사회적으로 많은 변화가 나타난다. 대부분의 청소년은 이 시기에 잘 적응하는 한편 일부 청소년은 부적응을 경험하게 되고, 이러한 부적응은 문제행동으로 표출된다.

2. 청소년기에 보이는 신체적·심리적·사회적 발달 특성은 상호 면밀하게 연관되어 발현되며, 청소년기의 다양한 문제행동의 원인이 된다.

3. 문제행동이란 타인 또는 자신에게 해를 주거나 재산상에 피해를 야기하는 다양하고 광범위한 행동을 의미한다. 이에 청소년문제행동은 "청소년들의 사회적 행위에 대해 성인 또는 영향력 있는 집단이 사회적 규범을 저해한다고 판단하는 행동, 즉 반사회적 행동임과 동시에 청소년들의 부적응 행동, 즉 비사회적 행동"으로 규정된다.

4. 청소년문제행동의 원인에 대한 설명은 크게 생물학적 접근, 심리학적 접근, 사회학적 접근으로 구분할 수 있다. 첫째, 생물학적 접근은 문제행동의 원인을 문제행동을 하는 청소년의 신체적 특성 및 체격, 질병, 염색체 등과 같은 생리적 구조에서 찾으려는 입장이다. 둘째, 심리학적 접근은 문제행동의 원인이 행위자에게 있다고 전제한다. 셋째, 사회학적 접근은 문제행동의 원인을 청소년을 둘러싼 사회구조적인 측면에서 설명하는 접근방법이다.

5. 청소년보호는 시대사적으로 그 개념과 관점이 변화해 왔다. 우리나라는 1997년 「청소년 보호법」 제정을 계기로 청소년에 대한 제도적 보호 노력을 지속해 왔다.

6. 청소년을 보호해야 하는 이유는 청소년을 바라보는 관점, 그리고 이들의 삶에 영향을 미치는 정책이 어떠한 목적과 방향으로 형성 및 실현되어야 하는가에 대한 시각에 따라 달라진다. 이에 대해 보호론적 접근, 자율론적 접근, 주체론적 접근, 미래지향적 접근으로 정리할 수 있다.

7. 청소년보호의 협의적 개념은 청소년에게 유해한 환경을 규제하거나 이들로부터 청소년의 접근을 제한하는 것이고, 광의적 개념은 위험에 노출된 청소년은 물론 모든 청소년이 건강한 성장을 통하여 각자의 잠재적인 역량을 최대한 계발할 수 있도록 제도적으로 보호하고 지원해 주는 것이다.

8. 시대적 변화 가운데 청소년보호의 목적과 방법에 대한 재검토가 필요하다. 특히 청소년보호정책은 약자를 보호하기 위한 보호론적 목적, 즉 규제 위주의 패러다임에서 벗어나 청소년의 삶의 질을 향상시키기 위해 그 외연을 넓힐 필요가 있다.

참고문헌

김기봉(2003). 인터넷 청소년보호정책의 방향과 과제. 형사정책연구, 14(4), 115-144.

김영한 · 이명진 · 이승현(2005). 청소년문제행동 종합대책 연구: 청소년유해업소, 유해매체, 유해행위, 법행정제도 환경, 외국정책사례를 중심으로. 서울: 한국청소년정책연구원.

김지연 · 정소연(2017). 청소년보호정책 현황분석 및 개선방안 연구. 세종: 한국청소년정책연구원.

김춘경 · 이수연 · 최웅용(2006). 청소년상담. 서울: 학지사.

박진규(2013). 청소년보호정책의 평가와 전망: 법률 제도와 행정 제도 변천을 중심으로. 청소년학연구, 20(2), 367-395.

배규한(2014). 미래 청소년보호의 바람직한 방향. 한국청소년연구, 25(4), 113-136.

송은지 · 민경식 · 최광희(2013). 청소년보호 관련 인터넷 규제 개선방향에 대한 제언. Internet & Security Focus, 6, 31-58.

이철수(2013). 사회복지학 사전. 경기: 혜민북스.

임성택 · 김혁진(2001). 청소년의 규범적 문제행동과 관련요인에 관한 연구: 전국 청소년 문제행동 실태조사 심화연구. 서울: 한국청소년개발원.

정순례 · 양미진 · 손재환(2015). 청소년 상담 이론과 실제. 서울: 학지사.

한상철(2009). 청소년학: 청소년 이해와 지도(2판). 서울: 학지사.

한상철 · 임영식(2000). 청소년심리학. 서울: 양서원.

Arnett, J. (1992). Reckless behavior in adolescence: A developmental perspective. *Developmental Review, 1*, 339-373.

Coleman, J. C., & Hendry, L. B. (2006). 청소년과 사회: 청소년기의 심리, 건강, 행동 그리고 관계의 본질(The Nature of Adolescence). (강영배 · 김기헌 · 이은주 역). 경기: 성안당. (원전은 1999년에 출판).

Irwin, C. E., Jr. (1993). Adolescence and risk taking: How are they related. In N. J. Bell & R. W. Bell (Eds.), *Adolescent risk taking*. Thousand Oaks, CA, US: Sage Publications, Inc.

McWhirter, J. J., McWhirter, B. T., McWhirter, E. H., & McWhirter, R. J. (2004). *At-risk youth: A comprehensive response (3rd ed.)*. Pacific Grove, CA: Brooks & Cole.

Silbereisen, R., & Kracke, B. (1993). *Variation in maturational timing and adjustment in adolescents*. In S. Jackson, & H. Rodriguez-Tomé (Eds.), *Adolescence and its social worlds* (pp. 67-94). Hillsdale, NJ, US: Lawrence Erlbaum Associates, Inc.

Silbereisen, R., & Kracke, B. (1997). Self-reported maturational timing and adaptation in adolescence. In J. Schulenberg, J. L. Maggs, & K. Hurrelmann (Eds.), *Health risks and developmental transitions during adolescence*. (pp. 85-109). New York, NY, US: Cambridge University Press.

Sullivan, H. S. (1953). *The interpersonal theory of psychiatry*. New York, NY, US: W W Norton & Co.

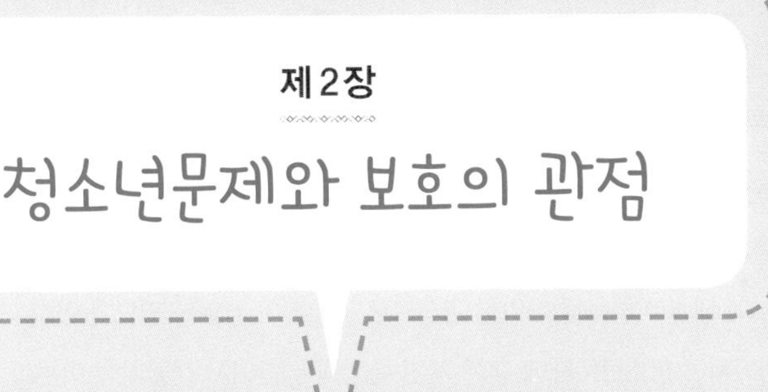

제2장

청소년문제와 보호의 관점

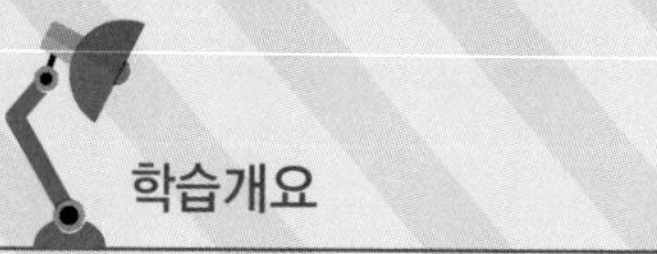

청소년문제에 관한 이론은 여러 가지 패러다임이 존재한다. 이는 청소년문제 자체가 복합적이며 청소년문제를 둘러싼 원인과 입장들이 명확하게 구분이 되지 않기 때문이다. 따라서 청소년문제에 대한 이론들을 다양한 관점으로 구분하여 살펴볼 필요가 있다.

이 장에서는 청소년문제에 대한 개인 특성적 접근에서 생물학적 이론과 심리학적 이론, 그리고 청소년문제에 대한 사회환경적 요인에서 사회학적 이론으로 나누어 살펴볼 것이다. 이는 청소년문제에 대한 다각적인 이해와 심층적 분석에 도움이 될 것이다.

그리고 청소년보호에 대한 시대사적 관점을 검토하고, 사회 변화 속에서 청소년보호를 위한 개입으로 어떠한 사회적 역할과 요구, 논의들이 제기되어 왔는지 살펴보고자 한다. 이는 청소년문제를 예방하고 미래 사회의 청소년보호를 위한 발전 방향을 모색하는 새로운 접근의 기반이 될 것이다.

01 청소년문제에 대한 이론적 관점

청소년의 문제를 설명하는 이론은 역사적으로 다양하게 발전되어 왔다. 그중에서 대표적인 생물학적 이론, 심리학적 이론, 사회학적 이론을 중심으로 살펴보고자 한다.

1) 생물학적 이론

생물학적 이론에서는 인간의 특정한 체형이나 염색체, 신경학적 이상 등 생물학적 요인이 문제행동의 원인이라고 본다. 즉, 개인이 범법행위를 하는 것은 정상인과 구별되는 비정상적인 신체적 특징 때문이라는 것이다. 생물학적 이론의 창시자이며, '근대 범죄학의 아버지'라고 불리는 롬브로소(C. Lombroso, 1835~1909)는 범죄자들은 거대한 아래턱을 가지고 있고 광대뼈가 이상적으로 발달해 있으며, 뱀에서 볼 수 있는 두 줄 치아 등 타고난 신체적 이상 형태를 지닌다고 하였다(전대양, 2002). 롬브로소의 주장은 격세유전의 결과로 나타나는 이상 체형과 범죄와의 높은 상관관계를 제시한 것으로, 그는 범죄학의 과학적 접근에 크게 기여한 인물로 평가되어 왔다. 그러나 사회심리학적 연구가 다양하게 발달되면서 그의 체형과 범죄와의 관계에 대한 연구는 이후 많은 비판을 받게 되었으며, 오늘날에는 크게 각광을 받지 못하고 있다.

유전이론에서는 청소년의 문제행동 성향이 부모로부터 유전된다고 주장한다. 초기 유전 이론가들은 부모로부터 물려받은 선천적인 정신적 능력 결함이 가족 간에 대를 이어 유전됨으로써 범죄가 발생한다고 주장하였다. 독일의 정신의학자 랭(J. Lange, 1940~1969)은 유전적 특성이 미치는 영향을 알아보기 위해 일란성 쌍생아와 이란성 쌍생아의 범죄율을 비교하였다. 그 결과 일란성 쌍생아의 경우가 범죄 일치율이 더 높게 나타났으며, 이는 범죄에 있어 유전적 요인이 중요하게 관련됨을 시사

하는 결과라 하겠다. 이러한 생물학적 결정주의는 범죄이론에 중요한 역할을 하였으나 사회학자들에 의해 비판을 받았다. 사회학자들에 의하면, 인간의 행동은 어느 특정한 유전적 특징으로만 설명될 수 없으며 유전과 가족배경, 성장환경 등이 복합적으로 작용하여 나타나기 때문에 범죄와 유전을 직접적으로 연결시키는 것은 과학적이지 않다는 것이다(모경환 · 이미리 · 김명정, 2014).

최근 생물학적 이론에서는 생화학적 요인, 뇌, 신경생리학적 기능장애, 유전적 영향 등의 관점으로 청소년의 반사회행동을 설명하는 경향이 있다. 생화학적 요인으로는 인체의 화학적 결함이나 섭취하는 음식물에 따른 신체의 화학작용들이 청소년의 행위에 부정적인 영향을 미칠 수 있다고 주장한다. 최근에는 지방이나 콜레스테롤이 많이 함유된 패스트푸드를 즐기는 청소년들이 참을성이 부족하고 공격적인 행동을 하기 쉽다는 연구 결과가 발표되기도 하였다. 그러나 이 연구들이 설득력이 있기는 하지만 연구방법론상의 문제나 인식의 차이로 인해 생화학적인 음식물 섭취와 비행행위와의 관계에 대한 여러 학자 간의 합의에 도달하기엔 아직은 부족하다(김준호 외, 2018)

한편, 일부 학자들은 청소년의 뇌와 신경내분비계의 부조화 등에 주목하여 청소년의 반사회행동과의 관련성을 주장하고 있다. 2011년 영국 케임브리지 대학교의 한 연구팀은 '나쁜 짓을 아무렇지 않게 저지르는 아이들의 뇌는 평범한 아이들의 뇌와 어떻게 다를까?'를 연구하기 위해 비행청소년의 뇌를 자기공명영상(MRI)으로 촬영했다. 그 결과 비행청소년의 뇌는 정서를 관장하는 편도체의 기능이 현저히 떨어졌고, 충동을 조절하는 전두엽의 기능도 저하되어 있는 것으로 나타났다. 특히 이들은 다른 사람의 감정에 공감하는 능력이 부족하고 고통스러운 얼굴 표정을 보고도 무감각한 반응을 보이기도 했다. 연구팀에 의하면, 청소년들이 위험한 행동을 하는 것은 어떤 행동을 하기 전에 옳고 그름을 판단하고 결정하는 영역인 전두엽, 특히 이마의 앞부분에 위치한 전전두엽이 미성숙하기 때문이다. 따라서 청소년의 탈선과 범죄를 예방하기 위해서는 적절한 영양 공급과 학습을 통한 두뇌의 정상적 발달을 유도하고 대인관계를 비롯한 정서적 활동을 통해 전전두엽이 제대로 성장할 수 있도록 노력해야 한다고 주장하였다. 그리고 청소년의 문제행동은 도파민 및 세로토닌과 같은 신경전달물질과도 관련이 깊다. 이 두 신경전달물질은 폭력 또는 충동적인 행동 등 극단적인 행동을 제어하는 뇌 호르몬으로, 이들의 수치에 따라 폭력적인 행위를 할 가능성이 높아진다(김영화, 2012).

한편, 다른 생물학자들은 청소년문제행동을 유전적인 기초와 환경적 요인과의 상호작용의 결과물이라고 주장하였다(Akers & Sellers, 2011). 기질과 같은 성격 특징들은 유전적으로 영향을 받는 것이므로 어떤 청소년들은 문제행동 소인을 가지고 있을 수도 있고, 이렇게 유전적으로 취약한 청소년이 환경적인 스트레스에 노출되면 반사회적인 행동을 할 가능성이 높아진다는 것이다. 이처럼 후기 생물학적 이론에서는 범죄자들의 일탈적 행동이 생물학적 구성요인과 물리적이고 사회적인 상호작용의 결과로 발생한다는 입장을 제시하고 있다.

2) 심리학적 이론

심리학적 이론에서는 청소년문제의 원인을 발달과정에서 생기는 심리적 불안이나 욕구불만, 특수한 성격요소 등 개인의 심리적 특성에 두고 있다. 청소년문제를 설명하는 많은 심리학적 이론 중에서 정신분석 이론, 인지이론, 성격이론, 행동주의 이론을 중심으로 살펴보기로 하겠다.

(1) 정신분석 이론

프로이트(S. Freud, 1856~1939)의 정신분석이론에서 인간의 행동은 무의식의 영향을 받는다고 설명하고 있다. 프로이트는 인간의 정신구조를 무의식, 전의식, 의식의 세 구조로 나누었으며, 이 구조를 원초아(id), 자아(ego), 초자아(super ego)라는 성격구조로 발전시켰다. 이 세 가지 요소는 서로 긴장관계를 형성하고 역동적인 상호작용에 의해 개개인의 성격이 결정된다.

성격의 구조 중에서 자아가 잘 기능하여 균형과 조화를 이룰 때 정신건강이나 정서적 안전감을 갖고 살아가게 된다. 프로이트는 원초아와 초자아 사이에서 자아의 조절기능이 붕괴될 때, 외부의 자극에 적응하지 못하고 갈등이 일어나 문제행동을 하게 된다고 보았다. 즉, 무의식적 본능과 쾌락만족의 원칙을 따르는 원초아를 현실원리에 따라 조절하고 통제하는 자아나 도덕적인 양심을 의미하는 초자아가 통제

능력을 상실하거나 제대로 발달하지 못하면 범죄행동을 한다는 것이다. 프로이트는 범죄의 원인을 유년기에 형성된 비정상적인 성격으로 보며, 정신분석이론에서는 어린 시절의 경험이 성격 형성에 결정적인 영향을 미친다고 보았다. 부모는 아동의 성격 형성에 가장 중요한 역할을 하며, 아동의 행동장애나 신경장애를 부모의 부적절한 육아의 결과로 보기도 하였다(이해주 · 이미리 · 모경환, 2006).

(2) 인지이론

인지이론에서는 비행청소년들의 인지발달 특성으로 자기중심적 사고를 지적하고 있다. 비행청소년들의 경우, 인지발달에 있어서 탈중심화와 비자기중심적 사고를 이루지 못하여 여전히 아동기에서 보이는 자기중심적 사고를 나타낸다는 것이다(김미경, 2005). 이러한 자기중심적 사고에는 상상의 청중(imaginary audience)과 개인적 우화(personal fable)가 있다. 상상의 청중은 자신이 모든 사람의 관심의 초점이라고 상상하는 것이며, 이로 인해 어떠한 결정을 내려야 할 때 타인을 의식함으로써 합리적인 결정을 내리는 데 어려움을 겪는다는 것이다. 그리고 개인적 우화는 자신의 경험이 유일한 것이라는 잘못된 자기중심적 생각으로, 이는 청소년들이 위험한 행동을 하게 하는 요인으로 작용한다(신성철 외, 2017).

이와 같은 자기중심적 사고는 콜버그(L. Kohlberg, 1927~1987)의 도덕성 발달단계에 의하면 인습이전 사고 수준에서 나타나는 특성이다. 콜버그는 도덕성 발달단계는 크게 인습이전단계, 인습단계, 인습이후단계로 세 단계를 거친다고 하였다. 그는 비행청소년 또는 범죄자들은 도덕성 발달 수준이 인습이전 수준에 머물러 있다고 하였다. 인습이전 수준의 도덕성은 인식의 범위가 자신에게 한정되어 이기적이고 자기중심적이며, 이는 문제행동과 관련이 깊다. 그리고 인습이전 수준은 단순히 처벌을 피하거나 욕구충족의 수단으로서 법을 지키기 때문에 진정한 의미의 도덕적 개념이 없는 수준이라 할 수 있다. 한편 피아제(J. Piaget, 1896~1980)는 이러한 도덕성 발달은 인지발달과 동시에 이루어진다고 하였다. 따라서 인지이론에서는 청소년문제 예방을 위해 도덕적 가치를 내면화할 수 있도록 가르치는 것이 중요하다고 강조한다.

(3) 행동주의 이론

행동주의 이론은 기본적으로 인간의 행동은 다른 사람들과의 상호작용에 의해 학습된다고 본다. 따라서 청소년문제행동 또한 학습된 결과로 본다. 행동주의 이론에는 파블로프(I. P. Pavlov, 1849~1936)의 고전적 조건 형성, 손다이크(E. L. Thorndike, 1874~1949)의 효과의 법칙, 스키너(F. B. Skinner, 1904~1990)의 조작적 조건 형성, 밴듀라(A. Bandura, 1925~)의 사회학습이론 등이 있다. 이 중에서도 청소년의 문제행동을 설명하는 데 적합한 이론으로 스키너의 조작적 조건 형성과 밴듀라의 사회학습이론을 들 수 있다.

스키너의 조작적 조건 형성에서 인간의 행동은 그것의 결과에 의해서 결정된다는 것으로, 강화를 통해 행동의 발생빈도를 증가시킨다고 하였다. 즉, 청소년이 비행을 저질렀을 때, 그것이 어떤 형태로든 강화가 된다면 그 청소년은 다시 비행을 저지를 가능성이 높아질 것이다. 여기서 강화되는 상황은 비행청소년 친구들의 지지나 인정을 받는 경우를 고려해 볼 수 있다(김영한 · 조아미 · 이승하, 2013). 밴듀라의 사회학습이론은 전통적 행동주의 학습이론의 확장으로, 그는 행동의 실제적 원인으로 인지적 접근을 추가하였다. 밴듀라는 사회학습이론을 청소년들에게 적용하는 데 관심을 가졌으며, 그의 모델링 원리를 적용한 많은 연구는 대중매체에서 보여 주는 폭력적인 공격성을 청소년들이 대리적 학습을 통해 모방한다는 것을 입증하였다(노안영 · 강영신, 2003). 특히 그는 청소년들은 부모로부터 여러 가지 행동을 모방할 수 있다고 보았으며, 자녀를 신체적으로 처벌하는 부모의 자녀는 화가 나면 타인을 때리는 사람이 될 가능성이 높다고 하였다. 이처럼 밴듀라의 이론은 청소년의 문제행동을 잘 설명할 뿐만 아니라 이 이론을 기초로 하는 서덜랜드(E. H. Sutherland, 1883~1950)의 차별접촉이론이 발달하는 데 영향을 주기도 하였다.

(4) 성격이론

성격이론에서는 청소년문제행동을 유발하는 특정한 성격요인이 무엇인지를 파악하려는 노력들이 있어 왔다. 성격이론에서는 인간의 내면에는 여러 가지 성격특성이 있으며, 청소년 비행이나 범죄는 비정상적이거나 반사회적인 성격구조에서 비롯된다고 본다. 비행을 저지르는 청소년들은 법을 준수하는 사람들에 비

해 공격성이나 충동성, 정서불안이 높고 통제력과 타인에 대한 공감능력이 부족하고 죄의식을 잘 느끼지 못하는 것으로 알려져 있다(안철문, 2001; 최은영 · 양종국, 2005). 성격이론 연구자들은 이러한 개인의 성격특성을 평가하기 위한 도구들을 개발해 왔으며, 성격을 측정하는 대표적인 검사도구로는 미네소타 다면적 인성검사(Minnesota Multiphasic Personality Inventory: MMPI), 로르샤흐 검사(Rorschach test), 주제통각검사(Thematic Apperception Test: TAT)를 들 수 있다. 이와 같은 검사 도구들은 정신증적 · 신경증적 증상의 목록으로 되어 있지만 반사회적 성격특성이나 경계선 성격특성 등 비정상적인 성격특성을 파악할 수 있도록 고안되었다. 특히 반사회적 성격장애는 범죄에 있어 가장 특징적인 성격특성이라 할 수 있으며, 정신질환 진단 및 통계편람의 진단분류(DSM-5) 기준에 따라 정의되는 성격장애의 하나이다. 이처럼 성격이론은 개인의 심리적 특성, 즉 성격과 범죄와의 관련성에 대한 논의에서 최근까지 중추적인 역할을 해 왔다고 하겠다(김주희, 2016).

그러나 이러한 성격이론도 몇 가지 문제와 결함을 가지고 있다. 첫째, 이 이론에서 다루는 대상이 주로 비행집단이기 때문에 표집이 매우 편중되어 있다. 둘째, 이 이론에서는 비행집단을 통제집단인 정상 청소년과 비교함으로써 비행집단의 성격특성을 측정하려 한다. 셋째, 성격특성과 비행의 관계에 있어서 성격에 문제가 있기 때문에 비행이 발생하는 것인지 아니면 비행의 결과로 그러한 성격이 발달했는지 명확히 알아내기 힘들다는 것이다. 즉, 성격특성이 범죄의 결과인지 조건인지가 확실하지 않다는 문제를 갖고 있다(김주희, 2016; 모경환 외, 2014; 안철문, 2001).

3) 사회학적 이론

사회학적 이론에서는 청소년비행의 원인에 있어 주로 사회환경적 요인을 매우 중요하게 분석하고 있다. 사회적 차원에서 청소년문제를 설명하는 많은 하위이론이 존재하지만 대표적인 사회학적 이론을 제시하면 다음과 같다.

(1) 사회해체이론

사회해체란 사회를 구성하는 제도 및 질서 등과 같은 사회규범들이 그 사회 구성원에 대한 통제력을 잃은 상태를 말하며, 이 개념은 시카고학파 학자들에 의해 제시되었다. 쇼(C. R. Shaw)와 맥케이(Henry D. Mckay)는 1930년대 시카고 대학을 중심으로 시카고 지역을 여러 권역으로 나누어 비행의 빈도를 연구하였으며, 이후 이 연구를 미국 전역으로 확대시켰다. 연구 결과 특정 도시 내에는 '고빈도 비행 지역'이 존재하며, 이들 지역은 높은 이동성, 고인구밀도, 슬럼화 등의 특징을 가지고 있다는 것을 밝혀냈다(모경환 외, 2014). 이러한 지역의 가난, 이민, 잦은 이사, 급격한 도시화 등은 지역주민 간의 유대나 결속력을 약하게 하고 가족과 학교, 교회 등 지역사회 기관들이 제 기능을 못하게 한다는 것이다. 사회해체이론가들은 지역유대가 해체된 지역에서는 청소년들의 행동이 통제되지 않고 무관심하게 방치되어 청소년들이 하고 싶은 대로 행동함으로써 범죄행위의 가능성이 높아진다고 보았다. 반면, 지역주민 간의 상호접촉의 빈도가 높고 친밀하며 유대가 높은 지역의 청소년들은 잘 알고 지내는 이웃 사람들의 눈 때문에 함부로 행동하지 못하고 지역주민들에 의해 적절히 통제되기 때문에 비행의 가능성이 낮다고 보았다(김준호 외, 2018).

이와 같이 사회해체이론은 개인의 비행보다는 지역사회와 범죄율을 설명하는 거시이론으로서 범죄학의 연구에 사회해체라는 주요한 변수를 제시함으로써 사회학적 원인론을 적용한 범죄학 이론을 등장하게 하였다. 그리고 최근에는 이러한 거시적 지역환경이 청소년 개개인에게 영향을 줄 수 있다는 점을 강조하고 있다.

(2) 아노미 이론

아노미 이론은 사회구조적 측면에서 청소년 문제 및 비행을 설명하는 데 큰 기여를 했다. 아노미라는 개념은 뒤르켐(E. Durkheim, 1858~1917)에 의해 최초로 제시되었으며, 그는 사회해체로 인해 발생하는 무규범 혹은 규칙 붕괴의 상태를 '아노미(anomie)'라고 하였다.

머튼(Robert K. Merton, 1910~2003)은 뒤르켐의 관점을 보완, 발전시켜 아노미 이론을 제안하였으며 비약적으로 발전시켰다. 머튼의 아노미 이론은 아노미를 사용하여 문제행동의 사회적 요인을 분석한 이론으로, 사회해체와 밀접한 관련이 있지만 개념상으로는 사회해체와 구분되는 이론이다. 머튼의 이론은 아노미를 사회적 목표와 수단의 괴리로 갈등이 발생하고 이로 인해 규범체계의 와해 및 규제력이 결핍된

상태로 보았다. 즉, 머튼의 이론은 사회구조가 어떻게 개인의 문제행동을 유발하는지에 대한 질문에서 비롯된다. 그는 개인의 삶의 목표와 이 목표에 도달하기 위한 제도화된 수단에 대한 사회적 접근 간의 괴리 또는 접근의 기회가 차단될 때 비행이 발생한다고 보았다(김진화 외, 2002). 한편, 비행청소년들이 사회적 목표와 합법적 수단의 결핍에서 느끼는 긴장과 좌절이 문제행동의 원인으로 작용한다고 보았기 때문에 머튼은 이 이론을 '긴장이론(strain theory)'이라고도 불렀다(김준호 외, 2018).

머튼은 사회적 목표 달성을 위해 사회적 규범이나 제도에 적응해 가는 방식을 동조형, 혁신형, 의례형, 도피형, 반항형(반발형)으로 구분하였다(〈표 2-1〉 참조).

첫째, 동조형은 목표와 제도화된 수단을 모두 수용하고 순응하는 것을 말하며, 이 유형은 문제행동이 나타나지 않는다. 둘째, 혁신형은 목표는 수용하지만 제도화된 수단을 거부하는 유형으로, 합법적이지 않은 방법으로 목표를 달성하려는 유형이다. 셋째, 의례형은 목표는 거부하거나 무관심한 채 제도화된 수단은 수용하는 유형으로, 공부의 목적을 모른 채 주어진 일만 반복하는 청소년들이 이 유형에 속한다. 넷째, 도피형은 목표와 제도화된 수단을 모두 거부하는 유형으로, 만성적인 마약중독자, 알코올 중독자[1]가 대표적이다. 청소년의 경우에는 아무것도 하려고 하지 않는 무기력한 학업중단 청소년이 포함된다(이자영 외, 2017). 다섯째, 반항형(반발형)은 기존의 목표와 제도화된 수단을 모두 거부하고 새로운 목표와 수단을 추구하며 사회 변화를 시도하는 유형이다. 사회운동가나 혁명가가 대표적이다. 머튼은 동조형 이외의 유형은 모두 일탈적으로 보았다.

이처럼 아노미 이론의 핵심은 문제행동의 원인을 사회구조의 모순에서 찾으려 한 것이며, 특히 문제행동이 왜 하층에 집중되어 나타나는가를 잘 설명해 주고 있다. 사회구조적으로 빈곤과 같은 사회적 장벽에 많이 부딪히는 계층에 속한 청소년은 목표를 이루기 위한 합법적인 수단이나 통로가 없고 이러한 좌절로 인해 비합법적인 수단과 방식으로 비행을 하게 된다고 보았다. 즉, 미시적 관점에서는 목표 좌절의 구조적 긴장을 경험하는 하층 청소년들의 높은 비행가능성을 파악할 수 있으

1) 알코올 중독자: 현재는 세계보건기구의 제의에 따라 '알코올 의존자'라는 용어를 사용하고 있지만, 심리상담 분야 진단명엔 '중독'이 지금도 사용되고 있는 점을 고려하여 본 책에서는 '알코올 중독자'로 기재하겠다.

표 2-1 머튼의 개인의 적응 유형

적응 유형	목표	제도화된 수단	특징
동조형	+	+	순응, 문제행동을 하지 않음
혁신형	+	−	비행, 범죄 등을 많이 함
의례형	−	+	뚜렷한 문제행동은 없으나 목표가 없고 의욕이 없음
도피형	−	−	마약중독자, 알코올 중독이 대표적임
반항형(반발형)	±	±	사회운동가나 혁명가가 대표적임

* +는 수용, −는 거부, ±는 기존의 목표와 수단을 모두 거부하고 새로운 것을 창조하는 것을 의미함.
* 출처: 이자영 외(2017).

며, 거시적 관점에서는 문화적 목표를 실현하는 데 있어 제도적 수단이 결핍 혹은 차단되어 있는 사회가 비행가능성이 높음을 알 수 있다.

따라서 아노미 이론에서는 하층 청소년들이 추구하는 목표를 달성할 수 있도록 이들을 경제적으로 지원하고 교육과 직업훈련의 기회를 제공하는 복지정책의 필요성과 사회구조적 책임을 강조하였다(김진화 외, 2002; 모경환 외, 2014). 그러나 아노미 이론은 하위계층의 문제행동은 설명할 수 있으나 중상위 계층의 문제행동을 설명하는 데에는 한계가 있으며, 개인의 특성이나 개인 간 상호작용으로 인한 일탈행위를 설명하는 데에는 한계가 있다고 지적되고 있다.

(3) 차별접촉이론

차별접촉이론은 학습과정에 기초하여 미국의 사회학자 서덜랜드(E. H. Sutherland, 1883~1950)가 범죄와 비행의 이론으로 정립하였다. 차별접촉이론은 청소년문제행동의 원인을 설명하는 이론 중 가장 주목받는 이론이며, 청소년문제행동을 포괄적으로 설명하는 데에도 매우 적합한 이론이라 할 수 있다(김진화 외, 2002). 이 이론에 따르면, 사회에는 정상적 행동양식과 일탈적 행동양식이 모두 있으며 어느 쪽을 더 많이 접촉하느냐에 따라 행동이 달라진다고 한다(박현선 · 김유경, 1992). 즉, 법을 위반하는 것에 호의적인 사람들과의 접촉에 의해서 범죄 동기를 내면화하고 범죄에 대해 호의적인 태도를 형성하며 범죄의 기술도 함께 배우게 된

다는 것이다. 청소년들은 비행청소년들과의 친밀한 상호작용을 통해 문제행동을 습득하게 되며, 이 과정에서 비행청소년 친구들과의 접촉 빈도가 높고 접촉 기간이 길며, 친밀도가 높을수록 비행성이 높게 나타날 수 있다(김준호 외, 2018).

차별접촉이론은 범죄, 비행 등 문제행동의 사회화와 관련하여 다음과 같은 가설을 제시하였다(이자영 외, 2017).

- 문제행동은 학습된다.
- 문제행동은 타인과의 상호작용이나 모방과정을 통해 학습된다.
- 문제행동은 일차적 집단과의 친밀한 인간관계를 통해서 이루어진다.
- 문제행동의 학습은 문제행동 기술, 동기, 욕구, 합리화, 태도 등도 포함된다.
- 문제행동의 동기와 충동은 법이나 규범 등에 대한 타인(환경)의 태도에 의해 결정된다.
- 문제행동에 대한 접촉 빈도, 지속기간, 주변의 문제행동 강도 등에 따라 개인의 문제행동 위험 정도가 결정된다.
- 문제행동은 단순 모방이 아니라 동기, 가치관 등 모든 것이 복합적으로 학습된다.

반면에 차별접촉이론은 정신질환이나 성격적 요인에 의한 범죄행위가 학습되는 과정을 설명하지 못한다는 점과 범죄자와의 접촉이 없는 환경에서도 발생하는 비행행위와 범죄자와의 접촉이 있는 환경에서도 불구하고 비행을 일으키지 않는 경우를 제대로 설명하지 못한다는 지적을 받았다. 이에 대해 제프리(C. R. Jeffery)는 '차별강화이론'을 통해 차별접촉이론을 보완했다. 차별강화이론에서 범죄는 강화의 원리로 학습하게 되는데, 일반적인 친구들은 문제행동을 했을 때 훈계나 비난으로 처벌을 제공하지만 비행청소년 친구들은 문제행동을 했을 때 칭찬과 보상으로 강화를 줌으로써 범죄를 반복하고 학습하게 된다는 것이다. 이처럼 차별접촉이론은 지금도 청소년문제행동을 설명하는 중요한 이론으로 강조되고 있으며, 이후 많은 파생이론을 낳기도 하였다.

(4) 하위문화이론

1950년 이후 등장한 하위문화이론은 서덜랜드에 크게 의존하고 영향을 받은 이론으로 볼 수 있다. 하위문화이론에서 인간의 모든 행위는 학습된 것이며, 청소년의 문제행동 역시 이들이 속해 있는 집단의 문화로부터 자연스럽게 습득한 것으로 본다. 하위문화이론에서는 청소년의 문제행동을 일으키는 데 도움이 되는 별도의 독특한 문화가 존재하며 이를 하위문화로 정의한다. 즉, 비행은 하위계층 청소년들이 자신들의 비행문화의 규칙을 잘 따른 결과라고 본다(김준호 외, 2018; 김진화 외, 2002).

하위문화이론에서는 하위계층에는 중산층과 다른 하위문화가 존재하며, 그중 어느 특정 부분이 하위계층 청소년으로 하여금 비행을 저지르기 쉽게 한다는 것을 가정한다. 그리고 하위문화는 대개 주류사회로부터 고립된 비슷한 환경의 사람들이 서로 돕기 위해 뭉치면서 형성되기 때문에 이들의 일탈행동은 개인적 반응이 아니라 집단적 반응이라는 것을 강조한다(천정웅 외, 2017). 하위문화이론은 코헨(A. Cohen)의 비행하위문화이론, 클로워드(R. A. Cloward, 1926~2001)와 올린(L. E. Ohlin, 1918~2008)의 차별기회이론, 밀러(W. B. Miller, 1926~2004)의 하위계층문화이론, 볼프강(M. E. Wolfgang, 1924~1988)과 페라쿠티(F. Ferracuti, 1927~)의 폭력하위문화이론이 대표적이다(김준호 외, 2018). 이를 살펴보면 다음과 같다.

첫째, 코헨은 하위계층의 청소년들이 어떻게 비행하위문화를 형성하게 되고 비행을 저지르게 되는지를 설명했다. 코헨은 사회 구성원은 계층에 따라 사회적 위치가 나누어지는데, 중산층의 가치가 지배적 가치로 되어 있는 사회에서 하위계층의 청소년들은 상대적으로 중산층의 가치 기준에 의해 지위를 얻기가 곤란하다고 본다. 따라서 하위계층의 청소년들은 항상 지위욕구 측면에서 불만을 갖게 되며, 이들은 이러한 욕구불만을 해결하기 위해 중산층의 잣대가 아닌 자신들만의 문화를 집단적으로 만들어 나간다. 이때 형성된 문화가 반대문화로서 하위문화이며, 하위문화는 중산층의 가치와는 대립적인 비공리성, 악의성, 부정성, 단기 쾌락성의 특징을 지닌다. 청소년들은 이러한 하위문화 속에서 문제행동을 나쁘지 않다고 인식하며, 하위문화 속에서 생활하다 보면 자연스럽게 학습을 통해 비행을 일으키게 된다는 것이다(김진화 외, 2002). 이러한 코헨의 비행하위문화이론은 중산층의 비행은 어떻게 설명할 수 있는가의 비판을 받기도 하지만, 하위계층이 많이 모여 사는 지역이

표 2-2 클로워드와 올린의 하위문화유형

하위문화	문화적 목표	제도적 수단	불법적 기회	폭력조직
범죄하위문화	+	−	+	
갈등하위문화	+	−	−	+
도피하위문화	+	−	−	−

* +는 수용, −는 거부를 의미함.
* 출처: 김준호 외(2018).

왜 비행률이 높은지를 설명하는 거시이론으로 이해될 수도 있다.

둘째, 클로워드와 올린의 차별기회이론은 머튼의 아노미 이론과 서덜랜드의 차별접촉이론, 쇼와 맥케이의 사회해체이론을 통합한 특성을 지닌다. 클로워드와 올린의 이론은 성공을 추구하는 문화적 목표를 수용하거나 구조적으로 합법적 기회와 수단이 없는 사람이 비행을 저지르게 된다고 봄으로써 머튼의 주장을 받아들였다는 점에서 긴장이론으로 분류되기도 한다. 그렇지만 클로워드와 올린은 사람들의 불법적 기회가 어떠한가에 따라 서로 상이한 하위문화에 접하게 되고 그에 따라 비행유형도 다르다는 점을 강조한 점에서 하위문화이론가로 볼 수 있다. 그들은 주로 갱이라는 조직적 차원에서 하위문화를 다루었으며, 하위문화유형을 범죄하위문화, 갈등하위문화, 도피하위문화로 제시하였다. 클로워드와 올린의 주장은 〈표 2-2〉로 요약할 수 있다.

먼저, 범죄하위문화는 범죄조직이 조직화, 체계화되어 있고 범죄기술이 전수되어 재산범죄를 수행해 나가면서 생계를 해결하는 등 불법적 범죄기회구조가 확고한 하위문화를 말한다. 갈등하위문화는 주로 거리의 폭력패거리들에게서 발견되는데, 주로 싸움을 잘할 뿐 체계적으로 전수되는 범죄기술이 없고 따라서 불법적 범죄기회가 없는, 그러나 폭력을 수용하는 하위문화를 의미한다. 도피하위문화는 어떤 조직의 구성원이 성공의 목표를 달성하지 못한 긴장의 상태에서 불법적 기회를 제공하는 조직에도 들지 못하고, 폭력조직에도 들지 못하여 이중실패자가 되는데 그러한 하위문화에 있는 사람은 약물과 알코올중독에 빠지게 된다고 주장한다. 즉, 중산층지역은 합법적 기회가 제공되므로 비행률이 낮지만, 하위계층지역은 그러한 기회가 없으므로 비행률이 높은데, 하위계층지역에 어떤 갱과 조직이 존재하는가에 따라 재산비행(범죄하위문화), 폭력비행(갈등하위문화), 혹은 마약사용(도피하위문화)이 다르게 발생한다고 하였다(김준호 외, 2018).

셋째, 밀러의 하위계층문화이론은 오랫동안 하위계층지역에서는 고유의 문화와 비행가치가 존재하고 있기 때문에 그러한 하위계층지역에 사는 청소년들이 비행을 저지르게 된다고 본다. 다시 말해 하위계층에는 고유의 문화가 발달하게 되는데, 그 문화의 성격은 중산층 지배문화에 대항하여 발생하는 문화도 아니고, 기회의 구조적 불평등을 거부하기 위해 발생한 문화도 아닌 독립적으로 오랫동안 존재해 온 전통을 지니고 있다는 것이다.

밀러는 하위계층의 청소년 중 누가 다음의 여섯 가지의 관심 사항을 더 많이 표현하고 행동으로 나타냈는가에 따라 그들 집단 내에서 지위가 결정되며, 이러한 경쟁 속에서 자연스럽게 하위계층문화에 속하는 청소년들은 문제행동을 쉽게 저지르게 된다고 보았다. 하위문화의 가치를 결정하는 요인은 다음의 여섯 가지로 규정한다(김정렬, 2017).

- 말썽 또는 사고(trouble): 폭행이나 음주 등 범법행동을 하는 것으로, 이를 영웅적이고 긍정적인 것으로 생각하는 것을 말한다.
- 강인성 혹은 거칠음(toughness): 남자다움이나 용감성, 육체적인 힘을 과시함으로써 두려움을 모른다는 것을 강조하는 것을 말한다.
- 교활 혹은 기만성(smartness): 타인을 잘 속이고 기만하는 특징이 있다.
- 자극 또는 흥분 추구(excitement): 지루함을 모면하고자 신나는 일과 모험을 찾고자 하는 욕구이다.
- 운명주의(fatalism): 하위계층 청소년들은 자신의 인생이 자신의 의지보다는 운명에 의해 결정된다고 믿고 있다.
- 자율(autonomy): 누구의 간섭이나 통제를 받기 싫어하는 방종과 같은 태도를 말한다.

넷째, 볼프강과 페라쿠티의 폭력하위문화이론에서는 폭력이 적절한 행동으로 평가받는 문화 속의 청소년들이 폭력가능성이 높다고 본다. 즉, 폭력은 문화, 규범의

동조행위이며 적절한 행위로 학습되고 강화되기 때문에 그러한 문화가 지배적인 지역은 폭력발생률이 높다고 주장하였다. 특히 청소년들이 사이버 세계에서 폭력물이나 음란물과 자주 접촉할수록 폭력이나 성폭력을 지지하거나 호의적인 가치와 태도를 형성하는 폭력의 하위문화적 가치를 갖게 될 것이라는 기대는 폭력하위문화이론에 의해 더욱 설명력을 얻게 된다(천정웅 · 한상철 · 임지연, 2000).

(5) 봉쇄이론

미국의 유명한 범죄사회학자 레클리스(W. Reckless, 1899~1988)는 비행을 하게 만드는 요인보다는 비행을 하지 않도록 만드는 요인에 주목하였다. 그의 봉쇄이론에서는 긍정적 자아개념 또는 자아존중감을 강조하며, 그는 긍정적 자아개념으로 하위계층 거주 지역에 사는 청소년이라도 비행을 하지 않는 청소년들을 설명하였다. 즉, 자신에 대해 긍정적 자아개념을 갖고 있는 청소년들은 근처에 여러 가지 유발요인이 존재하더라도 비행을 하지 않을 수 있다고 보았다(박철현 · 서영조, 2005).

레클리스의 봉쇄이론에 의하면, 내적 봉쇄와 외적 봉쇄가 있다. 내적 봉쇄에는 긍정적 자아개념과 자기통제력, 강한 책임감, 인내심, 긍정적인 목표지향성 등이 있다. 그리고 외적 봉쇄에는 비행을 방지 또는 차단하는 요인들로서 가족이나 주위 사람들의 사회적 환경과 교육, 부모님의 감독과 훈육, 소속감과 일체감 등이 있다. 렉리스는 청소년의 삶에 내외적 봉쇄가 모두 존재하는 것이 비행을 예방하는 중요한 요소라고 했다. 내외적 봉쇄가 비행에 대한 유혹, 비행을 하기 쉬운 환경 등 비행요인에 대한 완충역할을 한다고 주장하며, 강한 내적 봉쇄가 약한 외적 봉쇄의 결함을 보완해 주고 강한 외적 봉쇄가 약한 내적 봉쇄의 결함을 보완해 준다고 하였다. 특히 이 중 외적 봉쇄는 후에 허시(T. W. Hirschi, 1935~2017)에 의해 주목되었는데, 허시는 이 중에서도 부모나 선생님 등 중요한 인물과의 애착과 전통적인 활동에 대한 전념, 참여 등의 외적 요인이 청소년의 비행을 막는 역할을 한다고 주장하였다. 이처럼 레클리스의 봉쇄이론은 비행유발적 환경에 노출되어 있으면서도 비행에 빠지지 않는 청소년들을 잘 설명할 수 있으며, 내외적 봉쇄가 결핍된 청소년들을 찾아내어 도움을 주는 데 유용한 도구가 된다(박철현 · 서영조, 2005; 이해주 외, 2006).

그러나 이 이론은 자아개념과 비행과의 관계에 대한 다양한 연구에 의해 의견이 일치하지 않는다는 지적을 받았다. 즉, 낮은 자아존중감과 비행의 관계에 대한 연구들은 거의 의견일치를 보였지만, 자아존중감과 비행의 인과관계에 대해서는 의견을 달리한다는 것이다. 낙인이론의 입장에서 자아개념은 비행을 가져오는 것이 아니라 비행의 결과로 인식된다는 것이다. 이처럼 이 이론이 다 설명하지 못하는 간극은 낙인이론과 같은 또 다른 설명에 의해 보완될 필요가 있다.

(6) 사회유대이론

사회유대이론은 미국의 범죄학자 허시가 1969년에 주창한 것으로, 범죄학에서 가장 널리 알려진 이론이다. 허시는 청소년의 문제행동에 영향을 미치는 중요한 요소로 사회적 유대감(social bond)을 제시했다. 그는 인간의 본성을 비동조적이고 이기적으로 보았으며, 이러한 본성을 가진 모든 사람은 잠재적으로 비행이나 일탈의 가능성이 동기화되어 있다고 보았다. 즉, 모든 청소년은 문제행동을 일으킬 수 있는 가능성이 있는 존재인데, 사회와의 유대가 약하면 문제행동이나 비행에 빠질 가능성이 많고 사회와의 유대가 강하면 유대가 통제력이 되어 문제행동을 자제하고 법과 규칙을 지키게 된다는 것이다. 이러한 점에서 허시의 이론은 '사회통제이론'으로 불리기도 한다.

허시에 따르면, 사회유대이론은 개인이 규범을 준수하도록 만드는 개인의 사회에 대한 유대 요인으로 애착, 전념, 참여, 신념이 포함되어 있다. 첫째, 애착(attachment)은 부모나 자신에게 중요한 사람과의 정서적 유대관계 또는 존경과 배려를 나타낸다. 예를 들어, 부모와의 정서적 결속관계와 친밀감이 강할수록 부모의 가치가 자녀에게 전달되어 자녀가 비행을 일으킬 가능성을 억제하는 역할을 할 수 있다. 그리고 부모와의 애착이 잘 형성된 청소년은 부모와의 사랑이나 존경심을 잃지 않으려고 문제행동을 쉽게 저지르지 못하게 된다. 둘째, 전념(commitment)은 청소년들이 사회에서의 일에 충실하게 관계 맺고자 하는 것으로, 학업이나 원하는 직업을 성취하기 위해 노력하고 헌신하는 것을 의미한다. 공부를 잘하기 위해 열심히 노력하는 학생이 문제행동을 하여 자신의 신망이나 평판을 잃지는 않을 것이라는 논리이다. 셋째, 참여(involvement)는 청소년이 관습적인 활동에 참여하는 것으로, 공부, 스포츠, 종교활동, 취미활동 등에 적극적으로 참여할수록 문제행동을 할 기회

가 줄거나 문제행동을 할 절대적인 시간이 부족하기 때문에 문제행동을 일으키지 않는다는 것이다. 넷째, 신념(belief)은 사회적인 규범과 도덕, 가치를 얼마나 수용하고 있는가 혹은 법을 지켜야 한다고 믿는 정도를 말한다.

허시는 이러한 사회적 유대가 결합하여 간접적으로 청소년의 문제행동의 가능성을 규율한다고 주장했다. 그러나 허시의 이론은 비행청소년 친구와의 접촉과 같은 중요한 원인이 되는 요인을 고려하지 않은 데에서 비판을 받았으며, 이 이론이 보다 심각한 범죄행동을 설명하는 데에는 한계가 있다는 지적을 받기도 하였다(김준호 외, 2018).

(7) 낙인이론

낙인이론(labeling theory)은 전통적 범죄학의 관심사였던 범죄자의 특성에서 벗어나 범죄와 사회적 반응의 상호작용, 즉 범죄가 생성되는 과정에 관심의 초점을 두고 있다. 낙인이론에서 말하는 사회적 반응은 다음의 세 가지로 분류한다. 첫째, 범죄자의 친구, 부모, 배우자, 목격자 등 그의 행위를 '못마땅해하는' 타인들, 둘째, 범죄자에 대해 모종의 조치를 취할 의무가 있는 형사사법기관, 셋째, 범죄자와 접촉한 것은 아니지만 특정 행위에 위협이나 증오를 느끼고 그 행위를 처벌하는 법이 통과되기를 바라는 사람들이다. 이들의 반응은 서로 다를 수 있고, 그 사안에 따라 전부 또는 일부만을 지칭하기도 하지만 범죄에 대한 반응이라는 공통점을 지닌다. 이러한 사회적 반응들은 특정 행위나 행위자에게 범죄 또는 범죄자라는 딱지를 붙이기 때문에 말 그대로 'label'이라고 부를 수 있고, 여기서 낙인이론이라는 명칭이 나온 것이다(Paternoster & Bachman, 2013; 이기헌, 2015 재인용). 즉, 낙인이론은 경찰이나 교사, 부모 등이 어떤 행위를 수행한 청소년에게 붙이는 '비행자' 혹은 '문제청소년'이라는 호칭이나 명명이 그들이 다음에 일으키는 문제행동의 원인이 된다는 관점이다(김진화 외, 2002).

이런 맥락에서 낙인이론은 상징적 상호작용론에 그 뿌리를 두고 있다고 할 수 있다. 즉, 자기 자신에 대한 개념은 타인이 자신을 어떻게 보고 생각하는가에 의해 자아가 형성되며, 타인으로부터 낙인을 받으면 비행청소년으로서 자아가 형성되어 비행자답게 행동을 하게 된다는 것이다.

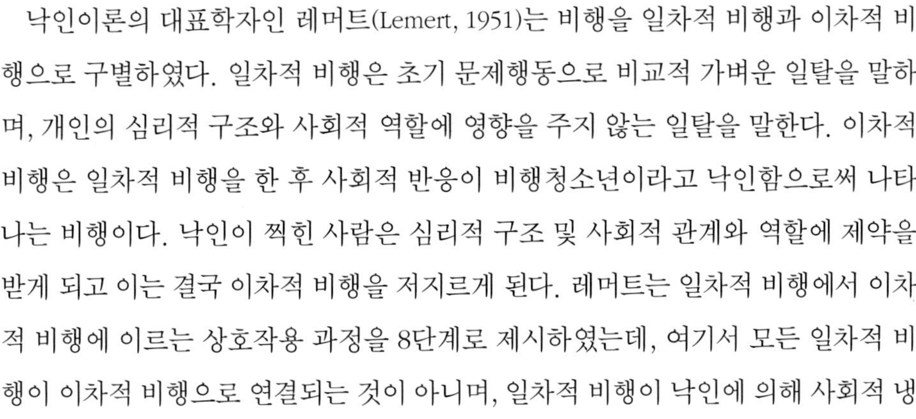

낙인이론의 대표학자인 레머트(Lemert, 1951)는 비행을 일차적 비행과 이차적 비행으로 구별하였다. 일차적 비행은 초기 문제행동으로 비교적 가벼운 일탈을 말하며, 개인의 심리적 구조와 사회적 역할에 영향을 주지 않는 일탈을 말한다. 이차적 비행은 일차적 비행을 한 후 사회적 반응이 비행청소년이라고 낙인함으로써 나타나는 비행이다. 낙인이 찍힌 사람은 심리적 구조 및 사회적 관계와 역할에 제약을 받게 되고 이는 결국 이차적 비행을 저지르게 된다. 레머트는 일차적 비행에서 이차적 비행에 이르는 상호작용 과정을 8단계로 제시하였는데, 여기서 모든 일차적 비행이 이차적 비행으로 연결되는 것이 아니며, 일차적 비행이 낙인에 의해 사회적 냉대와 제재로 이어질 때 이차적 비행이 발생한다고 하였다(김진화 외, 2002).

1단계: 최초의 일차적 비행
2단계: 사회적 제재
3단계: 일차적 비행의 반복
4단계: 보다 강력한 사회적 제재와 거부
5단계: 제재를 가하는 사람에 대한 분노와 적의에서 비롯된 비행
6단계: 사회의 인내 한계를 넘음으로써 낙인이 찍힘
7단계: 낙인과 부정적 제재에 대한 반작용으로 비행이 점차 악화됨
8단계: 사회적 낙인에 부합된 행동 및 역할을 수행하게 됨

이러한 낙인이론은 1960년대에 미국에서 범죄학상의 혁명으로까지 불리며 학계의 주목을 받았으나 이후 여러 반론과 도전을 받으면서 세력이 약화되기도 하였다. 그러나 1990년대부터 새롭게 재해석되어 지금까지도 관심을 받으며 발전 중인 이론이다. 특히 다른 범죄이론과 비교했을 때 낙인이론은 범죄정책이나 형사실무에 즉각적이고 중대한 영향을 미쳤다는 점은 매우 의미 있으며, 구체적인 실천방안으로는 비범죄화, 선도조건부 기소유예, 적법 절차 준수, 탈시설화 등이 있다(이기헌, 2015). 한편, 낙인이론에 대한 비판으로는 첫째 사회적 반응과 무관한 범죄현상이 존재한다는 것이다. 즉, 수사기관에 적발되었을 때 이미 상습범죄자인 자들도 있는데 이는 낙인이론으로 설명이 어려우며, 낙인은 상습범죄자들을 만드는 여러 원인

가운데 하나에 불과하다고 보아야 한다는 것이다. 둘째, 낙인효과의 개인차를 무시했다는 것이다. 낙인론자들은 일단 낙인찍힌 사람들은 선택의 여지없이 자동적으로 범죄로 연결되는 것으로 묘사한다. 하지만 낙인화가 이후 재범에 미치는 악영향을 인정하더라도 이는 지나치게 결정론적이고 단순화된 논리라는 것이다. 즉, 낙인찍혔다 하더라도 그 강도는 사람마다 다르고 낙인 후 접하게 되는 환경에도 무시할 수 없을 정도의 개인차가 존재한다는 것이다.

02 청소년보호에 대한 관점

1) 청소년에 대한 인식과 청소년보호

청소년에 대한 인식의 중요성은 일찍부터 인식되어 왔다. 그러나 그리스 시대와 중세에 이르기까지 청소년에 대한 인식은 독립된 인격체로서의 관심보다는 성인에 비하여 정신적 · 신체적으로 미성숙하고 판단능력이 부족한, 특별히 보호되어야 할 필요성이 있는 존재로 인식되어 왔다. 이 때문에 청소년은 아직 성장과정에 있는 미성숙한 존재이므로 사회규범을 제대로 따르지 못하고 문제행동을 할 경향이 크다고 보았다. 이러한 인식으로 청소년은 부모에게 엄격하고 혹독한 훈육을 받아야 하며 부모에게 복종해야 하는 대상이었으며, 이들이 사회규범을 어겼을 때에는 벌이 규정되어 있기도 하였다. 심지어 7세 이후의 어린이라 할지라도 어른과 같은 법률로 재판을 받았으며, 이러한 규정은 근대사회 초기인 15~16세기까지 계속되었다가 1800년경이 되어서야 형사책임연령이 14세 전후로 늦추어지기도 하였다(이해주 외, 2006). 특히 18세기 중엽 루소(J. J. Rousseau, 1712~1778)가 청소년에 대해 보다 계몽된 견해를 제시한 것은 청소년에 대한 인식과 사회의 시각에 상당한 영향을 미쳤으며, 청소년이 제대로 인식되기 시작하는 데 선구적 역할을 했다고 볼 수 있다.

이후 급격하면서도 많은 사회적 변화를 겪으면서 한국을 비롯한 선진 각국에서 청소년들은 과거에 비해 현저한 사회적 지위와 역할을 획득하였다. 이러한 시대적 변화에도 여전히 사람들은 '청소년'하면 '문제'라는 단어를 떠올리거나 '특별히 보호

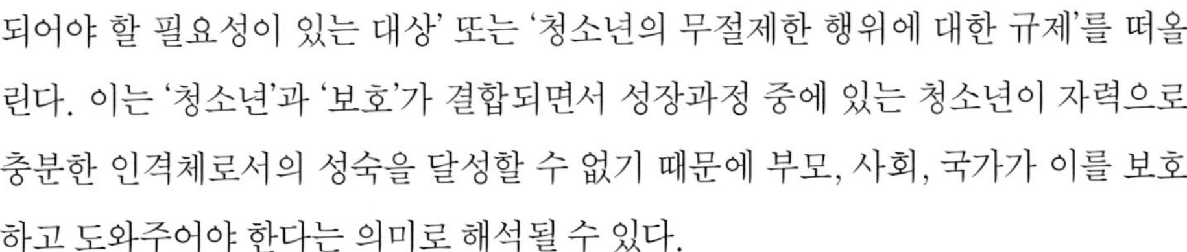

되어야 할 필요성이 있는 대상' 또는 '청소년의 무절제한 행위에 대한 규제'를 떠올린다. 이는 '청소년'과 '보호'가 결합되면서 성장과정 중에 있는 청소년이 자력으로 충분한 인격체로서의 성숙을 달성할 수 없기 때문에 부모, 사회, 국가가 이를 보호하고 도와주어야 한다는 의미로 해석될 수 있다.

이와 같이 청소년을 미약한 존재로 보며, 성인의 보호가 필요하다고 보는 '청소년보호'는 보호론적 관점으로 협의의 시각으로 볼 수 있다. 보호론적 관점의 정책 기조는 주로 정부 주도적이며 개별행위에 초점을 맞추는 미시적 접근, 즉 청소년의 생활을 규제하는 데 초점을 두고 있다. 이에 대해 다른 청소년학자들은 협의의 시각은 개별주체로서 청소년이 갖는 기본 권리를 축소할 뿐만 아니라 오히려 발달에 방해가 되는 요인을 재생산한다는 주장을 제기하기도 하였다. 따라서 청소년을 보호의 객체로 대상화하는 것이 아닌 청소년보호의 개념을 보다 적극적이고 광의적으로 해석하는 새로운 관점이 필요하다는 논의가 더욱 관심을 받고 있다(김지경 외, 2015; 모경환 외, 2014).

2) 청소년보호에 대한 시대사적 관점의 변화

청소년보호는 시대와 사회적 가치가 청소년을 어떠한 방식으로 이해하고 바라보는가에 따라 관점이 변화되어 왔으며, 산업사회 이후 사회 변화 속에서 청소년보호를 위한 국가의 개입은 사회적 요구와 역할의 필요로 인하여 지속적으로 확대 및 강화되어 왔다.

지금부터는 김지경 등(2015)에 의해 보고된 국가의 청소년보호 역할에 대한 시대사적 관점을 적극 살펴볼 필요가 있겠다. 이는 청소년기가 갖는 사회적·국가적 의미와 청소년보호의 진정한 의미를 발전시킬 수 있는 근거가 될 것이다.

18세기까지 국가의 기능은 야경국가(夜警國家)에 머물렀다. 야경국가란 17세기 중엽~19세기 중엽에 걸친 자본주의 국가의 국가관으로, 국가의 기능은 외적의 방어, 국내치안의 유지, 최소한의 공공사업만을 행하며 나머지는 자유방임에 맡길 것을 주장하였다. 그러므로 청소년은 부(父)에 예속된 존재였으며, 국가는 부(父)의 절대 권한이 행사되는 가정을 사적영역으로 보고, 사적영역 안에 존재하는 청소년에

대해서는 어떠한 개입도 하지 않았다.

19세기 산업혁명 과정에서 아동의 노동착취, 극심한 빈곤과 질병 등의 문제와 더불어 산업사회를 유지하기 위한 숙련노동자에 대한 수요가 발생하였고, 이에 따라 학교교육에 대한 요구가 높아지면서 청소년이 가정과 학교에서 보호받을 수 있도록 하는 국가의 개입이 요구되기도 하였다. 이러한 당시의 사회적 배경을 바탕으로 학교교육제도가 발전되었으며, 청소년에 대한 인식에 많은 변화가 일어났다.

20세기에는 복지국가가 출현하면서 다양한 복지에 대한 요구가 증가하였고, 국가의 가정영역에 대한 직접 개입보다는 가정의 보호기능을 지원하는 방식으로 변화하였다. 즉, 국가는 다양한 사회보장제도를 통해 자녀 양육수당을 제공하고, 청소년 보호와 교육을 위한 공공지출을 증대시켰다. 21세기 후반인 1989년에 유엔아동권리협약이 채택된 이후 현재까지 청소년의 개별주체로서의 권리가 강조되면서 이를 보호하기 위한 국가의 적극적 개입이 요구되고 이에 대한 정책적 대응이 이루어지고 있다.

탈산업사회의 도래와 전통적 가족기능의 약화, 그리고 매체 환경영역의 급격한 발전과 지속적인 변화 하에서 청소년보호를 위한 국가의 책임과 역할은 증대되고 있으며, 이에 대응하고자 청소년에 유해한 환경을 규제하는 수단은 발전되고 있다고 볼 수 있다. 그러나 국가의 책임과 역할이 현재의 수준보다 더 정교해져야 하고 청소년보호를 위한 규제의 수준도 강화되어야 한다는 주장이 제기되고 있는 반면, 다른 한편에서는 국가의 개입과 규제의 수단이 강화될수록 청소년보호에 있어 인권주체로서의 청소년의 자율성이 배제된다는 지적이 동시에 제기되고 있다.

지금까지의 내용을 요약해 보면, 첫째 국가의 역할이 초기 가족에 대한 불간섭주의에서 점차 국가의 개입과 역할을 강조 및 확대하는 방향으로 변화되었다. 둘째, 청소년에 관한 국가의 이념은 단순한 보호의 차원을 넘어서 점차 권리의 인정과 수용 및 보장의 방향으로 변화되었다. 셋째, 자녀의 양육권에서 보다 청소년의 광범위한 권리를 인정하게 되었고, 이는 20세기 초 아동·청소년권리협약 이후의 일이다. 넷째, 청소년의 권리 보호의 책임이 가족의 책임에서 국가의 책임으로 전환되었다고 할 수 있다(정순원, 2006).

03 미래 사회를 위한 청소년보호의 발전적 방향

우리나라뿐만 아니라 세계 어느 나라에서나 청소년은 매우 중요하다. 또 청소년은 이 나라를 이끌어 갈 주역이자 미래 사회의 희망이라고 하며 '청소년보호'의 중요성과 목적을 강조하여 왔다. 그럼에도 우리나라 청소년정책의 역사를 돌이켜보면 국가 정책적 관점에서 현재와 미래의 영속성을 치밀하게 유지시키려는 외연확대보다는 청소년을 사회적 일탈과 비행의 문제적 관점을 고착화하는 수준과 관점이 주류를 이루어 왔다(권일남, 2016). 청소년보호는 청소년문제를 예방하고 이들에게 유해한 환경이나 위험으로부터 보호하는 것도 중요한 보호의 목적이긴 하지만 이것이 궁극적인 목적은 아니다. 이러한 문제적 관점의 청소년에 대한 접근은 청소년의 사회적 활력을 방치하고 긍정적인 궤도에 있도록 하는 중요한 기회를 상실하게 한다는 데 주의를 기울일 필요가 있다.

적극적 관점은 이러한 문제적 관점에 대한 비판으로부터 대두되었으며, 적극적 관점은 청소년을 문제와 희생으로 보는 견해와 달리 강점, 자산, 잠재성과 자원을 가진 존재로 본다. 청소년은 스스로 변화시킬 수 있는 능력을 가지고 있으며 자신의 삶을 통제할 수 있는 능력, 즉 강점을 가진 존재이다. 청소년은 그들의 건강한 삶의 기회를 증대시키고 개인적 · 생태적 자산성을 소유하고 개발할 수 있는 자원을 가진 존재이다. 이러한 청소년의 역량 강화를 위한 적극적 관점으로의 전환은 청소년에 대한 고정 관념과 선입견을 바꾸고 사후대처적인 해결로 인해 파생되는 문제를 지양할 수 있게 할 것이다. 그리고 청소년의 발달과 삶의 질, 건강과 인권을 증진하고 옹호하는 데 이르기까지 청소년을 위한 사회복지실천의 기반이 될 수 있다(천정웅 외, 2017).

이처럼 청소년보호에 대한 적극적 관점은 청소년의 문제예방과 청소년보호를 위한 새로운 접근의 기반이 될 수 있다. 이러한 접근에서 건강한 성장을 위한 청소년보호의 새로운 방향을 정리하면 다음과 같다(배규한, 2014).

첫째, 청소년보호를 위해서는 무엇보다 청소년문화를 올바르게 이해하는 것이 중요하다. 청소년문화란 대부분 일탈적인 것이므로 당연히 변하여 일반 문화로 동

화되어야 할 것으로 생각하고 오해하는 경향이 있다. 또한 청소년문화가 마치 시대 변화나 사회 환경과는 무관하게 청소년들에 의해 만들어진 것으로 생각하는 것은 옳지 못하며, 청소년기는 기성세대를 따르기 위한 준비단계가 아니다. 청소년기는 그 자체로서 삶의 중요한 시기이며, 청소년문화는 다양한 사회문화적 요인과의 관련 속에서 청소년들이 만들어 낸 그들의 소중한 생활양식이자 삶의 양식이다.

둘째, 청소년정책이 새로운 미래 창조를 지향하기 위해서는 무엇보다 먼저 청소년의 시대사적 의미를 올바로 인식해야 한다. 청소년을 '보호의 객체'가 아니라 '미래 창조의 자율적 주체'로 인식하고, 청소년보호 정책 수립과 집행의 관점을 청소년의 입장에 맞출 수 있어야 한다. 그리고 청소년들이 자신의 관심과 취향에 따라 체험을 통하여 스스로 도전해 나감으로써 잠재적 역량을 계발해 나갈 수 있도록 지원하고 도와줄 수 있어야 한다. 이는 미래 정보 사회의 동력은 인적 자본에서 나오고, 미래의 인적 자본은 바로 청소년이기 때문이다. 따라서 청소년들이 글로벌 수준의 인재로 성장할 수 있도록 국제 기준에 부합하는 청소년인권 보장을 제도화해 나갈 필요가 있다. 그리고 일부 청소년문제 대신 전체 청소년을 정책대상으로 하며 보호, 육성, 복지 등의 영역별 정책보다 구조적·제도적 개선방안을 모색하는 거시적 접근에 바탕을 두어야 한다. 이러한 새로운 방향 전환은 한 차원 더 높은 청소년보호를 가능하게 할 것이다.

셋째, 청소년과 관련하여 교육제도는 무엇보다 중요하다. 과거 산업화시대에는 대중 교육제도를 통해 산업인간을 길러 냄으로써 산업문명을 발전시킬 수 있었지만, 이 제도는 더 이상 정보인을 길러 내기에 적합하지 않다. 정보 사회에 부응하는 교육제도를 형성하기 위해서는 과거보다는 미래의 관점에서, 산업인이 아니라 정보인의 가치를 기준으로 새로운 제도를 모색해 나가야 할 것이다(배규한, 2014). 한편, 핀란드는 2020년까지 전통적인 수업과정을 4C[소통(communication), 창의성(creative), 비판적 사고(critical thinking), 협업(collaboration)]를 강조하는 주제로 대체할 것이라고 발표했다. 이들에 의하면, 이 네 가지 기술은 팀워크나 협업의 핵심기술이며 오늘날 우리가 살아가는 '초연결 사회'에 가장 적합한 기술이라고 한다. 또한 많은 사람이 교육과 학습은 창의성, 문제해결, 기업가 정신, 관용, 공감, 지능 향상에 초점을 맞추어야 한다고 주장한다. 이처럼 무엇보다도 교육과 학습의 근본적인 변화는 필수이다(박영숙 · 제롬 글렌, 2016). 따라서 교육개혁의 목표부터 바로 정립해야 한다. 교육개혁의 목표를 현재 교육 현장의 당면문제를 해결하는 '공교육 살리기'에 둘 것이 아니라, 기존의 교육제도 자체를 완전히 새로운 제도로 대처해 나가는 데 두어야 할 것이다. 정보사회에 부응하는 새로운 교육제도의 모색이야말로 청소년보호의 가장 근본적이며 핵심적인 과제이다.

넷째, 청소년보호정책의 발전적 변화이다. 이를 위해서 가장 우선적인 과제는 청소년에 대한 사회적 인식의 전환과 청소년보호정책의 중요성에 대한 사회적 공감대를 형성해야 한다. 즉, 청소년은 미성숙하거나 기성세대의 가치와 기준에 따라야 하는 주변부가 아니라, 스스로 잠재력을 계발해 나가는 미래세대이며 미래의 공기를 호흡하는 첨단세대이며 지금 이 시대에 활력을 불어넣는 창조세대라는 것이다. 또한 청소년보호정책을 국가 발전을 위한 미래지향적 정책으로 바꿔 나가기 위해서는 청소년보호의 개념을 보다 적극적이고 광의적으로 해석하여 「청소년보호법」을 개정할 필요가 있다. 유해환경의 차단 및 규제를 넘어 건전한 생활환경을 조성하고, 청소년의 일탈 통제 차원을 넘어 건강한 성장을 위한 새로운 사회 환경을 형성할 수 있도록 「청소년보호법」의 입법 취지와 실천영역을 보다 확대해야 할 것이다. 그리고 청소년의 보호, 육성, 복지, 인권, 참여 등 제반 분야의 정책을 총괄하고 통합적으로 조정해 나갈 수 있는 전담 행정기구를 설립해야 한다.

요약

1. 생물학적 이론에서는 인간의 특정한 체형이나 염색체, 신경학적 이상 등 생물학적 요인이 문제행동의 원인이라고 본다. 최근 생물학적 이론에서는 생화학적 요인, 뇌, 신경생리학적 기능장애, 유전적 영향 등의 관점으로 청소년의 반사회행동을 설명하기도 하며, 후기 생물학적 이론에서는 범죄자들의 일탈적 행동이 생물학적 구성요인과 물리적이고 사회적인 상호작용의 결과로 발생한다는 입장을 제시하고 있다.

2. 심리학적 이론에서는 청소년문제의 원인을 발달과정에서 생기는 심리적 불안이나 욕구불만, 특수한 성격요소 등 개인의 심리적 특성에 두고 있다. 청소년문제를 설명하는 대표적인 심리학적 이론으로는 정신분석이론, 인지이론, 성격이론, 행동주의 이론 등이 있다.

3. 사회학적 이론에서는 청소년비행의 원인에 있어 사회환경적 요인을 매우 중요하게 분석하고 있다. 사회학적 이론에는 많은 하위이론이 존재하는데, 대표적으로 사회해체이론, 아노미 이론, 차별접촉이론, 하위문화이론, 봉쇄이론, 사회유대이론, 낙인이론 등이 있다.

4. 21세기 후반인 1989년에 유엔아동권리협약이 채택된 이후 현재까지 청소년의 개별주체로서의 권리가 강조되면서 이를 보호하기 위한 국가의 적극적 개입이 요구되기도 하고, 청소년보호의 개념을 보다 적극적이고 광의적으로 해석하는 새로운 관점이 필요하다는 논의가 제기되고 있다.

5. 적극적 관점은 청소년을 문제와 희생으로 보는 견해와 달리 강점, 자산, 잠재성과 자원을 가진 존재로 본다. 즉, 청소년은 스스로 변화시킬 수 있는 능력을 가지고 있으며 자신의 삶을 통제할 수 있는 능력을 가지고 있는 존재이다.

6. 미래 사회의 건강한 성장을 위한 청소년보호의 새로운 방향으로는 첫째, 청소년문화에 대한 올바른 이해의 중요성이다. 둘째, 청소년의 시대사적 의미를 올바로 인식하고 청소년정책이 새로운 미래 창조를 지향해야 한다는 것이다. 셋째, 미래 정보 사회에 부응하는 새로운 교육제도를 모색하는 것은 청소년보호의 가장 근본적이며 핵심적인 과제이다. 넷째, 청소년보호정책의 발전적 변화이다. 청소년 일탈의 통제 차원을 넘어 건강한 성장을 위한 새로운 사회화 환경을 형성할 수 있도록 「청소년보호법」의 입법 취지와 실천영역을 보다 확대할 수 있는 범부처적인 협력이 필요하다는 것이다.

참고문헌

권일남(2016). 청소년 정책의 발전적 탐색 논의. **한국청소년활동연구**, 2(2), 19-42.

김미경(2005). 교정사회복지를 위한 도덕딜레마 교육의 적용가능성에 관한 연구-경기도 보호관찰 청소년을 중심으로-. 강남대학교 대학원 석사학위논문.

김영한 · 조아미 · 이승하(2013). **청소년문제행동 저연령화 실태 및 정책 과제 연구**. 서울: 한국청소년정책연구원.

김영화(2012). **학교폭력, 청소년 문제와 정신건강**. 경기: 한울.

김정열(2017). **청소년 문제와 보호**. 경기: 지식공동체.

김주희(2016). 비행 여자 청소년의 비행 발현 과정과 재비행 요인 탐색-근거이론을 활용한 질적 연구. 성신여자대학교 대학원 박사학위논문.

김준호 · 노성호 · 이성식 · 곽대경 · 박정선 · 이동원 · 박철현 · 황지태 · 박성훈 · 최수형(2018). **청소년 비행론**. 서울: 청목출판사.

김지경 · 최인재 · 손희정 · 이계백(2015). **제2차 청소년보호종합대책 수립을 위한 기초연구**. 서울: 여성가족부.

김진화 · 송병국 · 고운미 · 이채식 · 최창욱 · 임형백 · 이창식 · 김경준 · 김진호 · 권일남 · 양승춘(2002). **청소년 문제행동론**. 서울: 학지사.

노안영 · 강영신(2003). **성격심리학**. 서울: 학지사.

모경환 · 이미리 · 김명정(2014). **청소년 문제와 보호**. 경기: 교육과학사.

박영숙 · 제롬 글렌(2016). **세계미래보고서 2050**. 서울: 교보문고.

박철현 · 서영조(2005). 긍정적 자아개념과 청소년 비행: 레크리스의 봉쇄이론의 검증. **형사정책연구**, 16(1), 225-253.

박현선, 김유경(1992). 가족관계와 청소년 비행 및 부부관계 및 부모-자녀관계를 중심으로. **한국사회복지학회**, 32, 113-135.

배규한(2014). **청소년보호의 시대적 중요성과 미래의 바람직한 방향**. 서울: 한국청소년정책연구원.

신성철 · 이동성 · 장성화 · 김정일 · 임순선(2017). **청소년 문제와 보호**. 경기: 정민사.

안철문(2001). 청소년 비행에 관한 사회적 환경과 개인적 특성의 관련성 연구. 원광대학교 대학원 석사학위논문.

이기헌(2015). 낙인이론의 재조명. **홍익대학교 법학연구소**, 16(3), 371-400.

이자영 · 정경은 · 하정희(2017). **청소년 문제와 보호**. 서울: 학지사.

이해주 · 이미리 · 모경환(2006). **청소년 문제론**. 서울: 한국방송통신대학교출판부.

전대양(2002). 현대사회와 범죄. 경기: 형설출판사.

정순원(2006). 청소년의 인격성장권과 사이버공간에서의 청소년보호. 성공회대학교 대학원 박사학위논문.

천정웅 · 한상철 · 임지연(2000). 현안 청소년문제 분석 연구: 청소년 사이버일탈과 비행이론의 적용. 서울: 한국청소년정책연구원.

천정웅 · 전경숙 · 오정아 · 김세광 · 박선희(2017). 청소년문제와 보호 적극적 관점. 경기: 양성원.

최은영 · 양종국(2005). 청소년비행 및 약물중독상담. 서울: 학지사.

Akers, R. L., & Sellers, C. S. (2011). 범죄학 이론(민수홍 · 박기석 · 박강우 · 기광도 · 전영실 · 최병각 역). 경기: 나남출판사. (원전은 2004년에 출판).

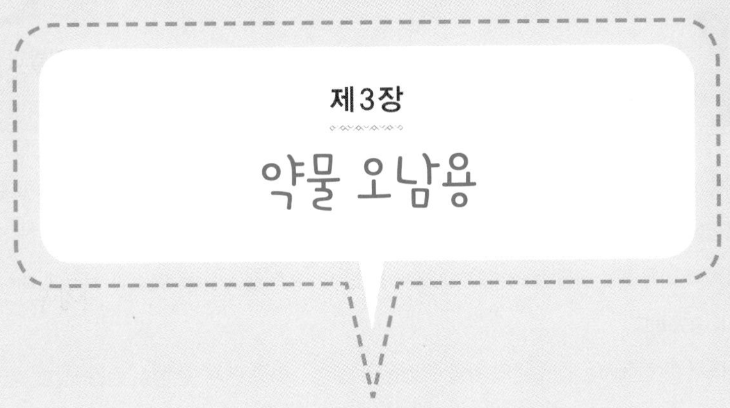

제3장

약물 오남용

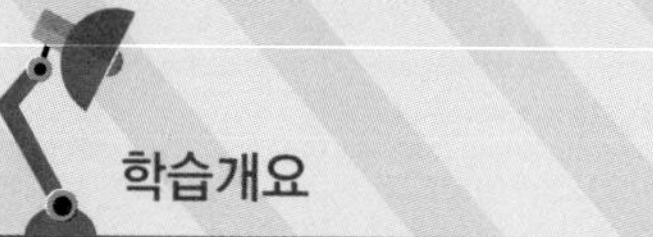

학습개요

약물 오남용은 청소년기의 신체 및 정신 건강에 부정적인 영향을 미치며, 사회일탈 행위에도 영향을 미쳐 청소년의 건전한 성장발달을 저해한다. 더불어 약물 오남용 예방 등에 투입되는 사회적 비용의 손실을 초래한다. 그래서 청소년기의 약물 오남용 예방과 치료에 대한 대책 마련이 중요하다.

따라서 이 장에서는 청소년의 약물 오남용의 실태 그리고 신체 및 정신 건강, 사회일탈 행위에 미치는 영향, 청소년 약물 오남용의 현안 문제 등 청소년기의 약물 오남용의 심각성에 대해 살펴보고자 한다. 약물 오남용 중에서도 가장 많은 비중을 차지하는 음주와 흡연에 대해 중점적으로 살펴보고, 이어서 청소년마약범죄에 대해 알아보고자 한다. 마지막으로 이러한 내용들을 토대로 청소년의 약물 오남용 예방에 대한 지원 대책을 모색하고자 한다.

01 청소년의 약물 오남용

우리가 흔히 약물이라고 일컫는 것은 다양한 종류의 약물을 포함하고 있으며, 특히 정상적인 용도의 약품도 약물이라는 단어로 포괄적으로 사용하고 있다. 약물남용의 정의에 대해 살펴보면, 일반적으로 치료 등 의학적 상식이나 사회적 관습으로부터 벗어나 다른 용도, 예컨대 쾌락과 환각을 목적으로 사용하는 경우를 말한다. 즉, 약물남용은 어떤 약물인가가 중요한 것이 아니라 약물의 사용용도가 중요하다. 진통제나 수면제와 같은 일반 약물도 환각의 목적으로 사용하는 것은 넓은 의미에서 약물남용이라고 할 수 있다(강은영 · 이성식, 2004). 세계보건기구(WHO)에서는 약물 사용으로 나타난 결과와 관계없이 비의학적 또는 허용되는 의료와 일치하지 않게 약물을 사용하는 것을 약물 오남용이라고 하고 있다. 또한 미국 약물남용연구소(National Institute on Drug Abuse: NIDA)에서는 처방의약품을 처방한 용도와 다르게 또는 어떤 기분이나 경험을 유도하기 위해 처방 없이 사용하는 것이라고 설명하고 있다(채수미, 2015).

청소년에게 있어 처방의약품의 남용 외에도 문제시되는 대표적인 약물로는 술, 담배, 마약류 등을 들 수 있다. 술과 담배는 알코올 및 니코틴 중독 등의 부정적인 문제를 일으킬 수 있어 청소년에게 금지되는 약물이다. 특히 마약류는 중독성이 매우 강해 의료용을 제외하고는 엄격하게 금지되는 약물이다. 통상적으로 환각이나 의존성을 발휘하는 약물이라고 하면 주로 마약류라는 용어로 정의한다(최재윤 · 이광섭, 2011). 세계보건기구(WHO)에서는 마약류를 약물 사용에 대한 욕구가 강제적일 정도로 강하고, 사용약물의 양이 증가하는 경향이 있으며, 금단현상 등이 나타나며, 개인에 한정되지 아니하고 사회에도 해를 끼치는 약물이라고 정의하고 있다(허성욱, 1997). 앞의 내용을 토대로 본 교재에서는 청소년의 약물 오남용을 "청소년이 법적 규제의 대상이 되는 술, 담배, 마약류 약물과 일반적인 처방의약품 등을 비의학적 또는 사용용도와 다르게 쾌락과 환각을 목적으로 사용하는 것"이라고 정의하였다.

청소년들의 약물 사용은 엄격하게 규제되고 있으나 청소년들의 금지 약물 사용은 증가하고 있는 것으로 나타났다. 실제 조사 결과에 의하면, 청소년들의 금지 약물 사용 경험율은 2014년에 0.4%에서 2016년에는 0.8%로 2년 사이에 2배 증가한 것으로 나타났다(조준호, 2018). 약물 오남용의 문제는 개인뿐만 아니라 사회 전반적으로 매우 심각한 영향을 미치는 중대한 사회문제이다. 특히 청소년기에 있어서 약물은 일단 시작하게 되면 벗어나기 힘들고, 더욱 깊이 중독상태에 빠지게 되며(김소야자 · 현명선 · 성경미 · 공성숙, 1993), 남용자의 정신과 육체를 황폐화시키는 것은 물론 각종 범죄를 유발시킴으로써 사회에 직접적인 영향을 미친다(최재윤 · 이광섭, 2011). 또한 청소년의 유해약물 중독은 약물의 중독적인 특성으로 인하여 상습적인 성인 중독자로 발전하는 데 중요한 요인으로 작용하고 있어 청소년이 건강한 성인으로 발달하는 데 치명적인 영향을 미친다(한국청소년개발원 · 한국보건사회연구원, 2004). 최순화(2003)는 청소년기의 약물남용은 성인의 약물남용에 비하여 세 가지 면에서 위험요소가 크다고 하였다. 첫째, 청소년은 신체적 발육이 완전히 끝나지 않은 상태이므로 남용하고 있는 약물에 의해서 신체조직, 특히 골수, 뇌, 간, 신장 등의 손상가능성이 높다. 둘째, 약물에 중독된 청소년은 더 공격적이고 역동적이어서 판단력이 쉽게 마비되어 위험하고, 때로는 자신과 타인의 생명을 위협하는 과격한 행동을 할 가능성이 높다. 셋째, 성인기로 들어가면 마약과 같은 더욱 강력한 약물의 남용 및 의존으로 될 수 있다.

1) 청소년의 약물 오남용 실태

청소년의 약물 오남용 실태를 파악하는 것은 쉽지 않다. 합법적으로 처방 받은 의약품을 치료적 목적 이외에 사용하는 것에 대한 실태 확인도 쉽지 않을 뿐만 아니라 특히 술, 담배, 마약류와 같은 불법 약물 사용에 대한 실태는 처벌이나 사회의 비난이 두려워 조사를 회피할 수 있기 때문이다. 따라서 공식통계에 나타난 약물남용의 실태를 중심으로 살펴보고자 한다.

(1) 청소년마약범죄

청소년 마약류 사범은 전체 마약류 사범에 있어 차지하는 비율이 2007년 0.2%, 2010년 0.4%, 2013년 0.6%, 2016년 0.9% 수준으로 2007년부터 2016년까지 소폭으로 증감을 반복하고 있는 것으로 나타났다. 2016년 청소년마약범죄의 마약류별 현황을 보면, 대체로 마약과 대마에 비해 향정신성의약품[메스암페타민(속칭 히로뽕), MDMA(엑스터시), LSD(무색 · 무취 · 무미 환각제) 등]의 비중이 75.2%로 가장 높은 수치를 차지하였다(여성가족부, 2017).

표 3-1 연도별 청소년 마약류 사범 현황

(단위: 명, %)

구분	전체 마약류 사범	청소년 마약류 사범
2007년	10,649(100)	19(0.2)
2008년	9,898(100)	23(0.2)
2009년	11,875(100)	82(0.7)
2010년	9,732(100)	35(0.4)
2011년	9,174(100)	41(0.5)
2012년	9,255(100)	38(0.4)
2013년	9,764(100)	58(0.6)
2014년	9,742(100)	102(1.0)
2015년	11,916(100)	128(1.1)
2016년	14,214(100)	121(0.9)

*출처 : 여성가족부(2017).

표 3-2 연도별 청소년마약범죄의 마약류별 현황

(단위: 명, %)

구분	전체	청소년 마약류			
		마약	향정신성의약품	대마	합계
2007년	10,649	–	13(68.4)	6(31.6)	19(100)
2008년	9,898	–	16(69.6)	7(30.4)	23(100)
2009년	11,875	2(2.4)	55(67.1)	25(30.5)	82(100)
2010년	9,732	–	16(45.7)	19(53.3)	35(100)

2011년	9,174	–	34(82.9)	7(17.1)	41(100)
2012년	9,255	–	26(68.4)	12(31.6)	38(100)
2013년	9,764	2(3.4)	39(67.2)	17(29.3)	58(100)
2014년	9,742	–	48(47.1)	54(52.9)	102(100)
2015년	11,916	–	78(60.9)	50(39.1)	128(100)
2016년	14,214	2(0.2)	91(75.2)	28(24.6)	121(100)

*출처 : 여성가족부(2017).

(2) 청소년의 음주

2017년 청소년건강행태온라인조사(교육부 · 보건복지부 · 질병관리본부, 2017)에 의하면, 우리나라 청소년들의 음주율은 감소 추세를 보이고 있다. 하지만 관심 있게 지켜봐야 할 부분은 처음 음주를 시작한 연령이 13.5세로 나타났다는 것이다. 이렇게 어린 나이에 음주를 시작하게 되면 건강 관련 문제에 대한 위험이 증가하게 된다(현안나, 2012). 선행연구에서도 조기 음주의 시작은 건강문제, 범죄행위 연루, 성적인 문제 등을 경험할 가능성이 매우 높다고 하였다(윤명숙 · 조혜정, 2011; Ellickson, Tucker, & Klein, 2003; Hingson, Heeren, & Winter, 2006). 특히 14세 이전에 음주를 시작할 경우 성인기에 고위험 음주에 빠질 위험이 3배 정도 높아지는 것으로 조사되었고, 고등학교 시절에 고위험 음주를 경험한 경우 대학생이 되어서 다시 고위험 음주자가 될 위험이 매우 높아지는 것으로 나타났다(장동균 · 김희선 · 차승현 · 최현진 · 이은환, 2015; Patrick & Schulenberg, 2013). 음주 시작 연령에 따른 알코올 의존율을 비교한 연구 결과에서도 만 18세 이후 성인기에 처음 음주한 사람의 경우 알코올 의존율이 3.9%인 반면에, 14세 이전에 음주한 사람의 경우에는 알코올 의존율이 17.8%로 약 4.5배 이상 유병률이 높은 것으로 나타났다(윤명숙 · 조혜정, 2011; Hoffman & Froemke, 2007). 이처럼 청소년 시기의 음주는 알코올에 대한 취약성을 증가시킬 뿐만 아니라 음주로 인한 각종 위험에 노출되어 건강한 성장 발달권을 침해한다.

청소년기의 음주는 청소년기의 신체적 건강을 위협하고 나아가서 성인기의 신체적 건강에도 좋지 않은 영향을 끼칠 수 있는 중요한 요인 중 하나이다(윤명숙 · 조혜정 · 이희정, 2009; Hoffman & Froemke, 2007). 술이 신체에 미칠 수 있는 폐해는 성인보다 청소년들에게 더 위험한 것으로 알려져 있다. 청소년은 신체 내의 세포를 비롯한 모든 조직이 계속적으로 성장하고 있는 단계에 있기 때문에 술의 영향이 더 크다. 청소년들에게는 성인보다 적은 음주량으로도 심장, 장, 간 등에 장애가 발생할 수 있다.

또한 청소년이 자주 지속적으로 폭음할 경우에 심각한 신체손상을 야기하며, 짧은 기간에도 떨림이나 초조, 발작 등의 금단 증상을 나타낼 수 있다. 폭음은 뇌의 조기 노화, 남성의 성기능 저하나 여성 불임의 원인이 될 수 있다(최은진, 2008). 음주를 하는 청소년의 경우 에스트로겐의 수치가 높아져 성인기에 유방암 발생 위험이 높아지는 것으로 보고되었다(김용석 · 김정우 · 김성청, 2001; 최은진, 2005). 청소년기의 음주는 신체적 건강에만 좋지 않은 영향을 미치는 것이 아니라 우울, 스트레스 등 청소년기의 정신적 건강에도 부정적인 영향을 미친다(김현옥 · 전미숙, 2007; 윤명숙 · 조혜정 · 이희정, 2009; 윤명숙 · 조혜정, 2011; 정슬기, 2011).

청소년기의 잦은 음주는 이 시기의 중요한 과제인 지적 · 정서적 자기형성에 장애를 가져와 자아존중감이 낮아지게 되며, '감정의 둔화'가 일어나 진실한 친구 관계 형성이 어려워서 소외되기도 한다. 또한 감정조절을 어렵게 만들어 성인에 비해 정신과적 합병증이 많이 나타날 수 있다. 청소년들의 경우, 음주로 인해 삶의 의욕을 상실하거나 또는 비관주의 경향으로 인해 음주상태에서 충동적인 자살시도가 더 많이 나타난다. 문제행동과 음주를 동반한 청소년(여학생)의 경우, 강박증, 우울증과 같은 정서적 측면의 정신증상을 나타냈고, 남학생의 경우 강박증, 적대감과 같은 행동적인 측면의 문제점이 나타났으며, 일반 청소년들보다 적대감, 우울증, 정신증, 강박증의 문제가 더 심한 것으로 나타나 음주가 이들의 정신건강에 부정적인 영향을 미치는 것으로 확인되었다(최은진, 2008). 또한 비음주 청소년들에 비해 음주 청소년들은 신체화, 대인예민성, 불안, 편집증, 자살 생각 등 다양한 정신건강 문제가 동반될 가능성이 높은 것으로 조사되었다(윤명숙 · 조혜정, 2009; 전종설, 2008; Best, Manning, Gossop, Gross, & Strang, 2006; Schilling, Aseltine, Glanovsky, James, & Jacobs, 2009).

청소년기의 음주는 청소년 비행행위 등 청소년들의 사회적 일탈행위에도 영향을 미칠 수 있다(한국청소년정책연구원, 2012). 청소년의 음주와 폭력행동의 관련성에 대한 연구를 보면, 청소년의 음주와 폭력행동이 서로를 강화한다는 결과를 보여주었다. 즉, 청소년의 음주가 증가할수록 폭력행동의 증가를 이끌고 폭력행동이 증

가할수록 음주가 늘어난다는 것이다(김재엽 · 이근영, 2010: Swahn & Donovan, 2005; White, Loeber, Stouthamer-Loever, & Farrington, 1999). 김현실과 김헌수(1999)는 음주 상태에서 청소년 비행 및 범죄가 음주하지 않았을 때보다 더욱 폭력적이고 치명적이었다고 하면서 음주와 청소년 비행 및 범죄와 상관성이 있다고 주장하였다. 구체적으로 살펴보면, 지난 1년 동안 폭력행동을 한 청소년들이 폭력행동을 하지 않은 청소년들에 비해 음주를 하는 비율이 1.4배나 높게 나타났다(김재엽 · 이근영, 2010; Ellickson, Saner, & McGuigan, 1997). 청소년의 음주는 청소년의 비행행동에 직접적인 영향을 미치며(김헌수 · 김현실, 2002), 금품갈취, 기물파손, 외박 또는 가출 경험 등의 청소년 일탈행위를 유발하는 등 다양한 청소년문제행동과 연관되어 있다(김용석, 2004; 현안나, 2014). 이처럼 청소년의 음주는 청소년의 신체 및 정신 건강에 부정적인 영향을 미칠 뿐만 아니라 사회적으로도 심각한 영향을 미친다. 따라서 청소년을 위한 금주 프로그램 제공 및 음주 예방 대책이 제대로 시행될 필요가 있다.

① 청소년의 음주 실태

2017년 청소년건강행태온라인조사(교육부 · 보건복지부 · 질병관리본부, 2017)를 보면, 음주율은 남학생 18.2%, 여학생 13.7%로 남학생이 높게 나타났고, 고등학생(남 26.2%, 여 19.5%)이 중학생(남 8.5%, 여 6.7%)에 비해 높은 비율을 보이는 것으로 조사되었다. 위험음주율은 남학생 8.8%로 여학생 7.6%보다 높았으며, 고등학생(남 14.3%, 여 11.8%)이 중학생(남 2.2%, 여 2.6%)에 비해 높게 나타났다. 문제음주율은 남학생 6.8%로 여학생 5.3%보다 높았으며, 고등학생(남 10.9%, 여 8.2%)이 중학생(남 1.8%, 여 1.9%)에 비해 높게 나타났다.

표 3-3 청소년의 위험음주율 및 문제음주율

(단위: %)

구분	위험음주율[1]	현재 음주자의 위험 음주율[2]	문제음주율[3]	현재 음주자의 문제 음주율[4]
2013년	7.6	46.8	6.6	40.5
2014년	7.9	47.5	6.5	38.9
2015년	8.4	50.2	6.0	36.1
2016년	7.5	50.4	5.4	35.8

2017년	8.2	51.3	6.1	37.9
남성	8.8	48.5	6.8	37.2
여성	7.6	55.4	5.3	38.9

* 1 위험 음주율: 최근 30일 동안 1회 평균 음주량이 중등도 이상인 사람의 분율(남자: 소주 5잔 이상의 음주자, 여자: 소주 3잔 이상의 음주자).
 2 현재 음주자 중에서 최근 30일 동안 1회 평균 음주량이 중등도 이상인 사람의 분율(남자: 소주 5잔 이상의 음주자, 여자: 소주 3잔 이상의 음주자).
 3 최근 12개월 동안 음주 후 문제행동(스트레스를 풀기 위해 또는 어울리기 위해 술을 마신 경험, 혼자서 술을 마신 경험, 가족이나 친구로부터 술을 줄이라는 충고를 들은 경험, 술을 마시고 오토바이나 자전거 운전을 하거나 술을 마신 사람이 운전하는 오토바이나 자전거, 자동차에 탑승한 경험, 술을 마시고 기억인 끊긴 경험, 술을 마시고 다른 사람과 시비를 벌인 경험)을 두 가지 이상 경험한 적이 있는 사람의 분율.
 4 현재 음주자 중에서 최근 12개월 동안 음주 후 문제행동(스트레스를 풀기 위해 또는 어울리기 위해 술을 마신 경험, 혼자서 술을 마신 경험, 가족이나 친구로부터 술을 줄이라는 충고를 들은 경험, 술을 마시고 오토바이나 자전거 운전을 하거나 술을 마신 사람이 운전하는 오토바이나 자전거, 자동차에 탑승한 경험, 술을 마시고 기억인 끊긴 경험, 술을 마시고 다른 사람과 시비를 벌인 경험)을 두 가지 이상 경험한 적이 있는 사람의 분율.

* 출처: 교육부 · 보건복지부 · 질병관리본부(2017).

현재 음주를 하는 학생이 술을 구하는 방법으로는 중학생은 집이나 친구 집에 있는 술을 마신 경우(28.2%), 성인으로부터 얻는 경우(28.1%)가 많았고, 고등학생은 편의점이나 가게 등에서 직접 구매한 경우(36.3%), 집이나 친구 집에 있는 술을 마신 경우(25.5%)가 많았다.

표 3-4 청소년 현재 음주자의 술을 구하는 방법

(단위: %)

구분	최근 30일 동안 술을 구하려고 한 적이 없음	집이나 친구 집에 있는 술을 마심	편의점, 가게 등에서 구매	PC방, 비디오방, 노래방에서 주문	식당, 소주방, 호프집, 나이트클럽 등 술집에서 주문	성인으로부터 얻음
전체	16.4	26.0	32.1	1.0	5.6	18.8
중학교	23.2	28.2	16.9	1.3	2.4	28.1
고등학교	14.6	25.5	36.3	0.9	6.5	16.3
남성	17.0	24.0	32.9	1.3	5.5	19.3
여성	15.6	29.0	31.0	0.6	5.7	18.1

* 현재 음주자의 최근 30일 동안 본인이 마신 술을 구하는 방법.
* 출처: 교육부 · 보건복지부 · 질병관리본부(2017).

「청소년보호법」에서 청소년에게 주류 판매를 금지하고 있으나 편의점이나 가게 등에서 술을 사려고 시도한 학생 중 구매할 수 있었던 남학생은 66.6%, 여학생은 68.0%였다. 남녀 중·고등학생 모두 최근 3년간 감소 추세를 보이고 있으나 67.2%는 여전히 용이하게 구매한 것으로 나타났다.

표 3-5 청소년 구매 시도자의 주류 구매 용이성 (단위: %)

구분	2013년	2014년	2015년	2016년	2017년
전체	76.8	77.1	80.4	72.4	67.2
중학교	56.8	54.4	60.2	48.2	46.4
고등학교	83.1	83.6	84.8	77.9	73.2
남성	76.3	77.0	79.7	71.8	66.6
여성	77.9	77.5	81.8	73.3	68.0

*출처: 교육부·보건복지부·질병관리본부(2017).

2017년도의 현재 청소년 음주율은 16.1%, 2016년의 15.0%보다 조금 증가하였으나, 2014년 16.7%, 2015년 16.7%에 비하여 감소 추세를 보이고 있다. 이 중 남자 청소년의 음주율은 18.2%, 여자 청소년의 음주율은 13.7%로 나타났으며, 처음 음주

표 3-6 청소년의 현재 음주율, 평생 음주경험률 및 처음 음주 경험 연령 (단위: %)

구분	현재 음주율[1]	평생 음주 경험률[2]	처음 음주 경험 연령(세)
2013년	16.3	43.5	12.9
2014년	16.7	43.0	12.9
2015년	16.7	40.8	13.1
2016년	15.0	38.8	13.2
2017년	16.1	40.2	13.2
남성	18.2	44.0	12.9
여성	13.7	36.1	13.5

* 1 현재 음주율: 최근 30일 동안 1잔 이상 술을 마신 적이 있는 사람의 분율.
2 평생 음주경험률: 평생 동안 1잔 이상 술을 마셔 본 적이 있는 사람의 분율.
* 출처: 교육부·보건복지부·질병관리본부(2017).

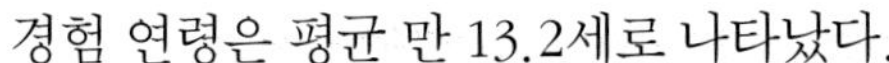
경험 연령은 평균 만 13.2세로 나타났다.

최근 12개월 동안 학교에서 술(알코올)에 관한 교육을 받은 학생들의 비율을 살펴보면, 남학생은 41.9%(중학생 50.5%, 고등학생 34.7%), 여학생은 40.5%(중학생 47.9%, 고등학생 34.3%)로 나타났다.

표 3-7 연간 음주 예방교육 경험률

(단위: %)

구분	2013년	2014년	2015년	2016년	2017년
전체	38.0	33.1	34.6	38.8	41.2
중학교	49.2	42.0	42.8	46.8	49.3
고등학교	27.2	24.8	27.3	32.2	34.5
남성	37.7	33.1	35.3	39.5	41.9
여성	38.3	33.2	33.9	38.1	40.5

*출처: 교육부 · 보건복지부 · 질병관리본부(2017).

(3) 청소년의 흡연

2017년 청소년건강행태온라인조사(교육부 · 보건복지부 · 질병관리본부, 2017)에 의하면, 우리나라 청소년들의 흡연율은 감소 추세를 보이고 있다. 하지만 관심 있게 지켜봐야 할 부분은 처음 흡연을 시작한 연령이 12.9세로 상당히 낮게 나타났다는 것이다. 청소년기에 시작된 흡연은 건강에 심각한 폐해를 끼칠 뿐만 아니라 지속적이고 중독적인 흡연으로 발전될 가능성이 높다(임영식 · 이장한 · 김선일 · 함진선, 2003). 특히 14세 이전에 흡연을 시작한 사람은 14세 이후에 흡연을 시작한 사람보다 금연을 하는 것이 더 어렵다고 보고되었다(Breslau & Peterson, 1996). 특히 흡연 연령의 저하는 청소년 초기에 흡연을 시작한 성인 흡연자들이 매일 흡연자(daily smoker)가 될 가능성이 높은 점, 조기 흡연 폐암 발생 위험성 증가와 유의한 관계가 있다는 점 때문에 심각한 문제로 여겨진다(박선희, 2009; Chen & Millar, 1998; Wiencke, Thurston, Kelsey, Varkonyi, Wain, Mark, & Christiani, 1999; Wilson, Battistich, Syme & Boyce, 2002). 또한 흡연 시작 연령이 어릴수록 수명 단축 효과는 커서 25세 이후에 흡연을 시작한 경우에는 4년이 단축되는 반면, 15세에 시작한 경우는 8년이

단축되는 것으로 알려졌다(Fielding, et al., 1998). 성인 흡연자의 대부분은 어린이, 청소년 시기부터 흡연을 시작한 경우가 많으며, 또한 첫 흡연 경험 연령이 어릴수록 성인기에 흡연자가 될 가능성이 높다고 하였다(Khuder, Dayal, & Mutgi, 1999).

청소년기의 흡연은 청소년기의 신체적 건강을 위협할 뿐만 아니라 성인기에 각종 질환을 유발하여 성인기의 신체적 건강도 위협할 수 있는 해로운 행위이다(박선희, 2007; National Cancer Institute, 2005). 흡연을 일찍 시작할수록 흡연행동을 중단하기가 더욱 어려워질 뿐만 아니라 흡연양이 많아지기 때문에 청소년들이 흡연과 관련된 질병에 노출될 가능성이 크다(Altman, Foster, Rasenick-Douss, & Tye, 1989). 신체발육이 급격히 진행되는 청소년기에는 니코틴과 같은 유해물질에 저항할 힘이 부족하여 혈관계 문제와 저산소혈증으로 신체적 성장에 장애를 가질 위험이 높다(박선혜 · 강주희 · 전종설 · 오혜정, 2010; 신미영, 1996). 또한 청소년기의 흡연은 혈압, 총 콜레스테롤, 중성지방, 체질량지수의 상승과 중요한 연관성이 있다(Byeon & Shoon, 2007).

청소년기의 흡연은 우울, 스트레스 등 청소년기의 정신건강에도 좋지 않은 영향을 미칠 수 있다(김태석 · 김대진, 2007; 김현옥 · 전미숙, 2007; 박선혜 · 강주희 · 전종설 · 오혜정, 2010). 청소년 흡연과 정신건강의 관계를 살펴보면, 흡연 청소년은 비흡연 청소년에 비해 주요우울, 자살충동, 스트레스와 밀접한 관계를 가지고 있으며(Bonaguro & Bonaguro, 1987), 쌍둥이 아버지와 쌍둥이 자녀만을 대상으로 26년간 추적 조사한 연구에서도 흡연이 오랫동안 많은 질병을 유발하는 물질임이 드러났고 특히 정신건강 문제를 유발하여 자살의 위험을 초래한다고 하였다(Scherrer, Grant, Agrawal, Madden, Fu, Jacob, Bucholz, & Xian, 2012). 김현옥과 전미숙(2007)도 흡연을 매일 하는 사람은 비흡연자에 비해 우울 및 자살충동 경험의 비율이 높고 스트레스를 인지하는 비율이 높아진다고 하면서 불안장애, 주의력결핍 및 과잉행동장애(ADHD), 품행장애와도 밀접한 관계를 가진다고 하였다(Upadhyaya, Brady & Wang, 2004). 8세에서 14세에 해당하는 청소년 1,731명을 대상으로 한 종단연구의 결과에 따르면, 흡연이 우울 발생에 지속적으로 유의한 영향을 미치는 것으로 확인되었다(Wu & Anthony, 1999).

청소년기의 흡연은 학교폭력 등 청소년들의 사회적 일탈행위에도 영향을 미칠

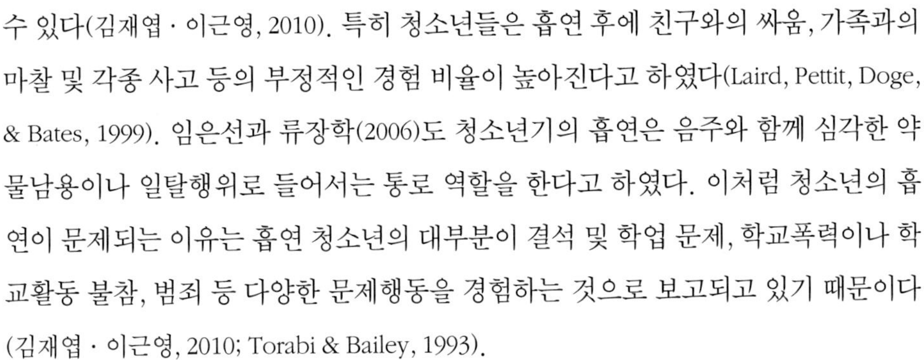

수 있다(김재엽 · 이근영, 2010). 특히 청소년들은 흡연 후에 친구와의 싸움, 가족과의 마찰 및 각종 사고 등의 부정적인 경험 비율이 높아진다고 하였다(Laird, Pettit, Doge, & Bates, 1999). 임은선과 류장학(2006)도 청소년기의 흡연은 음주와 함께 심각한 약물남용이나 일탈행위로 들어서는 통로 역할을 한다고 하였다. 이처럼 청소년의 흡연이 문제되는 이유는 흡연 청소년의 대부분이 결석 및 학업 문제, 학교폭력이나 학교활동 불참, 범죄 등 다양한 문제행동을 경험하는 것으로 보고되고 있기 때문이다(김재엽 · 이근영, 2010; Torabi & Bailey, 1993).

이와 같이 청소년의 흡연은 성인기의 흡연에 비해 치명적 결과를 초래하며 장기적으로는 신체 및 정신 건강에 부정적인 영향을 미친다(강희철 · 신경균 · 추삼호 · 권혁중 · 윤방부, 1999; 박선희, 2007; 전종철 · 김진석, 2014). 더불어 일탈행위의 원인이 되기도 한다. 따라서 청소년을 위한 금연 프로그램 제공 및 흡연 예방 대책이 제대로 시행될 필요가 있다.

① 청소년의 흡연 실태

2017년 청소년건강행태온라인조사(교육부 · 보건복지부 · 질병관리본부, 2017)를 보면, 흡연율은 남학생 9.5%, 여학생 3.1%로 남학생이 높게 나타났고, 고등학생(남

표 3-8 청소년의 현재 흡연율, 평생 흡연경험률 및 처음 흡연경험 연령

구분	현재 흡연율(%)[1]	평생 흡연경험률(%)[2]	처음 흡연경험 연령(세)
2013년	9.7	21.4	12.6
2014년	9.2	19.9	12.6
2015년	7.8	17.4	12.7
2016년	6.3	14.8	12.7
2017년	6.4	13.7	12.9
남성	9.5	20.1	12.8
여성	3.1	6.8	13.1

* 1 현재 흡연율: 최근 30일 동안 1일 이상 흡연한 사람의 분율.
2 평생 흡연경험률: 평생 동안 담배를 한두 모금이라도 피운 경험이 있는 사람의 분율.
* 출처: 교육부 · 보건복지부 · 질병관리본부(2017).

13.9%, 여 4.1%)이 중학생(남 4.1%, 여 1.8%)에 비해 높은 비율을 보이는 것으로 조사되었다. 2017년도의 청소년 흡연율은 6.4%로 2016년의 6.3%보다 조금 증가하였으나, 2014년 9.2%, 2015년 7.8%에 비하여 지속적으로 감소 추세를 보이고 있다. 처음 흡연 경험 연령은 평균 만 12.9세로 나타났다.

2017년도 청소년의 매일 흡연율은 3.0%(남성 4.6%, 여성 1.2%)로 2016년의 3.1%보다 조금 낮아졌으며, 2014년 이후 지속적으로 감소 추세를 보이고 있다. 2017년도 청소년의 월 20일 이상 흡연율은 3.6%로 2016년의 3.7%보다 조금 낮아졌으며, 역시 2014년 이후 지속적으로 감소 추세를 나타내고 있다. 2017년도 청소년의 하루 10개비 이상 흡연율은 1.4%로 2015년 이후 같은 비율을 보이고 있다.

표 3-9 청소년의 매일 흡연율, 월 20일 이상 흡연율 및 하루 10개비 이상 흡연율 (단위: %)

구분	매일 흡연율[1]	월 20일 이상 흡연율[2]	하루 10개비 이상 흡연율[3]
2013년	4.8	5.7	1.9
2014년	4.8	5.6	2.1
2015년	3.8	4.6	1.4
2016년	3.1	3.7	1.4
2017년	3.0	3.6	1.4
남성	4.6	5.6	2.1
여성	1.2	3.4	0.7

* 1 매일 흡연율: 최근 30일 동안 매일 흡연한 사람의 분율.
2 월 20일 이상 흡연율: 최근 30일 동안 20일 이상 흡연한 사람의 분율.
3 하루 10개 이상 흡연율: 최근 30일 동안 하루 평균 흡연량이 10개비 이상인 사람의 분율.
* 출처: 교육부 · 보건복지부 · 질병관리본부(2017).

2017년도 중1 학생의 중학교 입학 전 흡연경험률은 1.7%(남성 2.6%, 여성 0.9%)로 2016년의 2.3%보다 낮아졌으며, 2013년 이후 지속적으로 감소 추세를 보이고 있다. 매일 흡연 시작 연령은 13.8세(남성 13.8세, 여성 13.7세)로 이전 연도와 비슷하게 나타났다.

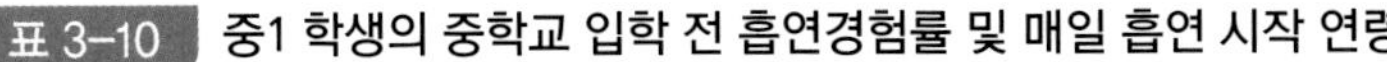

표 3-10 중1 학생의 중학교 입학 전 흡연경험률 및 매일 흡연 시작 연령

구분	중1 학생의 중학교 입학 전 흡연경험률(%)[1]	매일 흡연 시작 연령(세)[2]
2013년	5.9	13.5
2014년	4.8	13.7
2015년	3.3	13.6
2016년	2.3	13.7
2017년	1.7	13.8
남성	2.6	13.8
여성	0.9	13.7

* 1 중1 학생 중에서 중학교 입학 이전에 담배를 한두 모금 피워 본 적이 있는 사람의 분율.
2 최근 30일 동안 매일 흡연자 중에서 매일 피우기 시작한 연령의 평균.
* 출처: 교육부 · 보건복지부 · 질병관리본부(2017).

처음 담배를 피우게 된 주된 이유로는 호기심(50.8%), 친구의 권유로(26.9%), 스트레스 해소(8.5%), 선배나 형(오빠), 누나(언니)의 권유(7.4%) 순으로 나타났다.

표 3-11 흡연경험자의 처음 담배를 피우게 된 주된 이유 (단위: %)

구분	호기심	친구의 권유	선배나 형(오빠), 누나(언니)의 권유	스트레스 해소	친구들과 어울림 목적	기타
전체	50.8	26.9	7.4	8.5	2.1	4.2
중학교	52.1	20.9	10.0	7.2	2.3	7.5
고등학교	50.4	28.9	6.6	9.0	2.1	3.2
남성	49.9	28.8	7.7	7.7	2.0	3.8
여성	53.5	21.0	6.5	11.1	2.5	5.5

* 출처: 교육부 · 보건복지부 · 질병관리본부(2017).

현재 흡연자의 주된 흡연 장소로는 놀이터, 공터, 야산, 공원, 길거리(61.2%), PC방, 비디오방, 노래방(16.1%), 집이나 친구 집(12.2%), 학교(6.5%), 술집이나 나이트 클럽, 포장마차(4.1%) 순으로 나타났다.

표 3-12 현재 흡연자의 주된 흡연 장소(최근 30일)

(단위: %)

구분	집이나 친구 집	학교	놀이터, 공터, 야산, 공원, 길거리	PC방, 비디오방, 노래방	술집이나 나이트클럽, 포장마차
전체	12.2	6.5	61.2	16.1	4.1
중학교	12.5	5.3	64.0	11.7	6.4
고등학교	12.1	6.8	60.5	17.2	3.4
남성	11.9	6.9	59.8	17.6	3.8
여성	13.1	5.1	65.9	11.0	5.0

* 출처: 교육부 · 보건복지부 · 질병관리본부(2017).

현재 흡연을 하는 학생이 담배를 구하는 방법은 중학생의 경우 친구나 선후배에게 얻어서(42.1%), 편의점이나 가게 등에서 직접 사서(30.2%), 집이나 친구 집에 있는 담배를 피우는 경우(14.7%) 순으로 많았고, 고등학생은 편의점이나 가게 등에서 직접 사서(52.7%), 친구나 선후배에게 얻어서(32.6%), 집이나 친구 집에 있는 담배를 피우는 경우(8.4%) 순으로 나타났다.

표 3-13 현재 흡연자의 담배를 구하는 방법

(단위: %)

구분	집이나 친구 집에 있는 담배	편의점, 가게 등에서 구매	친구나 선후배에게 얻음	성인으로부터 얻음	주변(길거리)에서 주움
전체	9.7	48.0	34.6	4.0	3.7
중학교	14.7	30.2	42.1	5.6	7.4
고등학교	8.4	52.7	32.6	3.6	2.8
남성	9.1	50.0	33.3	3.6	4.1
여성	11.8	41.1	39.0	5.4	2.7

* 출처: 교육부 · 보건복지부 · 질병관리본부(2017).

「청소년보호법」에서 청소년에게 담배 판매를 금지하고 있으나 편의점이나 가게 등에서 담배를 사려고 시도한 학생 중 구매할 수 있었던 남학생은 69.0%, 여학생은 61.5%였다. 남녀 중 · 고등학생 모두 최근 3년간 감소 추세를 보이고 있으나 67.1%

표 3-14 청소년 구매 시도자의 담배 구매 용이성

(단위: %)

구분	2013년	2014년	2015년	2016년	2017년
전체	76.5	76.9	79.3	71.4	67.1
중학교	58.9	58.5	60.4	49.8	47.1
고등학교	83.2	83.4	84.6	77.5	74.4
남성	76.8	77.4	79.5	73.4	69.0
여성	75.4	75.2	78.6	64.7	61.5

* 출처: 교육부 · 보건복지부 · 질병관리본부(2017).

는 여전히 구매가 용이한 것으로 나타났다.

2017년 현재 흡연자의 금연 시도율을 살펴보면, 전체가 69.7%(남성 68.9%, 여성 72.6%)로 나타났고, 중학교 73.6%, 고등학교 68.7%로 조사되었다.

표 3-15 현재 흡연자의 금연 시도율

(단위: %)

구분	2013년	2014년	2015년	2016년	2017년
전체	70.6	71.3	71.7	70.1	69.7
중학교	70.2	72.9	71.9	72.9	73.6
고등학교	70.8	70.9	71.6	69.5	68.7
남성	70.7	71.3	71.5	70.0	68.9
여성	70.5	71.4	72.1	70.4	72.6

*출처: 교육부 · 보건복지부 · 질병관리본부(2017).

2017년 금연 시도자의 금연 시도 이유로는 건강에 나쁜 영향을 줄 것 같아서(31.1%)가 가장 높게 나타났고, 흡연으로 몸이 안 좋아져서(26.1%), 담뱃값이 너무 비싸서(10.9%), 부모님이나 선생님 등 주변 어른들이 싫어해서(10.6%) 순으로 나타났다.

표 3-16 금연 시도자의 금연 시도 이유

(단위: %)

구분	흡연으로 몸이 안 좋아져서	건강에 나쁜 영향을 줄 것 같아서	부모님이나 선생님 등 주변 어른들이 싫어해서	친구들이 싫어해서	몸에서 냄새가 나서	담뱃값이 너무 비싸서	청소년 흡연은 사회적으로 용납이 안 되므로	기타
전체	26.1	31.1	10.6	5.2	5.4	10.9	4.0	6.6
중학교	27.2	31.6	11.3	5.1	5.0	7.0	5.4	7.5
고등학교	25.8	30.9	10.4	5.3	5.6	12.0	3.6	6.4
남성	26.3	30.9	10.8	5.2	5.1	11.5	3.6	6.6
여성	25.7	31.4	10.0	5.2	6.6	9.1	5.2	6.8

* 출처: 교육부 · 보건복지부 · 질병관리본부(2017).

최근 12개월 동안 학교에서 흡연 예방교육을 받은 학생들의 비율을 살펴보면, 남학생은 68.5%(중학생 75.0%, 고등학생 63.2%), 여학생은 73.1%(중학생 79.6%, 고등학생 67.8%)로 나타났다.

표 3-17 연간 흡연 예방교육 경험률

(단위: %)

구분	2013년	2014년	2015년	2016년	2017년
전체	61.9	57.5	59.6	65.3	70.7
중학교	68.7	63.5	65.7	71.4	77.2
고등학교	55.4	51.9	54.2	60.2	65.4
남성	60.3	57.4	60.6	63.8	68.5
여성	63.7	57.7	58.6	66.9	73.1

*출처: 교육부 · 보건복지부 · 질병관리본부(2017).

2) 청소년 약물 오남용의 현안 문제

청소년들에게 약물사용을 엄격하게 규제하고 있으나 현실은 많은 청소년이 약물에 노출되어 있다. 청소년기에 약물에 노출되어 의존성이 높아지면 벗어나기 어려울 뿐만 아니라 정신적 · 육체적으로 매우 부정적인 영향을 미치게 된다. 청소년의 약물 오남용에 따른 현안문제를 살펴보면 다음과 같다.

첫째, 청소년 알코올 의존율이 높아지고 있다는 것이다. 건강보험심사평가원으로부터 제출받은 '최근 5년간 알코올중독[1] 현황' 자료에 따르면, 10대 알코올중독 환자는 2012년 1,415명, 2013년 1,304명, 2014년 1,588명, 2015년 1,726명, 2016년 1,767명으로 나타났다. 특히 주목할 점은 남성보다 여성 청소년의 알코올중독 증가 폭이 컸다는 것이다. 10대 여성 알코올중독 환자는 2012년에 590명에서 2016년에는 761명으로 29% 증가했다. 같은 기간에 10대 남성 청소년 알코올중독 환자는 825명에서 1,006명으로 22% 늘었다. 식약처의 2017년 상반기 주류 소비, 섭취 실태조사 결과, 음주 경험이 있는 청소년의 29.2%는 '고위험 음주[2]' 경험이 있는 것으로 나타났다. 음주 경험이 있는 청소년 중 주류를 섞어 마시는 폭탄주를 마신 적이 있다는 경우도 37.5%로 조사되었다(중앙일보, 2017. 10. 16.). 2017년 청소년건강행태온라인조사(교육부 · 보건복지부 · 질병관리본부, 2017)를 보더라도 현재 음주자의 위험음주율은 2013년 46.8%에서 2017년 51.3%로 증가하였다. 역시 남자 청소년(48.5%)보다 여자 청소년(55.4%)이 더 높게 나타났다. 이처럼 청소년층의 알코올 의존율이 높아지고 있는 것을 알 수 있다.

둘째, 청소년 흡연 시작 연령에 큰 변화가 없다는 것이다. 2017년 청소년건강행태온라인 조사(교육부 · 보건복지부 · 질병관리본부, 2017)에 의하면, 첫 흡연 연령이 2013년 12.6세, 2014년 12.6세, 2015년 12.7세, 2016년 12.7세, 2017년 12.9세로 나타났다. 특히 주목할 점은 매일 흡연 시작 연령(남성 13.8세, 여성 13.7세) 또한 큰 변화가 없다는 것이다. 매일 흡연 시작 연령은 2013년 13.5세, 2014년 13.7세, 2015년 13.6세, 2016년 13.7세, 2017년 13.8세로 나타났다. 청소년 흡연 예방교육 경험률은 70.7%로 매년 비율이 증가하고 있는 것으로 나타났다. 남녀 중 · 고등학생 모두 최근 3년간 흡연 예방교육경험률이 증가하였다. 그럼에도 청소년 흡연 시작 연령의 변화가 없는 것을 보았을 때 초등학생을 대상으로 한 제대로 된 흡연 예방교육 및

1) 알코올중독: 현재는 세계보건기구의 제의에 따라 '알코올의존'이라는 용어를 사용하고 있지만, 심리상담 분야 진단명엔 '중독'이 지금도 사용되고 있는 점을 고려하여 본 책에서는 '알코올중독'으로 기재하겠다.

2) 고위험 음주: 남성은 소주 8.8잔 이상, 여성은 소주 5.9잔 이상 음용한 경우를 의미한다.

프로그램 운영의 필요성을 느낄 수 있다.

셋째, 청소년들의 술과 담배 구매가 용이하다는 것이다. 여성가족부가 2016년 전국 17개 시도 초등학교 4학년부터 고등학교 3학년에 재학 중인 청소년 1만 5,646명을 대상으로 '청소년 매체 이용 및 유해환경 실태조사'를 실시한 결과를 살펴보면, 최근 1개월 간 음주 경험이 있는 청소년의 21.5%가 술을 직접 구매한 것으로 나타났다. 술을 구입한 장소로는 편의점, 가게, 슈퍼마켓이 94.8%로 가장 높았고, 식당, 음식점(43.6%), 대형마트(36.2%) 순으로 나타났고, 배달음식 주문이 29.6%로 조사되었다. 특히 주목할 부분은 청소년들이 배달앱과 같은 유통경로를 통해 기존의 방식과 다른 형태로 주류를 구매하고 있어 심각한 문제가 되고 있다. 2017년 청소년건강행태온라인조사(교육부 · 보건복지부 · 질병관리본부, 2017) 결과를 살펴보더라도, 청소년의 주류 구매 용이성은 67.2%로 나타났다. 이는 2013년 76.8%에서 감소한 수치이지만 여전히 청소년이 주류를 구매하는 것이 어렵지 않은 현실을 반영한다. 청소년이 주류를 구매하는 주된 경로로는 편의점, 가게 등(32.1%)이 가장 높게 나타났다. 그리고 청소년들은 배달앱 등으로 배달음식을 주문할 때 술까지 함께 시키는 방식으로 음주를 하는 것으로 조사되었다. 이러한 결과를 놓고 볼 때, 청소년들이 배달앱과 같은 유통경로로 주류를 구매하는 것이 해가 바뀌어도 지속되고 있다는 것을 알 수 있다.

그리고 2017년 청소년건강행태온라인조사(교육부 · 보건복지부 · 질병관리본부, 2017)에 의하면, 청소년의 담배 구매 용이성은 67.1%로 낮아졌다. 이는 2013년 76.5%에서 감소한 수치이지만 여전히 청소년이 담배를 구매하는 것이 어렵지 않은 현실을 보여 주고 있다. 청소년이 담배를 구매하는 주된 경로로는 편의점, 가게 등(48.0%)이 가장 높게 나타났다. 중앙일보 온라인 청소년 매체 TONG(2017. 03. 28.)의 기사에 따르면, 청소년들이 속칭 '뚫비'를 내고 담배를 구매하고 있는 것으로 나타났다. '뚫비(뚫어 주는 비용의 줄임말)'란 어른을 통한 담배 구매를 가리킨다. 담배를 사 주는 어른에게 웃돈을 주고 실제 가격보다 조금 더 비싸게 구입하는 방식이다. 이렇게 붙박이 구매 대행을 해 주는 어른을 속칭 '뚫배'라고 부른다. 특히 여기서 주목할 부분이 '뚫비'를 통한 담배 대리 구매는 예전에도 있었지만 청소년들은 랜덤채팅 앱과 같은 유통경로를 통해 기존의 방식과 다른 형태로 담배를 구매하고 있어 심각한 문제가 되고 있다. 「청소년보호법」 제59조에 따르면, 청소년에게 술, 담배 등을 무상으로 주거나 대리 구매해 주면 2년 이하의 징역 또는 2,000만 원 이하의 벌금이 부과된다. 더 큰 문제는 이러한 과정에서 또 다른 범죄에 노출될 위험이 크다는 것이다. 따라서 청소년들의 담배 구매가 쉽지 않도록 청소년을 담배로부터 보호할 수 있는 방안이 필요하다.

넷째, 청소년들이 진통제 등의 약물을 과다 복용 및 남용하고 있다는 것이다. 청소년들은 학업 스트레스 및 불규칙한 식습관으로 인해 생긴 위장 장애 및 생리통의 통증 완화를 위해 진통제를 복용하고 있다. 최근 들어 청소년들이 편의점 등의 구입처에서 쉽게 진통제를 구매할 수 있게 되면서 증상과 체질에 상관없이 약물을 구입해 복용하고 있다. 청소년들은 약물 관련 교육을 받을 기회가 많지 않다. 하지만 편의점 판매로 인해 진통제 등의 약물 구매 접근성이 높아짐에 따라 약물 오남용에 노출될 수 있어 약물 부작용에 대한 인식 변화가 필요한 상황이다(약사공론, 2019. 01. 18.).

다섯째, 청소년들이 습관적으로 고(高)카페인 음료를 마시고 있다는 것이다. 청소년들은 시험을 위해 단기적으로 수면시간을 줄이고 집중도를 높이기 위해서 고카페인 음료를 마시고 있다. 실제로 편의점이나 카페에서 청소년들이 에너지 음료나 커피 같은 고카페인 음료를 쉽게 구매할 수 있다. 카페인 함량이 높은 음료를 마셔야 잠을 더 잘 쫓을 수 있을 것 같아 카페인 수치를 확인해서 구매하는 청소년도 있다. 심지어 카페인 정제 알약을 복용하는 청소년들도 적지 않다. 카페인 알약은 본래 운동능력 향상을 돕기 위한 운동보조제 용도로 출시됐지만 청소년들 사이에서는 '잠 깨는 약'으로 통용되고 있다. 문제는 알약 1정당 약 200mg의 카페인이 함유되어 있는데, 이는 캔커피와 에너지 음료 2~3개 정도 함량으로 청소년의 하루 권장 섭취량을 훌쩍 초과한다는 것이다. 식품의약품안전처에서 권고하는 하루 최대 카페인 섭취량은 성인 400mg 이하, 임산부 300mg 이하, 청소년 체중 1kg당 2.5mg 이하이다. 즉, 체중 50kg인 청소년은 하루 최대 125mg을 섭취할 수 있다. 보통 캔커피 1개에는 74mg, 커피믹스 12g 1잔에 69mg, 녹차 티백 1개에 15mg, 콜라 1캔에 23mg, 에너지드링크 1캔에 62.5mg 정도의 카페인이 들어 있다. 카페인을 적당히 섭취하면 졸음을 가시게 하고, 일시적 각성효과로 집중력을 높이는 긍정적 측면이

있다. 하지만 적정량을 초과하면 오히려 불안감을 유발하고 집중력과 수면의 질을 떨어뜨려 피로를 누적시킨다. 특히 성장 중인 청소년이 고농도의 카페인을 다량 섭취하면 구토와 어지러움, 극심한 흥분, 심각한 불면증 등 부작용을 유발해 훨씬 더 위험하다. 체질에 따라 심하면 사망까지 이를 수도 있다(뉴시스, 2017. 06. 25.).

02 청소년의 약물 오남용 예방에 대한 지원 대책

청소년의 약물 오남용은 청소년이 건강한 사회구성원으로 성장하는 데 매우 치명적이고 부정적인 영향을 미친다. 따라서 청소년의 약물 오남용을 예방하기 위한 지원 대책을 마련할 필요가 있다.

첫째, 지역사회를 대상으로 한 종합적인 청소년 음주 · 흡연 예방교육과 프로그램이 필요하다. 2017년 『청소년백서』에 의하면, 교육부에서는 전국 초 · 중 · 고등학교를 대상으로 음주 및 흡연 예방교육을 실시하고 있고 금연학교를 운영하고 있다. 여성가족부에서도 술과 담배의 불법 판매에 대한 모니터링 강화 및 유통업자 종사자 교육을 통해 흡연은 좋지 못한 사회적 행동이라는 인식을 갖도록 캠페인 및 다양한 홍보 프로그램을 추진하고 있다. 현재 청소년 음주 · 흡연 예방교육과 프로그램은 많은 청소년이 학교에 재학하고 있어 학교를 중심으로 이루어지고 있다. 하지만 모든 청소년을 대상으로 한 음주 및 흡연 예방정책을 펼치기 위해서는 지역사회를 대상으로 한 정책이 함께 이루어져야 한다. 청소년들이 인터넷 직거래 또는 배달 앱 등을 통해 주류를 구매하거나 랜덤채팅 앱을 통해 담배를 구매하고 있는 현실에서 예를 들어, 여성가족부가 배달앱으로 주류를 주문할 시 성인인증절차를 강화하는 등의 대책을 계획한다고 하더라도 지역사회의 의식 변화와 도움이 없이는 제대로 된 정책이 이루어지지 않기 때문이다. 따라서 부모, 주류 판매업자와 종사자, 지역사회의 유관단체와 지역주민 대상 등을 위한 종합적이고 다양한 청소년 음주 · 흡연 예방교육과 프로그램이 실시되어야 한다.

둘째, 청소년들에게 술과 담배 광고 노출을 제한할 수 있는 방안 마련이 필요하다. 2017년 청소년건강행태온라인조사(교육부 · 보건복지부 · 질병관리본부, 2017)를

보면, 월간 담배 노출률이 78.5%(남성 78.3%, 여성 78.8%)로 나타났다. 청소년이 담배 광고에 많이 노출될수록 흡연 수용도가 증가하면서 현재뿐만 아니라 장래 성인이 되었을 때에도 흡연할 가능성이 커진다고 한다(연합뉴스, 2015. 08. 06.). 청소년흡연음주예방협회(2010년)가 서울시 청소년 2,000명을 대상으로 주류 광고에 얼마나 노출되어 있는지 설문조사한 결과, 88.8%가 주류 광고를 접한 것으로 나타났고, 주류 광고를 접한 청소년의 10.5%는 주류 구매 충동을 느꼈다고 하였다(한국일보, 2016. 07. 18.). 이러한 결과를 놓고 볼 때, 청소년에게 술과 담배에 대한 노출을 줄이기 위해 광고시간이나 광고방식의 개선이 필요하다는 것을 알 수 있다. 외국의 사례를 보면 2008년 이후 담배 광고 · 판촉 · 후원을 강력히 금지하고 있는 파나마에서는 청소년들의 흡연율이 대폭 줄었다. 정책시행 후 13~15세 청소년의 흡연율이 13.2%에서 4.3%로 감소했다. 파나마에서는 담배회사 로고가 포함된 상품을 제공할 수 없고, TV · 영화 등에서 담배 광고를 할 수 없다. 소매점과 편의점 내의 광고도 금지하고 있다(한국일보, 2014. 07. 01.). 따라서 청소년들에게 술과 담배 광고 노출을 제한할 수 있는 방안 마련이 필요하다. 특히 청소년에게 무분별하게 노출되는 소셜네트워크서비스(SNS)를 통한 주류 광고를 통제할 수 있는 방안이 있어야 할 것이며, 청소년들이 많이 찾는 편의점의 담배 광고에 대한 노출을 줄일 수 있는 규제 방안 또한 함께 마련되어야 한다.

셋째, 유통경로에 대한 모니터링 및 단속 강화가 필요하다. 청소년에게 성인물이나 폭력물, 광고뿐만 아니라 마약류 등의 유해약물과 유해화학물질, 주류, 담배 등이 무방비적으로 노출되고 있다. 물론 정부는 꾸준히 단속을 하고 있지만 콘텐츠 제작과 유통이 실시간으로 이뤄지는 인터넷 환경에서 이를 제한하는 것이 쉽지 않다. 특히 스마트폰 메신저 등을 통해 유통되는 콘텐츠는 관리 자체가 쉽지 않고 SNS는 콘텐츠를 구독자들에게 자동으로 보여 주는 형태이기 때문에 유해한 광고에 무방비로 노출될 수밖에 없다. 따라서 유해한 콘텐츠나 유해하다고 판단되는 콘텐츠를 자동으로 분류하는 '콘텐츠 필터(contents filter)' 부문의 역할이 중요해지고 있다. 또한 유해약물 판매업소의 모니터링 및 후속 조치가 강화되어야 한다. 주류나 담배 등 청소년에게 판매가 금지된 유해약물을 청소년이 직접 구입할 때 나이 확인 절차를 정확하게 확인하지 않았다는 비율이 확인했다는 비율보다 높게 나타났다(여성가족부,

2016). 이러한 결과는 청소년 유해약물 판매업소들이 판매 절차를 훨씬 더 엄격하게 준수해야 함을 의미한다. 또한 유해약물 판매업소의 모니터링을 강화하고 고의적인 불법판매가 적발될 때에는 강력한 후속 조치를 병행해야 한다(박성수, 2017).

요약

1. 청소년의 약물 오남용이란 "청소년이 법적 규제의 대상이 되는 술, 담배, 마약류 약물과 일반적인 처방의약품 등을 비의학적 또는 사용용도와 다르게 쾌락과 환각의 목적으로 사용하는 것"이라고 정의하였다.
2. 청소년기의 음주는 알코올에 대한 취약성을 증가시킬 뿐만 아니라 음주로 인한 각종 위험에 노출되어 건강한 성장 발달권을 침해한다.
3. 성인 흡연자의 대부분은 어린이, 청소년 시기부터 흡연을 시작한 경우가 많으며, 또한 첫 흡연경험 연령이 어릴수록 성인기에 흡연자가 될 가능성이 높다.
4. 청소년 약물 오남용의 현안 문제로, 첫째, 청소년 알코올 의존율이 높아지고 있다는 것이다. 둘째, 청소년 흡연 시작 연령에 큰 변화가 없다는 것이다. 셋째, 청소년들의 술과 담배 구매가 용이하다는 것이다. 넷째, 청소년들이 진통제 등의 약물을 과다 복용 및 남용하고 있다는 것이다. 다섯째, 청소년들이 습관적으로 고카페인 음료를 마시고 있다는 것이다.
5. 청소년의 약물 오남용 예방에 대한 지원 대책으로는, 첫째, 지역사회를 대상으로 한 종합적인 청소년 음주·흡연 예방 교육과 프로그램이 필요하다. 둘째, 청소년들에게 술과 담배 광고 노출을 제한할 수 있는 방안 마련이 필요하다. 셋째, 유통경로에 대한 모니터링 및 단속 강화가 필요하다.

참고문헌

강은영 · 이성식(2004). 약물남용 실태 및 의식에 관한 연구. 형사정책연구원 연구총서, 1, 1-219.

강희철 · 신경균 · 추삼호 · 권혁중 · 윤방부(1999). 금연을 위한 금연침의 효과: 고등학생을 대상으로 한 기초연구. 대한가정의학회, 20(4), 401-409.

교육부 · 보건복지부 · 질병관리본부 (2017). 2017년 청소년건강행태온라인조사. 충북: 질병관리본부.

김소야자 · 현명선 · 성경미 · 공성숙(1993). 청소년 약물남용 예방 대책. 연세교육과학지, 42(1), 202-204.

김용석 · 김정우 · 김성청(2001). 청소년 음주행위의 실태 및 변화와 관련 요인들에 관한 분석. 한국사회복지학, 47, 71-106.

김용석(2004). 청소년 음주와 비행 간의 관계에 대한 탐색. 정신보건과 사회사업, 18, 33-59.

김재엽 · 이근영(2010). 청소년의 음주 및 흡연 경험이 학교폭력 가해행동에 미치는 영향: 부모-자녀 상호작용의 조절효과를 중심으로. 청소년복지연구, 12(2), 53-74.

김주일(2006). 청소년 약물문제의 사회적 관리-청소년 약물남용 예방을 중심으로-. 한국학연구, 24, 33-69.

김태석 · 김대진 (2007). 흡연과 우울 간의 관련성. 대학정신약물학회지, 18(6), 393-398.

김헌수 · 김현실(2002). 한국 청소년 음주 및 약물남용과 비행행동 간의 상관관계. 신경정신의학, 41(3), 472-485.

김현실 · 김헌수(1999). 비행청소년의 취중상태와 범죄행동 양상 간의 관계. 신경정신의학, 38(4), 805-815.

김현옥 · 전미숙(2007). 청소년의 흡연, 음주와 정신건강과의 관계. 한국보건간호학회지, 21, 217-229.

뉴시스 (2017. 06.25). "카페인 농축 알약까지 유행… '카페인 중독 사회' 어디까지."

박선혜 · 강주희 · 전종설 · 오혜정(2010). 흡연 청소년과 비흡연 청소년의 정신건강에 대한 종단적 비교연구. 청소년복지연구, 12(2), 75-94.

박선희(2007). 청소년들의 흡연경험 및 흡연빈도 증가에 영향을 미치는 요인. 아동간호학회지, 13(3), 318-328.

박선희(2009). 학령기 및 청소년 초기 흡연행태와 흡연시작에 영향을 주는 요인. 대한간호학회지, 39(3), 376-385.

박성수(2017). 청소년의 물질중독 예방전략-마약류 등 유해약물을 중심으로-. **한국중독범죄학회**, 7(4), 43-62.

신미영(1996). 남자 고등학생의 흡연에 관한 지식, 태도, 습관과 건강 관련 체력 분석. 한국체육대학교 대학원 석사학위논문.

여성가족부(2016). **2016년 청소년 매체 이용 및 유해환경 실태조사 보고서**. 서울: 여성가족부.

여성가족부(2017). **2017 청소년백서**. 서울: 여성가족부.

연합뉴스(2015. 08. 06.). "청소년 담배광고 자주 볼수록 흡연 가능성 커져".

약사공론(2019. 01. 18.). "청소년 진통제 오남용은 심각한 사회문제, 교육 · 홍보 절실".

윤명숙 · 조혜정 · 이희정(2009). 고등학생의 음주 관련 지식 및 태도와 음주행위의 영향요인. **정신간호학회지**, 12(4), 463-471.

윤명숙 · 조혜정(2009). 청소년의 학업스트레스 및 또래애착이 우울에 미치는 영향: 인터넷 사용과 음주행위의 매개효과를 중심으로. **사회과학연구**, 25(2), 131-156.

윤명숙 · 조혜정(2011). 청소년 음주행위가 자살생각에 미치는 영향에 관한 종단연구. **청소년복지연구**, 13(3), 43-66.

임영식 · 이장한 · 김선일 · 함진선(2003). 청소년의 흡연행동: 성격유형, 흡연동기, 갈망, 니코틴 의존. **청소년학연구**, 10(3), 461-479.

임은선 · 류장학(2006). 흡연 청소년의 금연의향에 미치는 요인분석. **지역사회간호학회지**, 17(2), 253-262.

장동균 · 김희선 · 차승현 · 최현진 · 이은환(2015). 청소년의 음주여부 및 문제음주에 영향을 미치는 요인: 2013 청소년 건강행태온라인조사를 활용하여. **의료경영학연구**, 9(2), 27-36.

전종설(2008). 청소년의 약물의존과 정신장애 이중진단에 관한 조사연구: 미국 청소년을 중심으로. **청소년학연구**, 15(6), 251-270.

전종철 · 김진석(2014). 청소년 흡연예방 및 금연 프로그램 연구 경향 분석. **청소년복지연구**, 16(1), 305-326.

정슬기(2011). 음주 시작 연령 및 문제음주가 청소년의 자살생각과 시도에 미치는 영향. **한국알코올과학회지**, 12(1), 15-27.

조준호(2018). 청소년의 금지 약물 사용에 따른 관련 요인 분석. **한국환경보건학회지**, 44(6), 608-617.

중앙일보(2017. 10. 16.). "청소년 알코올 중독 급격히 늘어… 첫 음주는 13살, 폭탄주도 37%".

중앙일보 온라인 청소년 매체(2017. 3. 28.) "미성년자 담배 구매대행, '뚫비'를 아시나요?".

채수미(2015). 약물오남용의 실태와 개선방안. **보건복지포럼**, 228, 66-76.

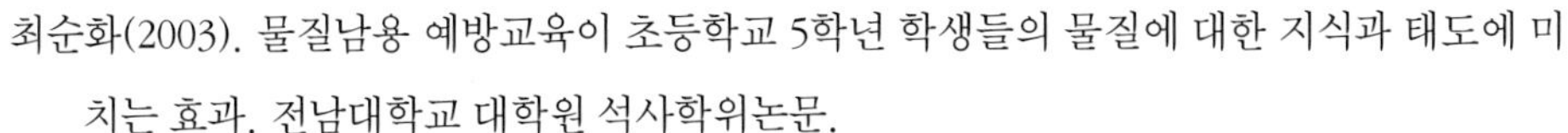

최순화(2003). 물질남용 예방교육이 초등학교 5학년 학생들의 물질에 대한 지식과 태도에 미치는 효과. 전남대학교 대학원 석사학위논문.

최은진(2005). 청소년 음주예방을 위한 정책과제. **보건복지포럼**, 2, 75-83.

최은진(2008). 청소년의 음주폐해 감소를 위한 건강증진 정책 방향. **보건복지포럼**, 5, 74-84.

최재윤 · 이광섭(2011). 청소년의 합법적 약물의 남용실태와 사회의학적 접근에 관한 연구. **병원약사회지**, 28(1), 30-65.

한국일보(2014. 07. 01). "담배 진열 금지 국가, 청소년 흡연율 모두 감소".

한국일보(2016. 07. 18.). "음식점의 술 배달 합법화, 청소년 '치맥'문화 정착에 기여?".

한국청소년개발원 · 한국보건사회연구원(2004). **청소년의 향정신성 유해약물 중독예방 및 치료 프로그램 연구**. 서울: 한국청소년개발원 · 한국보건사회연구원.

한국청소년정책연구원(2012). **청소년 흡연, 음주 실태와 정책적 대응방안**. 서울: 한국청소년정책연구원.

허성욱(1997). 청소년 약물남용 실태와 대책에 관한 연구. 명지대학교 대학원 석사학위논문.

현안나(2012). 청소년 음주 보호요인과 위험요인: Jessor의 문제행동이론을 중심으로. **청소년복지연구**, 14(3), 305-333.

Altman, D. G., Forster, V., Rasenick-Douss, L., & Tye, J. B. (1989). Reducing the illegal sale of cigarettes to minors. *Jama, 261*(1), 80-83.

Best, D., Manning, V., Gossop, M., Gross, M., & Strang, J. (2006). Excessive drinking and other problem behaviors among 14-16 years old school children. *Addictive Behaviors, 31*, 1424-1435.

Breslau, N., & Peterson, E. L. (1996). Smoking cessation in young adults: Age at initiation of cigarette smoking and other suspected influences. *American of Public Health, 86*(2), 214-220.

Bonaguro, J. A., & Bonaguro, E. W. (1987). Self-concept, stress, symptomatology and tobacco use. *Journal of School Health, 57*(2), 56-58.

Byeon, Y. S., & Shoon, L. H. (2007). Relation of the blood pressure, lipids and body mass index by smoking status among adolescents. *Journal of korean Academy of Nursing, 37*, 1020-1026.

Chen, J., & Millar, W. (1998). Age of smoking initiation: Implications for quitting. *Health Reports, 9*(4), 39-46.

Ellickson, P., Saner, H., & Mcguigan, K. A. (1997). Profiles of violent youth: Substance use and other concurrent problems. *Journal of Public Health, 87*(6), 985-991.

Ellickson, P. L., Tucker, J. S., & Klein, D. J. (2003). Ten-year prospective study of public health problems associated with early drinking. *Pediatrics, 111,* 949-955.

Ellickson, P., Saner, H., & McGuigan, K. A. (1997). Profiles of violent youth: Substance use and other concurrent problems. *American Journal of Public Health, 87*(6), 985-991.

Hingson, R. W., Heeren, T., & Winter, M. R. (2006). Age at drinking onset and alcohol dependence: age at onset, duration, and severity. *Archives of Pediatrics & Adolescent Medicine, 160,* 739-746.

Fielding, J. E, Husten, C. G, & Eriksen, M. P. (1998). Tobacco: health effects and control. in Wallace RB, Doebbeling BN. Maxcy-Rosenau-Last Public health & preventive medicine, 14th ed., Appleton & Lange, 817-845.

Hoffman, J., & Froemke, S. (2007). Addiction. New York: Rodale.

Khuder, S. A., Dayal, H. H., & Mutgi. A. B. (1999). Age at smoking onset and its effect on smoking cessation. *Addictive Behaviors, 24*(5), 673-677.

Laird, R. D., Pettit, G. S., Dodge, K. A., & Bates, J. E. (1999). Best friendships, group relationships, and antisocial behavior in early adolescence. *Journal of Early Adolescence, 19,* 413-437.

National Cancer Institute (2005). Cancer Trends Progress Report. Retrieved February 24, 2007, from http://progressreport. cancer.gov/doc_detail.asp?pid=1&did=2005&chid=21&coid=203&mid=#cancer.

Patrick, M. E., & Schulenberg, J. E. (2013). Prevalence and predictors of adolescent alcohol use and binge drinking in the United States. Alcohol Research: *Current Reviews, 35*(2), 193-200.

Scherrer, J. F., Grant, J. D., Agrawal, A., Madden, P. A., Fu, Q., Jacob, T., Bucholz, K. K., & Xian, H. (2012). Suicidal behavior, smoking and familial vulnerability. *Nicotine & Tobacco Research, 14*(4), 415-424.

Schilling, E. A., Aseltine, R. H., Glanovsky, J. L., James, A., & Jacobs, D. (2009). Adolescent alcohol use, suicidal ideation and suicide attempts. *Journal of Adolescent Health, 44*, 335-341.

Swahn, M. H., & Donovan, J. E. (2005). Predictors of fighting attributed to alcohol use among adolescent drinkers. *Addictive Behaviors, 30*, 488-498.

Torabi, M. R., & Bailey, W. (1993). Cigarette smoking as a predictor of alcohol and other drug use by children and adolescents: Evidence of the gateway drug effect. *Journal of School Health, 63*(7), 302-306.

Upadhyaya, H. P., Brady, K. T., & Wang, W. (2004). Bupropion SR in adolescents with comorbid ADHD and nicotine dependence: A pilot study. *Journal of the American Academy Child & Adolescent Psychiatry, 43*(2), 199-205.

White, H. R., Loeber, R., Stouthamer-Loever, M., & Farrington, D. P. (1999). Developmental associations between substance use and violence. *Development and Psychopathology, 11*, 785-803.

Wiencke, J. K., Thurston, S. W., Kelsey, K. T., Varkonyi, A., Wain, J. C., Mark, E. J., & Christiani, D. C. (1999). Early age at smoking initiation and tobacco carcinogen DNA damage in the lung. *Journal of the National Cancer Institute, 91*(7), 614-619.

Wilson, N., Battistich, V., Syme, L., & Boyce, T. (2002). Does elementary school alcohol, tobacco and marijuana use increase middle school risk?. *Journal of Adolecent Health, 30*, 442-447.

Wu, L., & Anthony, J. C. (1999). Tobacco smoking and depressed mood in late childhood and early adolescence. *American Journal of Public Health, 89*(12), 1837-1840.

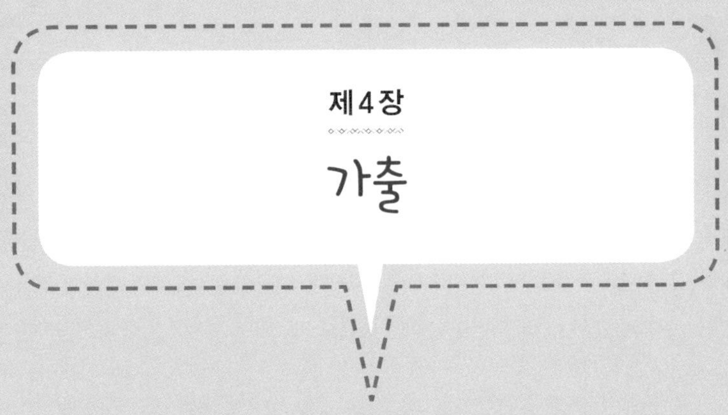

제4장

가출

학습개요

지금까지 청소년기의 가출은 지위비행의 관점에서 접근하여 사실상 가출행동이 심각한 비행, 일탈, 범죄로 가는 통로이며, 가출청소년은 선도 대상 우범청소년으로 규정되어 왔다. 하지만 이제는 청소년의 가출을 더 이상 비행, 일탈이라는 부정적 관점으로만 접근할 것이 아니라 왜 가출할 수밖에 없었는지에 대한 근본적인 이유를 파악하여 사전에 가출을 예방하는 관점으로 접근해야 한다.

따라서 가출청소년을 어떻게 정의하고 규정할 것인가는 매우 중요한 문제이다. '가출청소년은 누구를 말하는 것인가'에 관한 정의에 따라 개입방법 및 정책의 방향이 달라지기 때문이다. 또한 가출의 원인과 가출이 청소년에게 미치는 영향 및 가출로 인해 발생되는 문제에 대해 파악할 필요가 있다. 왜냐하면 앞으로는 다양한 원인으로 1차적 안전망인 가정에서 탈출해야만 했던 청소년들이 저출산, 고령화 등의 새로운 사회양극화를 예방하고 미래의 경쟁력을 강화하기 위한 사회 구성원으로 거듭날 수 있도록 지원해야 하기 때문이다.

01 가출의 이해

1) 가출청소년의 개념

가출청소년에 대한 개념 정의는 연구자마다 대체로 비슷한 견해를 보이고 있으나 아직까지 명확하게 합의가 이루어지지는 않았다. 국가, 사회, 시대적 상황에 따라 가출청소년에 대한 관점의 변화가 있을 뿐만 아니라 연구자마다 청소년의 연령기준, 가출 유형 등에 따라 차이를 보이기 때문이다. 하지만 가출청소년을 어떻게 정의하고 규정할 것인가는 매우 중요한 문제이다. '가출청소년은 누구를 말하는 것인가'에 관한 정의에 따라 개입방법 및 정책의 방향이 달라지기 때문이다. 청소년 가출을 발달상의 한 현상으로만 이해할 것인지, 아니면 청소년 개인의 병리적인 문제 또는 가족의 책임으로 볼 것인지에 따라 실천적 접근의 방향이 바뀌기 때문이다(경북여성정책개발원, 2012).

국가인권위원회(2017)는 '가출청소년'을 '가정 밖 청소년'으로 바꾸어 부르고 이들의 인권 개선에 노력해야 한다고 하였다. 현행 「청소년복지지원법」 내의 '가출'을 '가정 밖'으로 대체하고 가정 밖 청소년 지원과 보호 대책을 마련하라고 여성가족부 장관에게 권고하였다. 가출청소년을 우범청소년으로 규정하여 '가출'을 잠재적 범죄로 낙인찍는 「소년법」의 해당 조항도 삭제하라고 법무부장관에게 권고했다. 또한 국가인권위원회는 "가출이라는 행위 자체에 관심을 갖기보다는 원인을 예방하는 접근이 필요하다."라며 "가정 밖이라는 상황에 초점을 두고 실질적 보호와 지원 대책을 마련하기 위해서는 용어 전환이 필요하다."라고 하였다(연합뉴스, 2017. 01. 24.).

국회에서는 가출청소년에 대한 정책을 수립하는 데 있어 가출이라는 행위에 초점을 맞춘다면 가출 예방과 원가정으로의 복귀를 위한 정책이 핵심이 될 수 있기 때문에 이들의 상황에 맞는 보호와 지원이 충분히 이루어지지 못할 것을 우려하여 「청소년복지지원법」 내의 '가출청소년'을 '가정 밖 청소년'으로 변경할 것을 발의한

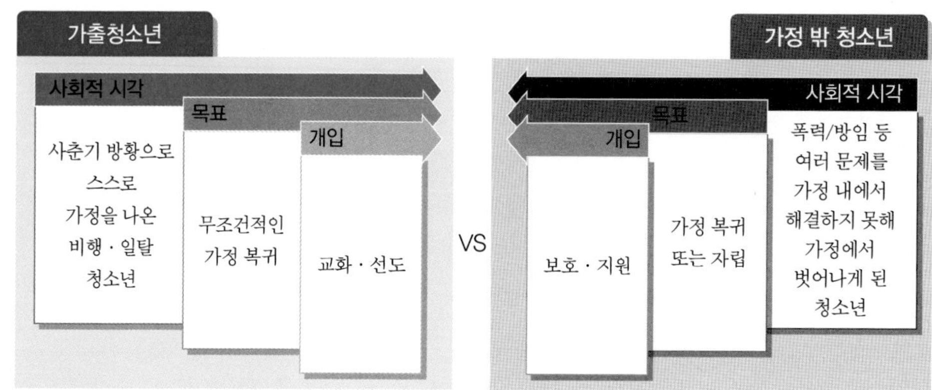

[그림 4-1] 가출청소년과 가정 밖 청소년

* 출처: 김희진 · 백혜정 · 김은정(2018).

바 있다(나눔일보, 2017. 03. 21.). 제6차 청소년정책기본계획(2018~2022년)에서도 가출청소년이라는 명칭 외에 '가정 밖 청소년'이라는 용어를 추가하여 정책이 계획되었다. 이와 같은 움직임은 가출청소년에 대한 인식이 변화되고 있는 것을 보여 준다. 하지만 아직까지는 국가적 · 사회적으로 '가정 밖 청소년'이 가출청소년을 대체할 용어라고 하는 부분에 있어 의견이 통일되지 않았기 때문에 이 장에서는 기존에 사용되고 있는 '가출청소년'이라는 용어를 중심으로 설명하겠다.

일반적으로 가출은 부모의 허락 여부, 연령, 기간 등의 요소를 고려하여 정의하며 기본적으로는 보호자의 동의나 허락 없이 집에서 벗어나는 행위로, 보호자가 청소년의 소재를 알지 못하는 경우여야 한다(조성연 외, 2008). 김준호와 박정선(1993)도 가출에 대해 "자신 및 자신을 둘러싼 주위 환경에 대한 불만이나 갈등에서 비롯된 문제점에 대한 반발이나 해결을 위해 보호자의 승인 없이 최소한 하룻밤 이상 무단으로 집을 나가 돌아오지 않는 충동적 혹은 계획적 행위"라고 하였다. 이런 일반적 정의에 따르면, 가출청소년은 부모나 법적 보호자의 허락을 받지 않고 일정 기간 이상 안정된 거주지를 떠나 생활하는 청소년으로 지칭할 수 있다.

가출청소년에 대한 개념을 구체적으로 살펴보면, 김향초(1998)는 가출청소년을 "부모나 보호자의 동의 없이 집을 떠나서 24시간 이상 귀가하지 않는 19세 미만의 청소년"이라고 정의하였고, 가바리노 등(Garbarino et al., 1986)은 가출청소년을 "부

모 허락 없이 집을 나간 청소년으로, 하룻밤 이상 부모의 인식이나 통제로부터 벗어나고자 행동을 한 청소년"이라고 정의하였으며, 웰시(Welsh, 1995)는 가출청소년에 대해 "부모 허락 없이 집을 떠난 지 48시간 이상이 되어 가족에 의해 신고된 18세 미만의 청소년"이라고 정의 내렸다. 가장 일반적인 정의는 로버트(Robert, 1987)가 제시한 "가출청소년이란 부모나 보호자의 허락을 받지 않고 24시간 이상 집에 들어가지 않는 18세 미만의 청소년"이다(나동석 · 이용교 역, 1991). 하지만 상기의 가출청소년의 정의는 자발적인 가출이 아니거나 집으로 돌아갈 수 없는 상태의 청소년을 충분히 포괄하지 못하는 한계가 있다. 이는 가출의 의미를 '부모의 허락을 받지 않고 나옴'으로 한정하여 집을 떠난 행위에 대한 청소년의 자발성과 돌아갈 집이 있음을 전제하기 때문이다. 하지만 현장에서 서비스를 제공하는 청소년들 가운데에는 집이 없거나 부모가 양육을 거부하여 집으로 돌아갈 수 없는 상태에 처한 청소년도 있다(김지혜 외, 2006a). 그렇기 때문에 이러한 상황들을 고려하여 가출청소년의 개념을 규정할 필요가 있다. 홍봉선과 남미애(2009)는 가출청소년을 "자신과 자신을 둘러싼 환경의 문제를 해결하기 위해 의도적이거나 비의도적으로 가정에서 나온 후 24시간 이상 집에 들어가지 않아 도움이 필요한 청소년"이라고 정의하면서 비자발적 가출의 내용을 포함하였다. 여성가족부(2017b)도 가출청소년을 "자신과 자신을 둘러싼 환경의 문제를 해결하기 위해 의도적 · 비의도적으로 가정이나 보호시설에서 나온 후 24시간 이상 귀가하지 않아 도움이 필요한 9~24세의 청소년'으로 정의하였다.

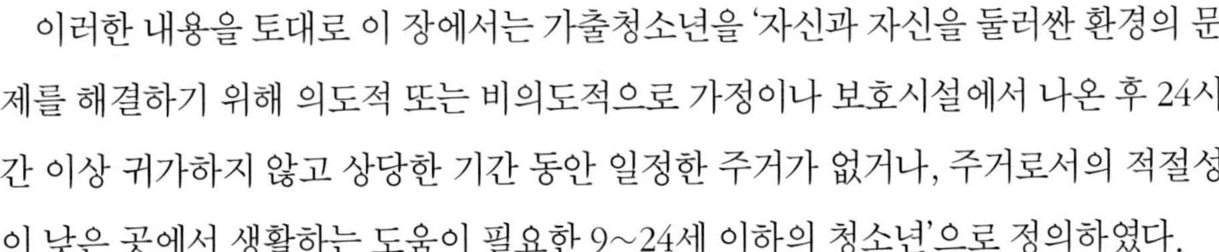

이러한 내용을 토대로 이 장에서는 가출청소년을 '자신과 자신을 둘러싼 환경의 문제를 해결하기 위해 의도적 또는 비의도적으로 가정이나 보호시설에서 나온 후 24시간 이상 귀가하지 않고 상당한 기간 동안 일정한 주거가 없거나, 주거로서의 적절성이 낮은 곳에서 생활하는 도움이 필요한 9~24세 이하의 청소년'으로 정의하였다.

2) 청소년의 가출 유형

청소년의 가출 유형은 연구자와 기관마다 다양하게 구분하고 있다. 홍봉선과 남미애(2001)는 청소년 가출 유형을 가출의 목적에 따라 크게 다섯 가지로 나누었다.

첫째, 시위성 가출은 가출 자체보다 가출로 인한 효과로 가족이나 주위 환경의 변화를 시키기 위해 또는 관심을 끌기 위해 가출한 경우이다. 둘째, 유희성 가출은 며칠 부모의 간섭 없이 또래들과 어울려 놀다가 되돌아올 것을 생각하고 떠난 경우이다. 셋째, 방랑형 가출은 집 밖에서 생활하는 것이 좋아서 밖에서 살기 위해 떠난 경우이다. 넷째, 추방형 가출은 가족이나 주위 환경으로부터 가출을 하도록 떠밀려 나온 경우이다. 다섯째, 생존형 가출은 가족으로부터 신체적 · 심리적 · 정신적 학대를 받고 생존을 위해 도망쳐 나온 경우이다.

이용교, 홍봉선과 윤현영(2005)은 청소년 가출을 가출 양상에 따라 여섯 가지 유형으로 구분하였다. 첫째, 노숙형은 장기 가출로 거리에서 생활하는 것이 익숙하며 보호시설에 대한 지식이나 이용 동기가 떨어지는 유형이다. 둘째, 거부형은 구속을 거부하고 자유를 추구하여 가출한 경우(보호시설의 규칙에 대해 거부감을 가지고 있음)이다. 셋째, 탐색형은 자립과 재활에 대한 의지가 있고 규칙적인 생활에 대한 이해도는 있지만 귀가에 대한 확신이 없어 쉼터 등 보호시설에서 자신의 태도를 정립할 기회가 필요한 유형이다. 넷째, 전환형은 가출과 귀가를 반복하는 청소년으로 언제든 집에 들어갈 수 있는 여건이 되기 때문에 보호시설의 필요성이 낮은 유형이다. 다섯째, 안정형은 비교적 안정된 가정에서 생활하다 갑작스런 위기상황으로 인해 집을 떠나게 된 경우로 안정적인 거주지와 보호가 제공된다면 큰 문제가 없는 유형이다. 여섯째, 치료형은 정신적인 문제나 약물남용, 인터넷중독, 성격장애, 행동장애, 우울증 등 특수치료가 필요한 심각한 문제를 안고 있는 유형이다.

한국청소년상담원(2002)은 미국의 다섯 가지 가출청소년 유형을 소개하였다. 첫째, 가출청소년(runaway youth)은 18세 이하의 아동이나 청소년으로서 집을 나와 최소한 하룻밤을 지낸 청소년을 말한다. 둘째, 노숙청소년(homeless youth)은 부모나 대리 양육자 혹은 제도적 보호에서 제외되어 있는 청소년을 말한다. 셋째, 버려진 청소년(throwaway youth)은 부모나 양육 책임자에게서 어떠한 이유로든 내쫓겨 집으로 돌아갈 수 없는 처지로 스스로 살아가는 청소년을 말한다. 넷째, 길거리청소년(street youth)은 장기간 가출하거나, 돌아갈 집이 없거나, 집에서 버려져서 이젠 길거리에서 스스로 먹을 것을 해결하며 살아가는 데 익숙해져 있는 청소년, 즉 가족과의 유대가 불가능하고 귀가에 대한 생각도 거의 없이 길거리에서 나름대로 생활양

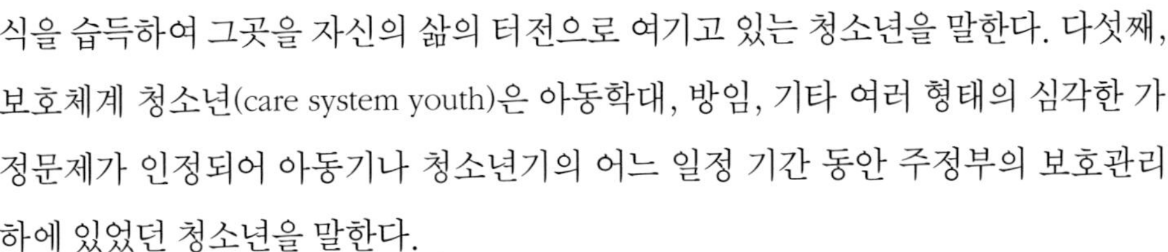

식을 습득하여 그곳을 자신의 삶의 터전으로 여기고 있는 청소년을 말한다. 다섯째, 보호체계 청소년(care system youth)은 아동학대, 방임, 기타 여러 형태의 심각한 가정문제가 인정되어 아동기나 청소년기의 어느 일정 기간 동안 주정부의 보호관리하에 있었던 청소년을 말한다.

김지혜 등(2006a, 2006b)은 가출청소년의 유형을 네 가지로 구분하였다. 첫째, 갈등가정 청소년은 가족과의 갈등으로 일시적으로 집을 나온 청소년을 말한다. 둘째, 해체가정 청소년은 가족이 해체되었거나 부모가 청소년에 대한 양육능력을 상실한 가정의 청소년을 말한다. 셋째, 배회청소년은 가족과의 관계가 약하지만 그 정도가 경미한 수준으로 가출과 사회 부적응의 위험이 있지만 거리에서의 생존방식에 익숙해지지는 않았으며, 사회서비스에 대한 탐색과 이용 의사가 있어 비교적 간단한 예방적 접근으로 건강한 기능상태를 유지 또는 회복할 가능성이 높은 청소년을 말한다. 넷째, 노숙청소년은 가족과 사회와의 관계가 심각하게 단절되어 이미 가출한 상태로 오랜 시간을 거리에서 보내며 그곳의 생존방식에 익숙해져 있고, 보호시설을 비롯한 사회서비스에 대해 거부적인 태도를 보이는 청소년을 말한다.

호머(Homer, 1973)는 청소년의 가출 동기에 따라 추구형 가출과 탈출형 가출로 구분하였다. 첫째, 추구형 가출(runaway to)은 쾌락과 모험을 즐기기 위해 가출한 경우이다. 둘째, 탈출형 가출(runaway from)은 가정의 문제로 인해 더 이상 참기 어려운 상황 때문에 가출한 경우이다.

밀러 등(Miller et al., 1980)은 가출의 원인이 부모에게 있는 경우와 청소년에게 있는 경우로 구분하고, 가출의 원인이 부모에게 있는 경우의 가출 유형을 희생자(victims), 추방자(exiles), 반항자(rebels)로, 청소년에게 그 원인이 있는 경우의 가출 유형을 도망자(fugitives), 피난자(refugees), 이민자(immigrants)로 구분하였다. 첫째, 희생자 유형은 부모로부터 학대받은 경험이 있어서 귀가를 두려워하고 귀가하기를 거부하는 유형이다. 둘째, 추방자 유형은 부모로부터 쫓겨난 유형이다. 셋째, 반항자 유형은 부모와의 심각한 갈등으로 인해 가출한 유형이다. 넷째, 도망자 유형은 자신이 한 문제행동에 대한 처벌이 두려워 가출한 유형이다. 다섯째, 피난자 유형은 가족이 없으며 위탁가정이나 시설에서 도망 나온 유형이다. 여섯째, 이민자 유형은 가정이나 학교에서 벗어나 자유와 모험을 찾는 유형이다.

표 4-1 가출청소년의 유형 구분

출처	구분
홍봉선 · 남미애 (2001)	• 시위성 가출: 가출 자체보다 가출로 인한 효과로 가족이나 주위 환경의 변화를 시키기 위해 또는 관심을 끌기 위해 가출한 경우 • 유희성 가출: 며칠 부모의 간섭 없이 또래들과 어울려 놀다가 되돌아올 것을 생각하고 떠난 경우 • 방랑형 가출: 집 밖에서 생활하는 것이 좋아서 밖에서 살기 위해 떠난 경우 • 추방형 가출: 가족이나 주위 환경으로부터 가출을 하도록 떠밀려 나온 경우 • 생존형 가출: 가족으로부터 신체적 · 심리적 · 정신적 학대를 받고 생존을 위해 도망쳐 나온 경우
한국청소년상담원 (2002)	〈미국의 다섯 가지 가출청소년 유형〉 • 가출청소년(runaway youth): 18세 이하의 아동이나 청소년으로서 집을 나와 최소한 하룻밤을 지낸 청소년 • 노숙청소년(homeless youth): 부모나 대리 양육자 혹은 제도적 보호에서 제외되어 있는 청소년 • 버려진 청소년(throwaway youth): 부모나 양육 책임자에게서 어떠한 이유로든 내쫓겨 집으로 돌아갈 수 없는 처지로 스스로 살아가는 청소년 • 길거리청소년(street youth): 장기간 가출하거나, 돌아갈 집이 없거나, 집에서 버려져서 이젠 길거리에서 스스로 먹을 것을 해결하며 살아가는 데 익숙해져 있는 청소년, 즉 가족과의 유대가 불가능하고 귀가에 대한 생각도 거의 없이 길거리에서 나름대로 생활양식을 습득하여 그곳을 자신의 삶의 터전으로 여기고 있는 청소년 • 보호체계 청소년(care system youth): 아동학대, 방임, 기타 여러 형태의 심각한 가정문제가 인정되어 아동기나 청소년기의 어느 일정 기간 동안 주정부의 보호관리 하에 있었던 청소년

이용교 · 홍봉선 · 윤현영(2005)	• 노숙형: 장기 가출로 거리에서 생활하는 것이 익숙하며 보호시설에 대한 지식이나 이용 동기가 떨어지는 유형 • 거부형: 구속을 거부하고 자유를 추구하여 가출한 경우(보호시설의 규칙에 대해 거부감을 가지고 있음) • 탐색형: 자립과 재활에 대한 의지가 있고 규칙적인 생활에 대한 이해도는 있지만 귀가에 대한 확신이 없어 쉼터 등 보호시설에서 자신의 태도를 정립할 기회가 필요한 유형 • 전환형: 가출과 귀가를 반복하는 청소년으로 언제든 집에 들어갈 수 있는 여건이 되기 때문에 보호시설의 필요성이 낮음 • 안정형: 비교적 안정된 가정에서 생활하다 갑작스런 위기상황으로 인해 집을 떠나게 된 경우로 안정적인 거주지와 보호가 제공된다면 큰 문제가 없는 유형 • 치료형: 정신적인 문제나 약물남용, 인터넷중독, 성격장애, 행동장애, 우울증 등 특수치료가 필요한 심각한 문제를 안고 있는 유형
김지혜 외 (2006a, 2006b)	• 갈등가정 청소년: 가족과의 갈등으로 일시적으로 집을 나온 청소년 • 해체가정 청소년: 가족이 해체되었거나 부모가 청소년에 대한 양육능력을 상실한 가정의 청소년 • 배회청소년: 가족과의 관계가 약하지만 그 정도가 경미한 수준으로 가출과 사회 부적응의 위험이 있지만 거리에서의 생존방식에 익숙해지지는 않았으며, 사회서비스에 대한 탐색과 이용 의사가 있어 비교적 간단한 예방적 접근으로 건강한 기능상태를 유지 또는 회복할 가능성이 높은 청소년 • 노숙청소년: 가족과 사회와의 관계가 심각하게 단절되어 이미 가출한 상태로 오랜 시간을 거리에서 보내며 그곳의 생존방식에 익숙해져 있고, 보호시설을 비롯한 사회서비스에 대해 거부적인 태도를 보이는 청소년
Homer (1973)	• 추구형 가출(runaway to): 쾌락과 모험을 즐기기 위해 가출한 경우 • 탈출형 가출(runaway from): 가정의 문제로 인해 더 이상 참기 어려운 상황 때문에 가출한 경우

Miller 외(1980)	〈가출의 원인이 부모에게 있는 경우〉 • 희생자(victims): 부모로부터 학대받은 경험이 있어서 귀가를 두려워하고 귀가하기를 거부하는 유형 • 추방자(exiles): 부모로부터 쫓겨난 유형 • 반항자(rebels): 부모와의 심각한 갈등으로 인해 가출한 유형 〈가출의 원인이 청소년에게 있는 경우〉 • 도망자(fugitives): 자신이 한 문제행동에 대한 처벌이 두려워 가출한 유형 • 피난자(refugees): 가족이 없으며 위탁가정이나 시설에서 도망 나온 유형 • 이민자(immigrants): 가정이나 학교에서 벗어나 자유와 모험을 찾는 유형

02 가출청소년 현황 및 가출 관련 실태

가정 밖 청소년(가출청소년)의 규모를 추산하기는 매우 어렵다. 그 이유로는 첫째, 가정 밖 청소년의 상당수를 차지할 것으로 예상되는 가출청소년들은 자신의 거주 환경을 노출시키지 않으려는 경향이 강하기 때문에 그들의 규모 파악이 쉽지 않다. 둘째, 가정 밖 청소년들의 지위가 안정적이지 않기 때문이다. 왜냐하면 가정 밖 청소년들은 원가정에서 이탈되었다 하더라도 그 기간이 개인에 따라 매우 유동적인 경우가 적지 않다. 한 번 가정에서 이탈된 청소년들이 일정 기간이 지난 이후에 다시 가정으로 복귀하거나 이탈과 복귀를 반복하는 경우도 적지 않다. 또한 그 주기가 개인마다 천차 만별이기 때문에 이러한 상황을 일일이 찾아내기가 쉽지 않다(김희진 · 백혜정 · 김은정, 2018).

1) 가출청소년 현황

〈표 4-2〉는 가출청소년의 신고접수 현황이다.

표 4-2 가출청소년 신고접수 현황 (단위: 명)

구분	2009년	2010년	2011년	2012년	2013년	2014년	2015년	2016년	2017년
계	22,287	28,174	29,281	28,996	24,753	23,605	21,762	21,852	22,354
남	8,825	10,742	11,579	12,051	10,570	10,171	9,104	9,038	9,012
여	13,462	17,382	17,382	16,945	14,183	13,434	12,658	12,814	13,342

*출처: 여성가족부(2018).

2) 청소년쉼터 운영 현황

가정 밖 청소년(가출청소년)의 규모 추정과 관련하여 청소년쉼터 이용 청소년 수도 참고할 수 있는데, 〈표 4-3〉에서 보는 바와 같이 청소년쉼터 운영 현황에서 쉼

표 4-3 청소년쉼터 운영 현황

구분		2009년	2010년	2011년	2012년	2013년	2014년	2015년	2016년	2017년	2018년
쉼터 수(개소)		81	83	83	92	103	109	119	119	123	130
일시	고정	8	8	8	8	15	16	18	18	10	19
	이동	2	2	2	5	6	6	8	10	10	11
단기	남	21	24	24	25	26	26	26	26	26	30
	여	26	25	24	24	24	24	26	25	27	32
중장기	남	9	40	10	11	11	16	17	18	18	18
	여	15	14	15	19	21	21	24	22	22	20
국비예산 (백만 원)		4,651	5,874	6,262	7,287	8,137	8,710	10,002	12,666	13,565	15,570
지원 건수(건)		245,653	267,117	400,533	405,204	455,219	528,415	545,907	551,106	–	–
입소자 수(명)		9,673	9,350	44,657	11,764	15,242	24,079	25,079	30,329	31,197	32,109

* 출처의 내용을 토대로 필자가 수정 · 보완함.
* 출처: 여성가족부(2017c), 여성가족부(2018).

터 수가 증가하면서 가출청소년의 지원 건수와 입소자 수 역시 지속적으로 증가하였다. 지원 건수의 경우 중복 지원을 포함하여 계속 누적되는 숫자여서 이용자 수라고 보기는 어렵다. 입소자 수 역시 중복사례가 있을 수 있으나 가출청소년 중 쉼터 비이용자가 적지 않다는 점을 감안할 때 가정 밖 청소년(가출청소년)의 규모는 이보다 클 것으로 예상된다(김희진 · 백혜정 · 김은정, 2018).

3) 가출 관련 실태[1)]

(1) 가출 고민 경험

2016년도에 최근 1년 동안 심각하게 가출을 고민해 본 적이 있는지 조사한 결과, 전체 응답자의 13.5%가 가출을 고민한 적이 있다고 답하였다. 성별의 경우를 보면, 남자 청소년 13.1%, 여자 청소년 13.9%로 성별의 차이는 거의 나타나지 않았다. 반면에 학교급별로는 초등학생이 9.5%로 가장 낮은 응답 비율을 나타냈고, 고등학생 13.7%, 중학생 16.7% 순으로 파악되었다.

표 4-4 가출을 고민한 경험

(단위: 명, %)

구분		사례 수	있다	없다
2014년		19,266	16.2	83.6
2016년		15,624	13.5	86.5
성별	남자	8,147	13.1	86.9
	여자	7,477	13.9	86.1
학교급	초등학교	4,454	9.5	90.5
	중 · 고등학교	11,170	15.1	84.9
	중학교	5,249	16.7	83.3
	고등학교	5,921	13.7	86.3

* 2014년 조사 대상은 중1~고3이며, 2016년 조사 대상은 초4~고3임.
무응답을 제외하고 분석한 결과임.

* 출처: 여성가족부(2016).

1) 여성가족부의 2016년 청소년 매체 이용 및 유해환경 실태조사 보고서 내용을 발췌하여 정리하였다.

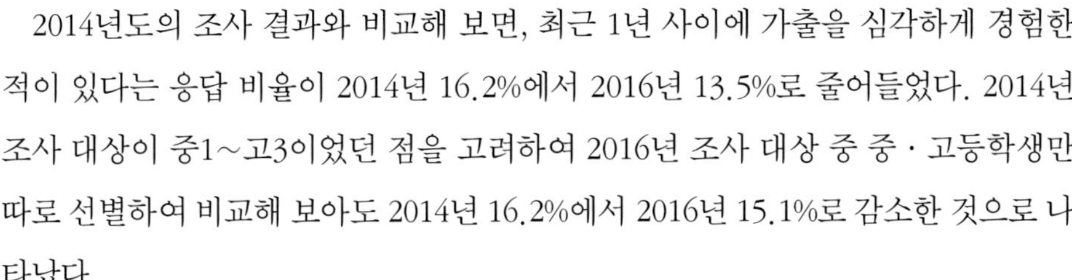

2014년도의 조사 결과와 비교해 보면, 최근 1년 사이에 가출을 심각하게 경험한 적이 있다는 응답 비율이 2014년 16.2%에서 2016년 13.5%로 줄어들었다. 2014년 조사 대상이 중1~고3이었던 점을 고려하여 2016년 조사 대상 중 중·고등학생만 따로 선별하여 비교해 보아도 2014년 16.2%에서 2016년 15.1%로 감소한 것으로 나타났다.

(2) 가출 경험

2016년도에 최근 1년 동안 가출한 경험을 조사한 결과, 전체 초·중·고등학생의 2.7%가 가출한 적이 있다고 답하였다. 학교급별로는 중학생이 3.6%로 가장 높았고, 고등학생 2.8%, 초등학생 1.6% 순으로 나타났다. 2014년 조사 결과와 비교해 보면, 최근 1년 간 가출 경험률은 2014년 4.0%에서 2016년 2.7%로 줄어들었다.

2014년 조사 대상이 중1~고3이었던 점을 고려하여 2016년 조사 대상 중 중·고등학생만 따로 선별하여 비교해 보아도 2014년 4.0%에서 2016년 3.2%로 감소한 것으로 나타났다. 중1~고3 전체 응답자 가운데, 최근 1년 동안 2회 이상 반복적으로 가출을 했다는 응답 비율도 2014년 1.7%에서 2016년 1.2%로 감소한 것으로 확인되었다.

표 4-5 가출 경험률 및 가출 횟수 (단위: 명, %)

구분		사례 수	가출 경험률	가출 횟수			
				1회	2회	3회	4회
2014년		19,266	4.0	2.3	1.0	0.4	0.3
2016년		14,973	2.7	1.6	0.6	0.3	0.3
성별	남자	7,823	3.3	1.9	0.7	0.4	0.3
	여자	7,145	2.1	1.2	0.4	0.3	0.2
학교급	초등학교	4,303	1.6	1.0	0.4	0.2	–
	중·고등학교	10,670	3.2	1.8	0.6	0.4	0.3
	중학교	5,017	3.6	2.0	0.6	0.6	0.4
	고등학교	5,653	2.8	1.7	0.6	0.2	0.3

* 2014년 조사 대상은 중1~고3이며, 2016년 조사 대상은 초4~고3임.
 무응답을 제외하고 분석한 결과임.
* 출처: 여성가족부(2016).

(3) 가출 원인

2016년 최근 1년 간 가출 경험이 있는 청소년을 대상으로 가출을 하는 주된 이유를 조사한 결과, '가족과의 갈등'에 대한 응답이 74.8%로 가장 높게 나타났고, 그 밖에 '자유롭게 살고 싶어서(8.0%)' '공부에 대한 부담감(6.1%)' '학교에 다니기 싫어서(4.7%)' 등의 순으로 가출 원인이 나타났다. 학교급별로 비교해 보면, '가족과의 갈등' 때문에 가출했다는 응답 비율이 고등학생(78.3%) > 중학생(73.8%) > 초등학생(69.5%) 순으로 나타났다. 고등학교 유형별 차이에 있어서 가출 사유로 '가족과의 갈등'을 택한 응답자 비율이 일반계고(81.4%)에서 특성화고(68.0%)보다 높게 나타났다. 특성화고 학생은 '가출에 대한 호기심으로(4.2%)' '자유롭게 살고 싶어서(10.3%)' 등의 응답 비율이 일반계고보다 높게 파악되었다. 초등학생(3.4%)은 중학생(1.3%) 및 고등학생(1.6%)보다 '가출에 대한 호기심'으로 가출했다는 비율이 3.4%로 높게 나타났다.

표 4-6 가출 원인

(단위: 명, %)

구분		사례수	가출에 대한 호기심	가족과의 갈등	어려운 가정형편	학교에 다니기 싫어서	공부에 대한 부담감	친구나 선후배의 권유	자유롭게 살고 싶어서	사회경험을 쌓고 싶어서	기타
전체		403	1.8	74.8	1.2	4.7	6.1	1.2	8.0	0.3	1.9
성별	남자	258	1.8	73.0	1.8	4.8	6.1	1.9	7.1	0.5	3.0
	여자	145	1.7	78.0	–	4.4	6.2	–	9.7	–	–
학교급	초등학교	68	3.4	69.5	1.7	3.2	9.6	2.7	6.5	0.3	3.1
	중학교	179	1.3	73.8	2.0	5.3	5.8	0.7	8.4	–	2.6
	고등학교	155	1.6	78.3	–	4.5	5.0	1.1	8.3	0.7	0.5
	일반계고	119	0.9	81.4	–	3.1	5.5	1.5	7.6	–	–
	특성화고	36	4.2	68.0	–	9.1	3.2	–	10.3	2.8	2.3

* 최근 1년 동안 가출을 해 본 적이 있다고 답한 응답자에 한함.
무응답을 제외하고 분석한 결과임.
* 출처: 여성가족부(2016).

(4) 가출 기간

2016년 최근 1년 동안 가출해 본 적이 있다고 응답한 청소년을 대상으로 가장 최근에 했던 가출의 가출 기간을 조사한 결과, '하루'라는 응답이 60.2%로 가장 많았고, '2~5일'이 26.9%로 나타났다. 이러한 결과는 가출을 경험한 청소년의 87.1%는 가출 기간이 5일 이하임을 의미한다. 가출 기간이 '한달 이상'이라고 응답한 비율은 가출 유경험자의 6.8%를 차지하였으며, 성별의 경우에는 남자 청소년이 7.5%, 여자 청소년이 5.5%로 확인되었다. 학교급의 경우에는 초등학생 5.7%, 중학생 5.8%, 고등학생 8.4%로 나타나 초등학생과 중학생에 비해 고등학생에게서 더 높게 나타났다.

표 4-7 가출 기간

(단위: 명, %)

구분		사례 수	하루	2~5일	6~9일	10~30일	한 달 이상
전체		402	60.2	26.9	3.9	2.2	6.8
성별	남자	255	56.7	29.5	3.7	2.6	7.5
	여자	147	66.3	22.3	4.2	1.6	5.5
학교급	초등학교	68	77.7	12.0	2.7	1.8	5.7
	중학교	177	59.5	28.9	3.0	2.9	5.8
	고등학교	157	53.5	31.1	5.4	1.6	8.4

* 최근 1년 동안 가출을 해 본 적이 있다고 답한 응답자에 한함.
  무응답을 제외하고 분석한 결과임.

*출처: 여성가족부(2016).

(5) 가출청소년 지원 기관 인지 및 이용 여부

가출청소년을 지원하는 다양한 지원 기관에 대한 인지 여부 및 이용 여부를 조사한 결과, '청소년쉼터'를 알고 있다고 응답한 비율은 38.8%로 파악되었다. 특히 가출 경험이 있는 청소년 중에서 '청소년쉼터'를 알고 있다는 응답은 47.7%였고, 가출 경험이 있는 청소년 중에서 '청소년쉼터'를 이용했다는 응답은 9.7%에 불과했다. '청소년상담복지센터'를 알고 있다는 응답은 45.5%로 나타났고, 가출 유경험자 중에서 '청소년상담복지센터'를 안다는 응답은 46.0%로 확인되었다. '청소년전화

표 4-8 가출청소년 지원 기관 인지 및 이용 여부

(단위: 명, %)

구분			사례수	모른다	알고 있다	이용 여부	
						이용한 적 있다	이용한 적 없다
청소년 쉼터	전체		15,542	61.2	38.8	2.5	97.5
	성별	남자	8,097	64.9	35.1	3.1	96.9
		여자	7,444	57.2	42.8	2.0	98.0
	학교급	초등학교	4,441	79.0	21.0	3.5	96.5
		중학교	5,226	58.8	41.2	2.6	97.4
		고등학교	5,874	49.9	50.1	2.2	97.8
	가출 경험	없음	14,500	61.4	38.6	2.2	97.8
		있음	409	52.3	47.7	9.7	90.3
청소년 상담복지 센터	전체		15,540	54.5	45.5	2.4	97.6
	성별	남자	8,096	59.8	40.2	3.0	97.0
		여자	7,444	48.7	51.3	2.0	98.0
	학교급	초등학교	4,441	66.7	33.3	3.0	97.0
		중학교	5,224	50.0	50.0	2.4	97.6
		고등학교	5,874	49.2	50.8	2.2	97.8
	가출 경험	없음	14,498	54.5	45.5	2.1	97.9
		있음	409	54.0	46.0	12.3	87.7
청소년 전화 1388	전체		15,536	43.5	56.5	1.5	98.5
	성별	남자	8,093	50.1	49.9	1.2	98.8
		여자	7,443	36.4	63.6	1.7	98.3
	학교급	초등학교	4,438	62.5	37.5	1.1	98.9
		중학교	5,226	41.0	59.0	1.3	98.7
		고등학교	5,872	31.4	68.6	1.8	98.2
	가출 경험	없음	14,497	43.3	56.7	1.4	98.6
		있음	408	47.8	52.2	4.2	95.8

*이용 여부는 해당 기관을 알고 있다고 답한 응답자에 한함.
무응답을 제외하고 분석한 결과임.

*출처: 여성가족부(2016).

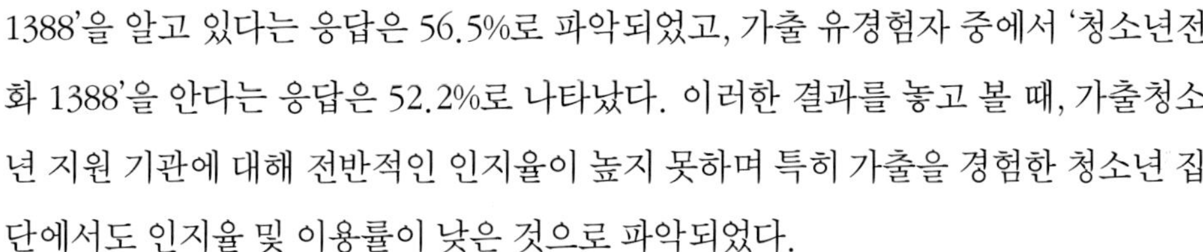

1388'을 알고 있다는 응답은 56.5%로 파악되었고, 가출 유경험자 중에서 '청소년전화 1388'을 안다는 응답은 52.2%로 나타났다. 이러한 결과를 놓고 볼 때, 가출청소년 지원 기관에 대해 전반적인 인지율이 높지 못하며 특히 가출을 경험한 청소년 집단에서도 인지율 및 이용률이 낮은 것으로 파악되었다.

학교급별로 살펴보면, '청소년쉼터' 인지율은 초등학생 21.0%, 중학생 41.2%, 고등학생 50.1%로 나타났다.

(6) 가출청소년 지원 기관에서 제공받은 서비스

가출청소년 지원 기관을 이용해 본 청소년들이 주로 제공받은 서비스는 '상담 및 정보 제공'으로 전체 이용자의 67.9%가 서비스를 받은 것으로 나타났다. 그 다음으로 '잠시 쉴 공간과 간식 제공(38.3%)' '필요한 물품(생필품, 의약품 등) 제공(6.4%)' '하루 이상의 의식주 제공(6.2%)' 순으로 파악되었다. 성별의 경우를 보면, '상담 및 정보 제공'을 받았다는 응답 비율이 여자 청소년 73.6%, 남자 청소년 61.6%로 나타났다. 학교급별로 비교해 보면, 초등학생은 '잠시 쉴 공간과 간식 제공(45.9%)' '필요한

표 4-9 가출청소년 지원 기관에서 제공받은 서비스(복수응답)

(단위: 명, %)

구분		사례 수	필요한 물품(생필품, 의약품 등)을 제공받았다	잠시 쉴 공간과 간식을 제공받았다	하루 이상의 의식주를 제공받았다	상담 및 정보를 제공받았다	긴급구조(구호)를 받았다	기타
전체		322	6.4	38.3	60.2	67.9	3.1	2.3
성별	남자	152	6.6	44.0	6.2	61.6	3.6	2.8
	여자	170	6.3	33.2	9.1	73.6	2.7	1.8
학교급	초등학교	52	10.6	45.9	3.7	55.7	6.3	1.8
	중학교	112	6.2	38.4	12.4	67.3	2.1	1.8
	고등학교	158	5.2	35.7	3.0	72.4	2.8	2.8
	일반계고	128	5.0	39.0	6.5	70.5	2.3	3.0
	특성화고	30	6.1	21.7	5.5	80.5	4.8	1.7

* 가출청소년지원 보호/상담기관 이용한 경험이 있는 응답자에 한함.
무응답을 제외하고 분석한 결과임.

*출처: 여성가족부(2016).

물품(생필품, 의약품 등)을 제공(10.6%)'받았다는 응답 비율이 중학생과 고등학생보다 높게 나타났다. 반면에 중학생(67.3%)과 고등학생(72.4%)은 초등학생(55.7%)에 비해 '상담 및 정보 제공'을 받았다는 응답이 높게 나타났다.

03 가출의 현안문제

가출은 청소년에게 다양한 영향을 미치며 여러 문제를 일으킨다. 첫째, 생존의 문제에 직면한다. 다시 말해, 청소년이 가출 이후 바로 직면하게 되는 가장 큰 어려움은 의식주와 생활비 문제이다. 가출은 당장 잘 곳과 먹을 것을 구하는 생존의 문제이므로 가출하면 스스로 먹고 사는 문제를 해결해야 한다(황혜신, 2018). 설문조사 결과에서도 가출 기간 중 도움 받고 싶은 1순위가 '숙식 제공'으로 나타났다(남미애 외, 2012). 가출 초기에는 모아 둔 돈을 사용하지만 가출을 위해 모아 둔 돈은 점점 떨어지고 기본적인 생존이 보장되지 않는 상황과 만 15세 미만의 합법적인 노동이 불가한 현실에서 그들이 택할 수 있는 대안은 극히 제한적이다. 여자 가출청소년의 건강행태조사 결과, 가출 후 식사를 제때 해결하지 못하는 것으로 나타났다. 이들이 결식하게 된 이유는 '끼니를 해결할 돈이 없어서'인 경우가 가장 많았다(원미혜 · 양승초 · 심효진, 2016). 가출청소년을 대상으로 조사한 김지혜 등(2006b)의 연구에 따르면, 가출을 하여 생활하면서 하루 종일 아무것도 먹지 못한 경험을 적어도 한 번 이상 가지고 있는 청소년이 전체의 67.1%를 차지하였고, 잘 곳을 찾지 못해 밖에서 자거나 밤새도록 돌아다닌 경험을 한 번 이상 가지고 있는 청소년은 전체의 74.6%로 거의 대부분이 주거에 어려움을 겪는 것으로 나타났다. 이처럼 청소년은 가출을 한 후 가족문제로부터 벗어나 재미, 즐거움을 일시적으로 느끼게 되지만 가출 기간이 길어질수록 또 다른 문제 상황에 봉착하게 된다. 이는 가출함과 동시에 의식주에 대한 욕구를 스스로 해결해야 하기 때문이다. 가출청소년들은 식사를 규칙적으로 못하거나, 계절에 맞지 않는 옷을 입거나, 잘 곳이 없어서 밖에서 자는 등 의식주 및 건강과 관련된 기본적인 생존 욕구를 충족하지 못한 채 지내는 경우가 많다(이시연, 2018). 경기도의 가출청소년을 대상으로 한 전민경(2016)의 연구에 따르면, 가

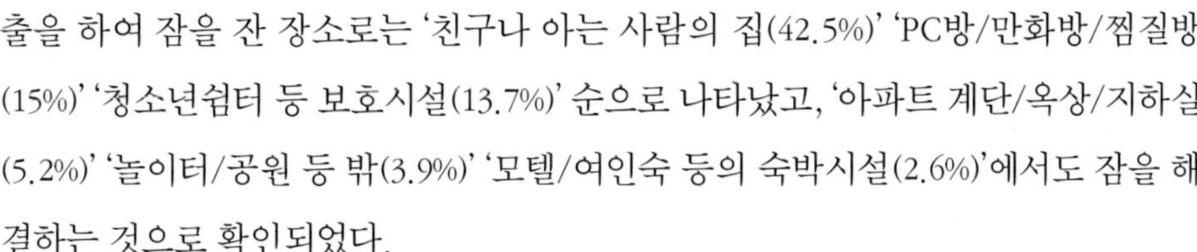

출을 하여 잠을 잔 장소로는 '친구나 아는 사람의 집(42.5%)' 'PC방/만화방/찜질방(15%)' '청소년쉼터 등 보호시설(13.7%)' 순으로 나타났고, '아파트 계단/옥상/지하실(5.2%)' '놀이터/공원 등 밖(3.9%)' '모텔/여인숙 등의 숙박시설(2.6%)'에서도 잠을 해결하는 것으로 확인되었다.

둘째, 가출청소년이 겪는 어려움 중 하나는 건강(신체적 · 심리적)문제이다. 가출청소년들은 충분한 휴식과 영양을 공급받지 못함으로써 건강상의 문제를 보일 확률이 높다. 실제로 가출청소년들은 거리 생활이 길어지면서 위생과 영양 상태는 점점 나빠지고 영양 결핍이나 피부병 등 신체적 질병을 앓게 된다(황순길 · 이은경 · 권해수 · 박관성, 2001). 가출로 인해 다양한 질병에 쉽게 노출됨에도 불구하고 조기에 발견하여 치료하는 조치는 제대로 이루어지지 않고 있다. 김경준 등(2006)의 연구에 따르면, 가출청소년 10명 중 7명이 질병을 갖고 있는 것으로 조사되었으며, 그들이 경험한 질환으로는 충치와 잇몸질환이 가장 높았고, 위장내과질환, 피부질환, 각종 사고, 성문제 질병 순으로 많았다. 하지만 치료비가 없어 제때에 치료를 받지 못하는 것으로 나타났다. 윤현영, 권선중과 황동아(2007)도 일반청소년의 저체중 비율은 6.6%인데 반해 가출청소년의 저체중 비율은 34%에 달하며, 특히 14세 이하 가출청소년의 저체중 비율은 42.7%인 것으로 나타났다고 하면서 가출청소년들이 충분한 영양공급을 받지 못하고 있어 그에 따른 건강에 문제가 있음을 주장하였다.

남녀 가출청소년들은 숙식해결을 위해 혼숙을 하는 경우가 많은데, 특히 여자 청소년들의 경우에는 숙식을 위해 성매매를 하는 경우도 많아 그에 따른 성 관련 질환에 감염될 위험도 높다(백혜정 · 방은령, 2009). 가출청소년 및 청소년쉼터 실태조사(국가청소년위원회 · 한국청소년쉼터협의회, 2007)를 살펴보면, '가출 전후에 이성과 성관계 경험이 있는가'에 대한 질문에 가출 전에 경험이 있다는 응답은 23.5%였으며, 가출 후에 경험이 있다는 응답은 35.9%로 나타났다. 이와 더불어 '가출 전후에 성 관련 질환에 걸린 경험'에 대한 질문에서 가출 전에 질환이 있었던 청소년은 6.6%였으나 가출 후에는 11.3%로 증가하였다. 이처럼 가출청소년들은 신체적 건강에 많은 문제를 겪고 있다.

가출청소년들은 신체상 건강뿐만 아니라 정신건강도 위협받고 있는 것으로 확인되었다. 가출청소년들은 우울과 불안 수준이 높고, 자살시도의 경험이 있는 청소년

이 28.8%나 된다고 하였다(김경준 외, 2006; 윤현영 외, 2007). 또한 가출청소년 및 청소년쉼터 실태조사(국가청소년위원회 · 한국청소년쉼터협의회, 2007)에 따르면, 가출청소년들은 가출 후 자살에 대한 생각이 있었다는 응답이 61.4%로 나타났으며, 자살을 시도한 경우는 31.1%로 나타나 가출청소년들의 정신건강이 매우 심각함을 나타낸다.

물론 가출청소년들은 가출 이전에 열악한 환경에 놓여 있었던 경우가 많아서 정신건강 상의 문제가 가출 이후에 나타난 문제로만 보기에는 무리가 있다. 하지만 가출 이후 환경이 개선되지 않고 오히려 더 많은 위험에 노출될 경우가 많아 이들의 정신건강을 위한 적절한 개입이 이루어지지 않는다면 이들의 정신적 문제는 가출 후 더욱 심각해질 수밖에 없을 것이다(백혜정 · 방은령, 2009).

셋째, 가출청소년은 가출 이후 학업 중단 등 교육의 기회를 상실하게 되는 상황에 놓이게 된다. 청소년 가출은 집과 가족을 떠나는 행위에 그치지 않고 실제로 학업을 중단하는 경향을 보이게 되는데, 설문조사 결과 53.6%가 학업을 중단하는 것으로 나타났다(김지혜 · 안치민, 2006). 실제로 가출청소년들은 당장의 의식주 해결이 어렵고 여러 가지 난관에 부딪히다 보니 학업에 대한 생각은 뒷전으로 미루기가 쉽다. 이렇듯 모든 가출청소년은 아니지만 상당수가 가출을 전후하여 학업의 기회를 놓치고 있다(백혜정 · 방은령, 2009). 가출청소년 중 정규교육을 받지 않는 비율이 절반이 넘을 뿐만 아니라 정규교육 이외에 다른 교육도 받지 않는 것으로 나타났으며, 설사 교육을 받고 있다고 하더라도 장기결석자가 많은 것으로 나타났다(김경준 외, 2006; 김지혜, 2005). 가출청소년 및 청소년쉼터 실태조사(국가청소년위원회 · 한국청소년쉼터협의회, 2007)를 살펴보면, 첫 가출 직전에 학교를 휴학한 상태는 6.6%, 학교를 자퇴한 상태는 17.5%로 나타난 반면에 74.7%는 학교에 다니고 있는 것으로 나타나 대부분의 청소년이 가출하기 이전에는 학교에 재학 중이었음을 알 수 있다. 김지혜(2005)의 연구와 비교해 보면, 가출청소년 중 정규학교에 재학 중인 비율은 30.2%, 정규학교를 중퇴하거나 진학하지 않은 비율은(대안학교 및 학원에 다니는 경우 포함) 69.8%로 가출청소년은 가출 전보다 가출 이후에 정규교육의 기회를 상실하는 것으로 예측된다.

이처럼 가출청소년들은 자의반 타의반에 의하여 학업을 중단하는 경우가 많이 발생될 수 있으며, 특히 가출 기간이 장기화될수록 학업중단 기간 역시 장기화되면서 학교로 복귀할 가능성은 적어지게 된다. 결국 가출로 인한 교육기회의 상실은 이들의 취업능력을 저하시키고 그로 인해 성인이 된 이후에도 실업이나 빈곤 등의 문제를 가져올 가능성이 높게 되어 사회적 비용을 크게 증가시킬 우려가 있다(백혜정 · 방은령, 2009).

넷째, 가출청소년은 비행 및 범죄 관련 가 · 피해의 경험에 노출될 위험이 높다. 가출청소년들은 가출 이후 곧바로 겪게 되는 일상생활의 불편과 심리적인 고통 등으로 인해 각종 유해환경과 약물, 폭력, 절도 등과 같은 비행이나 범죄에 노출될 상황에 처하게 된다(Unger et al., 1998; Whitbeck, Hoyt, & Ackley, 1997). 가출청소년 및 청소년쉼터 실태조사(국가청소년위원회 · 한국청소년쉼터협의회, 2007)의 결과에 따르면, 가출청소년들은 가출 이전에도 문제행동 경향을 보였지만 가출 이후에 그 경향이 더욱 증가하는 것으로 나타났다. 특히 성 관련 문제행동 및 흡연은 가출 전보다 가출 이후가 경험 비율이 상대적으로 높았으며, 문제행동의 빈도 또한 가출 전에 비해 가출 이후가 더 높게 나타나 가출이 청소년의 비행행동의 증가에 영향을 미치는 것으로 나타났다. 가출청소년들은 가출생활에서 기본적인 의식주의 불안정한 해결과 각종 사회적 위험에 무방비 상태로 노출되기 때문에 생계를 유지하기 위한 하나의 방법으로 절도나 성매매를 하며, 그 과정에서 폭력에 시달리거나 성폭력을 당하기도 한다(남미애 · 육혜련 · 오현자 · 서보람, 2010). 이처럼 가출청소년들은 가출 이후 살아가기 위해서 돈이 필요하므로 어쩔 수 없이 비행집단과 어울려 지내면서 어려운 생계를 유지해 나가며, 비행을 학습하여 비행을 저지르기도 하지만 범죄 피해의 경험으로 인해 비행을 저지르기도 한다(김지혜 외, 2006b). 윤현영 등(2007)도 가출청소년 가운데 상당히 많은 청소년이 범죄 피해를 경험하는 상황에 노출되어 있으며, 일반 청소년에 비해 더욱 취약한 상황에 처해 있다고 하였다. 이창훈, 안계원과 김원기(2017)도 가정 밖 청소년의 범죄 가해 및 피해와 관련된 요인 연구를 통해 가정 밖 생활 전 상황보다 가정 밖 생활 이후에 청소년들은 범죄에 가담하거나 범죄 피해를 더 많이 경험하는 것으로 나타났다고 하면서 가정 밖 청소년에 대한 적극적인 대책 마련이 필요하다고 하였다.

04 가출에 대한 관점 및 접근

국가인권위원회(2017)는 '2015년 가정 밖 청소년 인권 모니터링' 결과, '가출'이 '반사회적 행동'이라는 관점에 기반하고 있어 경찰의 단속 또는 언론보도를 통해 가출청소년들이 비행청소년, 예비범죄청소년으로 간주되고 있다고 하였다. 실제 언론보도를 살펴보더라도, "'가출팸' 청소년들, 성매매 '또래 포주'로 나서기도(시사저널, 2019. 02. 12.)" "또래에 2500만 원 사기 친 청소년 '가출팸'…… 피해자만 130여 명(뉴시스, 2018. 08. 27.)"과 같이 가출청소년에 대한 이미지는 부정적으로 비춰지고 있다. 이러한 문제로 인해 국가인권위원회는 가출이라는 행위에 초점을 두기보다 발생 원인에 따른 예방적 접근이 필요하다고 하였다.

지금까지 청소년기의 가출은 지위비행의 관점에서 접근하여 사실상 가출행동이 심각한 비행, 일탈, 범죄로 가는 통로이며, 가출청소년은 선도 대상 우범청소년으로 규정되어 왔다. 이로 인해 가출의 원인과 처한 상황에 관계없이 경찰단계에서 선도와 귀가조치가 이루어지고 있고, 청소년쉼터의 성과지표에도 가정복귀 항목을 포함하고 있다. 하지만 이러한 관점과 접근은 가정복귀가 불가하여 홈리스(homeless) 상태인 청소년의 반복 가출을 유발하고, 공적인 지원체계를 떠나 거리에서 생존을 유지하는 과정에서 범죄의 가해자 또는 피해자로 전락하는 결과를 낳고 있다(김지연 · 정소연, 2014). 실제로 가출청소년의 74.8%는 '가족과의 갈등'으로 인해 가출하는 것으로 나타났다(여성가족부, 2016). 따라서 무조건적으로 청소년기의 가출을 청소년들의 문제, 즉 비행의 관점에서 접근하기보다 그들이 처한 환경에 초점을 두고 접근할 필요가 있다. 지금까지는 정책대상인 가출청소년을 보호자의 보호를 받지 못하는 '가정 밖 청소년'으로 규정하여 그들의 취약한 상황에 초점을 두기보다는 비행의 관점에서 접근하여 정책대상의 개념과 범위가 모호하고 정책내용이 제한적일 수밖에 없었다(김지연 · 정소연, 2014). 실제로 우리 사회에서는 가출청소년을 잠재적 범죄가해자 또는 사회의 문제요인으로 보는 경향이 있다. 안정적인 삶을 영위할 수 없어 국가와 사회의 보호를 필요로 하는 청소년으로 비행청소년이 아니라는 사회적 합의 및 인식 개선이 필요하다. 상당수의 가출청소년이 가정 및 사회 환경의 구조적 피해자로서 불가피하게 원가정에서 생활할 수 없었던 상황을 강조할 필요가 있다. 특히 장기적으로 가정 밖에서 생활하는 청소년들은 성인기 이행 시기의 자립문제를 피할 수 없기 때문에 이들에 대해서는 원가정을 통해 받지 못하는 많은 지원을 국가와 사회에서 담당해야 한다는 인식이 더욱 확산되어야 한다. 가정 밖 청소년(가출청소년)의 경우 일반청소년과 달리 원가정의 지원을 받지 못함에 따른 사회적 배제의 우려를 조명하고 성인기 이행이라는 인생 전환기에서 일반청소년과 큰 격차 없이 자립하는 성인이 될 수 있도록 충분히 지원해야 하며, 이를 통해 추후 더 큰 사회적 손실을 막을 수 있다는 점을 강조할 필요가 있다(김희진 · 백혜정 · 김은정, 2018).

따라서 이제는 청소년의 가출을 더 이상 비행, 일탈이라는 부정적 관점으로만 접근할 것이 아니라 왜 가출할 수밖에 없었는지에 대한 근본적 이유를 파악하여 사전에 가출을 예방하는 관점으로 접근해야 한다. 예방적 접근은 가출행위의 근절이 아니라 가출의 원인에 대한 다각적 개입이어야 하며, 가정 밖 청소년(가출청소년)의 인권 · 기본권 보장이 가능하도록 정책의 범위와 내용이 확대되어야 한다(김지연 · 정소연, 2014). 이와 더불어 다양한 원인으로 1차적 안전망인 가정에서 탈출해야만 했던 청소년들을 저출산, 고령화 등의 새로운 사회양극화를 예방하고 미래의 경쟁력을 강화하기 위한 사회 구성원으로 거듭날 수 있도록 지원해야 한다(전민경, 2016).

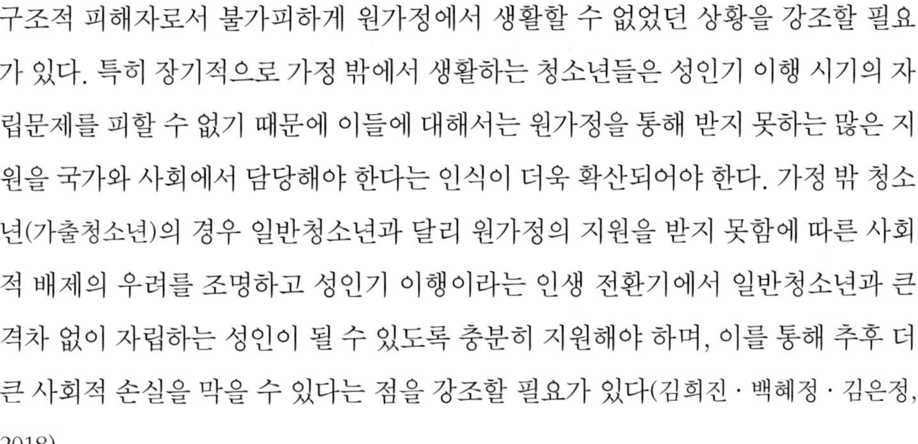

[그림 4-2] 가출청소년(주거취약청소년)의 가정 밖 청소년으로의 관점/인식의 변화

* 출처: 김희진 · 백혜정 · 김은정 (2018).

05 가출 예방 및 가출청소년 지원 대책

가출은 청소년에게 다양한 부정적 문제를 일으킨다. 하지만 이제는 가출 자체를 부정적으로만 바라볼 것이 아니라 왜 가출할 수밖에 없었는지에 대한 근본적 이유를 파악하여 청소년 가출 예방 및 가출청소년 지원 대책을 마련할 필요가 있다.

첫째, 가출 예방을 위한 가족통합지원을 확대해야 한다. 가출이 발생한 이후 해결을 위한 지원은 사회적 비용과 에너지가 필요하다. 단지 예산의 문제가 아니라, 가정 안에서 가족(성인)의 돌봄을 받아야 할 청소년이 가정 밖으로 나와야 하는 그 상황 자체가 큰 문제이다. 가족 해체는 가족의 문제가 아니라 이제 우리의 사회문제라 할 수 있을 만큼 다양한 어려움과 연결되어 있다. 부모의 학대, 방임, 부당한 양육 등이 발생하지 않도록 교육과 홍보, 지역사회의 감시가 필요하다. 즉, 가출청소년들의 문제는 아이들만의 문제가 아니라 가족문제로 볼 수 있다. 가족지원체계에 대해 건강가정지원센터 등과 연계하고, 쉼터 이용 청소년들이 사례관리의 대상자가 되어 다시 가정으로 복귀되었을 때 그 가정 또한 다른 지원체계와 연계하여 추후 가출의 재발을 방지해야 한다. 가출청소년의 원가족에 대한 가정의 특정 문제를 변화시키지 않은 상태에서 가정 복귀 자체는 무의미할 수 있다. 가출청소년이 쉼터에 입소하고, 신원이 확인되었다면 가정 복귀를 위한 복귀 프로그램 진행 시 가정지원 프로그램이 병행되어야 한다. 가출청소년만의 변화가 아니라, 아버지의 변화, 어머니의 변화 등 가족의 변화가 함께 이루어지지 않는다면 가출은 재발의 위험이 크다. 물론 가족의 문제 이외에 유희를 목적으로 또는 아무 이유 없이 집을 나온 경우도 존재한다. 하지만 그 외에 가출청소년들이 가정에서 나올 수밖에 없었던 상황에 대한 이해가 필요하고, 현재의 비행, 범죄, 문제아로의 접근이 아니라 취약한 주변 상황에 대한 접근이 우선되어야 한다. 드림스타트 또는 무한돌봄서비스처럼 일반 개인에 대한 지원뿐만 아니라 주변 가족에 대한 지원의 확대가 필요하다(전민경, 2016).

둘째, 가출청소년들의 불건전한 금융거래를 예방할 수 있는 대비책을 마련하고 이에 따른 교육과 홍보를 실시해야 한다. 재정적 어려움을 겪는 가정 밖 청소년(가출청소년)들은 일명 '핸드폰 내구제'[2]와 같이 고금리가 적용되는 소액대출 등을 통해 자금을 융통하는 경우가 많은데, 이는 개인 빚으로 남아 경제적 자립에 걸림돌로 작용하게 된다. 청소년들이 자주 이용하는 소액대출의 경우 개인 간 거래가 주를 이루어 법적으로 규제할 방법이 별다르게 없기 때문에 그 위험이 크다고 할 수 있다. 이에 청소년을 대상으로 한 부채 관련 실태 조사를 실시하고 이를 바탕으로 불건전한 금융거래를 통제할 수 있는 법적 근거를 마련하는 것이 필요하다. 또한 핸드폰 내구제나 소액대출 등 불법대출로 인한 어려움이 발생했을 때 이를 조정해 줄 수 있는 공식적인 창구를 마련할 필요가 있다. 공식적인 조정 창구는 돈을 빌려 청소년 개개인에게도 도움이 되지만 공식적인 절차를 상대해야 하는 불법대출업자에게도 영향을 주어 이들을 통제하는 효과를 가져올 수 있다. 장기적으로 청소년들의 불건전한 금융거래를 감소시킬 수도 있는 만큼 공식적인 기구를 통한 해결방안이 반드시 마련되어야 한다. 또한 저소득 금융소외계층인 청소년들이 불가피하게 대출을 필요로 하는 경우 불법대출이 아닌 정상적인 통로를 통한 장기저리대출이 가능하도록 사회적 은행의 설립 및 활성화를 적극 검토할 필요가 있다. 법적 규제 및 정책적 지원과 더불어 청소년들이 소액이라도 대출을 쉽게 생각하지 않도록 대출의 위험성을 정확히 알리는 교육 및 홍보가 필요하다(김희진 · 백혜정 · 김은정, 2018).

셋째, 가출청소년의 주거지원을 확대해야 한다. 모든 가출청소년이 가정으로 복귀를 원하는 것이 아니라 스스로 미래를 준비하는 계획을 세우는 경우도 많다. 그렇다면 가정으로의 복귀가 아닌 사회의 구성원으로 안정된 생활을 할 수 있도록 지원해야 한다. 잠 잘 곳이 해결되고 일을 할 수 있는 능력을 계발하여 자립할 수 있는 여건 마련이 필요하다(전민경, 2016). 자립의 기본 조건 중 하나는 주거공간의 확보이다. 가정 밖 청소년(가출청소년)의 욕구 조사를 보더라도 주거지 및 주거비 지원에 대한 욕구가 가장 높게 나타났다. 가정 밖 청소년의 경우 가정으로부터의 지원이 거의 없고 저임금 일자리에 종사하는 경우가 많아 주거공간에 대한 사회적 지원이 없는 경우에는 자립 비용을 마련하는 것이 요원하다. 높은 주거비용을 감당하지 못해

2) '내구제'란 단어는 '나를 구제하는 대출'의 줄임말로, '핸드폰 내구제'란 휴대전화를 대부업자에게 넘기고 대출받는 것을 말한다(와이티엔, 2018. 10. 22.).

가정 밖 청소년들이 성인기에 이르러서도 자립을 하지 못하고 사회안전망 밖으로 밀려나게 된다면 우리 사회는 더 큰 사회적 비용을 부담할 수밖에 없다. 청소년쉼터 등에서 퇴소한 주거취약 가정 밖 청소년에 대해 여성가족부에서도 제6차 청소년정책기본계획에서 '청소년자립지원관'을 통한 지원뿐만 아니라 한국토지주택공사(LH 공사) 연계 전세주택, 다가구 입주 지원 등 사회적 주택 공급체계를 활용한 적극 지원을 밝힌 바 있다. 보다 체계적인 자립 지원이 가능한 청소년자립지원관뿐만 아니라 가정과 같은 형태에서 보다 자율적인 자립 준비가 가능한 공동생활가정 형태의 거주지 지원 정책이 보다 확대될 필요가 있으며, 이에 더해 아동복지시설 퇴소 청소년과 마찬가지로 가정 밖 청소년(가출청소년)을 대상으로 대학생 · 취업준비생 전세임대 주택과 영구임대 지원 등도 추진될 필요가 있다(김희진 · 백혜정 · 김은정, 2018).

요약

1. 국가인권위원회는 '가출청소년'을 '가정 밖 청소년'으로 바꾸어 부르고 이들의 인권 개선에 노력해야 한다고 권고했다. 그리고 국가인권위원회는 가출이라는 행위에 초점을 두기보다 발생 원인에 따른 예방적 접근이 필요하다고 하였다.

2. 가출청소년을 어떻게 정의하고 규정할 것인가는 매우 중요한 문제이다. '가출청소년은 누구를 말하는 것인가'에 관한 정의에 따라 개입방법 및 정책의 방향이 달라지기 때문이다. 가출청소년의 개념을 정의하면 '자신과 자신을 둘러싼 환경의 문제를 해결하기 위해 의도적 또는 비의도적으로 가정이나 보호시설에서 나온 후 24시간 이상 귀가하지 않고 상당한 기간 동안 일정한 주거가 없거나, 주거로서의 적절성이 낮은 곳에서 생활하는 도움이 필요한 9~24세 이하의 청소년'이라고 할 수 있다.

3. 초, 중, 고등학생의 13.5%가 가출을 고민한 적이 있고, 2.7%는 가출한 적이 있는 것으로 나타났다. 가출청소년이 가출을 하는 주된 이유로 '가족과의 갈등'이 74.8%로 가장 높게 나타났다.

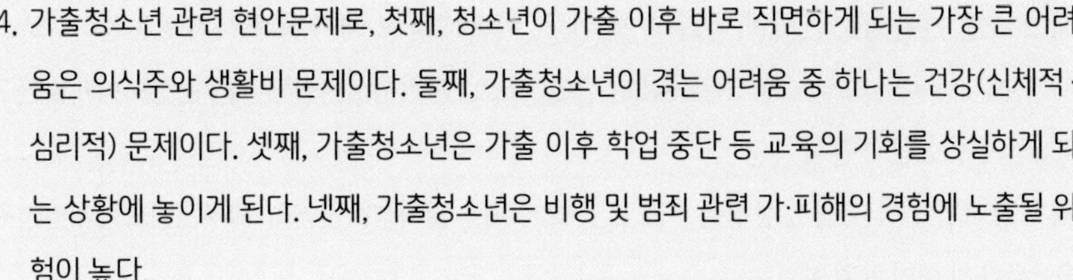

4. 가출청소년 관련 현안문제로, 첫째, 청소년이 가출 이후 바로 직면하게 되는 가장 큰 어려움은 의식주와 생활비 문제이다. 둘째, 가출청소년이 겪는 어려움 중 하나는 건강(신체적·심리적) 문제이다. 셋째, 가출청소년은 가출 이후 학업 중단 등 교육의 기회를 상실하게 되는 상황에 놓이게 된다. 넷째, 가출청소년은 비행 및 범죄 관련 가·피해의 경험에 노출될 위험이 높다.

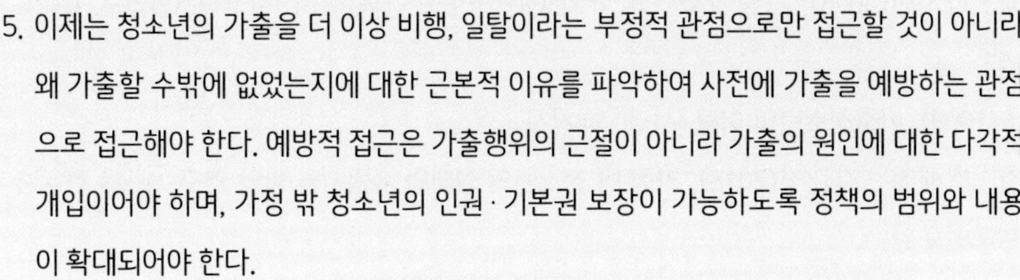

5. 이제는 청소년의 가출을 더 이상 비행, 일탈이라는 부정적 관점으로만 접근할 것이 아니라 왜 가출할 수밖에 없었는지에 대한 근본적 이유를 파악하여 사전에 가출을 예방하는 관점으로 접근해야 한다. 예방적 접근은 가출행위의 근절이 아니라 가출의 원인에 대한 다각적 개입이어야 하며, 가정 밖 청소년의 인권 · 기본권 보장이 가능하도록 정책의 범위와 내용이 확대되어야 한다.

6. 가출 예방 및 가출청소년 지원 대책으로는, 첫째, 가출 예방을 위한 가족통합지원을 확대해야 한다. 둘째, 가출청소년들의 불건전한 금융거래를 예방할 수 있는 대비책을 마련하고 이에 다른 교육과 홍보를 실시해야 한다. 셋째, 가출청소년의 주거지원을 확대해야 한다.

참고문헌

경북여성정책개발원(2012). 경상북도 위기청소년 보호프로그램 개발–청소년가출에 대한 통합지원 체계 평가를 중심으로–. 경북: 경북여성정책개발원.

국가청소년위원회 · 한국청소년쉼터협의회(2007). 가출청소년 및 청소년쉼터 실태조사. 서울: 국가청소년위원회.

국가인권위원회(2015). 가정 밖 청소년 인권 모니터링. 서울: 국가인권위원회.

국가인권위원회(2017). 가정 밖 청소년 인권보호 정책 개선 권고. 서울: 국가인권위원회.

김경준 · 김지혜 · 류명화 · 정익중(2006). 청소년 유형별 복지 욕구 실태와 지원 방안. 서울: 한국청소년개발원.

김준호 · 박정선(1993). 청소년의 가출과 비행의 관계에 관한 연구. 서울: 한국형사정책연구원.

김지연 · 정소연(2014). 가출청소년 보호지원 실태 및 정책과제 연구. 세종: 한국청소년정책연

구원.

김지혜(2005). 가출청소년의 비행화 과정 연구. 서울대학교 대학원 박사학위논문.

김지혜 · 김기남 · 박지영 · 정경은 · 조규필(2006a). 단기청소년쉼터 세부운영모형개발연구. 서울: 국가청소년위원회.

김지혜 · 김기남 · 박지영 · 정경은 · 조규필(2006b). 일시청소년쉼터 세부운영모형개발연구. 서울: 국가청소년위원회.

김지혜 · 안치민(2006). 가출청소년의 학업중단 영향요인과 대책. 한국청소년연구, 17(2), 133-157.

김향초(1998). 가출청소년의 이해. 서울: 학지사.

김희진 · 백혜정 · 김은정(2018). 가정 밖 청소년의 실태와 자립지원 방안 연구. 세종: 한국청소년정책연구원.

나눔일보(2017. 03. 21.). "권미혁 의원, 가출청소년 '그만' 가정 밖 청소년으로. 잠재적 범죄자 취급 '우범소년' 삭제".

남미애 · 육혜련 · 오현자 · 서보람(2010). 2010년 가출청소년 및 청소년쉼터 실태조사. 서울: 여성가족부.

남미애 · 홍봉선 · 육혜련(2012). 청소년쉼터 설치 및 운영 내실화 방안 연구. 서울: 여성가족부.

뉴시스(2018. 08. 27.). "또래에 25000만 원 사기 친 청소년 '가출팸'… 피해자만 130여 명".

백혜정 · 방은령(2009). 청소년 가출 현황과 문제점 및 대책 연구. 서울: 한국청소년정책연구원.

시사저널(2019. 02. 12.). "'가출팸' 청소년들, 성매매 '또래 포주'로 나서기도".

여성가족부(2016). 2016년 청소년 매체이용 및 유해환경 실태조사 보고서. 서울: 여성가족부.

여성가족부(2017a). 2017 청소년백서. 서울: 여성가족부.

여성가족부(2017b). 아웃리치 실무자 안내서. 서울: 여성가족부.

여성가족부(2017c). 청소년쉼터 주간 행사 보도자료. 서울: 여성가족부.

여성가족부(2018). 청소년쉼터 주간 행사 보도자료. 서울: 여성가족부.

연합뉴스(2017. 01. 24.). "가출청소년 → 가정 밖 청소년… 인권위 용어 개정 권고".

와이티엔(2018. 10. 22.). "[수도권] 청년 파고드는 '작업대출', 무엇이 문제인가?".

원미혜 · 양승초 · 심효진(2016). 여자 가출청소년의 건강 행태 및 서비스 이용실태의 문제점과 지원방안 연구, 여성학논집, 33(2), 99-139.

윤현영 · 권선중 · 황동아(2007). 청소년쉼터에 입소한 가출청소년 건강실태 조사 연구. 서울: 국가청소년위원회.

이시연(2018). 청소년 가출팸의 현황과 대책. 지역과 문화, 5(1), 85-101.

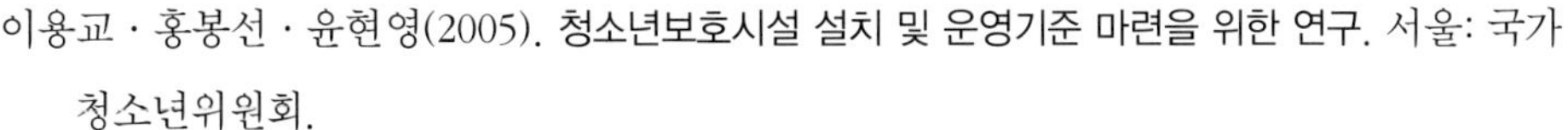

이용교 · 홍봉선 · 윤현영(2005). 청소년보호시설 설치 및 운영기준 마련을 위한 연구. 서울: 국가청소년위원회.

이창훈 · 안계원 · 김원기(2017). 가정 밖 청소년의 범죄 가해 및 피해와 관련된 요인 연구. 한국범죄심리학회, 13(4), 153-166.

전민경(2016). 경기도 가출청소년의 지지체계 실태 및 지원방안. 경기: 경기도가족여성연구원.

조성연 · 유진이 · 박은미 · 정철상 · 도미향 · 길은배 · 김민정(2008). 청소년복지론. 서울: 창지사.

한국청소년상담원(2002). 가출청소년 상담정책 연구–한국청소년상담원과 전국청소년상담실의 역할을 중심으로–. 서울: 한국청소년상담원.

홍봉선 · 남미애(2001). 청소년복지론. 경기: 양서원.

홍봉선 · 남미애(2007). 청소년복지론. 경기: 공동체.

황순길 · 이은경 · 권해수 · 박관성(2001). 청소년의 가출과 성매매 실태분석. 서울: 한국청소년상담원.

황혜신(2018). 아웃리치 서비스에 참여한 거리청소년의 경험에 관한 연구, 숭실대학교 대학원 박사학위논문.

Garbarino, J., Wilson, J., & Garbarino, A.(1986). The adolescent runaway. In J. Garbarino, C. J. Schellenbach, & I. M. Sebes (Eds.), *Troubled youth, troubled families: Understanding families at risk for adolescent maltreatment* (pp.41-54). New York: Aldine de Guyter.

Homer, L. E. (1973). Community-base resource for runaway girls. *Social Casework*, *54*, 473-479.

Miller, D., Miller, D., Hoffman., F. & Duggan, R.(1980). *Runaways: Illegal aliens in their own land*. Brooklyn, N.Y.: Praeger Publishers.

Roberts, A. R. (1987). Runaways and Non-Runaways. Chicago: The Dorsey Press.

Unger, J. B., Kipke, M. D., Simon, T. R., Johnson, C. J., Montgomary, S. B., & Iverson, E. (1998). Stress, coping, and social support among homeless youth. *Journal of Adolescent Research, 13*, 134-157.

Welsh, L. A. (1995). *Running for their lives*. New York: Gerland Publishing.

Whitbeck, L. B., Hoyt, D. R., & Ackley, K. A. (1997). Abusive family background and later victimization among homless and runaway adolescents. *Journal of Research Adolescent, 7*, 375-392.

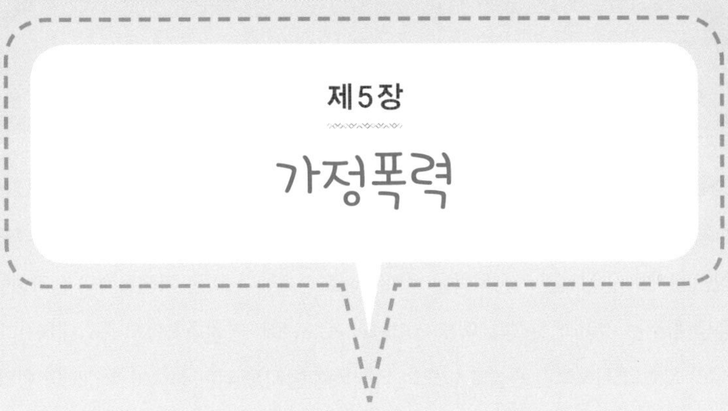

제5장

가정폭력

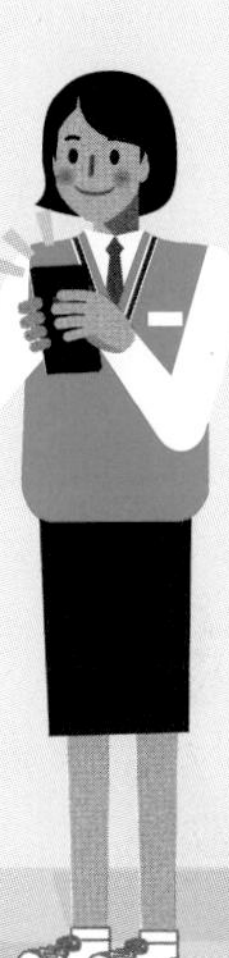

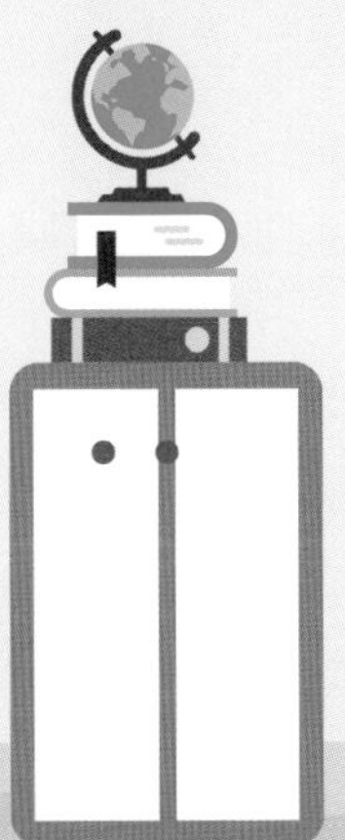

학습개요

가정폭력에 대해 미국에서는 1979년부터 논의가 시작되었다. 우리나라는 1997년 「가정폭력범죄의 처벌 등에 관한 특례법」과 「가정폭력 방지 및 피해자보호 등에 관한 법률」이 제정되면서 사적인 문제로 인정되던 가정폭력을 사회문제로 선포했다. 이는 가정폭력의 심각성을 단적으로 증명해 주는 것이라 하겠다. 이후 2011년과 2013년에 '가정폭력방지 종합대책'이 마련되었고, 우리 사회의 지속적인 관심을 받으며 가정폭력 방지를 위한 정책이 추진되어 왔다. 그러나 여전히 우리나라는 가정폭력의 정확한 발생과 실태 양상 및 요인 등에 관한 다각적이고 심층적인 분석과 대응정책 마련이 미흡한 실정이다.

가정폭력은 청소년의 신체적 · 정서적 · 행동적 · 발달적 문제 등 다각적인 측면으로 부정적인 영향을 미친다. 가정폭력의 지속성과 반복성은 정서적으로 민감하고 성장과정에 있는 청소년에게 더욱 심각한 심리사회적 부작용과 적응상의 문제를 형성한다. 또한 이러한 청소년의 부정적인 영향은 약화되기보다는 시간이 지나면서 누적되거나 강화되어 성인기의 개인 · 가정 · 사회 문제로 이어진다는 점에서 매우 우려된다고 할 수 있다. 따라서 가정폭력에 대한 실태와 관련 요인을 파악하고 이에 대한 대처방안을 모색하는 것은 반드시 이루어져야 한다.

01 가정폭력의 개념과 유형

가정폭력은 2000년대 초반부터 세계적으로 관심을 받아 왔다. 가정폭력은 비단 우리나라만의 고민이 아니다. 개인 소득 수준이 낮은 국가뿐만 아니라 북미, 유럽연합 등과 같은 국가에서도 가정폭력에서 벗어나지 못하는 가정으로 인한 고민이 심각하다. 이처럼 가정폭력은 더 이상 사적인 비극의 문제로 인식될 수 없으며, 사회문제로서 사회가 함께 풀어야 할 당면과제라 하겠다. 이 절에서는 먼저 가정폭력의 의미를 살펴보고, 가정폭력의 특징과 유형에 대해서 알아보도록 하겠다.

1) 가정폭력의 개념

가정폭력의 사전적 의미를 살펴보면 가정 안에서 가족 간에 일어나는 폭력, 자식에 대한 부모의 폭력, 부모에 대한 자식의 폭력, 부부 사이의 폭력으로 가정 내에서 가족 간에 일어나는 폭력을 의미한다. 법적으로 가정폭력이란 「가정폭력범죄의 처벌 등에 관한 특례법」의 제2조 1항에 의하면 "가정 구성원 사이의 신체적 · 정신적 또는 재산상 피해를 수반하는 행위"를 말한다. 여기서 가정 구성원은 배우자, 전 배우자, 사실혼관계에 있는 사람, 사실혼관계에 있었던 사람, 부모, 자녀, 형제자매와 기타 동거하는 친족관계에 있는 사람을 말한다(제2조 제2항). 선행연구에서는 일반적으로 가정폭력이란 가족 구성원 중 한 사람이 물리적 · 신체적인 힘을 사용하여 가족 구성원의 건강과 복지를 위협하는 행위 또는 신체적 · 정서적 가혹행위나 유기와 방임 등을 총괄하는 개념으로 정의하였다(김재엽 · 이지현 · 정윤경, 2007; 백욱현 · 손현규, 2004; 최장원 · 김희진, 2011).

한편, 가정폭력에 대한 개념을 좀 더 분명하게 이해하기 위해 북미 국가의 「가정폭력방지법」에서 채택하고 있는 개념의 정의를 살펴보면, 캐나다 토론토경찰청이 규정하고 있는 가정폭력이란 "가족 구성원에 대해 시도했거나 야기한 폭행, 성폭행,

위협, 범죄성 괴롭힘, 협박, 개인의 자유에 대한 불법적 간섭(강제감금), 기타 범죄행위로서 신체적 · 성적 · 정신적 위해를 가한 행위로, 상대방을 지배 및 통제하여 그 관계를 유지해 나가기 위한 강압적이고도 위협적인 행위"이다. 여기서 주목할 것은 캐나다 법의 경우, 우리나라와 달리 가정폭력의 역학적 계기를 준거로 단순한 싸움과 학대를 구별 짓고 있다는 것이다. 이는 가정폭력에 접근할 때 단순히 물리적 · 신체적 폭력의 출현에만 집중할 것이 아니라 여러 학대 범주가 중층적으로 결합되어 발생하는지의 여부에 초점을 둘 필요성을 고려하게 한다(김은경, 2001). 이와 같이 가정폭력은 다양하고 넓은 의미를 가지고 있다.

2) 가정폭력의 특징

가정폭력의 일반적 특징은 다음과 같다.

(1) 은폐성

가정폭력은 사회에서 발생하는 일반적인 대인폭력에 비해서 외부로 노출되지 않는 경향이 있다. 가정폭력은 사적인 영역으로 가족 외 타인이 개입하거나 관여할 수 있는 상황이 아니라는 인식으로 은폐되거나 사소하게 취급됨으로써 공식적으로 노출될 가능성이 낮고 보고가능성에도 차이가 있다.

(2) 장기적 · 상습적 발생

가정폭력은 장기적이고 반복적으로 행하여지며, 폭력이 반복될수록 부부간 또는 가족 구성원 간의 화해의 단계가 줄어들거나 없어지면서 폭력의 주기가 빨라지는 특징이 있다. 가정폭력의 상습성은 폭력의 지속성과 반복성을 설명할 수 있다.

(3) 연속성

가정폭력은 시간이 지날수록 폭력의 유형이 다양화되고 그 정도가 심화된다. 즉, 아내에 대한 폭력은 자녀 등에 대한 폭력으로 이어질 수 있다.

(4) 폭력관계의 폐쇄성

지속적으로 가정폭력에 시달리게 되면 신체적 손상뿐만 아니라 심리적 · 정서적으로 매우 취약해지며, 폭력에 대한 공포와 학습된 무력감에 젖어 가정폭력으로부터 탈출하는 것이 거의 불가능하다고 믿게 된다. 손상된 존엄성과 공포감은 저항과 싸움을 포기하고 폭력적인 가정에 안주하게 한다. 결국 제삼자의 외부 개입 없이는 그 폐쇄적 관계에서 빠져나올 수 없게 된다는 것이다(김은경, 2001; 노순규, 2012).

(5) 세대전수성

가정폭력을 경험하면서 자란 청소년들은 문제행동을 일으키거나 사회에 나가서도 폭력 친화적인 성향을 보이는 시민으로 성장할 가능성이 높다. 이는 행위 당사자뿐만 아니라 가족 구성원 전체에도 영향을 미치고, 폭력 성향이 대물림되어 지속적으로 문제시된다는 점에서 가정폭력의 심각성이 매우 크다(김영만, 2010).

3) 가정폭력의 유형

우리나라의 현행법상 규정된 가정폭력범죄 유형에는 상해와 폭행죄, 유기와 학대, 체포와 감금, 협박, 강간과 추행, 명예훼손과 모욕, 주거 · 신체 수색, 권리행사방해, 사기와 공갈죄, 재물손괴죄 등이 해당된다. 1997년 법 제정 당시에는 강간과 추행 관련 규정이 없었으나, 2012년 법 개정 당시 「형법」상 강간과 추행뿐만 아니라 「성폭력범죄의 처벌 등에 관한 특례법」과 「아동 · 청소년의 성보호에 관한 법률」 등 관련 법률에서 처벌되는 죄까지 포함하여 강간과 추행, 상해 · 치사, 살인, 미성년자에 대한 간음, 추행 등도 적용 대상이 되었다(윤정숙 외, 2017). 하지만 이러한 법적으로 규정된 유형은 가정폭력의 특성과 계기를 잘 드러내지는 못한다.

따라서 가정폭력 실태조사(여성가족부, 2016)를 참고하여 가정폭력 유형을 제시하고, 유형과 가족 구성원 간의 관계에 따른 구체적인 행동을 함께 비교함으로써 이해를 돕고자 한다. 가정폭력 실태조사는 「가정폭력방지 및 피해자보호 등에 관한 법률」에 근거하여 2007년부터 3년마다 수행되는 법정조사이다. 가정폭력 실태조사에서는 「가정폭력범죄의 처벌 등에 관한 특례법」에서 규정하고 있는 가족 구성원에

표 5-1 부부폭력의 유형 및 구체적인 행동

유형		행동
신체적 폭력	경한 폭력	• 물건을 집어던지는 행동 • 밀치거나 어깨나 목 등을 꽉 움켜잡는 행동 • 손바닥으로 뺨이나 몸을 때리는 행동
	중한 폭력	• 목을 조르거나 고의로 화상을 입히는 행동 • 칼이나 흉기 등으로 배우자를 위협하거나 다치게 하는 행동 • 주먹으로 때리거나 맞으면 다칠 수 있는 물건으로 때리는 행동 • 사정없이 마구 때리는 행동
언어 · 정서적 폭력		• 모욕하거나 욕을 하는 행동 • 때리거나 위협하는 행동 • 상대방의 물건을 부수는 행동
경제적 폭력		• 생활비를 주지 않는 행위 • 동의 없이 재산을 임의로 처분하는 행동 • 수입과 지출을 독점하는 행동
성적 폭력		• 상대방이 원치 않음에도 성관계를 강요 • 상대방이 원치 않는 형태의 성관계를 강요

*출처: 여성가족부(2016).

대한 명시에 의해 가정폭력을 부부간의 폭력뿐만 아니라 자녀에 대한 학대, 부모에 대한 학대 등을 포함하는 개념으로 정의하고 있다. 이에 따라 가정폭력 실태조사는 부부폭력, 자녀학대, 가족 구성원 간의 폭력, 65세 이상 노인의 학대 피해 경험을 포함한 가정폭력 실태를 조사하였다.

첫째, 부부폭력의 유형은 신체적 폭력, 언어 · 정서적 폭력, 경제적 폭력, 성적 폭력의 네 가지 유형으로 정의하였으며 유형별로 구체적인 행동은 〈표 5-1〉과 같다.

둘째, 자녀학대 유형은 정서적 학대, 신체적 학대, 방임의 세 가지 유형으로 정의하였으며 구체적인 행동은 〈표 5-2〉와 같다. 부모의 자녀양육 행동을 파악하기 위해 폭력적인 행동뿐만 아니라 비폭력적 자녀훈육이 포함되어 있다. 특히 양육자의 자녀에 대한 학대는 자녀의 타인에 대한 폭력적인 행동이나 부모에 대한 폭력행동으로 이어질 수 있다.

표 5-2 자녀학대의 유형 및 구체적인 행동

유형	행동
정서적 학대	• 때리겠다고 위협하는 행동 • 욕하거나 나쁜 말을 퍼붓는 행동
신체적 학대	• 손바닥으로 뺨이나 머리를 때리는 행동 • 허리띠, 몽둥이 등으로 때리는 행동 • 자녀를 잡고 던지거나 넘어뜨리는 행동 • 주먹이나 발로 세게 때리는 행동 • 사정없이 마구 때리는 행동 • 목을 조르는 행동 • 고의적으로 화상을 입히는 행동 • 칼, 가위 등으로 위협하는 행동
방임	• 자녀의 식사를 제때에 잘 챙겨 주지 않는 행동 • 치료가 필요할 때 병원에 데리고 가지 않는 행동 • 술이나 약물에 취해서 자녀를 돌보지 않는 행동 • 어른과 함께 있어야 하는 상황임에도 불구하고 혼자 있게 하는 행동

*출처: 여성가족부(2016).

셋째, 가족원 폭력 유형은 정서적 폭력, 신체적 폭력, 경제적 폭력의 세 가지 유형(만 65세 미만 응답자)으로 정의하였으며 구체적인 행동은 〈표 5-3〉과 같다.

표 5-3 가족원 폭력의 유형 및 구체적인 행동(만 65세 미만 응답자)

유형		행동
정서적 폭력		• 가족원(본인)에게 모욕하거나 욕을 하는 행동 • 가족원(본인)을 때리려고 위협하는 행동 • 가족원(본인)의 물건을 부수는 행동
신체적 폭력	경한 폭력	• 가족원(본인)의 물건을 집어던지는 행동 • 가족원(본인)을 밀치거나 어깨나 목 등을 꽉 움켜잡는 행동 • 손바닥으로 가족원(본인)의 뺨이나 몸을 때리는 행동

	중한 폭력	• 가족원(본인)의 목을 조르거나 고의로 화상을 입히는 행동 • 칼이나 흉기 등으로 가족원(본인)을 위협하거나 다치게 하는 행동 • 가족원(본인)을 주먹으로 때리거나 맞으면 다칠 수 있는 물건으로 때리는 행동 • 가족원(본인)을 사정없이 마구 때리는 행동
경제적 폭력		• 가족원(본인)에게 생활비를 주지 않는 행위 • 가족원(본인)의 동의 없이 재산을 임의로 처분하는 행동 • 가족원(본인)의 수입과 지출을 독점하는 행동

*출처: 여성가족부(2016).

넷째, 가족원에 의한 노인학대 유형은 정서적 학대, 신체적 학대, 경제적 학대, 방임의 네 가지 유형(만 65세 이상 응답자)으로 정의하였으며 구체적인 행동은 〈표 5-4〉와 같다.

표 5-4 가족원에 의한 노인학대 유형 및 구체적인 행동(만 65세 이상 응답자)

유형	행동
정서적 학대	• 모욕적인 말로 감정을 상하게 하고 수치심을 느끼게 하는 행동 • 노인에게 집을 나가라는 폭언을 하는 행동 • 부양 부담으로 인한 스트레스를 노인에게 노골적으로 표현하는 행동 등
신체적 학대	• 노인을 할퀴거나 꼬집거나 물어뜯는 행동 • 노인을 방이나 제한된 공간에 강제로 가두거나 묶어 두는 행동 등
경제적 학대	• 연금, 임대료, 소득, 저축, 주식 등을 가로채거나 임의로 사용한 행동 • 임의로 부동산에 대한 권리와 행사 등을 노인의 동의 없이 강제로 명의 변경하는 행동 등
방임	• 노인을 길이나 낯선 장소에 버려 사고를 당할 수 있는 위험한 상황에 처하게 하는 행동 • 노인이 병원에서 치료를 받아야 할 상황인데도 노인을 병원에 모시지 않는 행동 • 노인의 동의 없이 시설에 입소시키거나 병원에 입원시키고 연락을 끊는 행동 등

*출처: 여성가족부(2016).

02 가정폭력의 실태와 문제점

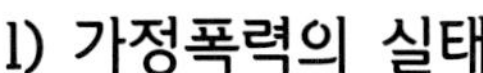

1) 가정폭력의 실태

가정폭력 현황을 가늠할 수 있는 자료 중 하나는 여성가족부에서 3년 주기마다 실시하는 가정폭력 조사이다. 따라서 여성가족부의 가정폭력 실태조사 내용을 중심으로 부부폭력, 자녀학대, 노인학대를 살펴보도록 하겠다.

(1) 부부폭력

가정폭력 실태조사(여성가족부, 2016)에 의하면, 〈표 5-5〉에 나타난 바와 같이 여성이 지난 1년간 경험한 배우자로부터의 폭력피해율은 12.1%였고, 여성의 배우자 폭력가해율은 9.1%였다. 이는 여성 응답자의 12.1%가 지난 1년 동안 배우자로부터 신체적 · 정서적 · 경제적 · 성적 폭력 행동 중 하나라도 경험한 적이 있으며, 반대로 여성 응답자의 9.1%가 배우자에게 이들 폭력 중 하나라도 행사한 경험이 있음을 의미한다. 한편, 남성이 지난 1년간 경험한 배우자로부터의 폭력피해율은 8.6%,

표 5-5 지난 1년간 부부폭력률(전체) (단위: %)

구분	전체	여성 피해	여성 가해	상호 폭력	남성 피해	남성 가해	상호 폭력
부부폭력률[1]	14.1	12.1	9.1	6.5	8.6	11.6	6.2
신체적 폭력률[2]	3.7	3.3	1.9	0.9	1.6	2.1	0.6
경한 폭력률	3.6	3.2	1.8	0.9	1.6	2.1	0.6
중한 폭력률	0.4	0.5	0.2	–	0.1	–	–
정서적 폭력률	12.5	10.5	8.4	6.2	7.7	10.5	5.9
경제적 폭력률	2.5	2.4	1.1	0.3	0.8	1.5	0.4
성적 폭력률	2.2	2.3	0.3	0.1	0.3	1.8	0.1

*1 부부폭력률은 신체적 · 정서적 · 경제적 · 성적 폭력 중 하나라도 경험한 비율임.
2 신체적 폭력률은 경한 신체적 폭력이나 중한 신체적 폭력 행동 중 하나라도 경험한 비율임.
유형별 폭력률은 각 유형에 해당하는 폭력 행동 중 하나라도 경험한 비율임.
*출처: 여성가족부(2016).

남성의 폭력가해율은 11.6%였다. 이는 남성 응답자의 8.6%가 지난 1년 동안 배우자로부터 신체적 · 정서적 · 경제적 · 성적 폭력 행동 중 하나라도 경험한 적이 있으며, 반대로 남성 응답자의 11.6%가 배우자에게 이들 폭력 중 하나라도 행사한 경험이 있음을 의미한다. 성별로 비교해 보면, 여성이 가정폭력 피해를 입은 비율이 높았고, 남성이 폭력을 가한 비율이 높았다.

조사에서 발표된 부부폭력률을 보면 2007년도 40.3%, 2010년도 53.8%, 2013년도 45.5%, 2016년도 14.1%로, 2016년 조사에서는 2013년보다 매우 감소한 수치를 보였다. 2016년 조사에서 발표된 부부폭력 유형별 발생률을 살펴보면 전반적으로 정서적 폭력(12.5%)의 발생 비율이 가장 높았으며, 다음으로는 신체적 폭력(3.7%), 경제적 폭력(2.5%), 성적 폭력(2.2%)의 순으로 나타났다. 한편, 2013년 부부폭력 유형별 발생률에서는 정서적 폭력(36.1%), 신체적 폭력(7.2%), 경제적 폭력(5.0%), 성적 폭력(4.9%)의 순으로 나타났다. 부부폭력 유형별 발생률을 비교해 보면, 2016년 조사에서는 3년 전에 비해 정서적 · 신체적 · 경제적 · 성적 폭력 모두에서 폭력 경험이 감소하였으며, 특히 정서적 폭력 경험이 현저히 낮아진 경향을 보였다. 이는 기존에 신체적 폭력만을 폭력으로 여기던 것에서 정서적 폭력도 부부폭력으로 인식하면서 폭력에 대한 감수성이 향상된 효과가 일부 작용하였을 것으로 보고 있다(여성가족부, 2016).

한편, 여성긴급전화 1366 가정폭력방지본부에서 보고하는 가정폭력 상담 건수를 통해서도 가정폭력의 발생 현황을 엿볼 수 있다(한국여성인권진흥원, 2016. 08. 02.). 2015년 여성긴급전화 1366 전국 상담통계를 분석한 결과, 2015년 여성폭력 상담 건수는 274,226건으로 전년 대비 8,434건이 증가하였다. 그중 가정폭력 상담 건수는 159,081건으로 전년(137,560건) 대비 6.2% 증가하였으며, 전체 상담 건수 중 58%를

표 5-6 여성긴급전화 1366 전국 상담통계

구분	전체 상담 건수	가정폭력 상담 건수
2015년	274,226(100%)	159,081(58%)
2014년	265,792(100%)	137,560(51.8%)

*출처: 한국여성인권진흥원(2016).

차지하였다(〈표 5-6〉 참조).

2015년 가정폭력 피해 유형을 분석한 결과에서는 신체적 학대가 80.2%로 가장 많았고, 다음이 정서적 학대(18.3%), 경제적 학대(0.7%), 성적 학대(0.2%) 순으로 나타났다. 한편, 여성긴급전화 1366(2015)에 의하면 이러한 가정폭력 상담 증가는 정부의 4대 학대 근절 정책에 따라 여성폭력 방지와 보호에 각 부처의 다양한 접근과 적극적인 개입이 이루어지고, 가정폭력 추방 기간 지정 등 지속적인 대국민 홍보를 통해 가정폭력의 심각성을 많이 인식하게 된 결과로 보여진다고 하였다(한국여성인권진흥원, 2016. 08. 02.).

(2) 자녀학대

자녀학대는 만 18세 미만의 자녀를 둔 응답자를 대상으로 지난 1년간 자녀를 학대한 경험을 조사 및 분석한 가정폭력 실태조사 연구(여성가족부, 2016)를 중심으로 살펴보도록 하겠다. 이 연구에서 자녀학대는 응답자 본인과 배우자가 자녀에 행사한 신체적 학대, 정서적 학대, 방임 여부로 조사되었다. 조사 결과에 따르면, 〈표 5-7〉과 같이 응답자가 자녀를 학대한 비율은 27.6%, 응답자의 배우자가 자녀를 학대한 비율은 19.2%였다. 이는 만 18세 미만의 자녀를 둔 응답자의 27.6%가 지난 1년 동안 자녀에게 신체적 학대, 정서적 학대 또는 방임 행동 중 하나라도 행사한

표 5-7 지난 1년간 자녀학대율

(단위: %)

구분(유형)	전체	
	응답자(본인)	배우자
자녀학대율	27.6	19.2
신체적 학대	7.3	3.1
정서적 학대	25.7	18.5
방임	2.1	1.6

*백분율은 미성년 자녀가 있는 1,813명(응답자 수)을 기준으로 가중치를 부여하여 측정함.
분석에서 무응답은 제외함.
자녀학대율은 신체적 학대, 정서적 학대, 방임 중 하나라도 자녀에게 행사한 비율임.
유형별 학대율은 각 유형에 해당하는 학대행동 중 하나라도 자녀에게 행사한 비율임.
*출처: 여성가족부(2016).

경험이 있음을 의미한다. 자녀학대의 유형별로는 자녀에 대한 정서적 학대(25.7%)가 가장 많았고, 다음으로는 신체적 학대(7.3%), 방임(2.1%)의 순으로 나타났다. 그리고 성별로 살펴보았을 때 여성 응답자의 자녀학대율은 32.1%로, 남성 응답자의 22.4%보다 높게 나타났다. 이는 여성이 남성에 비해 자녀 양육과 교육을 더 많이 담당한다는 점을 고려해서 해석할 필요가 있겠다.

응답자의 유형별 학대행동을 구체적으로 살펴보면, 응답자의 자녀에 대한 신체적 학대는 '손바닥으로 빰이나 머리를 때렸다'는 비율이 6.4%로 가장 높았고, '허리띠나 몽둥이 등으로 때렸다'가 1.4%, '자녀를 잡고 던지거나 넘어뜨렸다'가 0.6%, '주먹이나 발로 세게 때렸다'가 0.7%, '사정없이 마구 때렸다'가 0.7%, '목을 졸랐다'가 0.4%, '고의적으로 화상을 입혔다'가 0.4%, '칼이나 가위 등으로 위협했다'가 0.4%로 나타났다. 응답자의 자녀에 대한 정서적 학대는 '때리겠다고 위협했다'는 23.2%, '욕하거나 나쁜 말을 퍼부었다'는 9.3%였다. 자녀에 대한 방임은 '식사를 제때에 잘 챙겨 주지 않았다'가 1.4%, '어른과 함께 있어야 하는 상황에도 불구하고 혼자 있게 했다'가 1.1%, '술이나 약물에 취해서 자녀를 돌보지 않았다'가 0.5%, '치료가 필요할 때 병원에 데리고 가지 않았다'가 0.4%였다(여성가족부, 2016).

한편, 자녀학대와 관련된 요인에 관한 통계조사(한국여성정책연구원, 2016)를 살펴보면, 첫째, 개인 특성으로는 연령, 교육 수준, 취업 여부에 따라 학대율에는 차이가 없었으며 아동기 자녀폭력 경험은 유의한 변수로 나타났다. 즉, 부모의 아동기 가정폭력 경험이 있는 집단이 없는 집단에 비해 자녀를 학대하는 비율이 훨씬 높았다. 둘째, 가족 특성에서는 배우자의 통제행동을 경험한 집단이 아닌 집단에 비해 자녀를 학대하는 비율이 높게 나타났다. 셋째, 가정폭력 관련 인식에서는 가부장적 성역할 태도를 가질수록 자녀를 학대하는 비율이 높게 나타났다. 가정폭력에 대해 상대적으로 허용적인 집단이 허용도가 낮은 집단에 비해 자녀를 학대하는 비율이 높았으며, 이는 응답자의 가부장적 성역할 태도와 가정폭력에 허용적인 태도가 자녀학대와 연관성이 있음을 의미하는 것이라 볼 수 있다. 넷째, 지역 규모에서는 중소도시가 다른 지역에 비해 폭력 가해율이 낮았으나, 통계적으로 유의한 차이를 보이지 않는 것으로 나타났다(이인선 · 황정임 · 최지현 · 조윤주, 2017).

다음으로, 전국아동학대현황보고서(보건복지부 · 아동보호전문기관, 2016)의 아동

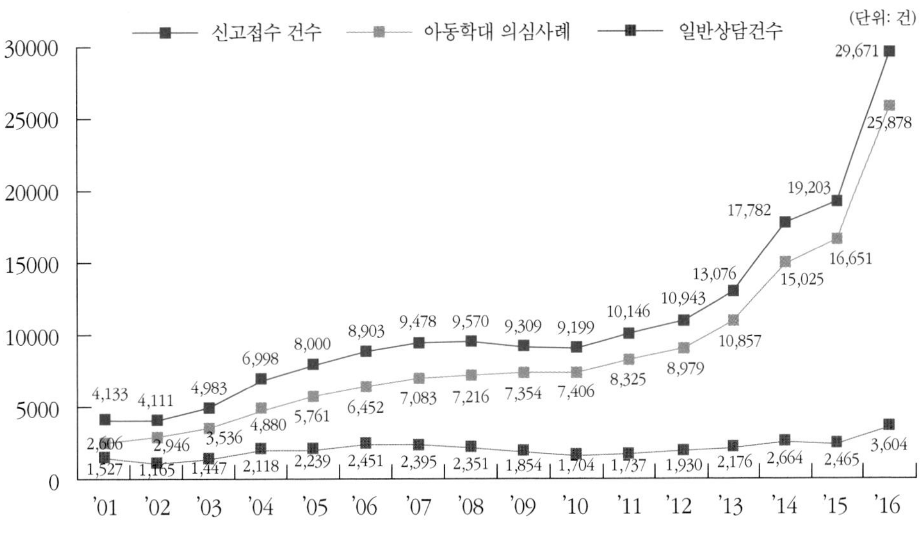

[그림 5-1] 연도별 신고접수 건수

*출처: 보건복지부 · 아동보호전문기관(2016).

학대 현황 지표 중 연도별 신고접수 현황 항목에 대해 분석함으로써 아동학대 현황 및 실태를 가늠해 보기로 하겠다.

[그림 5-1]과 같이 2001년부터 2016년까지 아동보호전문기관에 아동학대로 신고접수된 현황을 살펴보면 그 건수가 꾸준하게 증가하는 추세이다. 최근 5년간 신고건수도 2012년 10,943건, 2013년 13,076건, 2014년 17,782건, 2015년 19,203건, 2016년 29,671건으로 거의 3배 가까이 증가한 것을 알 수 있다.

2004년의 경우, 아동보호전문기관이 18개소로 증설되면서 전년 대비 40.4%가 증가하여 신고접수 건수가 높은 증가율을 보였다. 2014년에는 아동학대 신고접수 건수가 36.0%로 대폭 증가하여 전년 대비 증가율이 높았다. 이는 2013년 울산 초등생 구타 사망사건을 계기로 2014년 「아동학대범죄의 처벌 등에 관한 특례법」 개정안 및 「아동복지법」 개정안이 국회에 의결, 관계부처 합동과 아동학대 종합대책 수립 등 아동학대 대응체계가 구축되면서 신고의무가 강화되고, 아동학대에 대한 전반적인 사회적 관심이 높아지면서 신고건수가 증가한 것으로 볼 수 있다. 2016년에는 2015년 말부터 언론을 통해 부각된 일련의 아동학대 사건을 통해서 아동학대 사건의 심각성이 국민들에게 노출되고, 범정부적으로 아동보호체계 구축을 위한 점

검 및 조치들을 실행함에 따라 신고접수 건수가 더욱 크게 증가하였음을 알 수 있다. 또한 아동학대 신고 중 아동학대 의심사례가 차지하는 비중 또한 지속적으로 증가하였으며, 2010년부터 80% 이상을 차지하며 높은 수치를 보이고 있다. 2016년의 경우, 전체 아동학대 신고건수 중 87.2%가 아동학대 의심사례였다. 이는 기존에 '가정 내 훈육'으로 치부되던 아동학대를 '중대한 범죄'로 인식하게 되면서 신고·발견 건수가 크게 증가하였고, 이에 따라 실제로 아동학대 의심사례를 신고하는 비율이 높아졌다고 할 수 있다(보건복지부·아동보호전문기관, 2016).

(3) 노인학대

노인인구의 증가에 따라 가정이나 시설에서 노인을 학대하는 사례도 점차 증가하고 있다. 가정폭력 실태조사(여성가족부, 2016)에서는 만 65세 이상 응답자를 대상으로 지난 1년간 가족원(자녀, 사위, 며느리, 손자녀)으로부터 신체적 학대, 정서적 학대, 방임 피해 경험을 조사 및 분석하였다. 〈표 5-8〉을 살펴보면, 지난 1년간 노인 응답자가 가족원으로부터 받은 학대 피해는 7.3%로 나타났으며, 이는 지난 1년 동안 노인 응답자가 가족원으로부터 신체적·정서적·경제적 학대, 방임 중 하나라도 경험한 비율이 7.3%임을 의미한다. 학대 유형별 피해 실태를 보면, 정서적 학대 피해율이 6.5%로 가장 높았고, 경제적 학대 1.5%, 방임 1.4%, 신체적 학대 0.4% 순으로 나타났다. 정서적 학대는 여성 노인과 남성 노인 모두 피해 비율이 높게 나타

표 5-8 지난 1년간 노인학대 피해율

(단위: %)

구분	전체	여성	남성
노인학대 피해율	7.3	6.2	8.6
신체적 학대	0.4	0.6	–
정서적 학대	6.5	5.7	7.5
경제적 학대	1.5	0.4	2.9
방임	1.4	0.7	2.3

*백분율은 만 65세 이상 661명(응답자수)을 기준으로 가중치를 부여하여 측정함.
분석에서 무응답은 제외함.
유형별 피해율은 각 유형에 해당하는 학대행동 중 하나라도 경험한 비율임.
*출처: 여성가족부(2016).

났으며, 남성 노인의 경우 정서적 학대, 경제적 학대, 방임에서 모두 여성 노인보다 피해 경험이 높은 것으로 나타났다(여성가족부, 2016).

2) 가정폭력의 문제점

가정은 자녀의 양육과 사회화에 중요한 영향을 미치는 기초단위이다. 여기서 발생하는 가정폭력은 사회의 기초단위인 가족공동체를 붕괴시키는 요인이 될 뿐만 아니라 학습을 통해 폭력의 사회화를 가져온다. 결국 가정폭력의 문제점은 가정에서만 그치는 게 아니라는 것이다. 가정폭력이 자녀, 피해자(성인), 가족과 우리 사회에 미치는 영향은 다음과 같다.

(1) 가정폭력이 자녀에게 미치는 영향

가정폭력을 경험하면서 청소년들은 정서발달상 문제를 겪을 가능성이 높고, 폭력의 학습으로 비행 성향이 강화될 가능성이 크다. 이러한 점에서 가정폭력의 악순환은 심각하다(김은경, 2001). 가정폭력이 자녀에게 미치는 문제를 신체적 · 심리적 · 사회적으로 살펴보면 다음과 같다. 첫째, 신체적인 문제이다. 자녀들은 부모나 가족원의 폭력적인 상황에서 적절히 돌봄을 받지 못하고 영양결핍, 질병에 방치될 수 있다. 그리고 다치거나 신체적 폭행을 당하기도 하고, 극단적인 경우 살인을 당할 수도 있다.

둘째, 심리적 문제이다. 가정폭력은 청소년의 정서적 안정과 스트레스 상황에서의 적응에 부정적 영향을 미치게 됨으로써 높은 수준의 우울과 절망감을 보이는 경향이 있다고 보고된 바 있다. 또한 가정폭력은 청소년을 불안상태에 놓이게 하고, 청소년 스스로를 비하하거나 백일몽에 빠지게 하며, 기억력이나 집중력을 저하시키는 경향이 있다고 보고되었다. 뿐만 아니라 공격성을 높이며 비행 및 또래관계, 학교규칙 등에서 문제를 발생시키며, 더 나아가 외상 후 스트레스 장애, 주의력 결핍 및 과잉 행동 장애, 품행장애 등의 심리정서적인 문제로 나타나게 된다(최장원 · 김희진, 2011). 한편 노치영(1988)의 연구에서는 청소년이 직접 부모로부터 폭력을 당했을 때보다 부모 간의 폭력을 관찰하는 것이 아동, 청소년의 공격성에 더 영향을

미치는 것으로 밝혀지기도 했다.

가정폭력 유형별로 청소년의 정신건강에 미치는 영향을 분석한 연구에서는 가정폭력은 유형을 막론하고 그것을 경험한 청소년의 자아존중감이 상대적으로 낮은 것으로 관찰되었으며, 우울, 불안, 공격적 성향을 높이는 것으로 확인되었다. 특히 주목할 것은 자녀에 대한 신체적 학대보다 심리적 학대와 방임이 자녀의 정신건강에 더욱 부정적인 영향을 미친다는 것이다(김연옥 · 박인아, 2000; 윤혜미, 1997; 조미숙 역, 2005). 심리적 학대가 신체적 학대만큼 즉각적이고 눈에 띄지 않을 수는 있어도 그것이 아동과 청소년에게 미칠 수 있는 잠재적인 영향은 매우 중요하고도 심각하다. 그러나 학대가 심각하고 명확해질 때에야 비로소 주변 사람들 또는 교사나 전문가 등에 의해 인식되는 것이 현실이다. 따라서 가정폭력에 대한 세심한 사회적 관심과 더불어 다양한 심리적 학대와 그 심각성이 자녀에게 미치는 영향에 관한 연구는 더욱 면밀하게 수행될 필요가 있다(조미숙 역, 2005).

셋째, 사회적 문제이다. 가정폭력의 악영향은 비행이나 가출, 심지어 자살을 기도하도록 만든다. 가정폭력을 경험한 청소년들은 폭력성을 학습하고 되물림함으로써 심각한 범죄를 일으킬 가능성이 높다. 또한 최근 학교에 출석하지 않는 학생들에 대한 전수조사는 심각한 아동학대의 현황 및 증가로 우리 사회가 심각하게 받아들여야 할 사회적 문제를 보여 주는 것이라 하겠다(이영희, 2016). 한편 청소년들은 성장하면서 이성에 대해 혐오적인, 즉 남성혐오증, 남성기피증을 보일 수도 있다(김영일, 2016). 이와 같이 가정폭력은 청소년들이 건강하게 사회인으로 성장하는 데 커다란 장애요인임이 분명하며, 가정폭력은 사회 전체의 문제로 더 이상 숨겨서도 안 되며 방치해서도 안 된다.

(2) 가정폭력이 피해자(성인)에게 미치는 영향

배우자 폭력은 가장 친밀한 사람 사이에 발생하는 폭력이라는 점에서 다른 범죄보다 훨씬 심각한 신체적 · 정서적 피해를 입힌다. 즉, 부부폭력으로 인한 피해여성의 건강장애로는 골절, 뇌를 다치는 경우, 성병, 의기소침, 정신분열, 그리고 다른 스트레스와 연관된 육체적이고 정신적인 장애들이 있다(김영만, 2010). 피해자들은 폭력을 행사한 배우자에 대한 두려움과 무슨 일이 일어날지, 그리고 무엇이 폭력을

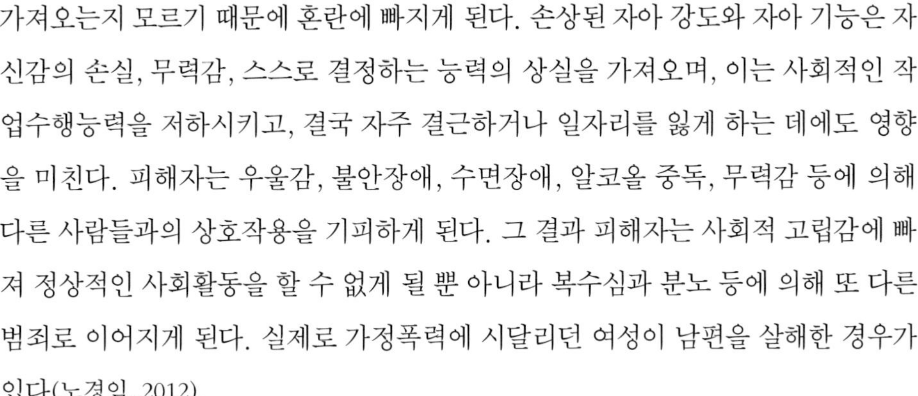

가져오는지 모르기 때문에 혼란에 빠지게 된다. 손상된 자아 강도와 자아 기능은 자신감의 손실, 무력감, 스스로 결정하는 능력의 상실을 가져오며, 이는 사회적인 작업수행능력을 저하시키고, 결국 자주 결근하거나 일자리를 잃게 하는 데에도 영향을 미친다. 피해자는 우울감, 불안장애, 수면장애, 알코올 중독, 무력감 등에 의해 다른 사람들과의 상호작용을 기피하게 된다. 그 결과 피해자는 사회적 고립감에 빠져 정상적인 사회활동을 할 수 없게 될 뿐 아니라 복수심과 분노 등에 의해 또 다른 범죄로 이어지게 된다. 실제로 가정폭력에 시달리던 여성이 남편을 살해한 경우가 있다(노경임, 2012).

(3) 가정폭력이 가족과 우리 사회에 미치는 영향

가정폭력은 현대 사회 범죄 중 가장 일상적이고 은밀하게 벌어지는 '잠행성'이 큰 범죄이다(김은경 · 김혜정 · 박소현 · 유숙영, 2014). 즉, 가정폭력이 방화, 살인 등과 같은 강력 범죄로 이어진다는 것이다. 대검찰청이 분석한 범죄분석 통계자료(2016)에 의하면, 2015년 한 해 동안 발생된 전체 살인사건의 29.2%가 가족관계에서 이루어졌다. 구체적으로 살인범죄자와 피해자의 관계를 살펴보면 [그림 5-2]와 같다. 즉,

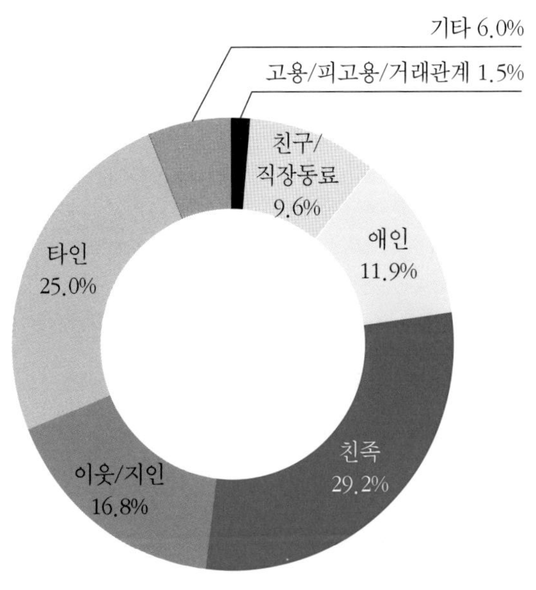

[그림 5-2] 살인범죄 피해자와 가해자의 관계

*출처: 대검찰청(2016).

살인범죄자와 피해자의 관계를 살펴보면 전체의 25.0%가 타인이었으며, 나머지 75.0%는 지인관계인 것으로 나타났다. 이 중 친족관계인 경우가 전체의 29.2%로 가장 많았고, 그 다음이 이웃/지인(16.8%), 애인(11.9%), 친구/직장동료(9.6%) 등의 순이었다(대검찰청, 2016).

이러한 수치는 기본적으로 가정폭력이 지닌 위험성과 심각성을 매우 상징적으로 대변하고 있다. 또한 가정폭력은 가족과 우리 사회를 낮은 자아존중감과 높은 스트레스, 공격성, 학대 및 폭력의 되물림, 우울증 및 학습된 무기력증에 시달리게 하는 등 인권을 위협하는 심각한 범죄라고 볼 수 있다(김은경 · 김혜정 · 박소현 · 유숙영, 2014). 따라서 가정폭력을 한 가정의 사적인 문제로 국한시켜서는 안 되며, 가정폭력이 지닌 악영향과 잠재적 치명성을 감안하여 사회적인 문제로 인식하고 종합적인 대처방안을 마련하는 것이 필요하다.

03 가정폭력의 원인

가정폭력의 복잡한 특징과 다양한 형태는 이에 대한 다양한 인과관계 모델을 발달시켰다. 그중 가장 많은 관심을 얻고 있는 정신의학적 이론, 사회학습이론, 가족체계이론, 여성주의 이론을 중심으로 살펴보고자 한다.

1) 정신의학적 이론

정신의학적 이론(psychopathological theory)은 개인이 가진 특성에 관심을 두고 폭력을 설명하는 이론으로 정신병리학 이론이라고도 한다. 정신의학적 이론에서 가정폭력은 개인이 타고난 신체적 장애, 정신적 및 성격적 결핍, 후천적인 심신상실이나 심신미약, 어떤 사고 등으로 정신적 질환을 앓고 있는 사람이나 알코올 · 마약 중독 등 개인의 병리적인 특성에 의해 발생되는 가학적 행위로 이해된다. 즉, 자신의 내적에서 발생하는 비정상(abnormality), 결함(defect), 내적 이탈(internal aberration), 그리고 알코올 · 마약 중독 등에 의해 폭력적이 된다는 것이다. 이 이론

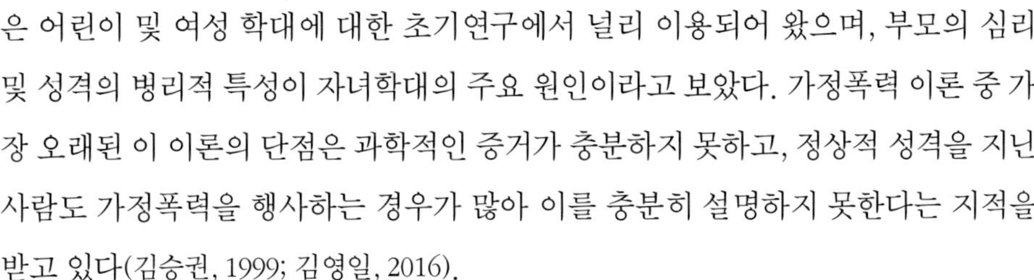

은 어린이 및 여성 학대에 대한 초기연구에서 널리 이용되어 왔으며, 부모의 심리 및 성격의 병리적 특성이 자녀학대의 주요 원인이라고 보았다. 가정폭력 이론 중 가장 오래된 이 이론의 단점은 과학적인 증거가 충분하지 못하고, 정상적 성격을 지닌 사람도 가정폭력을 행사하는 경우가 많아 이를 충분히 설명하지 못한다는 지적을 받고 있다(김승권, 1999; 김영일, 2016).

2) 사회학습이론

사회학습이론(social learning theory)에서는 폭력을 사회적 맥락에서 파악해 폭력은 공격을 습득하고 이를 학습하는 과정을 통해 형성된다고 보았다. 즉, 개인이 다른 사람의 폭력행위를 관찰・모방함으로써 가해행위의 기술을 연마하는 폭력행위를 하나의 '학습된 현상'으로 본다. 이 이론은 '폭력으로부터 노출을 통해 학습한 폭력' '인식된 학습규범으로서의 폭력' '역할모형으로서의 폭력'의 세 모형이 있으며, 아동은 부모가 폭력을 행사하는 것을 보고 배우며 그 후 자신이 부모가 됐을 때 똑같은 폭력의 역할을 모형화한다고 하였다. 때문에 사회학습이론은 폭력의 세대 간 전달(intergenerational transmission of violence)을 설명하는 유용한 이론으로 받아들여지고 있다. 사회학습이론은 현재 가정폭력 행동을 어떻게 배우고 강화되었는지 깨닫게 하고, 새로운 역할모델을 학습하도록 하여 비폭력적인 행동에 대해 보상을 제공하는 등 긍정적이고 건설적인 방법으로 재학습할 수 있는 기회를 제공하기도 한다(김승권, 1999; 김영일, 2016; 노경임, 2012). 그러나 사회학습이론이 늘 모든 학대행위를 설명할 수 있는 것은 아니다. 학대 경험이 있었던 사람 모두가 학대 부모가 되는 것은 아니기 때문이다(윤정숙 외, 2017).

3) 가족체계이론

가정폭력은 개인적 수준 또는 의학적/정신병리적 관점으로 선행연구에서 접근했으나, 점차 개개인 내의 문제로 보기보다는 가족체계의 문제로 접근하는 등 다양한 시도가 이루어지고 있다. 체계이론(system theory)은 생물학자인 버틀란피(Ludwig

Von Bertalanffy, 1901~1972)가 제시하였는데, 여기서 체계란 어떤 목적을 달성하기 위한 부분 요소 간의 상호작용의 통합체로서의 체계로 이해할 수 있다. 가족체계이론은 버틀란피가 제시한 사회체계에 근거하여 확립되었으며, 가족은 가족 구성원의 단순한 합이 아니라 체계로 구성되어 있으며, 체계는 복잡한 상호작용을 한다는 관점을 지니고 있다(이인정 · 최해경, 2008). 가족체계이론에서는 가정폭력을 관계적 특성과 과정으로 보고 취약한 자아감을 지닌 개인들이 융합하여 부정적 상호작용을 할 때 폭력체계가 형성되고, 이 폭력체계에 작용하는 규칙 등이 역기능적일 때 폭력체계는 체계항상성을 지닌 채 유지 및 발전된다고 보았다(노경임, 2012).

가족체계적인 접근(family systems approaches)에서는 사회적 상호작용, 체계신념접근, 가족 내 스트레스 요인, 가족 내 역기능적인 의사소통 형태 등을 가정폭력의 가능한 원인으로 보았다(조미숙 역, 2005). 사회적 상호작용에서는 가족 구성원의 행동의 상호영향력을 조사한다. 즉, 신체적 학대는 부모의 부정적인 아동기 경험과 그들 자신의 양육법, 결혼생활의 경험에 기초하여 일어난다고 추측한다. 체계신념접근에서는 폭력적인 가정 내에서 가족 구성원은 문제를 효과적이고 비폭력적으로 해결하려는 가족의 능력을 저해하는 일정한 신념(예를 들어, 폭력의 용인)을 소유한다고 보았다. 가족 내 스트레스 요인에 관한 연구에서는 부모의 실직, 낮은 경제적 지위, 질병, 가족 상황의 큰 변화, 별거, 원치 않는 임신, 자녀의 힘든 성장기 등을 가정폭력을 불러일으킬 수 있는 요인으로 지적했다. 마지막으로 가족 내 역기능적이고 부적절한 의사소통은 폭력적인 가정에서 일상적으로 나타난다고 하였다(조미숙 역, 2005). 이와 같이 가족체계적인 접근에서는 가정폭력을 상호작용적-체계적 관점에서 설명하기 때문에 행위자에게만 폭력에 대한 전적인 책임이 있다고 보지 않는다. 때문에 가족체계이론은 현실적인 권력을 보유한 가해자를 체계라는 추상적이고 익명적인 세계로 피신시키고, 피해자에게 가해자와 동일한 책임을 부담시키려 한다는 비판을 받기도 한다(김명숙, 2010).

4) 여성주의 이론

가정폭력에 대한 여성주의 관점에서는 성차별적인 문화적 규범, 전통, 가부장

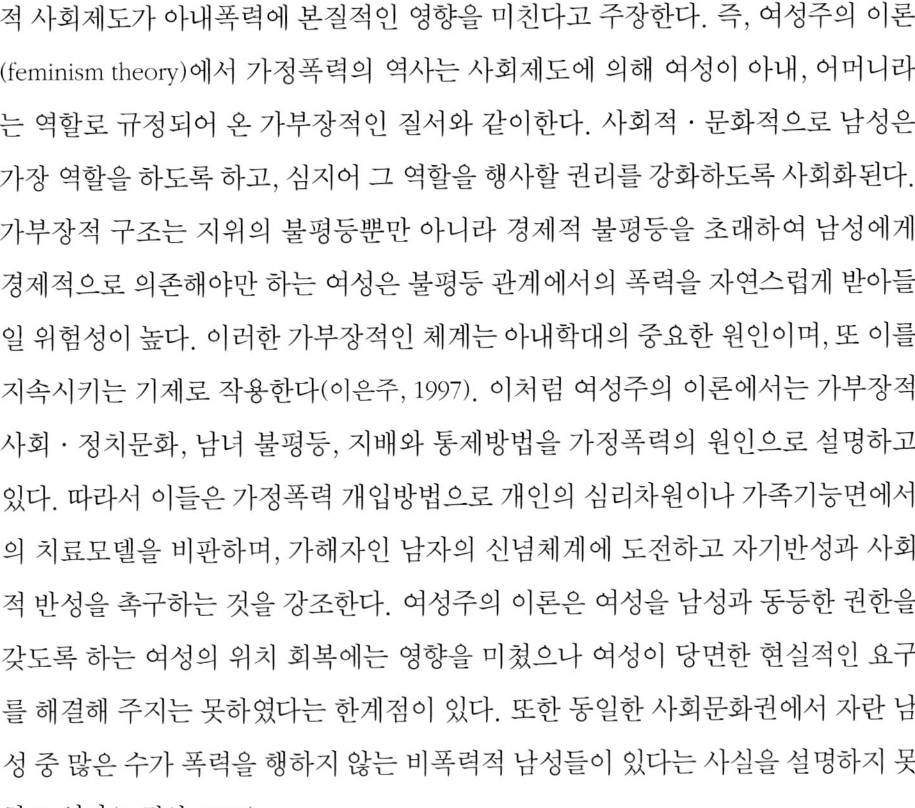

적 사회제도가 아내폭력에 본질적인 영향을 미친다고 주장한다. 즉, 여성주의 이론(feminism theory)에서 가정폭력의 역사는 사회제도에 의해 여성이 아내, 어머니라는 역할로 규정되어 온 가부장적인 질서와 같이한다. 사회적 · 문화적으로 남성은 가장 역할을 하도록 하고, 심지어 그 역할을 행사할 권리를 강화하도록 사회화된다. 가부장적 구조는 지위의 불평등뿐만 아니라 경제적 불평등을 초래하여 남성에게 경제적으로 의존해야만 하는 여성은 불평등 관계에서의 폭력을 자연스럽게 받아들일 위험성이 높다. 이러한 가부장적인 체계는 아내학대의 중요한 원인이며, 또 이를 지속시키는 기제로 작용한다(이은주, 1997). 이처럼 여성주의 이론에서는 가부장적 사회 · 정치문화, 남녀 불평등, 지배와 통제방법을 가정폭력의 원인으로 설명하고 있다. 따라서 이들은 가정폭력 개입방법으로 개인의 심리차원이나 가족기능면에서의 치료모델을 비판하며, 가해자인 남자의 신념체계에 도전하고 자기반성과 사회적 반성을 촉구하는 것을 강조한다. 여성주의 이론은 여성을 남성과 동등한 권한을 갖도록 하는 여성의 위치 회복에는 영향을 미쳤으나 여성이 당면한 현실적인 요구를 해결해 주지는 못하였다는 한계점이 있다. 또한 동일한 사회문화권에서 자란 남성 중 많은 수가 폭력을 행하지 않는 비폭력적 남성들이 있다는 사실을 설명하지 못하고 있다(노경임, 2012).

04 가정폭력의 대처방안

이 장에서의 중요한 초점은 가정폭력은 더 이상 개인적인 문제가 아니며 심각한 사회문제로 인식되어야 한다는 것이다. 가정폭력은 애정의 근원지인 가정을 폭력의 장소가 되게 하며, 아동과 청소년뿐만 아니라 가족 모두에게 부정적인 영향을 끼친다. 이러한 가정폭력은 지금도 지속적으로 발생하고 있으며 그 방법은 다양화, 심각화되고 있다. 따라서 이에 대한 다양한 대처방안이 모색될 필요가 있다. 가정폭력으로부터 청소년을 보호하기 위해 다음과 같은 가정폭력 예방 및 대처방안을 제안하고자 한다.

1) 가정폭력에 대한 사회 인식 전환 및 개선

「가정폭력범죄의 처벌 등에 관한 특례법」 등 관련 법률들이 제정되고 가정폭력의 심각성이 꾸준히 제기되면서 가정폭력에 대한 사회 전반의 인식도 변화되어 왔다. 그러나 다음과 같은 측면에서는 지속적인 노력이 필요하다.

첫째, 가정폭력에 대한 적극적인 신고 독려와 인식 개선의 노력이다. 가정폭력실태조사(여성가족부, 2016)에 의하면, 본인가정과 이웃가정에 부부폭력 발생 시 신고의사는 60% 이상이고, 아동학대 발생 시 신고의사는 70% 이상이며, 신고하지 않는 이유로는 본인가정은 가족이라서, 이웃가정은 남의 일이기 때문이라는 응답이 가장 많았다. 이러한 결과는 여전히 가정폭력을 가족 안에서 일어나는 사적인 문제로 여기고 있음을 시사한다. 가정폭력을 가족 내 문제가 아닌 사회적 문제이자 범죄로 인식하고 적극적으로 관심을 갖고 신고하도록 독려하고 인식을 개선할 필요가 있다.

둘째, 가정폭력에 대한 그릇된 사회 통념과 폭력이 허용적인 문화를 개선하고 예방교육을 확대해 가는 노력이 필요하다. 그동안 남성 위주의 가부장적 사고에 의해 가정폭력이 정당화되는 경향이 있었다. 남성의 우월성을 내세우는 일부 남성은 '아내와 북어는 때려야 맛이 난다'고 표현할 정도로 여성의 인격과 가치를 무시하기 일쑤였다. 가정 내의 폭력은 집안문제의 해결을 위한 것이든 어떤 이유에서이든지간에 폭력 그 자체만으로도 절대로 정당화될 수 없다. 한편, 가정폭력은 음주 후 행해지는 경우가 많고 폭력을 음주습관으로 인식하는 경향도 있어 왔다. 음주자에 대한 관대한 태도나 심지어 술이 형벌을 감경하는 사유로 인정되어 왔다. 가정폭력 예방과 재발 방지를 위해서는 음주문화에 대한 인식 개선을 위해 사회운동을 전개하며 술로 인해 발생하는 가정폭력의 감소를 꾀하여야 할 것이다(김영만, 2010). 또한 가족 내에서, 사회에서 모든 폭력행위를 허용하지 않는 반폭력 감수성 제고를 위해 일반 국민을 대상으로 통합적인 예방교육과 홍보캠페인을 지속적으로 강화할 필요가 있겠다(여성가족부, 2016).

셋째, 일반 국민을 대상으로 한 가정폭력 및 지원기관, 관련 법과 제도 내용에 대한 홍보와 교육을 확대할 필요가 있다. 가정폭력실태조사(여성가족부, 2016)에 의하면, 지난 3년간 가정폭력 홍보 및 교육에도 불구하고 일반 국민의 가정폭력 관련 지원기관, 관련 법과 제도의 내용에 대한 인지율은 3년 전과 비슷한 수준으로 조사되었다. 전반적으로 50% 이상의 인지율을 보이고 있으나 여전히 알지 못한다는 응답자가 상당히 비중을 차지하고 있다. 피해 사실을 잘 드러내지 못하는 피해자들이 보다 적극적으로 대응할 수 있도록, 또는 주변에 도움을 요청할 수 있도록 가정폭력 대처방법과 피해자 지원서비스 등에 대한 홍보를 스마트 앱이나 다각적 매체를 통해 강화하는 것이 필요하다.

2) 부모교육 및 행동관리 프로그램 강화

2015년 전국 아동학대 실태조사(보건복지부 · 아동보호전문기관, 2016)에 의하면, 자녀의 학대 유형에는 정서적 학대 경험이 가장 많은 비중을 차지하였다. 이러한 조사 결과는 정서적 학대에 대한 예방적 개입과 학대를 방지하고 대처할 수 있는 방안을 모색해야 함을 의미한다.

자녀를 학대하는 부모들은 정상적인 자녀의 발달에 대한 이해가 부족하거나 잘못된 지식과 행동방식을 갖고 있는 경우가 많다. 때문에 부모는 생애주기별 가족발달 및 감정훈련에 대한 교육을 지속적으로 받고, 가정폭력이 자녀에게 미치는 부정적인 영향을 인식하는 훈련이 필요하다고 할 수 있다. 즉, 남녀가 만나 결혼에 이르기 전에는 예비부부교육을 받고, 자녀를 갖기 전에는 부모자질교육을 이해하는 교육과 훈련을 받을 필요가 있다(김연주, 2017).

특히 의사소통 기술은 부부가 서로 이해할 수 있도록 돕고, 분노를 조절하는 훈련은 비폭력적으로 되는 과정에서 도움을 줄 수 있는 꼭 필요한 과정이다. 부모는 일상생활 속에서 자녀를 사랑하는 것을 습관처럼 생활화하고, 동시에 자녀의 행동을 관리하며 적절한 대처행동을 제공하는 것도 중요하다. 이때 부모들은 규칙과 상벌을 적용하기도 하면서 자녀가 더욱 긍정적인 방향으로 행동을 형성할 수 있도록 이끌어 주어야 한다. 결과적으로 부모교육 및 행동관리 프로그램은 부모 자신의 긍정적 사회화를 도움으로써 가정폭력을 방지하고, 자녀에게 어떠한 모델링이 되어야 하는지에 대한 중요성을 보여 주는 것이라 하겠다. 따라서 이러한 프로그램을 유관기관이나 전문기관, 사회단체 등에서 의무적으로 개발하고, 홍보 및 적극적인 참여

를 유도하는 노력과 시스템이 필요하다고 하겠다.

3) 심리치료적 개입

지금까지 살펴본 바와 같이, 가정폭력은 자녀가 정신적으로 건강하게 성장하는 데 심각한 악영향을 끼친다는 것을 확인하였다. 따라서 가정폭력을 경험한 청소년의 심리적 · 정신적 건강을 회복할 수 있는 방안이 마련되어야 한다.

정서적 학대를 받은 청소년은 생애 전체로 이어질 수 있는 트라우마를 안은 채 살아갈 가능성이 있으며, 이에 따라 잠재적인 범죄 노출의 위험성이 매우 높아진다(김연주, 2017). 그러므로 잠정적인 다양한 문제를 포함한 다차원적이고 다변적인 개입과 접근을 필요로 한다는 것을 염두에 두어야 한다.

첫째, 가정폭력 경험 청소년들에 대해 전문적 개입을 할 수 있는 시스템이 제공되어야 될 필요가 있다. 현재 가정폭력과 관련된 기관들은 여성긴급전화 1366이나 여성상담소, 쉼터와 같은 보호시설 등으로서 주로 남편으로부터 폭력 피해를 당한 여성들을 위한 시설이 대부분이다. 물론 아동학대예방센터, 한국청소년상담복지개발원에서 운영하는 청소년상담복지센터와 1388 전화상담 서비스가 있기는 하지만 가정폭력 경험 청소년들을 찾아내어 그들의 심리치료와 적응을 도울 수 있는 구체적인 서비스전달체계가 필요하고 요구된다고 하겠다(이상준, 2006).

둘째, 가정폭력 경험 청소년들은 각 지역과 학교에 따라 폭넓게 분포되어 있기 때문에 이들에 대한 접근도 학교를 통해 이루어지는 것이 보다 효과적일 것이다. 학교와 가정의 긴밀한 연계 속에서 청소년 정신건강에 대한 지속적인 모니터링을 실시하고, 가정폭력으로 인한 피해 여부 및 대처방안을 마련하여 체계적으로 관리해야 할 것이다.

셋째, 가정폭력을 경험한 청소년에게 전문적 서비스를 제공할 수 있도록 심리상담 전문가에 대한 전문적 교육이 강화되어야 한다. 지금까지 가정폭력은 가정이라는 사적인 영역의 문제나 개인적인 문제로 간주되면서 이러한 가정폭력에 노출된 청소년들은 수치심과 낙인을 가질 수밖에 없었다. 따라서 이들 청소년들은 가정에서의 폭력 경험과 정서를 표현하는 데 어려움을 가져왔다. 이러한 청소년들에게 적절한 도움과 전문적 상담 및 치료적 개입을 제공하지 않고 방치한다면 청소년들은 성장과정에서 적응의 어려움을 겪게 될 것이다. 이에 가정폭력 경험 청소년들에게 적절한 시기에 전문적 상담개입을 제공하는 상담사들의 전문성을 강화하는 교육이 반드시 필요하다(이상준, 2006). 이들에 대한 전문적 심리상담 개입은 가정폭력으로 인한 낮은 자존감을 회복할 수 있도록 돕고, 우울감, 공격성을 감소시키며, 비행을 예방한다고 할 수 있다. 또한 장기적인 안목에서 가정폭력을 경험한 청소년에 대한 심리상담 개입은 폭력의 대물림을 예방하며 가정폭력 예방 수단으로 유효하다고 볼 수 있다.

4) 공적 지원체계 강화

가정폭력 발생 시 초기 대응에서 수사 및 사법적 대응체계를 강화할 필요가 있다. 즉, 가정폭력 발생 상황에서 생명이나 신체적 폭력의 위협 시 행위자를 체포하는 등 보다 적극적으로 행위자를 피해자로부터 분리하는 것이 필요하다. 또한 폭력의 재발을 방지하고 피해자를 재피해로부터 보호하기 위해서는 상습적인 폭력이나 재범이 우려되는 경우에는 상담조건부 기소유예를 적용하지 않도록 제도를 개선하는 것이 필요하다. 아울러 가정폭력 피해자 보호지원 강화를 위해 가정폭력상담소 지원 및 서비스를 확대하고, 폭력 발생 시 초기 대응 강화를 위해 경찰 및 상담 인력을 확충하며, 사건 대응 역량을 제고하기 위해 교육을 확대해 나갈 필요가 있다(여성가족부, 2016).

5) 통합적 전략 수립

가정폭력 범죄가 지닌 잠재적 치명성을 감안할 때, 국가적 개입은 두 가지 방향에서 접근되어야 한다. 하나는 피해자이고, 다른 하나는 재발 방지이다. 이를 위해서는 일반 형사사건과는 달리, 가정폭력에 대해서는 「형사법」적 접근뿐만 아니라 「민사법」적 접근, 나아가 「사법」-복지적 관점에서의 통합적 전략 수립이 요구된다(김은경 · 김혜정 · 박소현 · 유숙영, 2014).

요약

1. 가정폭력은 다양하고 넓은 의미를 가지고 있으며, 「가정폭력 범죄의 처벌 등에 관한 특례법」에서 가정폭력이란 "가정 구성원 사이의 신체적 · 정신적 또는 재산상 피해를 수반하는 행위"를 말한다(제2조 1항).

2. 가정폭력의 일반적 특징으로는 은폐성, 장기적·상습적 발생, 연속성, 폭력관계의 폐쇄성, 세대전수성이 있다.

3. 우리나라의 현행법상 규정된 가정폭력범죄 유형에는 상해와 폭행죄, 유기와 학대, 체포와 감금, 협박, 강간과 추행, 명예훼손과 모욕, 주거 · 신체 수색, 권리행사방해, 사기와 공갈죄, 재물손괴죄 등이 해당된다. 그러나 이러한 법적으로 규정된 유형은 가정폭력의 특성과 계기를 설명하는 데 한계가 있다.

4. 가정폭력 현황을 가늠할 수 있는 자료로는 가정폭력 실태조사(여성가족부), 여성긴급전화 1366(한국여성인권진흥원), 전국아동학대현황보고서(보건복지부 · 아동보호전문기관) 등이 있으며, 이를 통해 부부폭력, 자녀학대, 노인학대 등을 살펴볼 수 있다.

5. 만 18세 미만의 자녀를 둔 응답자를 대상으로 지난 1년간 자녀를 학대한 경험을 조사·분석한 가정폭력 실태조사 연구(여성가족부, 2016)에 의하면, 자녀학대의 유형별로 자녀에 대한 정서적 학대(25.7%)가 가장 많았고, 다음으로는 신체적 학대(7.3%), 방임(2.1%)의 순이었다. 그리고 부모의 아동기 가정폭력 경험이 있는 집단이 없는 집단에 비해 자녀를 학대하는 비율이 훨씬 높은 것으로 조사되었다.

6. 가정폭력의 문제점은 폭력이 가정에서만 그치는 것이 아니라 심각한 사회문제가 된다는 것이다. 가정폭력은 자녀, 피해자(성인), 가족과 우리 사회 모두에 부정적인 영향을 끼친다. 특히 가정폭력을 경험한 청소년들은 정서발달상 문제를 겪을 가능성이 높고, 폭력의 학습으로 비행 성향이 강화될 가능성이 크다. 또한 가정폭력은 청소년의 공격성을 높이거나 불안상태에 놓이게 하고, 스스로를 비하하거나 우울 등 심리정서적인 문제로 나타나게 한다.

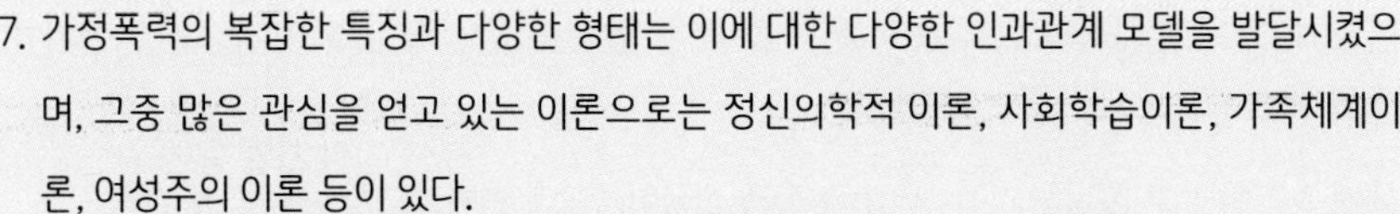
7. 가정폭력의 복잡한 특징과 다양한 형태는 이에 대한 다양한 인과관계 모델을 발달시켰으며, 그중 많은 관심을 얻고 있는 이론으로는 정신의학적 이론, 사회학습이론, 가족체계이론, 여성주의 이론 등이 있다.

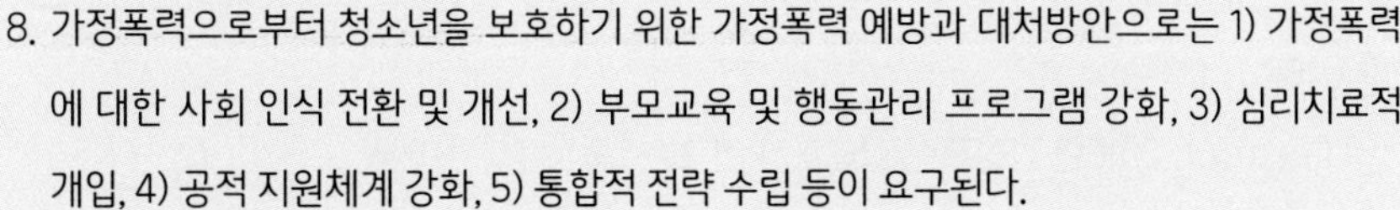
8. 가정폭력으로부터 청소년을 보호하기 위한 가정폭력 예방과 대처방안으로는 1) 가정폭력에 대한 사회 인식 전환 및 개선, 2) 부모교육 및 행동관리 프로그램 강화, 3) 심리치료적 개입, 4) 공적 지원체계 강화, 5) 통합적 전략 수립 등이 요구된다.

참고문헌

김명숙(2010). 가정폭력 피해여성의 자립과정에 관한 연구–근경론 접근–. 백석대학교 대학원 박사학위논문.

김승권(1999). 가정폭력 발생원인의 이론과 실제. **한국보건사회연구원**, 19(1), 1-41.

김연옥 · 박인아(2000). 가정폭력의 유형별 관련성과 아동의 정신건강에 관한 연구. **한국가족복지학**, 5, 103-127.

김연주(2017). 가정폭력으로 인한 청소년비행의 억제 방안 연구. 한세대학교 대학원 박사학위논문.

김영만(2010). 가정폭력의 현황과 문제점 및 방지방안 연구. 한성대학교 대학원 석사학위논문.

김영일(2016). 가정폭력의 법적대응과 개선방안. 원광대학교 대학원 박사학위논문.

김은경(2001). **가정폭력범죄의 형사절차상 위기개입 방안연구**. 서울: 한국형사정책연구원.

김은경 · 김혜정 · 박소현 · 유숙영(2014). **현행 가정폭력처벌특례법의 운용실태 및 입법적 개선방안연구**. 서울: 한국형사정책연구원.

김재엽 · 이지현 · 정윤경(2007). 부부폭력가해자의 성장기아동학대경험이 자녀학대에 미치는 영향: 부모역할만족도를 중심으로. **사회복지연구**, 35, 291-312.

노경임(2012). 남편을 살해한 가정폭력 피해여성의 심리 변화에 관한 근거이론 연구: 교도소에 수감된 여성을 중심으로. 백석대학교 대학원 박사학위논문.

노순규(2012). **가정폭력의 원인과 해결방안**. 서울: 한국기업경영연구원.

노치영(1988). 가정폭력이 아동의 공격성에 미치는 영향. 이화여자대학교 석사학위논문.

대검찰청(2016). 범죄분석. 서울: 대검찰청.

박소현(2013). 가정폭력의 가부장성 분석을 통한 법제도 개선에 관한 연구. 이화여자대학대학원 박사학위논문.

보건복지부 · 아동보호전문기관(2016). 2015 전국아동학대 현황보고서. 세종: 보건복지부.

백욱현 · 손현규(2004). 중학생이 지각한 가정폭력 수준과 불안, 학교적응과의 관계. 교육심리연구, 18(2), 181-193.

여성가족부(2016). 2016년 가정폭력 실태조사 연구. 서울: 여성가족부.

윤정숙 · 이승현 · 김미숙 · 김유경 · 김지민 · 박미랑(2017). 가정 내 폭력범죄 감소 및 예방을 위한 사회안전망 강화에 관한 연구. 서울: 한국형사정책연구원.

윤혜미(1997). 아동의 학대 및 방임경험이 아동의 부모자녀관계 지각과 자존심에 미치는 영향. 한국아동복지학, 5, 95-120.

이은주(1997). 아내학대 피해자의 경험에 관한 연구. 여성건강간호학회지, 3(2), 218-219.

이인선 · 황정임 · 최지현 · 조윤주(2017). 가정폭력 실태와 과제: 부부폭력과 아동학대를 중심으로. 서울: 한국여성정책연구원.

이인정 · 최해경(2008). 인간행동과 사회환경. 서울: 나남출판사.

이상준(2006). 가정폭력 경험 청소년의 탄력성과 보호요인. 가톨릭대학교 대학원 박사학위논문.

이정애(2014). 청소년의 가정폭력 노출경험이 학교폭력 가해에 미치는 영향: 공격성의 매개효과. 호남대학교 대학원 박사학위논문.

최장원 · 김희진(2011). 가정폭력이 청소년의 정신건강에 미치는 영향: 자아개념의 매개효과를 중심으로. 청소년학연구, 18(1), 73-103.

한국여성인권진흥원(2016. 08. 02.). 2015년 여성긴급전화1366 가정폭력 상담건 15.6% 증가. 서울: 한국여성인권진흥원.

liashani, J. H., & Allan, W. D. (2005). 가정폭력이 아동 및 청소년에게 미치는 영향(조미숙 역). 경기: 21세기사. (원전은 1998년에 출판).

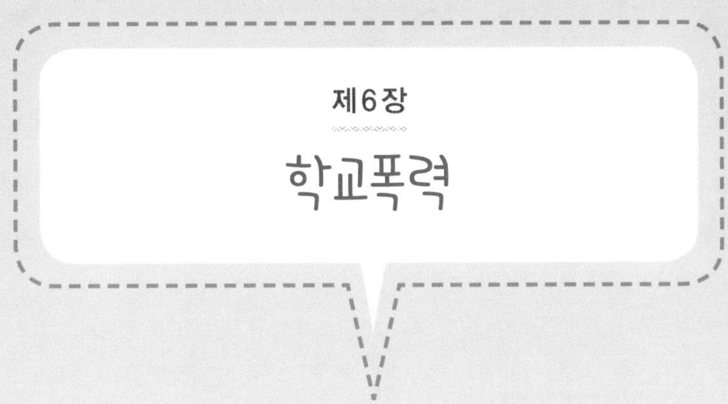

제6장

학교폭력

학습개요

'청소년'을 떠올릴 때 '질풍노도' '사춘기'라는 단어를 생각하듯이, 우리 사회에서 청소년문제를 떠올릴 때 '학교폭력'은 전혀 낯설지 않은 단어가 되었다. 이처럼 청소년문제의 중심에 학교폭력이 있으며, 이는 우리 사회의 문제가 되었다.

학교폭력은 1970년대에 올베우스(D. Olweus) 교수가 연구 프로젝트를 진행하고 발표하면서 알려지기 시작했다. 우리나라의 경우 1980년대 후반에 급증하기 시작하였으며, 1990년대 중반부터 학교폭력이 심각한 사회문제로 부각되기 시작했다. 2004년 「학교폭력예방 및 대책에 관한 법률」(약칭 「학교폭력예방법」)이 제정된 이후 「학교폭력예방법」은 2017년 11월 말까지 일부 혹은 전부 개정과정을 거치며 많은 국민의 관심을 받아 왔다. 이는 학교폭력을 근절해야 할 사회문제로 인식하고 적극적으로 대응하고 있다고 볼 수도 있다. 그러나 학교폭력의 실제적인 대책은 여전히 부족하며, 보다 적극적인 조치들이 요구된다.

정부는 2017년 학교폭력 실태조사 결과, 학교폭력 현상이 모든 학교급에 걸쳐 줄어들고 있다고 보고했다(교육부, 2017a). 그러나 2018년 1차 결과(교육부)에 의하면, 2017년 1차에 비해 피해응답률이 1.3%(5만 명)로 0.4% 증가하였는데, 특히 초등학생의 피해응답률 증가(0.7%)가 중학생(0.2%), 고등학생(0.1%)보다 더 높은 것으로 나타났다. 이러한 결과는 내 자녀가 학교폭력의 희생자가 될 수 있다는 학부모의 걱정과 두려움을 더욱 가중시킨다. 따라서 보다 실제적인 예방과 대책이 될 수 있는 방안들을 알아볼 필요가 있으며, 학교폭력 문제에 어떻게 대처해야 하는지에 대해 살펴보도록 하겠다.

01 학교폭력의 정의와 유형

1) 학교폭력의 정의

학교폭력의 개념은 학자의 연구 범위와 내용에 따라 다양하다. 국내 연구진들의 학교폭력에 대한 학문적 합의는 아직 존재하지 않으며, 우리나라에서 일반적으로 사용하고 있는 '학교폭력'이라는 용어는 관습적인 용어이면서 동시에 법률적인 용어이다(이규미 외, 2014). 먼저, 학교폭력의 개념에 대한 학자들의 이론적 정의를 살펴보도록 하겠다(〈표 6-1〉 참조).

표 6-1 학자에 따른 학교폭력의 이론적 정의

구분	학자	정의
학교폭력의 이론적 정의	올베우스 (Olweus, 1994)	학교를 중심으로 또래 간에 발생하는 폭력행위로, 한 사람이 개인이나 집단에 의해 반복적으로 그리고 지속적으로 부정적 행위에 노출되는 것으로 정의한다.
	김형방(1996)	학교폭력은 일반적으로 자기보다 약한 처지에 있는 상대에게 불특정 다수의 학생이 남이 보지 않는 곳에서 신체적 · 심리적 폭력을 반복하여 행하거나 심각한 공격을 가하는 문제행동이다.
	조성호(2000)	학교 내외에서 서로 간에 힘의 불균형이 존재하는 상황에서 상대방에게 신체적 또는 심리적 위해를 가하기 위해 행해지는 학생들 간의 신체적 · 물리적 · 심리적 및 언어적 공격행위라고 정의한다.
	이순래(2002)	학교폭력은 타인에게 해를 입히기 위해 힘, 무력, 언어적 공격, 상징적 · 심리적 강제 및 집단적 따돌림 등 다양한 수단을 사용하여 학교나 학교 주변에서 타인에게 심리적 혹은 신체적 피해를 입히는 행위로 정의하며, 학교폭력을 가해자 중심으로 규정한다.

	김준호(2006)[1]	학교 교내, 등하굣길, 집 주변, 학원 주변 등 물리적 장소는 물론이고, 교육과 관련된 장소 및 현장에서 부모와 교사를 제외한 모든 사람이 학생에게 행사한 정도가 상당히 심각한 유무형의 모든 폭력으로 정의한다.

〈표 6-1〉에서 볼 수 있듯이, 우리나라에서 사용하고 있는 학교폭력의 이론적 정의는 서구의 괴롭힘(bullying)에 해당하는 동시에 서구의 폭력(violence)으로 다루는 문제도 일부 포함이 된다. 따라서 학교폭력은 괴롭힘을 포함하는 보다 폭넓은 개념으로 볼 수 있다(김혜원, 2013; 이규미 외, 2014).

한편, 2004년 「학교폭력예방 및 대책에 관한 법률」이 제정된 이후 국내 학교폭력의 개념은 법률상의 학교폭력의 정의를 중심으로 논의되고 있다. 특히 법률상의 학교폭력의 정의는 현재 국가의 개입 범위와 정도를 판단하는 기준으로 작용하고 있

표 6-2 학교폭력의 법적 정의

「학교폭력예방 및 대책에 관한 법률」 (약칭 「학교폭력예방법」) 제2조	1. "학교폭력"이란 학교 내외에서 학생을 대상으로 발생한 상해, 폭행, 감금, 협박, 약취 · 유인, 명예훼손 · 모욕, 공갈, 강요 · 강제적인 심부름 및 성폭력, 따돌림, 사이버 따돌림, 정보통신망을 이용한 음란 · 폭력 정보 등에 의하여 신체 · 정신 또는 재산상의 피해를 수반하는 행위를 말한다. 1의2. "따돌림"이란 학교 내외에서 2명 이상의 학생들이 특정인이나 특정집단의 학생들을 대상으로 지속적이거나 반복적으로 신체적 또는 심리적 공격을 가하여 상대방이 고통을 느끼도록 하는 일체의 행위를 말한다. 1의3. "사이버 따돌림"이란 인터넷, 휴대전화 등 정보통신기기를 이용하여 학생들이 특정 학생들을 대상으로 지속적 · 반복적으로 심리적 공격을 가하거나, 특정 학생과 관련된 개인정보 또는 허위사실을 유포하여 상대방이 고통을 느끼도록 하는 일체의 행위를 말한다.

*출처: 국가법령정보센터.

1) 김준호의 학교폭력에 대한 정의이며, 문용린 외(2006)의 『학교폭력 예방과 상담』 제2장 '학교폭력의 정의 및 현상' 중에서 발췌하였다.

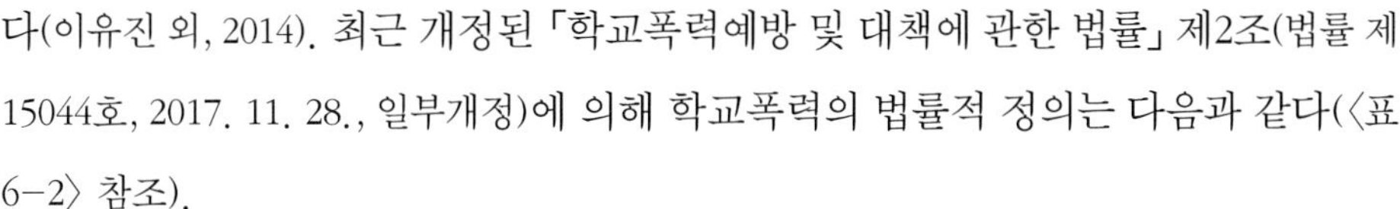

다(이유진 외, 2014). 최근 개정된 「학교폭력예방 및 대책에 관한 법률」 제2조(법률 제15044호, 2017. 11. 28., 일부개정)에 의해 학교폭력의 법률적 정의는 다음과 같다(〈표 6-2〉 참조).

〈표 6-2〉에 제시된 「학교폭력예방법」은 2004년에 제정된 이후 여러 차례의 개정을 거쳐 왔다. 이는 「학교폭력예방법」이 법률상의 학교폭력의 정의와 국가의 개입 범위와 정도를 판단하는 기준으로 작용할 뿐만 아니라, 무자비하고 심각한 학교폭력 사건들로 국민들이 관심을 갖고 적극적인 법률 개정과 종합대책, 개선을 요구하기 때문이다. 그러나 여전히 학교폭력 예방정책의 실효성에 관한 논의는 과제로 남아있다. 따라서 지속적인 「학교폭력예방법」의 개념 정의는 학교폭력의 예방과 사후 개입의 범위를 판단하고 확정하는 데 있어서 신뢰성을 면밀히 평가할 것이다.

2) 학교폭력의 유형

학교폭력의 정의뿐만 아니라 구체적으로 어떤 행동이 문제가 되는 학교폭력 행동인지 아는 것은 학교폭력 문제를 예방하고 개입하기 위해 매우 중요하다. 학교폭력의 유형은 미묘한 괴롭힘 등 다양한 형태로 나타나며 구분된다. 교육부는 「학교폭력예방법」 제11조 및 동법 시행령 제9조에 근거하여 초등학교 4학년부터 고등학교 3학년 재학생 전체를 대상으로 2012년부터 매년 2차례에 걸쳐 학교폭력실태조사를 실시해 왔다. 이러한 학교폭력실태조사(교육부, 2018)의 설문자료에 기초하여 학교폭력의 유형을 살펴보면 다음과 같다.

(1) 언어폭력

언어폭력이란 상대가 원하지 않는 별명 부르기, 욕설, 라벨 붙이기, 협박뿐만 아니라 상대의 외모나 성, 인종 등을 비하하거나 놀리는 것, 위협하기, 이상한 소문 내기, 흉내 내기 등이 포함된다. 청소년 사이에서는 욕설을 자주 사용하면서 이것이 언어폭력, 즉 학교폭력에 해당될 수 있다는 데 둔감화되고 있으며 욕이 당연시되기도 한다. 언어폭력은 전체 학교폭력 피해 유형 중 가장 많이 나타나는 유형으로, 2018년 교육부 조사에 의하면 언어폭력(34.7%)은 그다음으로 많은 집단따돌림

(17.2%)의 2배를 초과할 정도로 많이 발생하고 있다. 언어폭력은 신체폭력을 가하지 않기 때문에 심각한 폭행으로 인식하지 않고 비교적 쉽게 동조할 경향이 높다. 그러나 반복적인 언어폭력에 노출되면 피해자들은 상처를 받고, 혼자 괴로워하는 등 심리적 · 정서적으로 위축되며 또래관계와 학교생활에 부정적인 영향을 끼치게 된다.

(2) 집단따돌림

집단따돌림은 관계적 폭력의 대표적인 행동으로, 학교 내외에서 2명 이상의 학생이 특정인이나 특정집단의 학생들을 대상으로 지속적이거나 반복적으로 신체적 또는 심리적 공격을 가하여 상대방이 고통을 느끼도록 하는 행위를 의미한다. 집단따돌림에서 가해학생의 행동은 피해학생에 대한 평판 및 명예를 손상시킬 뿐 아니라 다른 학생들에게도 위협이 되면서 이들 모두의 사회적 관계를 해치는 결과가 된다. 즉, 따돌림을 목격하거나 인지하고 있는 또래들은 자신도 그러한 대상자가 될 수 있다는 불안감으로 이를 묵인하고 대상 학생과의 관계를 철회하거나 회피하는 등 소극적인 동조를 하면서 간접적인 피해를 경험하게 된다(이규미 외, 2014). 빈정거리거나 모욕을 주는 것, 무시하기, 말 걸지 않기, 물어봐도 대답 안 하기, 고립시키기 등이 이에 속하며, 남학생보다는 여학생에게서 많이 나타나고 있다.

(3) 스토킹

스토킹은 피해학생이 싫다고 하는데도, 즉 상대방의 의사와 상관없이 의도적으로 계속 따라다니며 괴롭히고 불안하게 하는 행위를 의미한다. 2018년 교육부 조사에 의하면, 스토킹은 전체 초 · 중 · 고등학생의 11.8%에 이를 정도로 많은 학생이 스토킹으로 인해 고통을 받고 있다. 특히 초등학생에게서 스토킹 피해 응답(13.4%)이 가장 높게 나타났다. 그다음으로 고등학생 7.8%, 중학생 7.6%의 순으로 나타났다.

(4) 신체폭행

신체적 폭력의 예로는 지나가면서 충돌하기, 때리기, 발로 차기, 침 뱉기, 필기도구로 찌르기, 밀치기, 밀폐된 공간에 가두기, 머리를 툭툭 치기 등의 직접적인 공격행동이 해당된다. 그리고 각종 위협, 물건 빼앗기, 과제물이나 개인 물건을 훼손하거나 감추기, 개인 물건을 가지고 놀기, 심부름 등 원치 않는 행동 시키기 등 간접적인 폭력행동도 신체폭력에 포함될 수 있다. 또한 장난을 빙자한 꼬집기 등의 행동들도 상대 학생이 폭력으로 인식한다면 학교폭력에 해당한다.

(5) 사이버 괴롭힘

사이버 공간에서 특정학생을 괴롭히는 행위를 의미한다. 인터넷 게시판이나 채팅방 등에 특정인에 대한 욕설이나 모욕적인 말을 올리거나 허위 사실을 게시판에 유포, 성적 수치심을 야기하는 내용이나 글 또는 동영상을 탑재하는 것 등이 이에 속한다. 사이버 공간의 특성상 익명성이 보장되기 때문에 가해하기가 쉽고, 상대방의 감정을 확인할 수 없기 때문에 폭력의 강도가 더욱 심해질 수 있다(이자영 · 정경은 · 하정희, 2017).

(6) 금품갈취

금품갈취란 법적으로 "사람을 공갈하여 재물의 교부를 받거나 재산상의 불법 이익을 취득하거나 타인으로 하여금 이를 얻게 함으로써 성립하는 범죄"로 규정하고 있다. 학교 내에서 타인의 돈이나 물건을 아무 이유 없이 강탈하는 것을 말한다. 금품갈취의 예로는 돈을 걷어 오라고 시키는 행위, 일부러 물품을 망가뜨리는 행위, 휴대전화나 옷 또는 문구류 등을 빌린다고 하면서 돌려 주지 않는 행위 등이 있다. 금품갈취는 중학생이나 고등학생보다는 초등학생에게서 많이 발생하는 것으로 나타났다(교육부, 2018).

(7) 성폭력

성폭력은 타인의 의사에 반하여 가해지는 신체적 · 심리적 · 언어적 등 성을 매개로 가해지는 모든 행위로 성추행, 성폭행, 성희롱뿐만 아니라 타인의 성적 결정권을 침해하는 여러 가지 행위를 모두 포괄하는 개념이다. 성폭력은 학교폭력 중 하나이기도 하지만 성폭력 그 자체가 「형법」과 「형사특별법」상 범죄가 되기도 하는 무거운 범법행위이다. 성폭행은 협박이나 폭행 등을 통해 성행위를 강제로 하는 것을 의미하며, 유사 성행위, 성기에 이물질을 삽입하는 행위가 포함된다. 특히 만 13세 미만

은 피해자가 성행위에 동의를 하였다 하더라도 강제 추행죄가 적용된다. 성추행은 상대방이 협박이나 폭행을 하면서 성적 모멸감을 느끼도록 신체적 접촉을 하는 행위이다. 성희롱은 성적인 말이나 행동으로 성적 굴욕감, 수치감을 느끼도록 하는 행위이다. 사이버 성폭력은 사이버상에서 상대방의 동의를 구하지 않고 원치 않는 성적 대화나 메시지를 전달하면서 불쾌감을 느끼게 하는 행위이다.

(8) 강요

폭행이나 협박으로 상대방의 경제적인 이익이나 권리행사를 침해하거나, 의무 없는 일을 하게 하는 행위이다. 즉, 힘이 센 학생이 자기보다 약한 학생에게 강제로 굴복을 시켜서 심부름을 시키는 행위 등을 의미한다. 빵셔틀, 가방셔틀, 신발셔틀, 과제 대행, 스마트폰의 핫스팟 기능을 이용해 무료로 인터넷을 사용하도록 강요하는 와이파이셔틀 등이 있다. 협박과 공포심을 느끼게 한 후 강요하는 행위는 피해학생에게 굴욕감과 모멸감을 준다.

02 학교폭력의 실태와 심각성

1) 학교폭력의 실태

교육부는 「학교폭력예방 및 대책에 관한 법률」(제11조 및 동법 시행령 제9조)에 근거하여 전국 초등학교 4학년부터 고등학교 3학년 재학생을 대상으로 매년 두 차례에 걸쳐 학교폭력실태를 조사하고 있다. 이는 학생들의 학교폭력 관련 경험과 의식을 조사하기 위한 목적으로 수행되며, 국가적 수준에서의 조사를 통해 학교폭력 예방과 인식 제고, 맞춤형 학교폭력 대책 수립을 지원하기 위함이다.

2018년 학교폭력 실태조사(교육부) 결과자료에 의하면, 피해응답률이 1.3%(5만 명)로 지난해 1차에 대비 0.4% 증가하였으며, 초등학생의 피해응답률 증가(0.7%)가 중학생(0.2%)과 고등학생(0.1%)보다 더 높은 것으로 나타났다. 한편, 2017년 조사 결과에서 전체 학생 대비 피해 경험 학생의 비율은 지속적으로 하락하고 있다. 즉,

표 6-3 학교폭력 실태조사

구분	2012년	2013년	2014년	2015년	2016년	2017년	2018년
교육부(1차)	12.3%	2.2%	1.4%	1.0%	0.9%	0.9%	1.3%
청소년폭력예방재단	12.0%	6.3%	3.8%	4.6%	6.4%	6.5%	–
학교폭력대책자치위원회의 심의건수: ('14) 19,521건 → ('15) 19,830건 → ('16) 23,466건 → ('17) 30,993건							

*출처: 한국교육개발원(2017. 12. 5.), 교육부(2018. 8. 27.), 청소년폭력예방재단(2017).

2015년 1.0%, 2016년 0.9%, 2017년 0.9%의 조사 결과를 보도하였다. 이러한 2017년의 결과를 보면 교육부의 실태조사 피해응답률은 안정화되는 데 반해, 학교폭력자치위원회의 심의결과와 청소년폭력예방재단의 조사 결과는 증가하여 교육부의 조사 결과에 대한 국민의 체감도가 낮고, 학교현장의 실태를 제대로 반영하지 못한다는 지적을 받게 하였다. 〈표 6-3〉과 같이 학교폭력 피해응답률은 2012년 이후 감소 추이를 나타냈으나 2018년에 다시 증가한 것으로 보아 이러한 피해응답률 증가는 여전히 학교폭력이 심각하다는 증거로 볼 수 있다. 또한 2017년 후반에 사회적 파장을 불러일으킨 여러 학교폭력 사건에 의한 많은 사람의 충격과 학교폭력 사안의 연속보도, 예방교육 강화 등에 따라 학교폭력에 대한 학생들의 민감성이 높아진 것도 피해응답률 증가의 한 원인으로 볼 수 있다.

학교폭력대책자치위원회는 「학교폭력예방 및 대책에 관한 법률」(제12조 및 제13조)에 근거하여 각 학교에 설치되어 있다. 학교폭력이 발생하면 아무리 경미한 사건이라도 학교에 설치된 학교폭력대책자치위원회에서 사건을 담당하게 된다. 학교폭력대책자치위원회에서는 사건을 조사한 후 심의를 통해 학교폭력 피해학생과 학교폭력 가해학생에게 적절한 조치를 내리고, 이를 학교의 장이 이행할 것을 요청할 수 있다. 〈표 6-3〉에서 알 수 있듯이, 가해학생의 징계 수위 등을 결정하는 학교폭력대책자치위원회의 심의건수는 매년 증가하고 있는데, 2014년 1만 9521건, 2015년 1만 9830건, 2016년 2만 3466건, 2017년 3만 993건을 기록했다. 이러한 증가 현황에 대해 교육부(2017)는 학교현장에서 적극적으로 학교폭력대책자치위원회를 열어 처리하도록 한 방침과 학생 및 학부모도 학교폭력에 적극적으로 대처하는 최근의 경향

이 반영된 결과로 분석하였다. 물론 교육부의 이러한 결과분석이 의미하는 바도 있지만 무엇보다 학교폭력으로 인한 심의건수가 늘어나는 데에는 주목할 필요가 있겠다.

청소년폭력예방재단에서는 매년 전국 초·중·고등학생을 대상으로 학교폭력에 대한 실태를 조사해 오고 있다. 이러한 조사활동은 폭력의 실태 및 변화 추이를 살펴보는 데 도움이 되고 있다. 〈표 6-3〉을 통해 살펴보면, 학교폭력은 2012년 12.0%로 가장 높은 피해응답률을 보였으며, 이후 감소하여 2013년 6.3%, 2014년 3.8%로 나타났다. 2015년부터는 조금씩 증가하여 4.6%, 2016년 6.4%, 2017년 6.5%로 나타났다. 청소년폭력예방재단에서 조사한 학교폭력 피해율은 2006년에 17.3%를 기록한 이후 증가와 감소를 반복하고 있다.

특히 청소년폭력예방재단의 실태조사(2017)에 의하면, 학교폭력 피해로 인한 고통의 정도가 3.68점(5점 척도)으로 나타났다. 이는 청소년들이 학교폭력 피해로 인해 보통 이상의 심리적 고통을 경험하고 있는 것으로 볼 수 있다. 또한 학교폭력 피해를 입은 학생들을 대상으로 한 자살충동 경험 조사(청소년폭력예방재단, 2013)에서 학교폭력으로 자살을 생각해 본 경험이 있다고 응답한 학생이 전체 44.7%로 나타났다. 이는 학교폭력 피해자 중 4.5명이 자살을 생각해 본 경험이 있다는 것으로 적극적인 사회안전망 확충이 요구된다(신성철 외, 2017). 한편, 교육부(2018)의 실태조사에서 피해응답률이 1.3%로, 학교폭력 피해학생이 5만 명에 이른다는 것은 아직도 많은 학생이 학교폭력으로 인해 고통을 받고 있다는 것을 의미한다.

학교폭력 피해 유형 조사에서는 언어폭력(34.7%), 집단따돌림(17.2%), 스토킹(11.8%), 신체폭행(10.0%), 사이버폭력(10.8%) 등의 순서로 나타났다(교육부, 2018). 이러한 결과는 2013년 1차 조사에서 금품갈취의 비율이 높게 나타난 것을 제외하면 지난 5년간 언어폭력, 집단따돌림, 스토킹, 신체폭행이 가장 빈도가 높은 피해 유형이라고 볼 수 있다. 청소년폭력예방재단(2017)의 피해 유형 조사 결과에서는 '욕설이나 모욕적인 말을 들었다(22.4%)' '집단적으로 따돌림을 당했다(18.3%)' '맞았다(17.2%)' '괴롭힘을 당했다(14.3%)'의 순으로 나타났다.

피해 장소를 보면 '학교 안에서'가 66.8%, '학교 밖에서'가 26.6%, '기타'가 6.6%로 대부분 학교 안에서 학교폭력이 발생하는 것으로 나타났다. '학교 안에서' 중에는 교실 안이 가장 높은 비율(29.4%)을 보였으며, '학교 밖에서' 중에는 초등학생은 놀이터(6.5%)가 가장 높은 비율을 보였으나 중 · 고등학생은 사이버 공간이 각 10.3%로 가장 높은 비율을 보였다. 이는 우리나라 중 · 고등학생들이 많은 시간을 사이버 공간에서 보내고 있음을 의미할 뿐 아니라 학교폭력에 습관적으로 노출되어 있을 가능성으로 볼 수도 있겠다. 피해시간으로는 쉬는 시간(32.8%)이 가장 높게 나타났다(교육부, 2018).

목격 경험에 관한 조사에서는 학교폭력 목격응답률이 교육부(2018)는 3.4%, 청소년폭력예방재단(2017)은 10.0%로 나타났다. 그리고 피해사실을 알린 사람에 관한 조사 결과를 살펴보면, 주위에 알리거나 신고한 비율이 80.9%로 나타났다. 이 중 가족보호자가 44.5%로 가장 높고, 그다음으로 선생님(교내 신고함 포함) 19.3%, 친구나 선배 11.4% 등의 순으로 나타났다. 특히 미신고가 19.1%로 나타났으며, 미신고한 이유로는 '별 일이 아니라고 생각해서'가 23.9%, '더 괴롭힘을 당할 것 같아서'가 17.8%, '스스로 해결하려고'가 16.9%, '해결이 안 될 것 같아서'가 15.0% 순으로 나타났다. 피해 미신고 중 초등학생의 비율은 19.8%, 중학생은 17.6%, 고등학생은 17.0%로 나타났으며, 초등학생의 미신고 비율이 높다는 것은 학교폭력의 저연령화 추세를 걱정하고 있는 현실과 학교폭력 예방교육의 목적을 고려할 때 학교 등 관련 기관에서 깊이 고민해 볼 문제라고 생각하며 이에 대한 면밀한 분석과 대책이 요구된다.

가해 경험에 관해 살펴보면, 가해 경험이 '있다'고 응답한 비율은 교육부(2018) 0.3%, 청소년폭력예방재단(2017) 3.9%로 나타났다. 가해 유형으로는 '다른 학생을 때렸다(26.3%)' '집단으로 따돌렸다(21.1%)' '욕설이나 모욕적인 말을 했다(20.8%)' '지속적으로 괴롭혔다(12.5%)'의 순으로 나타났다(청소년폭력예방재단, 2017). 가해를 한 이유로는 '먼저 괴롭혀서'가 23.9%, '장난으로'가 22.9%, '마음에 안 들어서'가 14.8%, '특별한 이유가 없다'가 10.2%, '다른 친구가 시켜서'가 9.3%, '화풀이 또는 스트레스 때문에'가 7.3% 순으로 나타났다. 이러한 이유로 피해를 받은 학생은 모욕감, 분노, 증오, 수치감, 억울함을 갖게 되며, 피해에 대한 보복심리가 행동으로 이어질 가능성이 커질 수 있다. 또한 보복충동 행동은 학교폭력을 발생시킬 수 있으며, 더 나아가 심각한 위기를 초래할 수도 있다. 이처럼 학교폭력의 양상은 광범위

하게 복잡해지고 어려워지고 있다.

2) 학교폭력의 심각성

학교폭력은 다음과 같은 주요한 특징과 문제점을 갖고 있다.

(1) 학교폭력의 저연령화 추세가 뚜렷하다

교육부(2018)의 학교폭력 실태조사 결과에 의하면, 전국 초등학생(4~6학년)의 학교폭력 피해응답률은 2.8%였다. 중학교(0.7%), 고등학교(0.4%)와 비교해 상당히 높았다. 2017년에 실시한 같은 조사에서도 거의 유사한 피해응답률을 보였다(〈표 6-4〉 참조). 이러한 조사 결과는 학교폭력의 저연령화 현상을 보여 주는 것이라 할 수 있다.

그리고 청소년폭력예방재단(2014)의 실태조사 결과에서도 재학 기간 중 학교폭력 피해 경험을 처음 당한 시기에 대해 '초등학교 5학년'이 18.2%로 가장 높게 나타나 '초등학교 6학년'이 가장 높게 나타났던 2013년보다 더 저연령화되었음을 확인할 수 있다. 과거에는 중학교와 고등학교 사이에서 주로 발생하였지만 최근에는 학교폭력의 시작이 저연령화 추세의 양상을 보이고 있다. 어린 나이에 학교폭력 피해를 당하면 심리정서적으로 부정적인 영향을 미칠 뿐만 아니라 또래관계가 활발해지기 시작하는 아동기의 건강한 대인관계 형성에도 부정적인 영향을 미칠 가능성이 높아진다. 따라서 문제가 발생하는 초기에 개입하는 예방적 차원의 대책들이 준비될 필요가 있다.

표 6-4 학교폭력 실태조사 전체 피해응답률

(단위: %)

구분	2013년 1차	2014년 1차	2015년 1차	2016년 1차	2017년 1차	2018년 1차
초등학교	3.8	2.4	2.0	2.1	2.1	2.8
중학교	2.4	1.3	0.7	0.5	0.5	0.7
고등학교	0.9	0.6	0.4	0.3	0.3	0.4

*출처: 교육부(2018).

(2) 학교폭력이 집단으로 일어나고 있다

최근 우리나라 학교폭력 피해에 대한 가해학생의 수는 1명인 경우보다 2인 이상인 경우가 많고, 6인 이상인 경우도 적지 않은 것으로 나타났다. 학교폭력이 2인 이상의 집단으로 행하여지는 경우 피해학생은 뚜렷한 저항을 보이지 못하고 두려움 속에서 무력해질 수 있다. 반면 가해학생들은 죄책감을 느끼기보다는 그들의 행위를 정당화하는 경향을 보이기도 한다. 이러한 현상은 학교폭력의 강도를 심화시킬 수 있으며, 학교폭력의 문제를 해결하기 힘들게 하는 요인으로 작용하기도 한다(신성철 외, 2017; 이자영 외, 2017).

(3) 학교폭력 가해와 피해를 중복 경험하는 악순환이 일어나고 있다

교육과학기술부(2012)의 학교폭력 실태조사에 의하면, 학교폭력 피해학생 10명 중 2명은 '자신도 학교폭력을 저지른 적이 있다'고 응답해 가해 경험도 있는 것으로 나타났다. 청소년폭력예방재단(2012, 2013)의 실태조사 결과에서도 피해와 가해를 모두 경험한 학생의 비율이 전체 응답자의 8.6%(2012), 5.1%(2013)로 나타났다. 이러한 조사 결과는 학교폭력 가해자와 피해자를 구별하기가 명확하지 않고, 피해와 가해를 중복 경험하는 악순환의 발생을 확인할 수 있는 수치이다. 실제 학교폭력 사례에서도 학교폭력 피해 경험이 있는 학생이 다시 학교폭력을 당하지 않기 위해 집단가해에 가입하거나 가해자가 되는 경우가 적지 않다. 따라서 학교폭력 악순환을 예방하고 방지하기 위한 적절한 조치와 개입이 반드시 실행되어야 한다.

(4) 학교폭력은 특정학생에게만 나타나는 것이 아니다

학교폭력이 과거에는 성적이 좋지 않거나 가정환경이 열악하거나 또는 일부 비행청소년을 중심으로 이루어졌다. 그러나 최근에는 공부도 잘하고, 또래관계도 좋은 학생이 학교폭력 가해학생이 되는 경우가 종종 발생하고 있다(이자영 외, 2017). 교육부(2017, 2018)의 학교폭력 실태조사에 의하면, 가해를 하는 이유로 '마음에 들지 않아서' '장난으로' '특별한 이유가 없다' '다른 친구가 시켜서' '화풀이 또는 스트레스 때문에' 등으로 나타났으며, 특별히 잘못을 하거나 문제가 있어서가 아니었다. 어떤 이유로 폭력을 가하는지는 명확하지 않다. 가해학생들은 학교폭력 행위를 가

하면서도 대부분은 상대에게 미안함이나 죄책감, 상대의 고통과 상처를 헤아리지 못하고 단순히 '장난으로'라고 보고하였다. 이는 심각한 공감 결여이자 반사회행동이다. 최근에는 청소년 가해자의 심리정서적 특성을 분석하여 공감에 바탕을 둔 분노 및 충돌 조절, 인지행동조절 등 공격성을 조절하고 친밀한 관계 형성을 도울 수 있는 다양한 프로그램이 개발되고 있다.

(5) 사이버 불링(cyber bullying)의 심각성과 용어의 혼용이다

사이버 불링의 경우 기존의 학교폭력을 넘어서 24시간 어느 곳에 있든지 시달릴 수 있어 그 사태의 심각성이 더 크다. 사이버 불링은 익명성을 갖고, 시공간을 초월하고, 피해 확산이 빠르며, 시각적 충격이 크고, 불특정 다수를 범행 대상으로 하고 있다. 또한 피해 회복도 쉽지 않다는 특징이 있다. 학교폭력은 단순한 신체폭력이 아닌 사이버 불링, 성적 모독 등 언어적·정서적 폭력이 증가하는 추세이다(조종태, 2012). 언어적·정서적 폭력은 인터넷, 스마트폰, SNS 등 사이버 공간을 통해 손쉽게 반복적으로 이루어지고 있어 그 문제는 더욱 심각하다. 특히 또래를 폭행하거나 성폭력 동영상을 인터넷에 유포시킴으로써 피해학생들에게 더욱 심각한 상처를 준다. 최근 청소년 폭행 동영상 사건 등은 사회적 파장을 불러일으켜 청소년 범죄에 대한 처벌과 「소년법」 개정에 대한 논의를 뜨겁게 하고 있다.

'사이버 불링'은 '사이버 괴롭힘' 또는 '사이버 따돌림' '사이버폭력' 등으로 혼용되어 사용되고 있다(김은경, 2012; 남상인·권남희, 2013; 이규미 외, 2014). '사이버 불링'이라는 용어는 2000년대에 미국에서 등장하면서 신종 사회문제로 관심을 받게 되었다. 이후 불링(bullying)은 '괴롭힘' '따돌림' '왕따'로 번역되어 청소년문제에 널리 사용되고 있다. 우리나라의 「학교폭력예방법」 제2조에는 '학교폭력' 범주 내에 '사이버 따돌림'이 포함되어 있으며, '사이버 따돌림'이란 인터넷, 휴대전화 등 정보통신기기를 이용하여 학생들이 특정학생을 대상으로 지속적·반복적으로 심리적 공격을 가하거나, 특정학생과 관련된 개인정보 또는 허위 사실을 유포하여 상대방이 고통을 느끼도록 하는 일체의 행위를 말한다. 한편, 교육부(2017, 2018)의 학교폭력 실태조사에서는 학교폭력 유형에서 '사이버 괴롭힘'을 사용하였다. '사이버폭력' 또한 학문이나 생활 전반에서 다양하게 사용되고 있다. 이와 같이 국내에서 불링

(bullying)이 다양하게 번역되어 혼용되고 있고, 사이버 기기와 매체의 급속한 변화에 따라 사이버에 대한 정의가 계속적으로 확장되어 가고 있기 때문에 '사이버 불링'의 용어에 대한 명확하고 합의된 사용은 쉽지 않다(남상인 · 권남희, 2013). 그러나 사이버 공간에서 발생하고 있는 청소년문제의 심각성 및 범법행위에 대한 사회적 인식을 높이고, 정부와 각 기관에서 이에 대한 적절한 대책과 방안을 강구하기 위해서는 무엇보다 명확하고 합의된 용어의 사용이 반드시 필요하다.

(6) 학교폭력 피해 사실이 여전히 은폐되고 있다

피해 사실을 알린 사람에 관한 학교폭력 실태조사(교육부, 2018) 결과를 살펴보면 주위에 알리거나 신고하지 않았다는 미신고가 19.1%로 나타났다. 그리고 청소년폭력예방재단(2014)의 학교폭력 피해 후 도움 요청 방법과 관련해서 '아무런 도움을 요청하지 않았다'가 38.5%로 나타났다. 이는 2013년의 49.2%에 비해 10.7%나 감소한 수치이지만, 여전히 학교폭력 피해가 은폐되고 있음을 알 수 있다. 도움을 요청하지 않은 이유로는 '별일이 아니라고 생각해서' '더 괴롭힘을 당할 것 같아서' '스스로 알아서 해결하려고' '해결이 안 될 것 같아서' '일이 커질 것 같아서' '보복이 두려워서' '교사나 부모님에게 말을 해도 어차피 이해를 하지 못할 것이라는 생각' 등이었다. 이러한 피해자의 태도는 적극적으로 돌파구를 찾기보다는 무력감에 빠지는 현상을 반영할 뿐 아니라 폭력피해 신고체계 및 해결을 신뢰하지 않음을 나타낸다.

또한 학교폭력 목격 시 방관행동에 대한 인식과 관련하여(청소년폭력예방재단, 2014), 전체 응답자의 69.5%가 피해를 당하는 친구를 보고 방관하는 행동은 '학교폭력이다'라고 인식하였으나, 정작 학교폭력을 보고도 '모른 척했다'라고 응답한 학생은 46.9%로 나타나 방관에 대한 인식과 행동에 큰 차이가 있음을 알 수 있다. 이는 학교폭력 방관 실태가 심각하다는 것을 보여 주는 결과이며, 동시에 학교폭력이 은폐되고 있음을 의미하기도 한다. 학교폭력 목격 시 효과적인 도움 요청 방법에 관해서는 '어떤 방법도 안심이 되지 않음'이 13.8%(2013), 10.7%(2014)로 나타났다. 이는 안전하고 신뢰할 수 있는 신고체계가 부족하고, 효과적인 도움에 대해 믿지 못하고 불신하고 있음을 의미한다. 이와 같은 학교폭력의 은폐와 지속은 학교폭력 문제를 더욱 심각하게 하는 원인이 된다.

(7) 학교폭력 피해를 입은 후 신체, 인지, 행동, 정서 등의 심각한 문제로 이어지고 있다

학교폭력 피해 경험은 청소년의 신체, 인지, 행동, 정서, 성격의 변화 등에 영향을 미친다(김현숙, 2013; 이소희 외, 2005). 학교폭력을 당한 후 인지적 변화로는 인지 손상, 인격의 변화, 기억, 학습에 대한 문제가 유발되며(이소희 외, 2005), 행동적 변화로는 공격성과 폭력성이 드러나기도 하고 때로는 더욱 위축되거나 자신을 비하하게 된다. 송태민(2014)에 의하면, 2011년 12월 이후 '학교폭력'과 '왕따'가 주요 청소년 자살 버즈(buzz) 원인으로 지속적으로 등장한다고 하였다. 이는 심지어 방화나 살인, 자살로 이어지기도 한다. 정서적 변화로는 타인을 신뢰하지 못하며 성격의 변화가 생겨 지속될 수 있다. 외상 후 스트레스나 우울, 분노 반응이 보고되기도 하며 학교생활에 부정적인 영향을 미친다(박영균 외, 2014). 김현숙(2013)에 의하면, 학교폭력 피해 경험은 청소년의 건강상태, 자아존중감, 학교 적응 및 성적에 부적 영향을 미치며, 우울, 불안, 주의집중, 위축, 비행성, 공격성에는 정적 영향을 미친다. 또한 지속적 학교폭력 피해 경험은 학교폭력 무경험 및 일시적 피해 경험보다 신체발달, 사회정서발달, 인지발달에서 부정적인 발달의 수준을 보이며, 특히 지속적 피해 경험은 청소년의 건강상태, 우울, 불안, 위축, 공격성에 대하여 일시적 피해 경험보다 영향이 더욱 크다고 하였다.

03 학교폭력의 배경요인

학교폭력을 유발하는 요인으로는 개인적 특성 · 가정 · 학교와 또래 · 사회적 요인을 중심으로 살펴보도록 한다.

1) 개인적 특성 요인

학교폭력과 관련성이 있는 개인적 특성으로는 심리적 요소, 인지적 요소, 사회적 기술 등이 있다. 심리적 요소는 학교폭력을 유발하는 개인적 특성으로 가장 많이 연구되어 왔으며, 주로 공격성과 충동성, 자기통제력이 학교폭력에 영향을 미친다고 나타났다. 공격적 성향을 지니면 늘 불안하여 사회 질서나 규범을 고려하지 않고, 자기중심적인 행동으로 분노를 표출하거나 사소한 문제도 폭력으로 해결하려는 경향이 강하게 나타난다(김창군 · 임계령, 2010). 또한 공격성이 높을 경우 공격적인 단서에 더욱 민감하게 반응하게 된다. 충동성이 높은 청소년들은 양심이나 도덕성에 기초하여 자신의 행동을 통제하기보다는 순간적으로 행동하고 흥분을 추구함으로써 학교폭력을 행사하게 된다(남상인 · 권남희, 2013). 이러한 특성은 또래들로부터 적절한 사회적 기술을 획득할 수 있는 기회를 감소시켜 학교폭력을 유발하는 악순환을 거듭하게 한다(김준호 외, 2018).

인지적 요소는 낮은 지적 판단능력과 도덕적 추론 수준 등이 학교폭력과 관계가 있다. 지적 판단능력과 도덕적 추론이 약할 경우 사회적 상황 및 다른 사람의 의도와 동기를 적절하게 지각하지 못하고, 미숙하거나 편향된 추론을 하는 경향이 강할 수 있다. 또한 윤리적 의식이 제대로 형성되지 않을 경우에도 학교폭력의 가해자가 되기도 한다.

사회적 기술은 청소년들이 우정을 형성하고 대인관계에서 긍정적이거나 부정적인 감정을 적절하게 표현하는 능력을 의미한다. 사회적 기술은 어릴 때부터 학습된 수행능력에 기반을 두고 있으며, 아동기부터 시작하여 청소년기에 거의 발달된다. 사회적 기술에는 요청하기, 거절하기, 화날 때 감정 표현하기, 과정 설명하기, 질문하기, 관심 표현하기 등이 포함된다. 부적절한 사회적 기술로 인한 상호작용 경험은 부정적 자아상으로 이어질 수 있고, 다른 사람에게 부정적인 인상을 불러일으켜 대인관계에 어려움을 갖게 한다. 청소년기의 사회적 기술 부족은 또래에 소속되지 못한 채 위축되거나 자신감을 잃어버려 불안이나 우울, 분노 등 부정적인 감정을 형성하기도 하고, 공격성 등 이차적인 증상들로 인해 학교폭력을 유발하기도 한다(공인숙 · 민하영, 2013; 홍정의, 2014).

2) 가정요인

가정은 자녀의 사회화의 시작과 초석이 되는 곳이다. 때문에 청소년문제와 관련

된 많은 연구에서 가정요인을 주요한 주제로 다루고 있다. 가정요인이 학교폭력 유발에 미치는 영향을 살펴보면 다음과 같다.

(1) 가정폭력이 학교폭력을 유발하는 요인이 될 수 있다

가정폭력이란 가정 내에 발생하는 모든 폭력을 의미하며, 가족 구성원의 건강과 복지를 위협하는 행위 또는 신체적 · 정서적 가혹행위나 학대, 유기와 방임 등을 포함한다. 즉, 부모 간의 폭력을 경험한 것과 성장과정에서 부모에게서 학대를 받은 자녀도 포함된다.

갈등상황에서 부모가 어떻게 대처하고 문제를 해결하는가 하는 것은 자녀의 문제해결능력이나 방식을 결정하는 중요한 요인으로 작용한다. 하지만 가정폭력을 경험한 자녀는 폭력을 학습하고 내재화함으로써 대화보다는 폭력적인 방법으로 모든 것을 해결하려 한다. 문제가 되는 것은 이런 폭력이 세대 간에 전이가 된다는 것이다. 성숙되고 바람직한 갈등해결 방법을 가르쳐 주지 못하는 부모 역시 자신의 부모로부터 가정폭력을 받고 자라 온 경우가 대부분이다. 따라서 가정폭력 환경에서 자란 청소년은 희생자이자 동시에 가해자가 되는 것이다. 즉, 폭력은 가정에서 부모에 의해 학습이 되었다는 것이다(박영균 외, 2014; 홍봉선 · 남미애, 2007).

(2) 사회 변화에 따른 다양한 가족구조의 변화도 학교폭력의 요인이 될 수 있다

산업화 이후 급변하는 사회 속에서 가족구조도 다양한 변화가 나타났다. 핵가족화, 맞벌이부부의 일반화, 이혼 증가, 한부모 가정의 증가, 주말부부의 증가, 자녀의 감소, 다문화 가정의 증가 등을 들 수 있다. 가족구조의 변화가 곧 학교폭력이나 청소년문제로 이어지지는 않지만, 가족구조의 변화로 나타난 여러 가지 형태의 문제점은 학교폭력과 밀접한 상관이 있다. 핵가족화와 맞벌이부부가 증가하면서 부부뿐만 아니라 부모자녀 간에 접촉할 시간이 줄어들고, 이로 인해 가족 간의 심리적 유대감이 약해지기도 한다. 또한 자녀에 대한 행동 특성을 면밀히 관찰하고 지도하지 못함으로써 자녀의 문제행동이나 학교폭력의 징후를 조기에 발견하거나 예방하지 못하는 것이 학교폭력의 원인으로 작용하기도 한다(김정열, 2017).

자녀의 감소로 인해 외둥이가 많고, 부모가 경제활동에 쫓기면서 자녀가 혼자 있는 시간이 많아지면서 자녀들은 심리적으로 유기되며, 건강한 애착 형성에 방해를 받게 된다. 또한 적절한 사회적 기술을 배우지 못하게 될 수도 있다(이규미 외, 2014). 늘어난 시간만큼 게임, SNS, 휴대전화, 인터넷 사용이 많아지면서 음란물이나 유해물을 접할 가능성이 높고 이는 심리적 · 정서적으로 부정적인 영향을 미치게 된다. 자극을 추구하고 흥미 위주의 놀이를 찾게 되면서 '폭력' 또한 재미있는 놀이로 인식되어 별 양심의 가책을 느끼지 못하고 이를 행사하거나 참여하게 된다. 또한 자신의 스트레스를 '폭력'으로 해소하려고 한다.

(3) 부모역할 수행에 대한 혼란과 어려움이다

학교폭력은 예방과 관계회복적인 측면에서 접근하여야 하며, 그 해답은 가정에서 찾아야 할 것이다(이정관, 2017). 이를 위해서는 부모역할 수행에 관한 교육과 훈련이 반드시 선행되어야 한다. 부모는 가정을 형성하고 자녀 출산 · 양육 · 교육, 경제적 책임 증가 등 일련의 이러한 과정을 통해 부모역할 수행의 어려움을 경험한다. 다양한 부모역할 수행에 대한 부담과 걱정은 개인, 그리고 가족 내 구성원 간의 갈등의 요인이 되기도 한다. 특히 자녀가 중 · 고등학교 시기가 되었을 때 부모는 '정말 부모 노릇하기 힘들다'라는 소리가 저절로 나오게 된다. 이는 부모역할에 대한 회의, 부족함, 자신감 저하, 불안과 두려움을 가중시킨다.

최고 학벌과 부의 축적이 우리 사회의 목표가 되어 가면서 오늘날의 부모는 부모역할보다는 학부모의 역할로, 가정교육보다는 학원 및 사교육으로, 더불어 살아가는 어른보다는 돈의 논리에 급급하게 쫓는 모습으로 자녀에게 비춰지기도 한다(권남희, 2017). 급변하는 사회와 가족구조의 변화, 무한경쟁사회에서 부모역할은 방향감을 상실하고 혼란스러움에 빠지게 된다. 따라서 가족생활주기 과정에 따른 거시적 관점과 미시적 관점에서의 부모역할에 대한 교육과 훈련이 필요하다. 적절한 부모역할 수행은 가정의 기능을 회복할 뿐만 아니라 부모가 좋은 모델링이 되어 줌으로써 자녀의 대인관계와 사회적 기술에 긍정적인 영향을 미친다. 따라서 부모역할 수행의 현실적이고 실제적인 교육과 훈련은 가정의 기능을 회복하고 학교폭력을 예방하기 위해 강조되어야 한다.

3) 학교와 또래 요인

학교요인에서 학교폭력을 유발하는 원인으로는 우선 입시 위주의 교육을 들 수 있다. 성적 위주의 주입식 교육은 학생들에게 학습에 대한 스트레스와 경쟁심, 그리고 성취하지 못했을 때의 좌절감과 고통을 일으킨다. 또한 신체적 · 정서적 발달을 위한 다양한 경험과 지식을 쌓아야 할 기회를 놓치게 된다. 다양성과 존중, 자율성이 결여된 획일화된 학교환경은 청소년들에게 개인주의, 공감 결여 등 바람직하지 못한 가치관을 심어 주게 되며, 이는 학교폭력의 원인으로 작용하게 된다(박영균 외, 2014). 그리고 교사와 학생 간에 바람직한 유대관계를 형성하지 못하면 학교에 대한 거부와 반항, 학업에 대한 흥미 저하 현상으로 학교폭력이 유발될 수 있다. 한편, 학교폭력에 대처하는 학교 및 교육당국의 정책과 규제 위주의 조치는 학교폭력 해결보다는 은폐 내지 축소하게 하는 원인이 된다(김정열, 2017).

또래와 관련된 다양한 변인(또래관계, 친한 친구의 수, 또래 폭력허용도, 또래 동조성 및 또래 집단의 소속 여부, 비행 친구의 수 등)도 학교폭력과 관련이 있는 것으로 나타났다(남상인 · 권남희, 2013; 최운선, 2005). 청소년들에게 또래관계는 긍정적인 지원 기능뿐만 아니라 부정적인 측면도 포함된다. 긍정적인 측면, 즉 또래관계의 질이 높을수록 진실한 우정을 형성하고 학교폭력에 방어적인 역할을 하며, 부정적인 측면에서 또래관계의 질이 낮을수록 폭력을 모방하고 폭력행동을 발전시킨다. 폭력적인 또래와의 접촉은 폭력에 대한 정당화의 배경이 될 뿐 아니라 또래의 폭행행동을 모방할 가능성을 높인다. 또한 욕설이나 모욕적인 언사를 습관처럼 하는 또래집단은 이러한 행동의 심각성에 둔감하여 장난과 폭력을 구분하지 못한 채 현실과 사이버 공간에서 상처를 주고받는다.

4) 사회적 요인

사회적 요인에서 학교폭력을 유발하는 원인으로는 주로 유해환경을 지적하고 있다. 유해환경이란 청소년이 건강하게 성장 및 발달해 가는 데 장애가 되는 환경으로 유해업소, 유해 정보와 매체, 유해약물, 유해물건을 말한다. 유해업소란 유흥주점,

단란주점, 비디오감상실 등의 유흥업소를, 유해 정보와 매체는 음란하고 폭력적인 영상물과 문자 정보, 옥외광고물, 인쇄물 등 청소년에게 유해한 매체물이 포함된다. 그리고 술, 담배 등의 유해약물과 청소년에게 음란한 행위를 조장하거나 청소년의 심신을 심각하게 훼손할 우려가 있는 성기구류, 완구류 등의 유해물건이 있다. 이러한 유해환경이 지역사회에 존재한다는 것은 유해환경에 접할 기회를 제공하는 셈이 되며, 청소년의 주위에 존재한다는 지리적 접근성은 그 대상에 대해 긍정적인 반응을 생성한다(김준호 · 박정선, 1995). 호기심이 많고 감수성이 예민한 시기의 청소년에게 유해환경의 경험은 규범을 약화시키고 비행충동의 동기를 자극할 수 있다. 유해환경에 노출이 많을수록 죄의식을 둔감시키고 행동은 더욱 무분별해질 수 있다.

오늘날 IT 기술의 급격한 발달과 팽창은 이를 활용할 능력이 있는 청소년들에게 더 많은 폭력음란물 등의 동영상에 접근할 기회를 가속화한다. 케이블 TV, 영화, 모바일, PC, 인터넷 등 범람하는 영상매체와 정보통신매체는 기존의 유해업소, 유해물건 등을 청소년으로부터 미처 차단하기도 전에 폭력적이고 선정적인 내용을 여과 없이 경쟁적으로 제공하고 있다. 이를 무비판적으로 받아들일 때 폭력행위에 대한 잘못된 가치관을 형성하고, 죄책감 없이 또래들에게 폭력을 행사하는 모방범죄가 발생하게 된다.

이와 더불어 현대 사회의 개인주의, 물질만능주의, 지나친 경쟁주의, 높은 범죄율, 나만 아니면 된다는 무관심 등은 사회 전체에 부정적인 영향을 미치며 청소년의 바람직한 행동 형성을 저해한다.

04 학교폭력의 예방과 대처방안

학교폭력의 예방과 대처방안으로 크게 예방적 접근, 대응적 접근, 정책 및 사회적 접근을 중심으로 살펴보도록 하겠다.

1) 학교폭력에 대한 예방적 접근

학교폭력을 예방하기 위해서는 첫째, 가정의 교육적 기능 회복이 필요하다. 앞에서도 살펴보았듯이, 학교폭력은 예방과 관계회복적인 측면에서 접근하여야 하며, 그 해답을 가정에서 찾는 노력이 필요하다. 즉, 부모역할 수행에 관한 교육과 훈련을 통해 부모역할 수행에 따른 어려움과 혼란을 덜어 줌으로써 긍정적 부모역할 수행을 향상할 수 있도록 도와야 한다. 효과적인 부모역할 수행은 청소년들에게 애정적이고 일관적인 태도로 자녀를 대하고, 모범을 보이며, 건전한 가치관을 형성할 수 있도록 하는 것이다. 그리고 스트레스와 갈등을 적절하고 건전한 방법으로 해소할 수 있도록 돕고, 충분한 의사소통 등을 통해 문제행동을 예방하고 친사회행동[2]을 향상시키는 것이다.

둘째, 학교에서는 학교폭력을 예방하기 위한 학교문화와 안전한 학교환경을 형성하는 노력이 필요하다. 현재 학교교육은 전인교육과 동떨어진 입시 위주의 서열화가 만연되어 있다. 입시경쟁문화는 학교라는 공간에서 '옆에 있는 친구'를 이겨야만 한다는 경쟁의식을 높이고, 중 · 고등학교에서의 경쟁승리가 마치 인생승리인 것처럼 입시 위주의 주입식 교육과 과도한 사교육에 의존하게 하고 있다. 이러한 입시경쟁문화는 '배우는' 즐거움을 경험하기도 전에 '학업'이 곧 스트레스로 작용하며, 청소년의 균형 있는 성장과 성숙을 저해한다. 지금까지 많은 교육개혁이 추진되어 왔음에도 여전히 교육에 대한 불만족과 불신이 지속되고 있으며, 이는 더욱 '입시경쟁' '최고의 학벌' '교육을 매개로 계층이동'이라는 경쟁적인 보상으로 내몰게 한다.

셋째, 학교문화의 새로운 패러다임 전환이 필요하며, 학교문화의 창조가 요구된다. 입시 위주의 교육에서 미래 사회의 역량을 기르는 교육으로, 교사중심의 관료적인 수직적 문화에서 수평적이고 협력적인 문화로, 잘못된 행동에 대해 교정과 훈육중심의 생활지도에서 교사와 학생의 인권을 상호 존중하는 회복적 관계중심의 생

2) 친사회행동(prosocial behavior)은 prosocial을 번역한 '친사회적'에서 '적'을 뺀 '친사회행동'을 하나의 고유명사로 보고 사회성을 보다 넓게 포함하는 용어의 의미로 사용한 오희은(2004)의 연구를 토대로 함을 밝힌다(오희은, 2004; 권남희 · 남상인, 2015 재인용).

활교육(박숙영, 2012)으로 전환해야 한다. 학습자의 다양성을 존중하고, 차별 없이 평등하며, 인권친화적인 학교문화, 폭력 없는 학교문화, 학교공동체 문화 구현을 위한 노력이 무엇보다 강조된다.

넷째, 안전한 학교환경을 위해 학교의 교사, 교감, 교장 등 관계자들이 적극 관여하고 지원되어야 하며, 학교의 교육적 자생력이 증진되어야 한다(박영균 외, 2014; 유영현, 2012). 특히 학생을 직접 지도하고 문제를 조기 발견하여 지도할 수 있는 위치에 있는 교사들이 학교폭력에 대한 지식과 대처능력 등의 역량을 강화하는 것은 무엇보다 중요한 예방활동이 된다.

한편, 학교교육 관계자들이 개입할 수 있는 학교폭력 예방활동으로는 학교폭력 사건이 발생했을 때 이를 쉽게 신고할 수 있는 방법 및 신고창구 마련과 조속한 대처방법 구축, 학교폭력 예방교육, 건전한 또래문화 형성을 위한 프로그램 개발, 학교폭력 관련 자료 수집을 통한 정확한 실태 파악, 비폭력 캠페인 및 문화활동 전개, 안전한 학교환경을 위한 다양한 지도 및 프로그램 개발, 전문상담 인력 배치, 학교 규칙 및 정책 수립과 지원 등이 있다(이규미 외, 2014).

2) 학교폭력에 대한 대응적 접근

학교폭력에 대한 대응적 접근이란 학교폭력 문제가 발생했을 때 직접 개입하여 해결해 나가는 방법을 의미한다. 학교폭력이 발생한 현장에서의 개입, 사건 발생 후 교내외에서 이루어지는 중재 및 화해 조정 등이 속한다(이규미 외, 2014).

먼저, 학교폭력이 발생했을 때 이에 접근하는 교사들의 의식 전환을 위한 교육, 학교폭력 대응 준비, 교사들의 생활지도 여건 마련이 강화되어야 한다. 학교폭력 문제가 외부에 알려지면 자신에게 불이익이 가해지고 학교의 이미지가 나빠질지 모른다는 선입견 때문에 대충 넘어가려는 것이 일반적인 현상이다(김영화, 2012). 그러므로 신임 교육기관에서는 교과의 내용이나 교수법 외에 학교폭력에 관한 내용을 교육과정에 포함하여 학교폭력 문제에 접근하는 교사들의 의식 전환을 강화하여야 한다(김문호, 2014). 교육부(2017, 2018)의 학교폭력 실태조사에 의하면, 학교폭력 피해를 경험하거나 목격하고도 신고하지 않은 이유로는 신고를 해도 '해결이 안 될 것

같아서' '더 괴롭힘을 당할 것 같아서' 등은 처리과정과 결과에 대한 불신에서 비롯된 것이라고 할 수 있다. 따라서 학교폭력 상황에 대해 적절하게 대응할 수 있는 방법, 즉 학교폭력 대응 절차와 요령, 가·피해 학생과 부모상담 방법 등 학교폭력에 관한 내용을 교사가 충분히 숙지하고 준비하고 있어야 한다. 그리고 학교폭력 문제를 해결하기 위해서는 학생들의 고충과 애로사항 등을 파악하기 위한 긴밀한 상담이 이루어져야 한다. 그러나 현실의 교사들은 심층적 학생지도가 이루어지지 못하고 있다. 따라서 이를 해결하기 위한 교사 수급 확충 등 학생 생활지도에 충실할 수 있는 여건을 마련해 주어야 한다(김문호, 2014).

한편, 학교폭력 사건 처리과정에서 화해조정 및 분쟁조정은 많이 활용되는 개입방법이다. 학교폭력이 신고되면 조정 작업은 교내 관련 기구, 즉 학교폭력대책자치위원회를 중심으로 조치된다. 학교폭력대책자치위원회는 신고를 접수받은 후 14일 이내에 개최해야 하며, 특별한 경우에는 학교장이 7일 이내로 개최 연기를 할 수 있다. 단, 피해학생이 학교폭력 피해를 당했다는 객관적인 증거가 없고 가해학생과 피해학생이 화해를 한 경우에는 학교폭력대책자치위원회를 개최하지 않아도 된다. 그러나 그렇다 하더라도 24시간 내에 학교장의 책임 하에 교육청에 보고를 해야 한다. 학교폭력대책자치위원회에는 자치위원장, 자치위원, 책임교사, 피해학생, 가해학생, 학부모 등이 참여해야 하며, 피해학생이 가해학생을 만나는 것이 부적절하다고 판단되는 경우에는 피해학생의 학부모와 가해학생의 학부모만 참여하는 것이 좋다. 학교폭력대책자치위원회는 피해자 측과 가해자 측의 진술을 들은 후 사건을 정확하게 파악하고 올바른 결정을 하기 위해 질문을 할 수 있으며, 치료비 등 합의할 내용이 있으면 합의할 수 있도록 일차적인 조정을 한다. 학교장은 학교폭력대책자치위원회에서 결정된 내용을 피해학생, 가해학생, 보호자에게 통보해야 하며, 이때 재심을 받을 수 있다는 사실과 재심 신청 절차를 안내해야 한다. 그림으로 살펴보면 [그림 6-1]과 같다.

청소년폭력예방재단(2013)에서는 화해조정을 "중립적으로 화해할 수 있도록 갈등을 조정하는 프로그램"으로, 분쟁조정을 "학교폭력으로 인한 손해배상 조정이 필요할 때 분쟁조정 전문가가 법률적 자문을 통해 원만한 합의를 이끌어 낼 수 있도록 돕는 프로그램"으로 정의하였다. 이와 같이 학교폭력 문제를 다룰 때 무엇보다 중요한 것은 폭력행동에 대한 조치 및 관련 규칙과 이에 대한 시행이며, 이러한 규칙을 일관되게 적용함으로써 제도와 집행에 대한 신뢰를 형성하는 것이 중요하다(이규미 외, 2014).

다음으로, 가해학생 및 피해학생과 관련하여 가해학생의 선도와 피해학생의 피해 회복과 재발 방지 방안이 필요하다. 가해학생의 경우에는 공격성 완화를 위하여 심리안정 및 감정조절 교육, 스트레스 관리훈련, 대인관계를 잘할 수 있는 사회적 기술훈련, 다른 사람의 입장을 이해할 수 있는 공감훈련 교육 프로그램을 개발하고 실행해야 한다(김준호 외, 2018). 이와 같은 가해학생에 대한 개입의 목표는 행동변화에 대한 동기를 갖게 함으로써 결과적으로 재발을 방지하는 것이라 하겠다. 피해학생에 대해서는 충격으로부터 회복될 수 있도록 즉각적이고 전문적으로 개입되어야 한다. 사건 해결과 관련하여 피해학생이 무엇을 원하는지 먼저 파악하고 피해학생의 욕구에 따라 가해학생의 사과, 처벌, 치료비 합의 등에 대해서 논의해야 한다. 피해 정도에 따라 심리상담 및 치료가 우선시 또는 병행될 필요도 있다. 그리고 가・피해 학생의 부모에 대한 대처도 필요하다. 가・피해 학생의 부모는 학교폭력 사건을 처음 인지했을 때에는 당황하거나, 죄책감을 갖기도 하며, 특히 피해학생의 부모의 경우 가해학생과 학교에 대한 분노를 경험하고 드러내기도 한다. 초기에 부모의 적절한 개입은 문제를 조기에 수습하고 자녀의 상처를 줄일 수 있다. 따라서 부모의 역할이 무엇보다 중요하다. 부모는 심리적으로 안정된 상태에서 자녀의 문제에 객관적이고 적극적으로 개입할 수 있도록 하여야 하며, 자녀를 위해서 어떻게

[그림 6-1] 학교폭력대책자치위원회의 조치과정

*출처: 「학교폭력예방 및 대책에 관한 법률」의 학교폭력대책자치위원회의 조치 절차를 재구성함.

표 6-5 흔히 나타나는 부모들의 잘못된 태도

피해학생 부모
• 다른 사람들의 이목 때문에 문제를 덮으려고 함
• 자녀에게 문제가 있다고 생각하고 화를 냄
• 법적인 강한 처벌과 과도한 보상을 받아내려고 함
가해학생 부모
• 자신의 자녀는 잘못한 것이 없고 피해학생이 문제라고 함
• 내가 다 해결해 줄 테니 기죽지 말라고 함
• 자녀를 포기했다며 학교폭력 사건에 관심을 전혀 보이지 않음

*출처: 이자영 외(2017).

해야 하는가에 초점을 맞춰야 하며 현실적으로 불가능한 점이 있다면 이를 수용할 줄도 알아야 한다(이자영 외, 2017). 더불어서 가해학생과 피해학생, 그리고 그들의 부모님과 선생님이 참여하는 화해 모임을 마련하는 것도 좋은 방안이 될 수 있다(김창군 · 임계령, 2010).

3) 학교폭력에 대한 정책 및 사회적 접근

학교폭력에 대한 관련 법을 제정하고 이에 따른 정책을 수립하여 시행하는 것은 국가차원의 학교폭력 예방 및 대책의 근간이 된다. 2004년에 「학교폭력예방 및 대책에 관한 법률」이 제정된 이후 「학교폭력예방 및 대책에 관한 법률」은 2017년 11월 말까지 일부 혹은 전부 개정과정을 거치며 학교폭력에 대한 정책을 마련하고 운영하고 있지만, 여전히 문제요소를 안고 있다. 따라서 이러한 점을 보완하기 위한 노력이 지속적으로 필요하다. 그리고 지금까지의 학교폭력에 관한 대책들은 주로 경찰과 검찰 등 사법기관을 중심으로 학교폭력의 단속과 처벌에 초점을 맞추어 왔다. 「학교폭력예방 및 대책에 관한 법률」에 따라 학교폭력을 처리하다 보니 학부모들은 교사에게 철저히 조사해 줄 것을 요구하기도 했다. 이러한 처벌과 징벌 위주에서 치료적 · 관계회복적으로 사고의 전환이 필요하다는 주장이 꾸준히 제기되어 왔으며, 최근 더욱 부각되고 있다.

회복적 정의는 새롭게 등장한 대안적 가치이며, 회복적 생활교육은 갈등 해결이 목적이 아니라 갈등 전환이 목적이다. 학생들 대부분이 원하는 것은 상대를 패배시키고 자신이 승리하는 것이 아니라 아마도 자신의 필요와 욕구가 존중되고, 서로의 관계가 회복되는 일일 것이다(박숙영, 2014). 따라서 학교폭력 피해학생과 가해학생에게 관계 회복 프로그램을 적용하고, 적절한 조치를 취함으로써 진정한 피해가 회복되도록 추구해야 한다. 또한 학교폭력 피해학생과 가해학생이 참여하는 회복교실 운영을 확대하고, 교우관계에 초점을 맞춘 회복적 생활교육이 강구되어야 한다. 철학적 · 인식적 접근보다 실제적인 예방과 대안이 될 수 있는 '회복적 정의'와 '회복적 학생생활지도'를 제시하는 새로운 차원의 정책적 접근과 제도 개선이 필요하다 하겠다(박숙영, 2014).

사회적 접근에서 흔히 지적되는 것은, 첫째, 지역사회와 학교 주변의 유해환경을 정비해야 한다는 주장이다. 이와 함께 지역사회의 개선 노력이 필요한 사항으로, 청소년이 스트레스나 갈등을 해소하고 정서적으로 안정을 도모할 수 있도록 건전한 놀이 · 여가 문화의 정착을 유도하고 시설을 제공해야 한다는 것이다. 둘째, 대중매체의 교육적 기능을 강화하는 것이다. 대중매체의 심의 기준을 강화하여 폭력적이고 선정적인 영상으로부터 청소년을 보호해야 한다. 셋째, 사회 전반의 건전성 회복을 위하여 국민적 차원에서 도덕성 강화를 위한 노력이 필요하다. 넷째, 학교폭력은 학교 안뿐 아니라 학교 주변이나 오락실과 같은 유흥시설, 사이버 공간 등 다양한 장소에서 발생한다. 이는 학교나 경찰의 노력으로 대처하기가 어렵기 때문에 유관기관 간의 긴밀한 협조체계 구축을 통한 공동 대처 노력이 중요한 과제라고 할 수 있다(김준호 외, 2018). 다섯째, 청소년에게 영향을 미치는 사회위험 요인에 대한 감정표현이나 심리적 위기 행태를 분석하여 위험 징후와 유의미한 패턴을 감지해서 사회위험 요인을 예측하고 사회적 문제해결을 위한 빅데이터 활용과 분석 또한 적극적으로 시도할 필요가 있다(송태민, 2014).

요약

1. 학교폭력의 개념은 학자의 연구 범위와 내용에 따라 다양하며, 국내에서 일반적으로 사용하고 있는 '학교폭력'이라는 용어는 관습적인 용어이면서 동시에 법률적인 용어이다. 2004년 「학교폭력예방 및 대책에 관한 법률」이 제정된 이후 우리나라 학교폭력의 개념은 법률상의 학교폭력의 정의를 중심으로 논의되고 있으며, 현재 국가의 개입 범위와 정도를 판단하는 기준으로 작용하고 있다.

2. 「학교폭력예방 및 대책에 관한 법률」 제2조에 의하면, 학교폭력이란 학교 내외에서 학생을 대상으로 발생한 상해, 폭행, 감금, 약취·유인, 명예훼손·모욕, 공갈, 강요·강제적인 심부름 및 성폭력, 따돌림, 사이버 따돌림, 정보통신망을 이용한 음란·폭력 정보 등에 의하여 신체·정신 또는 재산상의 피해를 수반하는 행위를 말한다.

3. 학교폭력의 유형에는 언어폭력, 집단따돌림, 스토킹, 신체폭행, 사이버 괴롭힘, 금품갈취, 성폭력, 강요 등이 있다. 학교폭력의 주요한 특성과 문제점으로는 학교폭력의 저연령화 추세, 학교폭력이 집단으로 일어나고 있는 점, 가해와 피해를 중복 경험하는 악순환, 학교폭력이 특정학생에게만 나타나는 것이 아니라는 점, 사이버 불링의 심각성과 용어의 혼용, 학교폭력 피해 사실이 여전히 은폐되고 있는 점, 학교폭력 피해를 입은 후 신체, 인지, 행동, 정서 등의 심각한 문제로 이어진다는 점이다.

4. 학교폭력을 유발하는 요인으로는 개인적 특성 · 가정 · 학교와 또래 · 사회적 요인으로 살펴볼 수 있다. 개인적 특성으로는 심리적 요소, 인지적 요소, 사회적 기술 등이 있으며, 가정요인으로는 가정폭력, 사회 변화에 따른 다양한 가족구조의 변화에서 나타나는 문제점, 부모역할 수행에 대한 혼란과 어려움 등이 포함된다. 학교와 또래 요인으로는 입시 위주의 학교문화와 규제 위주의 조치 등을 학교폭력 유발 및 은폐의 원인으로 본다. 또래와 관련된 변인으로는 또래관계, 친한 친구의 수, 또래 폭력허용도, 또래 동조성 및 또래 집단의 소속 여부, 비행 친구의 수 등이 학교폭력과 관련이 있는 것으로 나타났다.

5. 사회적 요인에서 학교폭력을 유발하는 원인으로는 유해환경을 지적하며, 이와 더불어 현대 사회의 개인주의, 물질만능주의, 지나친 경쟁주의, 높은 범죄율, 나만 아니면 된다는 무관심 등이 청소년의 바람직한 행동 형성을 저해한다.

6. 학교폭력의 예방과 대처방안으로는 크게 예방적 접근, 대응적 접근, 정책 및 사회적 접근을 중심으로 살펴볼 수 있다. 예방적 접근으로는 가정의 교육적 기능 회복을 위한 부모역할 수행 교육과 훈련, 안전한 학교환경 조성, 학교문화의 새로운 패러다임 전환과 학교문화 창조를 들 수 있다. 대응적 접근으로는 학교폭력에 접근하는 교사들의 의식 전환, 대응 준비, 교사들의 생활지도 여건 마련의 강화와 화해와 분쟁 조정, 가·피해 학생과 부모에 대한 개입 등이 있다. 정책 및 사회적 접근으로는 「학교폭력예방법」의 보완과 지속적 노력, 기존의 처벌과 징벌 위주에서 치료적·관계회복적 사고의 전환, 회복적 정의와 회복적 생활교육을 위한 새로운 정책과 제도 개선, 다양한 사회적 접근이 있다.

참고문헌

권남희(2017). 청소년의 부모관련변인, 인지적 공감, 정서적 공감과 친사회행동 간의 구조적 인과관계 분석. 순천향대학교 대학원 박사학위논문.

권남희 · 남상인(2015). 부모의 양육태도. 친사회행동 및 공각적 태도가 청소년의 친사회행동에 미치는 영향: 청소년의 정서적 공감의 매개효과를 중심으로. **청소년학연구, 22**(11), 189-217.

공인숙 · 민하영(2013). 학령기 아동의 자아특성과 대인관계특성에 따른 학교적응이 높은 저소득층 아동의 판별분석. 한국가정관리학회 주관 공동춘계학술대회.

교육과학부(2012). **2012년 2차 학교폭력 실태조사 결과**. 서울: 교육과학부.

교육부(2017a). **2017년 1차 학교폭력 실태조사 결과**. 세종: 교육부.

교육부(2017b). **2017년 2차 학교폭력 실태조사 결과**. 세종: 교육부.

교육부(2018). **2018년 1차 학교폭력 실태조사 결과**. 세종: 교육부.

김문호(2014). 학교폭력의 최근 실태와 대응방안에 관한 연구. **한국경찰학회보, 16**(4), 27-52.

김영화(2012). **학교폭력, 청소년문제와 정신 건강**. 경기: 한울.

김은경(2012). 청소년 사이버불링에 영향을 미치는 관련 변인 연구. 명지대학교 대학원 박사학위논문.

김정열(2017). **청소년문제와 보호**. 경기: 지식공동체.

김준호 · 노성호 · 이성식 · 곽대경 · 박정선 · 이동원 · 박철현 · 황지태 · 박성훈 · 최수형(2018). 청소년 비행론. 서울: 청목출판사.

김준호 · 박정선(1995). 학교 주변 유해환경의 실태 및 비행과의 관계. 형사정책연구원 연구 총서, 1, 11-148.

김창군 · 임계령(2010). 학교폭력의 발생원인과 대처방안. 한국법학연구, 38, 173-198.

김현숙(2013). 지속된 학교폭력 피해 경험이 청소년의 신체발달, 사회정서발달, 인지발달에 미치는 영향. 청소년복지연구, 15(2), 121-143.

김형방(1996). 학교폭력과 사회복지대응방안. 서울: 한국사회복지협의회.

김혜원(2013). 청소년 학교폭력: 이해 · 예방 · 개입을 위한 지침서. 서울: 학지사.

남상인 · 권남희(2013). 청소년 사이버 불링 가해에 영향을 미치는 변인 연구. 미래청소년학회지, 10(3), 23-43.

문용린 · 김준호 · 임영식 · 곽금주 · 최지영 · 박병식 · 박효정 · 이규미 · 임재연 · 정규원 · 김충식 · 이정희 · 신순갑 · 진태원 · 장현우 · 박종효 · 장맹배 · 강주현 · 이유미 · 이주연 · 박명진(2006). 학교폭력 예방과 상담. 서울: 학지사.

박숙영(2012). 학교폭력과 생활지도의 새로운 대안 "회복적 생활교육", 현장 적용 사례를 통한 확산 방안을 말한다. 서울: 좋은교사운동 문서출판부.

박숙영(2014). 회복적 생활교육을 만나다. 서울: 좋은교사.

박영균 · 김경준, · 김주일 · 설인자 · 이봉주 · 이소희 · 주은지(2014). 청소년복지론. 경기: 교육과학사.

송태민(2014). 소셜 빅데이터를 활용한 사회위험 요인 예측: 청소년 자살과 사이버따돌림을 중심으로. 보건 · 복지 Issue & Focus, 238(2014-17). 세종: 한국보건사회연구원.

신성철 · 이동성 · 장성화 · 김정일 · 임순선(2017). 청소년 문제와 보호. 경기: 정민사.

유영현(2012). 학교폭력 대응상의 문제점과 개선방안. 한국민간경비학회보, 11(4), 205-231.

이규미 · 지승희 · 오인수 · 송미경 · 장재홍 · 정제영 · 조용선 · 유형근 · 이정윤 · 이은경 · 고경희 · 오혜영 · 이유미 · 김승혜 · 최희영(2014). 학교폭력 예방의 이론과 실제. 서울: 학지사.

이소희 · 도미향 · 정익중 · 김민정 · 변미희(2005). 청소년복지론. 경기: 나남출판.

이순래(2002). 학교폭력의 원인 및 대처방안에 관한 연구. 서울: 한국형사정책연구원.

이유진 · 이창훈 · 강지명(2014). 학교폭력 해결을 위한 회복적 정의모델 도입방안 연구. 세종: 한국청소년정책연구원.

이자영 · 정경은 · 하정희(2017). 청소년 문제와 보호. 서울: 학지사.

이정관(2017). 학교폭력 예방을 위한 부모의 역할과 가정교육의 필요성 연구. 신학과 실천, 54, 393-416.

조성호(2000). 학교폭력에 대한 개념화: 통합적 접근모형. 한국심리학회지: 사회문제, 6(1), 47-67.

조종태(2012). 학교폭력에 대한 효율적 대처방안. 범죄예방정책연구, 24, 9-11.

청소년폭력예방재단(2012). 2012 전국 학교폭력 실태조사. 서울: (재)푸른재단 청예단.

청소년폭력예방재단(2013). 2013 전국 학교폭력 실태조사. 서울: (재)푸른재단 청예단.

청소년폭력예방재단(2014). 2014 전국 학교폭력 실태조사. 서울: (재)푸른재단 청예단.

청소년폭력예방재단(2017). 2017 전국 학교폭력 실태조사. 서울: (재)푸른재단 청예단.

최운선(2005). 학교폭력 관련변인에 대한 메타분석. 한국가족복지학, 10(2), 95-111.

한국교육개발원(2017. 12. 05.). 학교폭력 실태조사 개편 방안 주요 내용 보도자료. 충북: 한국교육개발원.

홍봉선 · 남미애(2007). 청소년복지론. 경기: 공동체.

홍정의(2014). 초기청소년의 자기지각과 사회적 기술 향상을 위한 일생의례중심 표현예술 치료 프로그램 개발. 명지대학교 대학원 박사학위논문.

Olweus, D. (1994). Bullying at school: Basic facts and effects of a school-based intervention program. *Journal of child Psychology and Psychiatry, 35,* 1171-1190.

국가법령정보센터 http://www.law.go.kr(2018. 07. 01. 검색).

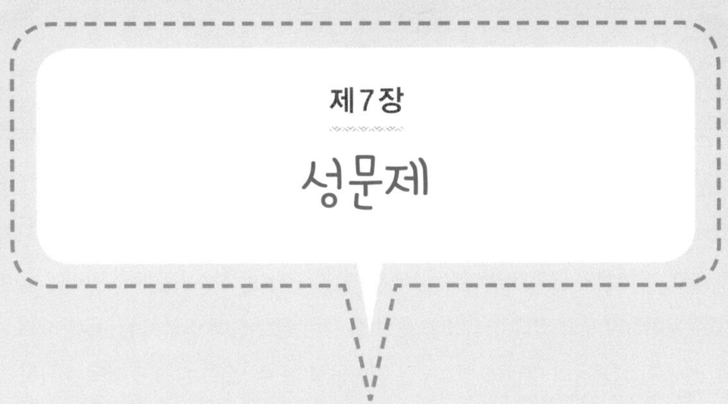
제7장
성문제

학습개요

청소년기는 신체의 성장과 호르몬의 변화에 따라 성에 대한 관심이 증가하는 시기이다. 현대 사회의 식생활 변화와 영양섭취 수준의 향상은 청소년들의 2차 성징이 나타나는 시기를 빨라지게 하고, IT 매체의 급속한 발달은 성적 호기심이 왕성한 청소년들에게 인터넷 음란물 접촉을 매우 용이하게 하고 있다. 인터넷을 통한 성 관련 정보 중에서 특히 음란물은 청소년들의 성지식, 성태도, 성행동의 발달에 부정적인 영향을 미칠 수 있으며, 최근 더욱 증가하고 있는 청소년성매매, 성폭력, 임신과 낙태 등의 청소년성문제 현상의 원인으로 규명되고 있다.

따라서 본 장에서는 청소년 성과 성문제에 대한 기본적인 이해를 토대로 성문제의 유형과 실태를 살펴볼 것이다. 또한 청소년기의 성문제는 청소년 개인의 차원을 넘어 가족과 사회문제로 확대될 수 있고, 다양하고 복합적인 결과로 발생하므로 다각적인 관점에서 성문제를 예방하고 대처하기 위한 방안을 살펴보고자 한다. 청소년성문제가 규범적인 문제를 넘어 법적인 문제로까지 확대되어 가고 심각한 사회문제로 되어 가는 시점에서 이에 대한 면밀한 사회적 책무가 요구되는 바이다.

01 성문제의 이해

1) 청소년기의 성의 이해

청소년기의 중요한 특징은 신체적 성장과 함께 성적 에너지의 급격한 증가를 들 수 있으며, 성적인 호기심과 강한 충동은 이성에 대한 관심과 활발한 성적 활동을 추구하게 된다(김진화 외, 2002). 이 시기에 경험하는 성에 대한 지식과 가치관 형성은 이후 청소년들의 성행동을 결정하는 데 구체적인 행동지침으로 작용할 수 있다. 따라서 청소년의 성지식, 성태도, 성행동을 종합적으로 살펴봄으로써 청소년 성과 성문제에 대한 기본적인 이해를 하고자 한다.

(1) 성지식

성지식이란 인간의 성에 관한 총체적인 지식으로서 다양한 성 관련 지식을 일컫는다. 성에 대한 정확한 지식은 개인의 의식과 태도, 가치관을 변화시키는 데 중요한 역할을 하기 때문에 이러한 정보는 사회적 · 정서적 · 도덕적으로 보다 과학적이고 합리적인 방법으로 습득되어야 한다. 정확한 성지식은 인간관계중심의 성 개념에서 볼 때 타인에 대한 존중과 사랑에 매우 중요한 영향을 미치며, 자신의 신체적 조건에 대해 당당하고 건전한 사고를 가질 수 있게 한다. 아울러 정확한 성지식은 성충동을 자극하며 부추기는 상업주의 성문화 속에서 자신의 성충동을 올바르게 조절, 통제시킬 수 있도록 한다(이희영, 2007).

과거 청소년들이 원하는 성지식의 일반적인 내용은 생리적 특성, 십대의 성문제, 이성교제, 임신과 출산 등이었으나, 최근에는 성교, 성행위, 성병, 이성교제, 피임과 낙태 등으로 일상생활에서 경험하고 필요로 하는 내용과 주변 환경에서 발생하는 청소년 성행위에 대한 내용을 알고자 하는 것으로 변화되고 있다(최청숙, 2010). 그러나 학교에서 이루어지고 있는 성교육은 피상적이고 구체적이지 못하여 청소년들

에게 크게 도움이 되지 않는 것이 사실이다(이철우, 2003). 청소년의 성지식 습득경로를 살펴보면, 학교 성교육과 친구를 통해 성지식을 습득하는 것으로 나타났으나 학년이 올라갈수록 친구와 대중매체, 인터넷, 영상매체를 통해 성지식을 얻는 것으로 보고되고 있다. 특히 인터넷은 유용한 정보검색 기능에서부터 게임, 성적 호기심을 채워 주는 도구로 사용되고 있으며, 청소년들의 성충동을 가장 자극하는 매체로 나타났다(김영덕, 2005; 이희영, 2007). 따라서 성에 대한 정보와 지식에 호기심이 많은 청소년들의 교육요구에 맞는 수요자 중심의 성지식이 필요하다. 이는 무지로 인한 성문제를 예방하고 해결하며, 올바른 성가치관을 형성하기 위함이라 볼 수 있다(문인옥, 2000).

(2) 성태도

성태도에 대한 개념은 성에 대한 긍정적 또는 부정적 반응이나 태도로 보는 입장이 대표적이다. 개인의 성태도는 성에 대해 개인이 가지고 있는 체계화되고 일관성 있는 이념, 사고, 감정, 지각, 성향 및 행동의 양식이라고 할 수 있고, 성행동과는 구별이 되며, 성행동에 영향을 주는 요소이기도 하다. 청소년기에 형성된 성에 대한 태도는 어린 시절의 경험에 근거를 두고 성지식을 얻는 시기와 범위, 영향을 준 사람의 태도에 따라 좌우된다(Hurlock, 1973). 특히 어떤 경험과 학습을 했느냐에 따라 성에 대한 전반적인 태도가 달라지기도 하고, 결혼 전의 성관념 및 결혼 후의 성생활에까지 영향을 미치므로 청소년기의 인격발달과정에서 긍정적인 성태도 형성은 매우 중요하다. 따라서 건전한 성태도는 정신건강에 도움을 주나 그렇지 않은 경우에는 좌절감과 성적 이탈 행위로 나타날 수 있기 때문에 학교와 가정, 사회가 지속적으로 관심을 갖고 건강한 성태도 형성을 위해 노력하여야 할 것이다(이희영, 2007).

(3) 성행동

성행동은 생식과 본능의 생물학적 차원을 넘어서 사회문화적인 영향을 통해 학습되기 때문에 인간의 성행동에는 종족 보존의 욕구와 함께 사랑의 표현, 긴장 해소, 감정 이완, 만족감 및 소속감을 느끼고자 하는 여러 가지 요소가 함축되어 있다고 할 수 있다(김은자, 1979). 청소년의 성행동은 이성교제, 자위행위, 가벼운 신체적

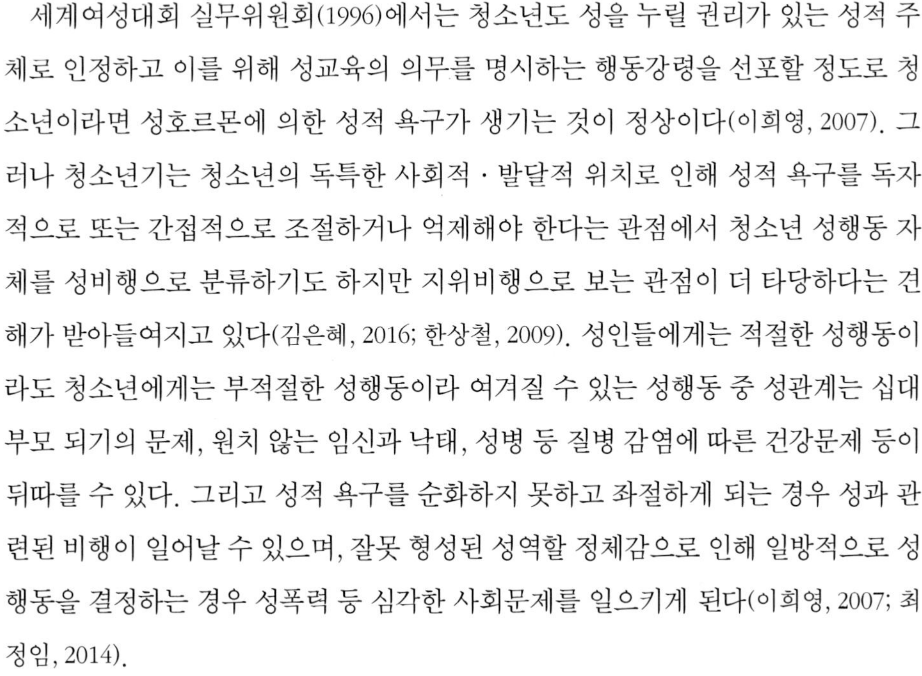

접촉, 키스와 애무, 성교 등을 포함한다(교육인적자원부, 2001).

세계여성대회 실무위원회(1996)에서는 청소년도 성을 누릴 권리가 있는 성적 주체로 인정하고 이를 위해 성교육의 의무를 명시하는 행동강령을 선포할 정도로 청소년이라면 성호르몬에 의한 성적 욕구가 생기는 것이 정상이다(이희영, 2007). 그러나 청소년기는 청소년의 독특한 사회적 · 발달적 위치로 인해 성적 욕구를 독자적으로 또는 간접적으로 조절하거나 억제해야 한다는 관점에서 청소년 성행동 자체를 성비행으로 분류하기도 하지만 지위비행으로 보는 관점이 더 타당하다는 견해가 받아들여지고 있다(김은혜, 2016; 한상철, 2009). 성인들에게는 적절한 성행동이라도 청소년에게는 부적절한 성행동이라 여겨질 수 있는 성행동 중 성관계는 십대부모 되기의 문제, 원치 않는 임신과 낙태, 성병 등 질병 감염에 따른 건강문제 등이 뒤따를 수 있다. 그리고 성적 욕구를 순화하지 못하고 좌절하게 되는 경우 성과 관련된 비행이 일어날 수 있으며, 잘못 형성된 성역할 정체감으로 인해 일방적으로 성행동을 결정하는 경우 성폭력 등 심각한 사회문제를 일으키게 된다(이희영, 2007; 최정임, 2014).

청소년의 성행동에 영향을 미치는 요인으로는 성충동, 신체 성숙 등의 개인적 특성과 가정환경, 학교와 또래 친구, 사이버 음란물 접촉, 사회 환경의 변화 등 매우 다양하다. 특히 청소년 성행동의 큰 변화 중 하나는 과거와 비교해 청소년들의 성숙의 정도가 빨라지고 있고, 성경험을 하게 되는 연령도 점점 낮아지는 변화를 보이고 있다. 또 다른 변화는 청소년들이 보다 폭넓은 성행동을 취하는 경향을 보인다는 것이다. 예를 들면, 가벼운 신체적 접촉부터 이성 혹은 동성과의 성관계에 이르는 행동까지 보여 주고 있다(교육부 · 보건복지부 · 질병관리본부, 2015; 김은혜, 2016). 한편, 청소년들이 다양한 성적 내용을 담은 미디어에 노출되는 간접 성행동의 양적 증가와 쉬운 접근성은 청소년의 성행동에 강력한 영향을 미치는 것으로 나타났다(최정임, 2014). 이처럼 청소년의 성에 대한 인식은 개방 풍조와 성 관련 정보의 홍수로 인해 성적 자유와 성적 만족을 추구하며, 성을 논의함에 있어서도 훨씬 더 자유롭고 성행동에 있어서도 허용적이다(강효숙, 2002). 이처럼 기존 세대와는 다르게 급격히 개방화되어 가는 성문화 속에서 청소년들의 이성교제나 성경험을 무조건 문제로 보거나 금기시할 수 없는 것이 현실이다(강지영, 2007).

서구 문화에서는 청소년의 성행동의 변화와 함께 보다 안전한 성행동(safety sexual behavior)의 실천에 영향을 미치는 요인에 중점을 두고 있으며, 어린 나이에 성관계를 하거나 여러 명과 성관계를 하는 행동 등은 위험 성행동(risk sexual behavior)으로 구분하여 설명하고 있다(Pedlow & Carey, 2004; Santelli et al, 2000; 김은혜, 2016 재인용). 국내에서 임효진(2009)은 청소년의 성행동을 청소년기에 이루어질 수 있는 '자연스러운 성행동' '부정적 결과를 낳을 수 있는 성행동' 그리고 성행동으로 인해 발생한 부정적 결과를 의미하는 '위험 성행동'으로 구분하였다. 자연스러운 성행동은 이성교제, 자위행위, 가벼운 신체적 접촉, 키스와 애무를 포함하고, 부정적 결과를 낳을 수 있는 성행동은 성교, 성매매, 성폭력을 포함하며, 위험 성행동에는 임신, 성병, 낙태로 구분하여 정의하였다. 이처럼 국내에서도 최근 위험 성행동으로 정의를 내리고 살펴보려는 시도가 이루어지고 있다.

청소년기에 발생하는 성행동은 단순히 그 자체가 문제가 되기보다는 부정적인 결과가 발생할 수 있고, 이로 인해 더욱 사회적 관심의 대상이 되고 있다. 따라서 청소년 성행동의 연속적 스펙트럼의 특성, 즉 가벼운 신체적 접촉을 포함한 임신, 성병, 학업중단 등 직접적으로 영향을 미칠 수 있는 성행동의 범위에 대한 연구가 더욱 필요하다고 하겠다(김은혜, 2016).

2) 성문제의 정의와 심각성

(1) 성문제의 정의

청소년성문제는 성일탈, 성비행과 비슷하게 사용되고 있다. 먼저 성일탈은 간단히 정의하기가 어려우며 이에 대한 기본적인 이해를 토대로 사회적 합의가 도출되어야 한다. 성일탈은 크게 의식적 성일탈과 행위적 성일탈로 구분되는데, 의식적 성일탈은 혼전 성관계, 성매매 가능성에 호의적인 태도를 갖는 것과 같이 성행위와 관련된 의식적 측면에서의 문제를 나타내는 것을 말한다. 행위적 성일탈은 합의범죄, 갈등범죄, 협의의 일탈인 강간, 성매매, 성관계, 포르노그라피 접촉 등 실제 행위적 측면에서 규칙이나 규범을 위반하는 행위를 일컫는다(이자영 · 정경은 · 하정희, 2017). 그리고 성비행이란 우리 사회가 가지고 있는 성규범에 부합하지 않는 생활양식이라고 정의할 수 있으며, 특히 우리 사회에서 크게 문제가 되고 있는 청소년 성비행으로는 강간, 인터넷 음란물 중독, 성매매를 들 수 있다(김준호 외, 2018). 마지막으로 청소년성문제는 청소년의 성과 관련된 의식적·행위적 측면에서의 모든 규칙 혹은 규범의 위반행위라고 할 수 있다(김진화 외, 2002). 본 장에서는 다양한 청소년성문제 중에서 성매매, 성폭력, 음란물 접촉과 성관계로 인해 파생되는 임신과 낙태를 중심으로 살펴보도록 하겠다.

(2) 성문제의 심각성

청소년기의 성문제는 청소년들에게 다음과 같은 부정적인 영향을 미치고 있으며, 인터넷과 뉴미디어의 발달은 청소년성문제의 심각성 및 파급 속도에 우려할 만한 영향을 주고 있다(김은경, 2000; 윤계순, 2003; 조성연, 2000). 이를 살펴보면 다음과 같다.

① 왜곡된 성의식 및 성개념의 혼란

음란물에서의 성은 남성의 성적인 욕구를 충족시키기 위한 성행위일 뿐만 아니라 다분히 성기중심적인 것으로 남녀 서로를 행위의 대상자로만 보게 한다. 이처럼 인터넷상의 자극적이고 선정적이며 부정확한 많은 성 관련 정보는 청소년의 올바른 성의식과 성개념에 부정적인 영향을 미칠 수 있다. 그리고 우리 사회 전반에 남성우월적 성의식과 성윤리의 하락, 성가치의 하락으로 확대될 경우 이는 심각한 문제가 아닐 수 없다.

② 자아개념의 변화와 자아존중감의 상실

성폭력의 경우 자신의 통제감 상실과 자신에 대한 비하 등을 경험하게 되며, 돈이 필요해서 성관계를 맺은 원조교제의 경우에도 이들은 자신의 행위에 대해 죄의식을 갖고 가능한 한 자신의 행위를 부정하는 자기부정에 빠지게 된다. 신체적·정신적·심리적으로 성장기에 있는 청소년들에게 깊은 상처와 대인관계 손상, 자기혐오, 불안, 우울, 자살시도 등에 심각한 영향을 미치며 인격적인 손상에 이를 수도 있다.

③ 청소년 발달 및 건강한 성인으로의 발달 저해

음란물을 탐닉하고 성매매에 참여하는 청소년들은 자신의 행위가 떳떳하지 못하다는 것을 알기 때문에 동일한 경험을 갖는 일부 친구를 제외하고는 일반적인 대인관계를 기피하게 된다. 특히 가출을 해서 성산업에 유입된 경우에는 더욱 심해진다. 따라서 인간관계의 부재 속에 고립될 가능성이 크며, 심리적 성장과 교육 및 진로 등에도 부정적인 영향을 미친다. 이처럼 청소년 발달 및 건강한 성인으로의 발달이 저해될 수 있다.

④ 성폭력에 대한 문제 인식 약화 및 성범죄 의식의 약화

음란물에서는 여성의 신체 일부가 지나치게 과장되고 확대되어 나타나고 있으며, 이로 인해 남성이 성적인 자극을 받아 성폭력이 일어나고 있는 것으로 묘사된다. 이는 여성의 노출이나 성적인 충동에 의해 강간이 유발된다는 통념을 지속시키고 강화시킨다. 또한 음란물에서의 성추행이나 강간 등의 성폭력은 범죄로 다루지 않고, 남성과 여성 간의 성행위로 묘사된다. 이때 가해자에 대한 처벌 등의 인식이 없을 뿐만 아니라 성폭력이 범죄라는 의식을 희석시키고 단지 성행위의 한 종류인 듯이 보이게 할 가능성이 높다.

⑤ 성의 상품화와 여성비하문화 강화

우리 사회의 남성우월주의 문화에서는 여성이 돈을 벌기 위해 자신의 몸을 파는 것을 가능하게 하며, 이러한 행위는 여성을 비하하고 남성우월주의 사회문화적 분위기를 강화시킨다. 또한 인터넷 및 스마트폰, 게임, 채팅 등에서는 자극적이고 선동적인 콘텐츠 소재로 여성을 활용하며 유희의 대상으로 여성을 비하하고 상품화하고 있다. 이는 인터넷이나 미디어에서 청소년들이 성적 혐오표현을 문제의식 없이 난발하게 하며, 이러한 콘텐츠에 지속적으로 노출될 경우 성차별적 사고가 굳어져 변화가 어려워지고 당연시하게 된다.

⑥ 십대의 인권 침해와 가정 · 사회 문제 악화

성매매 청소년의 상당수가 가출 경험을 갖고 있으며, 이것은 가출이 청소년성매

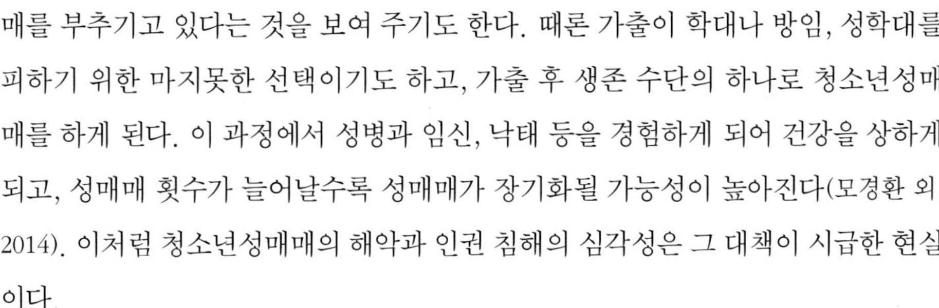

매를 부추기고 있다는 것을 보여 주기도 한다. 때론 가출이 학대나 방임, 성학대를 피하기 위한 마지못한 선택이기도 하고, 가출 후 생존 수단의 하나로 청소년성매매를 하게 된다. 이 과정에서 성병과 임신, 낙태 등을 경험하게 되어 건강을 상하게 되고, 성매매 횟수가 늘어날수록 성매매가 장기화될 가능성이 높아진다(모경환 외, 2014). 이처럼 청소년성매매의 해악과 인권 침해의 심각성은 그 대책이 시급한 현실이다.

한편, 청소년 미혼모의 수가 증가하고 미혼모의 연령이 낮아지고 있으며, 청소년 미혼모는 가족 구성원 간에 갈등이 많은 결손가정이나 해체가정 출신이 많다. 때문에 청소년 미혼모 가정은 돌봄을 제공하는 공간이 아니라 불안정하고, 아무도 없는 텅 빈 공간, 방치 등의 공간이 될 가능성이 높다(모경환 외, 2014). 부모의 돌봄을 받아야 할 나이에 청소년 미혼모로 출산과 양육을 맡게 됨으로써 학업의 중단과 가족과 사회적 냉대에 놓이게 된다. 이는 청소년 미혼모 개인의 안녕과 사회복지 차원에서도 심각한 문제가 아닐 수 없다.

02 성문제의 유형과 실태

청소년성문제의 범위는 넓으며 다양한 형태를 나타내고 있다. 본 장에서는 청소년기의 심각한 성문제로 성매매, 성폭력, 임신과 낙태, 음란물 접촉을 살펴보고자 한다.

1) 성매매의 개념과 실태

성매매는 성을 통해 경제적인 이익을 추구하는 행위를 의미한다. 청소년성매매는 '원조교제'라는 일본에서 유래된 용어로 부르기도 하였다. 그러나 '원조교제'에는 서로 사귄다는 뜻이 포함되어 있기 때문에 이는 죄의식을 잊게 하고, 의미상 적절하지 않다는 사회적 판단에 의해 경찰청에서는 '청소년성매매'라는 용어를 사용하기로 하였다.

현행법상 아동 · 청소년성매매를 규율하고 있는 법률을 살펴보면, 「아동 · 청소년의 성보호에 관한 법률」, 즉 「아청법」과 「성매매 알선 등 행위의 처벌에 관한 법률」, 즉 「성매매처벌법」, 「성매매 방지 및 피해자보호 등에 관한 법률」, 즉 「성매매피해자보호법」으로 구분할 수 있다. 이 세 관련 법률은 각각 소관부처가 다른데, 「아청법」은 여성가족부, 「성매매처벌법」은 법무부, 「성매매피해자보호법」은 여성가족부의 권익지원과로 소관부처만 보더라도 복잡한 체계를 이루고 있다(국가인권위원회, 2016).

「성매매 알선 등 행위의 처벌에 관한 법률」 제2조에 의하면, 성매매는 "불특정인을 상대로 금품, 그 밖의 재산상의 이익을 수수하거나 약속하고 성교행위나 구강, 항문 등 신체의 일부 또는 도구를 이용한 유사 성교행위를 하거나 그 상대방이 되는 것을 말한다."라고 규정되어 있다. 청소년성매매란 성매매 행위의 당사자가 청소년이 되는 경우를 말하며, 「아동 · 청소년의 성보호에 관한 법률」의 성매매 관련 규정에 의해 19세 미만의 자를 말한다. 「아동 · 청소년의 성보호에 관한 법률」 제4조에 의하면, '아동 · 청소년의 성을 사는 행위'란 아동 · 청소년, 아동 · 청소년의 성을 사는 행위를 알선한 자 또는 아동 · 청소년을 실질적으로 보호 · 감독하는 자 등에게 금품이나 그 밖의 재산상 이익, 직무 · 편의 제공 등 대가를 제공하거나 약속하고, 성교행위, 구강 · 항문 등 신체의 일부나 도구를 이용한 유사 성교행위, 신체의 전부 또는 일부를 접촉 · 노출하는 행위로서 일반인의 성적 수치심이나 혐오감을 일으키는 행위, 자위행위를 아동 · 청소년을 대상으로 하거나 아동 · 청소년으로 하여금 하게 하는 것으로 규정하고 있다. 이러한 내용을 요약하면, 청소년성매매란 청소년들이 자신의 성을 성인에게 제공하고 그 대가로 금전이나 옷 등의 선물을 받는 성매매의 한 형태를 말한다(김준호 외, 2018).

청소년성매매 관련 현황을 아동 · 청소년 성매매 환경 및 인권실태조사(국가인권위원회, 2016)에서 살펴보면, 아동 · 청소년이 가장 많이 접하는 성매매 유형에 관한 응답 중 1순위는 조건만남이 80.9%를 차지하며, 3순위까지의 복수응답 결과로는 조건만남 94.4%, 번화가 등 거리에서 제안 받음(헌팅)/번개 47.8%, 노래방 29.5%, 등으로 나타났다. 아동 · 청소년이 성매매로 유입 및 위험에 이용되는 경로는 [그림 7-1]과 같이 스마트폰 채팅앱이 61.4%로 가장 많이 나타났으며, 그다음으로는 인

(단위: %)

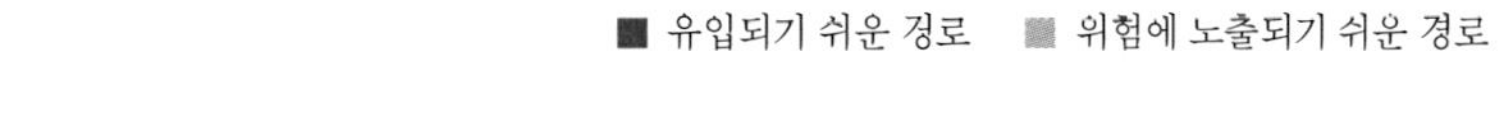

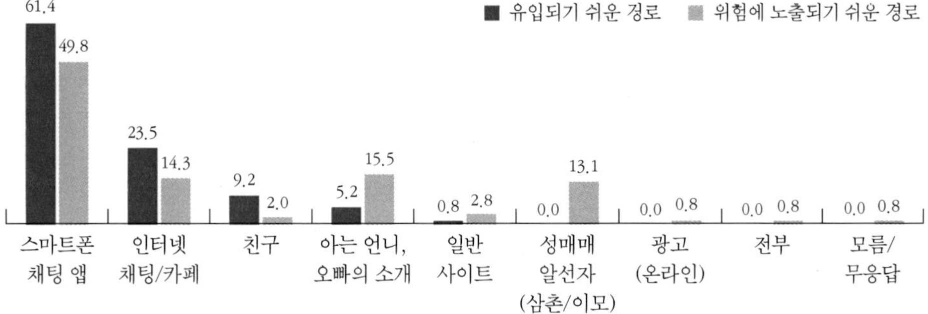

[그림 7-1] 아동 · 청소년이 성매매로 유입되는 경로

*출처: 국가인권위원회(2016).

터넷 채팅과 카페 23.5%, 친구 9.2%의 순으로 나타났다. 가장 위험(폭력 또는 진상)에 노출되기 쉬운 방식에 대해서는 스마트폰 채팅앱이 49.8%로 가장 높은 비율을 보였으며, 그 다음으로 아는 언니, 오빠의 소개 15.5%, 인터넷 채팅과 카페 14.3%, 성매매 알선자 13.1%로 조사되었다.

처음 성매매를 하게 된 이유에 대해서는 '잘 곳이 없어서(35.0%)' '다른 일자리가 없어서(26.2%)' '배가 고파서(25.2%)'로 이와 같은 응답들은 가출상태의 절박성에 기인한다고 볼 수 있다. 그러나 '막연히 돈을 많이 벌고 싶어서(31.1%)'와 '화장품이나 옷 구입을 위해(30.1%)'는 현재 한국 사회에서 아동 · 청소년들이 '막연히 돈을 많이 벌고 싶은' 이유가 무엇인지 그 해결점을 찾아야 한다는 것을 시사한다. 한편, 가출 후 성매매에 이용되기까지 걸린 시간은 가출 다음날부터 1주일 이내가 31.7%, 가출 당일이 23.8% 등 절반 이상이 가출 후 1주일 이내에 성매매에 이용당하는 것으로 나타났다. 한편, 처음 성매매를 경험한 나이를 직접 기재하게 한 결과(만 나이 아님), '13세 이하(8.7%)' '14~16세 이하(57.3%)' '17세 이상(32.0%)'으로 응답자 중 66%가 중학생 나이(14~16세)에 처음 성매매를 경험한 것으로 나타났다. 이러한 성매매 시작 연령은 현재 우리 사회의 성구매자, 성매매 알선업자들이 중학생 정도의 나이 어린 청소년들을 성매매에 이용하고 있다는 것을 보여 준다. 이와 같이 어린 청소년들에 대한 남성들의 수요가 있고 사회에 만연되어 있는 성매매문화는 심각하다. 가정환경 등으로 인한 가출은 청소년들로 하여금 단시간 내에 돈을 쉽게 벌 수 있다는

착각 속에서 성매매의 위험을 생각하지 못한 채 내몰리게 하고 있다. 또 돈이면 무엇이든 다 할 수 있다는 의식이 어른만이 아니라 청소년들에게도 퍼져 있어 청소년은 그들의 욕구를 채우기 위해 성매매로 쉽게 빠지는 경향이 있다고 볼 수 있다(국가인권위원회, 2016). 게다가 스마트폰 등 사이버 성매매 환경의 빠른 변화와 진화는 청소년성매매의 주된 유입 경로로서 그 심각성이 매우 우려된다.

청소년성매매가 본인의 식사나 용돈 등 필요에 의하든 또는 남성의 수요에 의해 이루어지든, 이러한 모든 성매매 경험은 청소년들에게 심각한 신체적 · 정신적 손상을 주고 심리적 부작용을 초래한다(모경환 외, 2014). 특히 성매매를 한 청소년은 금전적 이익에 대한 욕구와 인생에 대한 자포자기 등의 악순환으로 성매매로부터 벗어나기가 어려워지고 상습화될 가능성이 커진다(이춘화 · 조아미, 2004).

2) 성폭력의 개념과 실태

성폭력은 「성폭력범죄의 처벌 등에 관한 특례법」에서는 기존의 「형법」 및 특별범죄가중처벌에 해당하는 강제추행, 강간, 강간 미수, 위력 혹은 위계에 의한 간음, 아동 성추행, 친족에 의한 강간, 장애인에 대한 준강간, 업무상 위력 등에 의한 추행, 버스나 지하철과 같이 공중 밀집장소에서의 신체적인 추행, 언어적인 추행, 음담패설이나 통신매체이용 음란의 죄 등이 성폭력에 해당한다고 규정하고 있다. 그리고 성폭력은 개인의 성적 결정권을 침해하는 행위로 타인의 의사에 반하여 성적 행위를 하거나 성적 행위를 하도록 강요하는 행위로서, 키스나 애무에서부터 강간 미수와 강간까지 포함하는 신체적 행위뿐 아니라 상대방에게 성폭력에 대한 불안감을 주는 언어적 · 정신적 행위를 포함하는 광범위한 개념이다(모경환 외, 2014).

성폭력의 유형은 크게 세 가지로 분류하는데, 첫째는 피해 대상에 의한 분류로 아동 · 청소년성폭력이나 장애인 성폭력 등이 여기에 해당한다. 둘째는 피해자와 가해자의 관계에 의한 분류로 근친 성학대와 데이트 성폭력 등을 들 수 있다. 셋째는 발생 공간에 의한 분류로 최근 흔히 일어나는 사이버폭력을 대표적으로 들 수 있으며, 이는 온라인 성폭력으로 불리기도 한다(이원숙, 2003).

아동 · 청소년 대상 성폭력에 관한 범죄분석 자료(대검찰청, 2016)를 살펴보면, [그

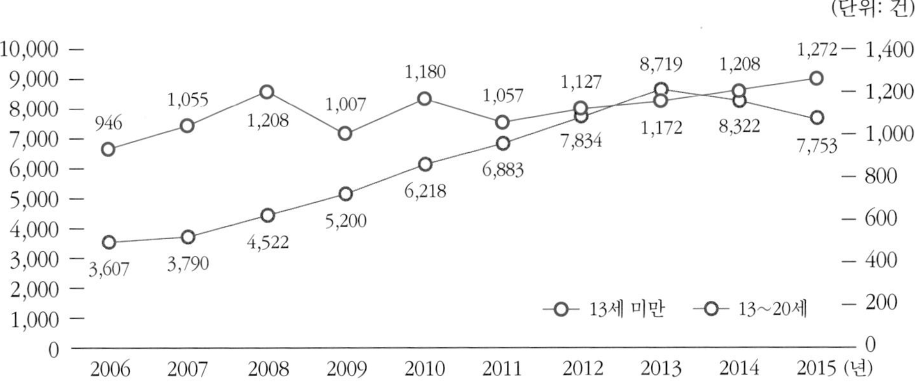

[그림 7-2] 아동 · 청소년 대상 성폭력범죄의 발생건수 추이(2006~2015년)

*출처: 대검찰청(2016).

림 7-2]와 같이 2015년 13세 미만 아동을 대상으로 한 성폭력범죄는 총 1,272건이었다. 13세 미만 아동 대상의 성폭력범죄는 2006년 946건에서 2008년 1,208건으로 증가하였다. 그 이후부터 증감을 반복하다가 최근 3년간 지속적으로 증가하는 경향을 보이고 있다. 지난 10년 동안 13세 미만 아동 대상의 성폭력범죄는 34.5% 증가하였다. 13~20세 청소년을 대상으로 한 성폭력범죄는 2006년 3,607건에서 지속적으로 증가하여 2013년에는 8,719건으로 최고치를 기록하였다. 이후 조금 감소하여 2015년에는 7,753건을 기록하였다. 지난 10년 동안 13~20세 청소년을 대상으로 한 성폭력범죄는 두 번 이상 증가하였다. 이처럼 아동과 청소년을 대상으로 한 성폭력범죄는 모두 증가하였으나, 청소년 대상 성폭력범죄의 증가폭이 훨씬 더 큰 것으로 나타났다.

다음으로 아동 대상 성폭력범죄의 구체적인 유형을 살펴보면, 강제추행이 74.3%로 가장 많았고, 그다음은 강간/간음으로 15.9%를 차지하였다. 13~20세 청소년 대상의 성폭력범죄의 경우에도 강제추행이 가장 높은 비율을 차지하고 있으나, 아동 대상의 성폭력범죄에 비해 그 비율이 현저히 낮으며, 또한 카메라 등을 이용한 촬영범죄가 12.0%로 상당히 높은 비율을 차지하고 있는 점에서 큰 차이를 보이고 있다. 범죄 발생시간을 살펴보면 13세 미만 아동 대상의 성폭력범죄는 오후 시간대(12:00~17:59, 54.5%)에 가장 많이 발생하는 것으로 나타났으며, 13~20세 청소년

대상의 성폭력범죄는 밤 시간대(20:00~03:59, 41.3%)에 가장 많이 발생하는 것으로 나타났다. 범죄 발생 장소로는 13세 미만 아동 대상의 성폭력범죄는 주거지(37.4%)에서 가장 많이 발생했으며, 그다음은 노상(13.5%)으로 나타났다. 13~20세 청소년 대상의 성폭력범죄는 주거지(20.8%), 노상(17.0%)으로 나타났다. 성범죄자의 연령을 살펴보면 13세 미만 아동 대상의 성폭력범죄자는 13~20세 청소년 대상의 성폭력범죄자에 비해 51~60세와 61세 이상의 고령자 범죄자의 비율이 상대적으로 높게 나타났다.

마지막으로 성폭력범죄자와 피해자의 관계를 살펴보면, 성인범죄자에 비해 친구 등의 비율이 19.1%로 상대적으로 높았다. 이는 소년범죄자의 경우 청소년 또래 간에 성폭력범죄의 비율이 높다는 점을 보여 준다. 그리고 소년범죄자의 경우에는 성인범죄자에 비해 공범 비율이 20.1%로 상대적으로 높게 나타났다(대검찰청, 2016). 즉, 청소년 강간 범죄자는 2인 이상, 즉 또래와 함께 피해자를 집단으로 성폭력하는 경향성이 높다는 것을 보여 준다. 청소년성폭력 가해자들이 이러한 집단 성폭력 특징을 보이는 이유는 또래 청소년 집단에게 인정받거나 남자답게 보이기 위하여 공격적인 행위를 저지르는 경향성 때문이다(한국성폭력상담소, 2011).

청소년기에 성폭력을 당하게 되면 그 영향력은 신체적 · 심리적 · 관계적, 학업이나 진로 등으로 상당히 광범위할 수 있다. 신체적으로는 강제적인 행위로 인한 출혈과 상처를 동반하기 쉬우며, 성폭력 가해자들이 콘돔을 사용하지 않는 경우가 많아 성병이나 임신의 위험성이 높다. 심리적으로는 성폭력으로 인한 충격과 혼란, 공포를 경험하게 되며 성폭력을 미리 알아차리지 못하고 대비하지 못한 자신을 비난하며 우울로 연결될 수 있다. 또한 피해자인 자신이 고통을 받고 있다는 자각이 들면서 분노와 무력감을 느끼기도 하며, 성폭력 피해를 당한 것을 자신의 몸이 더럽혀진 것으로 생각되어 자신감을 잃거나 자포자기하는 태도를 취하는 후유증을 갖는 경우도 있다. 이처럼 청소년기의 깊은 상처는 자신뿐만 아니라 대인관계에 손상을 미치게 된다. 특히 집단 성폭력 피해의 경우 더욱 끔찍하고 심각한 상태에 놓일 가능성이 높다(이규미 외, 2014).

3) 임신과 낙태

청소년 시기의 신체는 성호르몬의 영향으로 급격한 생리적 변화와 함께 성생식이 가능한 몸으로 성장하게 된다. 청소년의 성은 성주체감과 자기정체성 형성을 위해 중요하지만, 이 시기의 성행위는 십대 임신, 낙태, 출산, 피임, 성병과 같은 주제를 야기할 수 있다. 특히 임신과 출산은 여성의 몸에서 이루어지는 생식과정이기 때문에 예상치 못한 임신, 낙태, 출산 등의 문제는 이를 직접 경험하는 십대 여학생들에게 더욱 심각한 문제가 될 수 있다(박수인 · 이진아 · 김현례, 2018).

최근 청소년건강행태조사를 살펴보면(질병관리본부, 2018), 남자 중 · 고등학생 30,463명 중 2,315명, 즉 7.6%(표준오차 0.3%), 여자 중 · 고등학생 29,577명 중 1,123명, 즉 3.8%(표준오차 0.1%)가 성관계를 경험하였다고 보고하였다. 성관계 시작 연령은 2018년 기준으로 남학생은 13.3세, 여학생은 14.4세로 나타났다. 성관계 경험자의 피임 실천율은 남학생 57.9%, 여학생 62.4%, 전체 59.3%로 조사되었다. 이는 2017년 남학생 49.7%, 여학생 50.4%, 전체 49.9%에 비해 피임 실천율이 다소 증가하였으나, 여전히 성관계 경험자의 40% 이상의 남녀 학생들이 피임을 실천하지 못한다는 것을 알 수 있다. 한편, 청소년 매체 이용 및 유해환경 실태 조사의 일반청소년과 위기청소년의 성문제 경험률의 집단비교를 살펴보면(여성가족부, 2014), 성관계를 경험한 일반청소년의 경우 8%, 위기청소년의 21.4%가 임신경험이 있는 것으로 나타났다. 그리고 임신을 경험한 일반청소년의 66.1%, 위기청소년의 79.1%가 임신중절수술(낙태) 경험이 있는 것으로 조사되었다.

십대의 임신은 개인과 가족에게 심각한 위기상황으로 작용한다. 특히 청소년 개인은 임신과 함께 학업 지속의 어려움을 직면하게 되고, 결국 출산과 학업 중단 사이에서 중대한 결정을 해야 하는 상황에 놓이게 된다(천정웅 외, 2017). 출산이나 불법 임신중절수술을 받더라도 상당수는 입양으로 종결되어 개인의 건강문제와 다양한 사회적 문제를 야기한다. 정신건강 측면에서 보면, 임신을 경험한 집단에서 임신중절수술을 받은 경험이 있는 여학생의 자살사고 비율이 58.0%, 임신중절수술을 받지 않은 여학생의 경우에도 자살사고 비율이 61.1%로 높게 조사되었다(박수인 외, 2018). 이는 출산을 하더라도 법적 미성년자로서 미혼모로 살아가는 경험이 준비되

지 않은 청소년에게 심각한 위기를 야기한다는 것이라 할 수 있다(김지연 외, 2013).

4) 음란물 접촉

청소년들이 음란물과 성인물에 무분별하게 노출되는 것에 대한 우려의 목소리는 계속 있어 왔다. 그러나 급변하는 인터넷의 발달, 스마트폰의 대중화와 더불어 유튜브 등의 동영상 사이트, 성인인증 절차가 이루어지지 않는 해외 서비스 등 청소년들이 아무런 장벽 없이 음란물을 접촉할 수 있는 환경은 이러한 우려를 더욱 가중시키고 있다(방송통신진흥본부, 2014). 또 최근 급증하고 있는 인터넷 개인방송의 도를 넘은 선정성과 섹시방송 등은 인터넷 유해환경을 차단하기 위한 다각적인 안전망에 대한 규제정책의 필요성을 지적하고 있다.

십대의 음란물 이용 현황(방송통신진흥본부, 2014)을 살펴보면, 중학생과 고등학생 응답자 전원이 어떤 형태로든 음란물을 본 적이 있다고 응답했으며, 가장 높은 빈도를 보인 것은 '포털에서 직접 검색 또는 포털에 노출된 링크를 통해' 음란물을 처음 접했다고 30.5%가 응답하였다. 그리고 약 20%의 청소년은 '인터넷 서핑 중 링크를 실수로 클릭해서' 등의 자신이 원하지 않은 상황에서 음란물을 처음 접하게 된 것으로 나타났다. 노출된 음란물의 형태로는(복수응답) 포르노 등의 영상물, 사진, 소설 등의 텍스트, 애니메이션, 웹툰, 게임, 음성파일 등으로 조사되었다. 주된 경로로는 대부분 개인이 소유한 스마트 기기를 통해서 이용하는 것으로 나타났으며, 청소년들은 주로 '귀가 후 취침 전'에 음란물을 가장 많이 이용하는 것으로 나타났다. 음란물을 다른 친구 등에게 전달한 경험이 있다고 응답한 47.1%는 주로 카카오톡이나 틱톡 등 스마트폰 채팅앱을 통해 보내는 것으로 나타났다.

인터넷 음란물 노출이 초등학생의 성지식, 성태도에 미치는 영향에 관한 연구를 살펴보면, 음란물 접촉 후 음란물에 대해 긍정적으로 여길수록 성지식에 유의한 영향을 미치는 것으로 나타났다. 또 접촉시기가 빠를수록, 접촉 후 음란물에 대한 생각이 긍정적일수록 성 허용성 증가와 음란물에 대해 긍정적인 태도를 갖게 되며, 나아가 성행동에 대한 왜곡된 태도를 발달시킬 수 있는 것으로 나타났다. 이와 같이 음란물 최초 접촉시기가 저연령화되고 있는 것은 초등학생 시기부터 음란물에 노

출되는 것의 위험성을 드러내는 것이라고 볼 수 있다(오은선 · 최진아, 2015). 인터넷 유해매체 관련 연구에서도 수많은 음란물이 청소년에게 잘못된 성지식과 성인식을 학습하게 하여 성폭력 가해행동 등 성문제를 발생시킬 수 있다고 보고하였다(김재엽 · 곽주연, 2017; 최정임, 2014).

03 성문제의 원인

청소년의 성문제는 다각적인 관점으로 접근하려는 노력이 필요하다. 본 장에서는 다양한 청소년성문제의 원인 중에서 개인적 측면 · 가정 · 학교와 또래 · 사회문화적 요인을 중심으로 살펴보고자 한다.

1) 개인적 측면 요인

청소년기의 급격한 신체발달과 성적 성숙, 성에 대한 관점 고조는 신체와 정서 간에 불균형을 초래하며, 호르몬의 왕성한 분비에 따른 성충동과 낮은 자기통제력은 여러 가지 성문제를 겪게 한다. 먼저, 성비행이나 성폭력은 성충동에 의해 비롯된다는 성충동 가설이 있는데, 이 입장에 의하면 특히 성폭력의 경우 일부 남성의 지나친 성욕구나 성충동, 남성호르몬의 과다에 의해 비롯된다고 본다(Qunsay, 1984; 이성식, 2010 재인용). 그리고 일반이론에서는 개인의 낮은 자기통제력이 모든 비행의 궁극적이고도 유일한 원인이라고 주장하는데, 이 입장에서 보면 성문제도 개인성향으로서 낮은 자기통제력의 결과라고 볼 수 있다(이성식, 2010). 낮은 자존감과 청소년기의 성관계 경험 관련 연구에서는 자존감이 낮으면 자신의 가치가 낮다고 생각하여 자신을 돌보지 않을 가능성이 크며, 자존감이 낮을수록 자신에 대한 통제력이 떨어지고 자신에 대한 통제 부족이 청소년기의 성관계 경험과 관련 있다고 하였다(이종화, 2005).

고현과 차금안(2016)은 청소년의 개방적 성태도와 자극 추구 성향의 개인적 특성이 청소년성문제에 영향을 미친다고 보고하였으며, 청소년들의 성에 대한 허용성

과 가치의 둔감화 등 무절제한 성의식도 성매매의 직접적인 원인이 된다고 하였다(모경환 외, 2014). 또 중학생 성관계 경험의 영향요인을 분석한 연구에서는 청소년의 개인적 요인 중 흡연 유경험자는 비경험자에 비해 5배, 음주 유경험자는 비경험자에 비해 3배, 습관적으로 또는 일부러 약물을 복용한 경험자는 비경험자에 비해 상당히 높은 성관계 경험 비율을 나타냈다(권석현 · 이정열, 2015). 이는 우리나라 청소년의 성경험에 영향을 주는 개인적 요인 중 음주와 흡연 경험이 있는 청소년이 그렇지 않은 청소년에 비해 각각 2.03배와 4.01배의 높은 성경험 가능성을 나타낸 결과(황진섭 외, 2017)와 일치함을 보여 준다.

2) 가정요인

가정요인으로는 가정의 구조적 해체, 심리적 결손, 빈곤, 부모의 부정적 양육행동, 성학대 등을 들 수 있다. 급격한 사회 변화로 인한 가족구조의 변화와 해체는 자녀에 대한 관리 감독의 소홀로 이어질 가능성이 크다. 가족과의 비동거와 청소년 성관계의 영향요인 연구를 보면, 부모의 별거나 가족해체 등 다양한 이유로 부모와 함께 살지 않는 경우 중학생들은 부모에게 감독을 받지 못한 시간이 상대적으로 더 많아서 이른바 일탈 행동으로서 성관계를 더 많이 경험했던 것으로 나타났다(권석현 · 이정열, 2015). 그리고 물질만능주의가 팽배한 사회에서 가정의 빈곤은 청소년의 문화적 욕구뿐 아니라 교육, 진학, 물질적 욕구를 충족시키기 어려우므로 청소년들은 스스로 물질적 욕구를 충족하기 위해 이성의 성적 요구에 쉽게 응할 가능성이 높다.

이처럼 가정의 불안정성은 자녀에 대한 적절한 돌봄과 보호보다는 방임 또는 학대로 이어질 가능성이 크다. 부모는 언어적 · 물리적 폭력과 심리정서적으로 온정적이지 않은 양육태도를 보이게 되며, 이러한 문제가 지속될 경우 청소년은 가출로 이어질 수 있다. 가출한 청소년들은 숙식을 해결하기 위해 성매매 등의 성문제의 위험에 노출될 수 있다. 한편, 학대 경험과 관련한 연구에서 성매매 청소년들은 가정에서 방임과 성적인 학대를 받은 경험이 많은 것으로 나타났고(모경환 외, 2014), 특히 과도한 성행동은 성학대의 직간접적인 결과라는 견해가 지지를 얻고 있다(McClellan, 1995; 임자영 외, 2006 재인용).

3) 학교와 또래 요인

학교요인으로는 입시 위주의 교육정책으로 인해 학교에서 청소년들에게 임신이나 피임에 대한 계획적이고 구체적인 성교육을 실시하지 못한다는 지적들이 있어왔다. 즉, 학교에서 행해지고 있는 성교육은 대부분 임신과정이나 신체에 대한 보건학 교육에 불과한 실정이어서 성에 대한 올바른 인식을 심어 주고 성에 대한 자정능력을 키워 주기에는 역부족이라는 것이다(김민철, 2003). 여자 중학생을 대상으로 한 학교 성교육 경험과 성지식 및 성교육 요구에 관한 조사를 살펴보면, 학교 성교육은 이전에 비해 강화되고 있는 추세이나 여전히 학생들의 성지식 수준이 낮고, 성문제에 노출되더라도 이를 대처할 능력이 취약한 것으로 나타났다. 이는 청소년들에게 실질적인 영향을 미칠 수 있는 성에 관한 정보와 지식이 인터넷과 휴대전화 등 각종 매체에 의해 제공되며, 이러한 왜곡된 성정보가 청소년들에게 교과서 역할을 하고 있다는 것이다. 따라서 학교 성교육에 대한 반성과 함께 실제적인 성교육으로의 전환, 즉 음란물 관련 교육, 성 관련 위기상황별 대처방법, 남녀 간 성 심리차이, 청소년 성보호에 관한 법 등의 학습자중심의 성교육이 이루어져야 한다(이규영, 2015).

청소년기에는 친구관계가 다양해지고 확장된다. 또래관계 그 자체에서 즐거움을 경험하기도 하며, 또래와의 친밀감 등 욕구를 충족시키기 위해 친구들에게 의존하기도 하며, 또래집단에 대한 강한 동조 경향을 보이기도 한다. 이러한 특성은 어떤 친구들과 친밀하게 접촉하느냐에 따라 청소년성문제의 위험요인으로 작용하기도 한다. 성문제와 같은 문제행동을 하는 또래와 친밀한 관계를 유지하거나 성매매경험이 있는 친구와 사귈 경우 성에 대해 더욱 허용적일 수 있으며, 성폭행 가해행동이나 성매매와 같은 성문제에 노출될 가능성이 매우 높아질 수 있다.

4) 사회문화적 요인

인간은 사회문화적인 환경과 상호작용하며 성장한다. 특히 호기심이 많고 정보습득력이 뛰어난 청소년들은 급격히 발전하는 인터넷 등 다양한 매체의 변화에 있어 지대한 영향을 받는다.

먼저, 인터넷이나 유튜브 등 다양한 매체를 통한 음란물 접촉은 청소년성문제와 관련하여 위험한 요인으로 지적되어 왔다. 특히 휴대전화는 청소년들에게 가장 중요한 일상적인 미디어로 자리를 잡았다. 청소년들은 휴대전화를 오락, 의사소통 수단 등으로 사용하지만 휴대전화를 이용하여 성문제를 일으키기도 한다. 채팅앱 등으로 성적 문자메시지 혹은 음란영상을 전송하기도 하고, 조건만남 등 성매매에 노출되기도 한다. 인터넷에서 다운 받은 음란물을 친구들과 공유하기도 하며, 심지어 자신이나 타인의 음란한 모습을 촬영하여 인터넷에 유포하기까지도 한다(이성식, 2010).

둘째, 사회에 만연해 있는 왜곡된 성정보와 남녀 간의 성적 접촉 기회의 증가이다. 우리 사회는 한편으로는 성금기적 윤리관을 강조하지만, 현실적으로는 향락적인 성문화의 범람, 음란물의 만연 등 성개방 풍조를 조장하는 사회의 이중적 환경에 청소년들이 무방비 상태로 노출되어 있다. 내적인 신체 변화에는 민감하지만 외적 환경에 대한 비판적 수용능력이 부족하고, 충동을 자제하기 어려운 청소년들이 성에 대한 이중적인 메시지를 주는 사회문화적 환경에서 올바른 성의식과 성행동을 형성하는 데 어려움 있다. 이러한 사회 분위기에서 일부 청소년은 무절제한 성의식을 갖거나 성적으로 일탈행동을 보이며, 성매매를 비롯해서 혼전 임신과 낙태 등의 문제를 발생시키고 있다(모경환 외, 2014).

셋째, 남성지배중심의 성의식과 우리 사회의 지지체계와 관심 부족이다. 남성지배중심의 성의식이란 성은 남성이 주도해야 하고, 성폭력은 남성성을 반영한 정상적인 성행위라는 생각을 의미한다. 즉, 성폭력은 권력과 지배의 표현이라고 볼 수 있으며 이러한 가부장적 성역할과 성태도를 갖고 있는 사람은 성폭력 가해자가 될 가능성이 높다(모경환 외, 2014; 이성식, 2010). 그리고 강간에 대한 편견이나 고정관념 등 잘못된 신념을 의미하는 강간신화와 강간통념의 수용은 실제적 강간을 야기하는 데 중요한 역할을 한다(Burt, 1980). 강간통념은 남성과 여성 모두 가지고 있으나, 남성성이 높을수록 강간통념을 더 많이 수용하는 것으로 나타났다. 우리 사회의 강간에 대한 통념들이 공유하는 핵심적인 부분은 '강간은 피해여성에 의해 유발되며 성충동을 억제하지 못해 저지르는 행위'라는 것이다. 이것은 폭력행위를 남성의 본능으로서 합리화하고, 강간범죄의 책임을 피해여성에게 전가시키는 것이다. 이

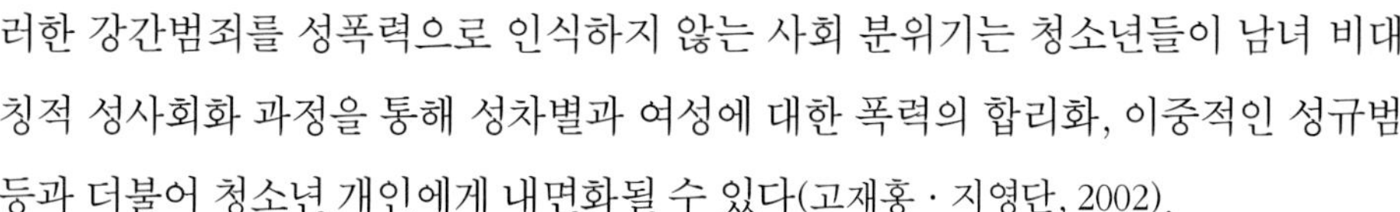

러한 강간범죄를 성폭력으로 인식하지 않는 사회 분위기는 청소년들이 남녀 비대칭적 성사회화 과정을 통해 성차별과 여성에 대한 폭력의 합리화, 이중적인 성규범 등과 더불어 청소년 개인에게 내면화될 수 있다(고재홍 · 지영단, 2002).

그리고 성을 상품화하는 우리 사회의 성개방 풍조와 물질만능주의 문화는 성매매 청소년을 피해자로 보기보다는 자율적으로 행동한 범죄자로 보고, 청소년성매매의 문제를 학대나 착취의 문제로 받아들이지 않는 경향이 여전히 있다(모경환 외, 2014). 청소년성매매 등 청소년성문제가 사회적 문제로 떠오르고 주목을 받아 온 지 20년 가까이 되었고, 그 후 관련 법을 제정 및 개정하면서 다양한 대응책이 있어 왔다. 그러나 청소년성매매 유입을 방지하는 등의 근본적인 대책 마련을 위한 우리 사회의 지지체계와 관심 부족은 여전히 개선되고 있지 않다(국가인권위원회, 2016).

04 성문제의 예방과 대처방안

1) 학교 성교육 강화와 방향성

성의식, 성태도, 성행동 등 청소년 성문화의 변화와 더불어 청소년성문제가 사회적 문제로 주목되면서 청소년 성교육의 중요성이 더욱 강조되고 있다. 지금까지의 성교육은 성에 대한 객관적 접근이라는 이름으로 성에 대한 생물학적 지식을 제공하거나 성에 대한 규범을 주입시킴으로써 성적 일탈 행위를 가능한 한 억제하는 교육으로 이루어져 왔다. 즉, 청소년들은 성적 자기결정권을 갖지 못하며, 어른이 될 때까지 금욕해야 하고 성적 위험상황에 노출되지 않도록 경계하고 조심해야 한다는 것이다. 그러나 많은 조사연구에서 밝혀진 청소년 성관계의 저연령화, 임신경험률, 성매매 등 성 관련 사건 발생의 증가는 지금까지 학교를 중심으로 시작된 성교육의 실효성에 대해 많은 논란을 불러일으켰다. 또 청소년들의 행복과 안전을 위해서도 성교육이 제대로 기능을 하지 못했음을 보여 주고 있다(박은하, 2017). 따라서 기존의 학교 성교육의 한계를 보완하고, 십대 청소년들이 실질적으로 필요로 하고, 그들 스스로를 보호하고 지킬 수 있는 성교육의 강화와 방향성이 요구되고 있다. 이

에 이미 학교 밖 성교육 전문기관들은 청소년 학습자의 요구와 사회적 필요성에 의해 청소년들에게 다양한 주도적 참여형 성교육을 제공하고 있다.

본 장에서는 해외 성교육 현황을 바탕으로 학교 성교육의 강화와 발전 방향을 살

표 7-1 포괄적 성교육의 내용

핵심개념	주제
관계	• 가족 • 우정, 사랑과 로맨틱 관계 • 관용, 포괄과 존중 • 장기간의 헌신 및 육아
가치, 권리, 문화와 섹슈얼리티	• 가치와 섹슈얼리티 • 인권과 섹슈얼리티 • 문화, 사회와 섹슈얼리티
젠더 이해	• 젠더와 젠더 규범의 사회적 구조 • 젠디 평등, 고정관념과 편견 • 젠더 기반 폭력
폭력과 안전 유지	• 폭력 • 동의, 사생활과 신체적 통합성 • 정보와 커뮤니케이션 기술의 안전과 사용
건강과 행복을 위한 기술	• 성적 행동에 대한 규범과 또래 영향 • 의사결정 • 의사소통, 거절 및 협상 기술 • 미디어 리터러시와 섹슈얼리티 • 도움과 지지 찾기
인간의 몸과 발달	• 성과 생식의 해부와 생리학 • 생식 • 사춘기 • 신체상
섹슈얼리티와 성적 행동	• 성, 섹슈얼리티와 성적 생애주기 • 성적 행동과 성적 대응
성과 생식 건강	• 임신과 피임 • HIV와 AIDS의 오명, 돌봄, 치료와 지지 • HIV를 포함한 성매개 감염병의 위험 이해, 인지 및 감소

*출처: 김지학(2018).

펴보고자 한다(김지학, 2018). 먼저, 유네스코 성교육 가이드라인은 포괄적 성교육(comprehensive sexuality education)을 강조하고 있다(〈표 7-1〉 참조).

포괄적 성교육은 지적 · 감정적 · 신체적 · 사회적 측면의 섹슈얼리티에 관한 교육과정 기반의 과정이라고 할 수 있다. 포괄적 성교육의 목표는 유소년 및 청년층이 지식, 기술, 태도 및 가치를 가지고 그들이 스스로의 역량을 강화시키는 동시에 그들의 건강, 행복 및 존엄 등을 인식하고, 훌륭한 사회적 · 성적 관계를 발전시키며, 그들의 선택이 어떻게 자신의 행복과 다른 사람들의 행복에 영향을 끼치는지 인식하도록 하는 것이다. 또한 포괄적 성교육은 청소년들이 관계나 섹슈얼리티에 대한 인지된 결정을 하도록 하고, 젠더 기반 폭력, 젠더 불평등, 의도하지 않은 임신, HIV나 다른 성매개 감염병 등 심각한 건강 위험 등을 분별할 수 있도록 돕는다.

영국은 2017년을 기점으로 기존 성교육의 변화를 모색하여 영국의 모든 초등학교에서는 '관계 교육'을 가르치도록 하고 있다. 초등학교에서는 신체적 · 정신적 성숙, 남녀 간의 사춘기의 변화 등을 가르치면서 신체적 변화가 일어나기 전에 배울 필요가 있는 철학을 바탕으로 우정, 왕따, 자존감 등에 초점을 맞추어 관계 교육을 하고 있다. 중등학교에서는 '성과 관계 교육'을 배우도록 하며, 자존감과 자신의 행동에 대한 책무성 등을 근간에 두고 성교육을 시행한다. 또한 성적 정체성, 사춘기, 생리, 피임, 낙태 등을 포괄하며 우정, 가족, 낯선 사람과의 관계, 갈등 다루기, 불건강한 관계의 인식 등을 포함한다. 네덜란드는 인권과 자유의 지배 이념에 따라 1960년대 후반부터 성교육, 낙태를 포함한 성 건강 등 성교육에 있어서 실용적인 접근을 하고 있다. 그리고 성교육 용어인 '성적 형성'은 지식 전달뿐만 아니라 의사소통 기술, 태도를 포함하며 신체적 · 정서적 발달, 생식, 관계, 성적 행동, 성과 관련된 정신적 문제 등을 다루도록 하고 있다. 스웨덴의 성교육은 일반적으로 성과 관계 교육으로 알려져 있는데, 인종차별주의, 술, 담배, 양성평등과 같은 주제와 병행하여 해부, 젠더, 관계 다루기 등에 초점을 맞추고 있다. 미국은 국가수준의 보건교육(성교육)표준안이 마련되어 있으나, 주별로 성교육 시행이 다르다. 보건교육의 일환으로 시행되는 성교육은 기술측면과 주제측면을 교차하여 교육과정을 구성한다. 기술(life skill)측면은 자기관리, 관계 다루기, 스트레스 관리, 의사소통, 의사결정, 옹호이며, 주제(functional knowledge)측면은 신체활동과 영양, HIV/AIDS, 성적

위험, 가족 주기 및 성 건강, 담배, 술과 약물, 의도하지 않은 상해, 폭력 예방 등이 포함되어 있다.

이를 토대로 청소년 학교 성교육의 강화와 방향성을 위한 대안을 논의해 보면, 다음과 같다.

첫째, 유네스코 성교육 가이드라인의 포괄적 성교육의 핵심개념과 주제를 면밀히 분석하고, 우리 청소년들이 원하고 필요로 하는 성교육을 파악하여 이를 통합하고 체계화할 필요가 있다. 유럽과 미국 등 각국의 성교육이 국가의 사회적 · 역사적 · 문화적 맥락 안에서 발전해 왔듯이, 우리의 학교 성교육도 사회적 · 문화적 · 시대적 변화와 청소년 성교육 요구를 적극 수용하여 발전시켜야 한다. 국가는 청소년의 성적 주체로서의 성장을 돕고 인간의 존엄과 관계를 포괄하는 성교육을 시행할 수 있도록 정책적 지원을 제공하여야 할 것이다.

둘째, 전문성을 갖춘 성교육 전문가 양성이 요구된다. 청소년의 성교육 경험 및 요구와 관련된 연구를 살펴보면, 성지식부터 연애, 자위, 남녀 차이, 동성애, 위기상황별 대처방법, 성병, 성보호에 관한 법 등 매우 구체적이고 실질적인 성교육을 요구한다. 그리고 앞에서 살펴본 포괄적 성교육은 생물학적 성은 물론 인간의 존엄과 관계, 건강, 행복 등을 포함하고 있다. 그러나 현재 활동하는 성교육 전문가의 경우 대부분이 일정 시간 교육을 이수한 자가 강의를 하는 경우가 많아 청소년의 다양한 요구에 적절하게 대처하지 못하며, 전문적인 성교육을 체계적으로 제공하는 데 어려움이 있다. 따라서 관련 정부부처 간의 정책적 협의를 통해 전문가 양성을 위한 지침을 마련하고 성교육 전문가 배치를 위한 체계적인 시스템과 제도적 장치를 준비할 필요가 있다(전영실 외, 2010).

2) 유해매체에 대한 규제

사회에서는 청소년성문제를 조장하는 음란 영상물, 광고, 언론보도, 인터넷 음란물에 대한 청소년들의 접촉을 막기 위한 집중적인 노력을 해야 한다(모경환 외, 2014). 특히 최근에 많이 사용하는 채팅앱 등 스마트폰 어플에 대한 대책이 필요하다. 스마트폰 어플 등을 이용해 청소년들이 성매매로 이어지는 가능성이 높기 때문에 어플 개발 시 가입연령 등을 반드시 제한하도록 하는 등의 관리와 어플 개발자들의 인식 개선과 교육이 요구된다. 그리고 사이버 상의 유해환경을 규제할 수 있는 법령을 실행하고 중장기적인 정책을 수립하고 시행할 수 있는 전담 기구가 설치되어야 한다. IT 기술의 진보와 함께 사이버 상에 안전망을 설치할 수 있도록 기술적 지원이 가능한 전문 영역을 포함한 전담기구가 설치되어야 하는데, 현재 영국의 '아동 착취 및 온라인보호센터(child exploitation and online protection)'는 좋은 실례라 할 수 있다. 한편, 빠른 속도로 진화하고 발전하는 사이버 유해환경을 지속적으로 감시하고 신고할 수 있는 민간영역의 모니터링 활동을 지원하고 발전시켜야 한다(국가인권위원회, 2016).

3) 법령 강화 및 사회복지 정책 확대

아동 · 청소년을 목적으로 하는 사이버 성매매 등 성범죄 환경을 근절하기 위해서는 강력한 법령과 제재 수단이 병행되어야 한다. 영국의 「그루밍법」과 네덜란드의 '10세 가상소녀의 스위티'는 시사점이 큰 실례이다(국가인권위원회, 2016).

「그루밍법」은 영국의 '아동 착취 및 온라인보호센터'가 그루밍(grooming)을 신종 사이버범죄로 규정했던 것을 2003년에 입법화한 것으로서 '18세 이상의 성인이 만 16세 미만의 청소년을 성적인 목적으로 만나거나 어떤 수단을 통해 연락을 취한 다음 만나기 위해 이동하는 행위, 심지어 만날 의도만 갖고 있더라도 10년 미만의 징역에 처하도록 규정'하고 있다. 그루밍의 여섯 단계는 ① 피해자 고르기, ② 피해자의 신뢰 얻기, ③ 욕구로 충족시켜 주기, ④ 아동 고립시키기, ⑤ 관계를 성적으로 만들기, ⑥ 통제 유지하기이다. 그루밍 과정을 통해 가해자는 적발과 처벌을 피해 아동에게 비밀을 유지시키도록 순응적으로 만든다(이현숙, 2017). 영국의 경우 2017년 4월부터 그루밍 초기 단계에 있는 사람을 처벌하는 법이 통과되어 성접촉 이전의 단계도 처벌이 가능하게 되었다. 성범죄의 예비단계, 즉 성적인 행위가 일어나기 전 단계에서도 범죄자로 간주하고 처벌함으로써 아동을 보호함과 동시에 성범죄를 예방하고자 한 것이다.

이처럼 세계 각국에서는 아동 · 청소년을 대상으로 하여 벌어지는 성폭력, 성착

취, 성매매 등의 성범죄를 심각한 범죄행위로 보고 점점 더 엄격히 처벌하고 있다. 따라서 우리나라도 아동・청소년을 대상으로 한 성매매 등의 성범죄 유입 방지 및 차단을 위한 강력한 대응방안이 모색되고 입법화될 필요가 있다.

사회복지 정책의 확대로는 먼저, 빈곤가정 등 경제위기로 흔들리는 가정과 청소년에 대한 지원과 자립을 돕는 방안이 필요하다. 정부와 민간의 사회적 자원을 이들 가정과 청소년들에게 연계할 방안을 모색할 필요가 있으며, 청소년들이 가출을 했을 때에도 그들이 쉽게 찾아가고 머물 수 있는 쉼터와 같은 보호시설의 확충이 필요하다. 그리고 청소년들이 미래를 계획하고 준비할 수 있도록 교육의 기회를 제공하여야 한다. 현재 자립학교 등이 운영되고 있지만 청소년들의 개별적인 환경, 상황, 학업능력 수준 등이 다양하고 복합적이라 이들에게 개별 특성에 맞는 맞춤형 지원을 하는 데 어려움이 많다. 따라서 이러한 자립학교에 더 많은 지원이 요구된다(국가인권위원회, 2016).

특히 청소년 미혼모의 문제에 있어서는 이를 미혼모 개인의 책임으로 볼 것이 아니라 가정・사회・국가 차원의 책임을 인식하고 적극적인 대처방안을 모색해야 한다. 현재 미혼모를 위해 사회와 국가 차원에서 제공하는 서비스는 시설보호 위주의 치료적이고 구호적인 차원을 벗어나지 못하고 있다(모경환 외, 2014). 따라서 정부는 미혼모, 특히 청소년 미혼모의 학업, 취업, 주거 등 지속 가능한 자립 지원, 양육부담을 덜기 위한 양육비 지원과 자조 모임을 위한 다양한 지원 확대와 관계부처 간의 협의를 통한 대책 마련을 하여야 하며, 십대 미혼모의 학습권 보장을 위해 온라인 강좌 활용 방안, 생활기술 지원방법 등에 대한 구상이 구체화될 필요가 있다. 또한 청소년 미혼모는 성인 미혼모보다 더욱 경제적으로 취약하기 때문에 이들에게 실질적으로 체감할 수 있는 다양한 지원이 필요하다.

마지막으로, 국가 및 민간 상담기관 등에서는 취약 계층뿐만 아니라 일반 아동과 청소년의 고충과 성 관련 문제를 포함한 고민 해결을 위한 전문적 상담서비스 제공 및 성교육이 확대 실시되어야 한다. 그리고 성과 관련한 사회적 의식의 개선과 건전한 성문화 형성을 위해 학부모와 성인들을 위한 다양한 성교육 프로그램과 정보 제공이 이루어져야 한다.

요약

1. 청소년기에 경험하는 성에 대한 지식, 가치관 형성은 이후 청소년의 성행동을 결정하는 데 구체적인 행동지침으로 작용할 수 있다. 따라서 청소년의 성지식, 성태도, 성행동을 종 합적으로 살펴보아야 한다.

2. 청소년성문제는 성일탈, 성비행과 비슷하게 사용되고 있으며, 성문제는 청소년의 성과 관련된 의식적 · 행위적 측면에서 규칙이나 규범을 위반하는 행위라고 할 수 있다.

3. 청소년기의 성문제는 왜곡된 성의식 및 성개념의 혼란, 자아개념의 변화와 자아존중감의 상실, 청소년 발달 및 건강한 성인으로의 발달 저해, 성폭력에 대한 문제인식 약화 및 성범죄 의식의 약화, 성의 상품화와 여성 비하 문화 강화, 십대의 인권 침해와 가정 · 사회 문제 악화 등 청소년 개인과 사회에 심각한 문제로 나타난다.

4. 청소년성문제는 청소년성매매, 청소년성폭력, 임신과 낙태, 음란물 접촉 등으로 그 범위가 넓고 다양한 형태로 나타난다.

5. 청소년성문제의 원인 중 개인적 측면 요인으로는 일부 남성의 과도한 성욕구나 호르몬 과다, 낮은 자기통제력, 낮은 자존감, 개방적 성태도와 자극 추구 성향, 성에 대한 허용성과 가치의 둔감화, 흡연과 음주 등으로 연구결과에서 보고되었다.

6. 성문제의 원인 중 가정요인으로는 가정의 구조적 해체, 심리적 결손, 빈곤, 부모의 부정적 양육행동, 성학대와 방임, 가정의 불안정성 등을 들 수 있다. 학교와 또래 요인으로는 시대적 변화와 청소년의 요구를 반영하지 못하는 학교 성교육과 성에 대해 허용적이거나 성매매 등과 같은 성문제를 가진 친구와의 친밀함과 접촉 빈도, 동조 성향을 위험요인으로 볼 수 있다.

7. 사회문화적 요인으로는 인터넷이나 유튜브, 스마트폰과 앱 등 급변하는 IT 매체 환경과 사회에 만연해 있는 왜곡된 성정보, 남성지배중심의 성의식, 강간신화와 강간통념, 성개방 풍조와 물질만능주의, 우리 사회의 성의식 개선에 대한 관심 부족 등을 들 수 있다.

8. 성문제 예방과 대처방안으로는 학교 성교육 강화와 새로운 방향성, 유해매체 규제, 법령 강화 및 사회복지 정책 확대를 들 수 있다. 그리고 청소년들의 건전한 성의식과 성문화, 우리 사회의 성의식 개선을 위한 범국민 차원의 관심과 성교육 프로그램이 이루어져야 한다.

참고문헌

강지영(2007). 지각된 부모 양육태도, 자기통제력 및 비행행동이 남자 고등학생의 위험 성행동에 미치는 영향. 전남대학교 대학원 석사학위논문.

강효숙(2002). 남 · 녀 고등학생의 성지식, 성행동 및 성가치관에 관한 연구. 인하대학교 대학원 석사학위 논문.

권석현 · 이정열(2015). 중학생의 성관계 경험 영향요인: 제8차 2012년 청소년건강행태온라인 조사 통계를 이용하여. 대한간호학회지, 45(1), 76-83.

고재홍 · 지영단(2002). 청소년의 음란물 접촉과 잘못된 강간통념 수용간의 매개변인과 조정변인의 역할. 청소년상담연구, 10(1), 87-105.

고현 · 차금안(2016). 학교 밖 청소년의 개인적 특성 및 환경적 변인이 성비행 행동에 미치는 영향. 복지상담교육연구, 5(1), 205-224.

교육인적자원부(2001). 함께 풀어가는 성 이야기. 서울: 교육인적자원부.

교육부 · 보건복지부 · 질병관리본부(2015). 청소년 건강행태 온라인 조사결과. 서울: 교육부.

국가인권위원회(2016). 아동 · 청소년 성매매 환경 및 인권실태 조사. 서울: 국가인권위원회.

김민철(2003). 청소년성문제와 교회의 역할에 대한 연구. 한세대학교 대학원 석사학위논문.

김영덕(2005). 중학생의 성의식과 성교육 실태 분석. 서강대학교 대학원 석사학위논문.

김은자(1979). 일 대학교 남녀 학생의 특성에 따른 성에 대한 지식, 태도, 경험의 실태와 성 교육에 관한 연구. 연세대학교 대학원 석사학위논문.

김은경(2000). 성의 상업화가 성의식 및 성폭력에 미치는 영향. 서울: 한국형사정책연구원.

김은혜(2016). 청소년 위험 성행동에 영향을 미치는 변인들 간의 구조적 관계 분석. 충남대학교 대학원 박사학위논문.

김재엽 · 곽주연(2017). 청소년의 스마트폰 중독과 인터넷 유해매체 노출이 성폭력 가해행동에 미치는 영향. 한국청소년연구, 28(4), 255-283.

김재엽 · 최지현 · 이효정 · 김기현(2010). 자기통제이론에 근거한 청소년의 인터넷 음란물 이용과 성폭력 가해 간 관계 분석. 한국아동복지학, 31, 79-106.

김지연 · 황여정 · 이준일 · 방은령 · 강현철(2013). 청소년 한부모가족 종합대책 연구 II: 청소년 한부모 유형 및 생활주기별 대응방안. 서울: 한국청소년정책연구원.

김지학(2018). 해외 성교육 사례와 학교 성교육의 발전 방향. 한국보건교육학회 하계학술대회자료집, 55-62.

김진화 · 송병국 · 고은미 · 이채식 · 최창욱 · 임형백 · 이창식 · 김경준 · 김진호 · 권일남 ·

양승춘(2002). 청소년 문제행동론. 서울: 학지사.

김준호 · 노성호 · 이성식 · 곽대경 · 박정선 · 이동원 · 박철현 · 황지태 · 박성훈 · 최수형(2018). 청소년 비행론. 서울: 청목출판사.

김혜원(2003). 남녀청소년들의 성지식, 성태도, 성행동의 현황 및 관계분석. 한국심리학회지: 상담 및 심리치료, 15(2), 309-328.

대검찰청(2016). 2016범죄분석. 서울: 대검찰청.

모경환 · 이미리 · 김명정(2014). 청소년문제와 보호. 서울: 학지사.

문인옥(2000). 성교육을 통한 성지식 및 성태도 변화에 관한 연구. 대한보건연구, 26(4), 414-425.

박근영(2018). 초등학생 성폭력 양상 및 특성. 충북: 한국교육개발원.

박은하(2017). 청소년 성문화 특성에 따른 성교육의 방향성에 관한 연구: 성인지적 성교육을 중심으로. 청소년학연구, 24(10), 365-386.

방송통신진흥본부(2014). 청소년의 음란물 이용 행태 조사. 동향과 전망: 방송 · 통신 · 전파, 통권(81), 88-96.

박수인 · 이진아 · 김현례(2018). 성관계 경험이 있는 여자 청소년의 성 행태 및 정서적 상태가 자살사고에 미치는 영향. 정신간호학회지, 27(1), 15-27.

신미식(2000). 성매매 청소년문제 실태와 해결방안에 관한 연구. 서울: 한국청소년개발원.

엄서영(2017). 성 비행 여자 청소년의 공감능력 향상 프로그램 개발과 효과–개입연구 모델의 적용–. 청주대학교 대학원 박사학위논문.

오은선 · 최진아(2014). 인터넷음란물 노출에 따른 초등학생의 성지식 · 성태도에 관한 연구. 한국아동학회발표논문집, 11, 120-121.

여성가족부(2014). 청소년 매체이용 및 유해환경 실태조사.

윤계순(2003). 인터넷 음란 유해물이 청소년의 성가치관 형성에 미치는 영향에 관한 연구–대전광역시 고등학생을 중심으로–. 대전대학교 대학원 석사학위논문.

이규미 · 지승희 · 오인수 · 송미경 · 장재홍 · 정제영 · 조용선 · 유형근 · 이정윤 · 이은경 · 고경희 · 오혜영 · 이유미 · 김승혜 · 최희영(2014). 학교폭력 예방의 이론과 실제. 서울: 학지사.

이규영(2015). 여자중학생들의 학교성교육경험, 성지식 및 성교육요구도. 학습자중심교과교육연구, 15(3), 353-375.

이원숙(2003). 성폭력과 상담. 서울: 학지사.

이성식(2010). 청소년 휴대전화를 이용한 성비행 원인 탐색. 한국청소년연구, 21(2), 153-175.

이자영 · 정경은 · 하정희(2017). 청소년 문제와 보호. 서울: 학지사.

이종화(2005). 10대 여학생의 임신경험관련 요인에 관한 예측모형. 한국청소년연구, 16(1), 345-382.

이현숙(2017). 아동 청소년 대상 성범죄 특성 속 그루밍(Grooming) 어떻게 볼 것인가? "연예기획사 대표에 의한 청소년성폭력 사건"의 의미와 쟁점 토론회. 서울: (사)탁틴내일.

이희영(2007). 한 · 중 · 일 청소년의 성지식, 성태도, 성행동 및 성교육 비교분석. 강원대학교 대학원 박사학위논문.

이철우(2003). 성교육 프로그램이 중학생의 성 관련 지식, 태도, 행동에 미치는 효과. 초당대학교 대학원 석사학위 논문.

이춘화 · 조아미(2004). 청소년성매매의 상습화 예방 및 치료프로그램 개발연구. 서울: 한국청소년개발원.

임자영 · 김태경 · 최지영 · 신의진(2006). 성학대 피해 아동의 성행동 특성. 소아 · 청소년정신의학, 17(1), 40-50.

임효진(2009). 청소년의 성행동 영향요인 연구. 전남대학교 대학원 석사학위논문.

조성연(2000). 청소년의 원조교제에 대한 탐색적 연구. 청소년복지연구, 2(2), 99-116.

전영실 · 이승현 · 권수진 · 이현혜(2010). 장애아동 · 청소년의 삶의 질 향상을 위한 지원방안 연구 2, 장애아동 · 청소년의 성문제 실태 및 대책 연구. 서울: 한국청소년정책연구원.

질병관리본부(2018). 2018 제14차 청소년건강행태조사 통계. 충북: 질병관리본부.

최정임(2014). 모바일 미디어를 통한 성콘텐츠 노출과 성태도, 부모 · 또래관계가 청소년의 성행동에 미치는 영향. 광운대학교 대학원 박사학위논문.

천정웅 · 전경숙 · 오정아 · 김세광 · 박선희(2017). 청소년문제와 보호. 경기: 양서원.

최청숙(2010). 강원지역 남자 중학생의 성(Sexuality)실태 및 성행동 예측모형. 고려대학교 대학원 박사학위논문.

한국성폭력상담소(2011). 보통의 경험-성폭력 피해자를 위한 DIY가이드. 서울: 이매진.

한상철(2009). 청소년 성행동에 영향을 주는 위험요인 및 보호요인의 분석. 미래청소년학회지, 6(4), 185-210.

황진섭 · 류지인 · 김지원 · 김석주(2017). 한국데이터정보과학회지, 28(1), 21-28.

Burt, M. R. (1980). Cultural myths and supports for rape. *Journal of Personality and Social Psychology, 38*(2), 217-230.

Hurlock, E. B. (1973). *Adolescent development* (4th ed). New York: McGraw-Hill.

제8장

인터넷 및 도박 중독

학습개요

인터넷은 우리에게 긍정적인 영향을 미치는 반면, 인터넷에 대한 의존도가 높아지면서 인터넷중독과 같은 부정적 영향 또한 커지고 있다. 특히 청소년에게 미치는 부정적인 영향에 대한 고민이 높아지고 있다. 인터넷은 접근성과 편리성을 겸비하여 특히 청소년에게 잠재적으로 중독대상으로서의 부정적 결과를 가져오고 있으며, 다른 중독들이 주로 성인을 중심으로 많이 발생하는 데 비해 인터넷중독은 청소년층에서 높은 유병율을 나타낸다.

청소년기는 과도기적 시기로 급격한 신체 변화와 심리정서 및 사회적 발달이 이루어지고, 그로 인해 청소년들은 심리적 불안정과 스트레스를 겪게 된다. 청소년들은 스트레스 받는 현실에서 도피하기 위해 인터넷중독과 같은 일탈현상에 노출될 가능성이 높다.

이와 더불어 인터넷이 보급되면서 PC와 스마트폰을 통한 청소년 온라인 도박이 증가하고 있다. 최근 들어 청소년 도박의 형태가 '놀이'의 수준을 넘어서 '문제'를 발생시키는 현상으로 변화하고 있다. 심각한 문제는 청소년들은 도박에 대한 개념 및 도박행동으로 인해 발생될 문제에 대하여 정확한 인식이 확립되어 있지 않다는 것이다. 청소년의 도박행동은 학업 부진 및 성인이 되기 이전부터 경제적 어려움에 빠지게 될 확률을 높이고, 정상적인 신체적 · 정신적 성장과 발달, 인적 네트워크 형성을 가로막는 등 많은 부정적인 영향을 초래하기 때문에 중요한 사회문제로 부각되고 있다.

01 인터넷중독의 개념[1)]

인터넷중독의 개념을 이해하기 위해서는 먼저 중독의 개념 정의에 대해 살펴볼 필요가 있다. 먼저 사전적 정의를 보면 중독(中毒)은 ① 생체가 음식물이나 약물의 독성에 의하여 기능장애를 일으키는 일, ② 술이나 마약 따위를 지나치게 복용한 결과, 그것 없이는 견디지 못하는 병적 상태, ③ 어떤 사상이나 사물에 젖어 버려 정상적으로 사물을 판단할 수 없는 상태로 규정하고 있다(국립국어원 표준국어대사전). 의학사전에는 중단하면 심한 감정적 · 정신적 · 심리적 반응을 초래할 정도로 어떤 물질이나 습관, 행위에 대해 통제가 불가능한 의존이라고 중독을 정의하고 있다(Lee, 1990). 사전상의 중독의 의미를 정리하면, '반복적 행위를 불러오는 어떤 것에 대해 지속적 · 강박적 사용으로 통제가 불가능할 정도로 의존적이며 중단할 경우 신체적 · 정신적 · 심리적 문제 등을 초래하는 상태'라고 할 수 있다.

세계보건기구(WHO)는 중독을 '자연 혹은 인공적인 약물의 반복적인 사용으로 야기되는 일시적 혹은 만성적인 중독 상태'로 규정하면서 물질에 한해서만 중독을 정의하였다(WHO, 1994, Corsini, 1994 재인용). 하지만 그리피스(Griffiths, 1999)는 약물 외에도 도박, TV 및 컴퓨터 게임, 운동 등 인간의 모든 활동이 행위 중독이 될 수 있다고 하면서 인터넷중독은 행위 중독(behavior addiction)에 포함된다고 하였다. 산드라(Sandra, 2000)도 중독을 물질과 관련된 문제로 한정하는 것에 문제를 제기하면서 행동과 관련된 문제도 중독의 정의에 포함시킬 것을 주장하였다. 그 결과, 최근에는 물질뿐만 아니라 도박, 섭식, 스마트폰, 인터넷 게임, 쇼핑, 운동, 성(Sex)과 같은 행동에서도 물질중독과 유사한 경우에는 중독이라는 용어를 사용하고 있다(김교

1) 인터넷(스마트폰) '중독' 대신에 '과의존'이라는 용어 사용이 확대되고 있으나, 본 교재에서는 기존대로 많은 사람이 알고 있는 '인터넷(스마트폰) 중독'의 개념을 그대로 사용하였다. 또한 '과의존'으로 표기된 자료 인용시에는 '과의존' 용어를 그대로 사용하였다.

헌, 2007). 우리나라에서도 중독을 음식물 혹은 약물의 독성으로 인하여 생체에 기능장애를 일으키는 의미의 중독(intoxication)과 자제력의 상실 및 특정한 일에 몰입하여 헤어나지 못하는 의미의 중독(addiction) 등으로 개념화하고 있으며, 어떤 외부물질에 의존하는 알코올 중독, 음식 중독, 마약 중독뿐만 아니라 인터넷중독, 일 중독, 도박 중독, 쇼핑 중독처럼 특정행동에 의존하게 되는 중독에 이르기까지 다양하게 사용되고 있다(도은영 · 정복례 · 도복늠, 2001).

이러한 가운데 특히 인터넷중독(internet addiction)은 인터넷 확산과 더불어 인터넷 사용에 대한 문제가 대두되면서 행동중독의 하위유형 중 하나로 제시되었다. 인터넷중독이라는 개념은 골드버그(Goldberg, 1996)에 의해 처음으로 인터넷중독장애(Internet Addiction Disoreder: IAD)라는 용어로 사용되었다. 골드버그는 물질중독의 관점에서 인터넷중독을 개념화하여 인터넷을 더욱 많이 사용해야 만족을 느끼게 되는 '내성', 인터넷 사용을 중단하거나 줄이면 초조 및 불안 또는 인터넷에 대한 강박적 사고나 환상과 같은 증상이 함께 일어나는 '금단', 인터넷을 사용하기 위해 사회적 및 직업적 활동을 포기하는 사태가 발생하는 '부정적 결과'를 진단 기준으로 제시하였다. 그러나 이후에 '병리적 컴퓨터 사용(pathological computer use)'으로 수정 · 명명하였다(김경희, 2015). 인터넷중독에 대해서 사람들에게 널리 알려진 것은 영(Young, 1996)에 의해서이다. 영은 인터넷이라는 가상공간에 대한 연구를 통해 인터넷중독이 알코올 중독이나 충동적 도박과 같은 실제적인 현상이라고 하였고, 다른 중독과 유사하게 통제의 상실, 갈망과 내성 증상, 결혼 불화, 학업 부적응, 실직, 심각한 재정적 부채 등 사회적 문제를 야기할 수 있다고 하였다. 그러나 이후에 '병리적 인터넷 사용(pathological internet use)'으로 재정의하였다.

하지만 인터넷중독은 정식 진단명으로 인정되지 않은 상태(Block, 2008)로 현재까지 여러 유사한 명칭과 혼용되어 사용되고 있다. PC 중독, 컴퓨터 중독(computer addiction), 사이버 중독(cyber addiction), 인터넷의 과다 사용, 인터넷 의존(internet dependence), 인터넷증후군(internet syndrome), 웨바홀리즘(web+alcoholism=webaholism), 병리적 인터넷 사용, 병리적 컴퓨터 사용 등으로 사용되고 있으며(한국정보문화진흥원, 2005), 아직까지 학술적으로 명확하게 정의된 용어는 없는 실정이다. 그럼에도 불구하고 인터넷중독이라는 용어는 대중과 학계에

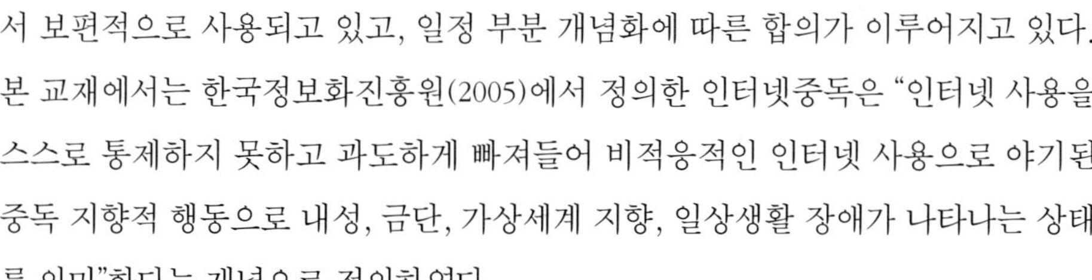

서 보편적으로 사용되고 있고, 일정 부분 개념화에 따른 합의가 이루어지고 있다. 본 교재에서는 한국정보화진흥원(2005)에서 정의한 인터넷중독은 "인터넷 사용을 스스로 통제하지 못하고 과도하게 빠져들어 비적응적인 인터넷 사용으로 야기된 중독 지향적 행동으로 내성, 금단, 가상세계 지향, 일상생활 장애가 나타나는 상태를 의미"한다는 개념으로 정의하였다.

02 인터넷중독의 실태

1) 인터넷 이용 실태

(1) 인터넷 이용률 및 이용자 수

2017 인터넷 이용 실태조사(한국인터넷진흥원, 2017)에 따르면, 만 3세 이상 인구의 인터넷 이용률(최근 1개월 이내 1회 이상 인터넷을 이용한 사람의 비율)은 90.3%(45,283천 명)로 전년 대비 2.0%, 5년 전 대비 11.9%, 10년 전 대비 14.8%가 증가하였다.

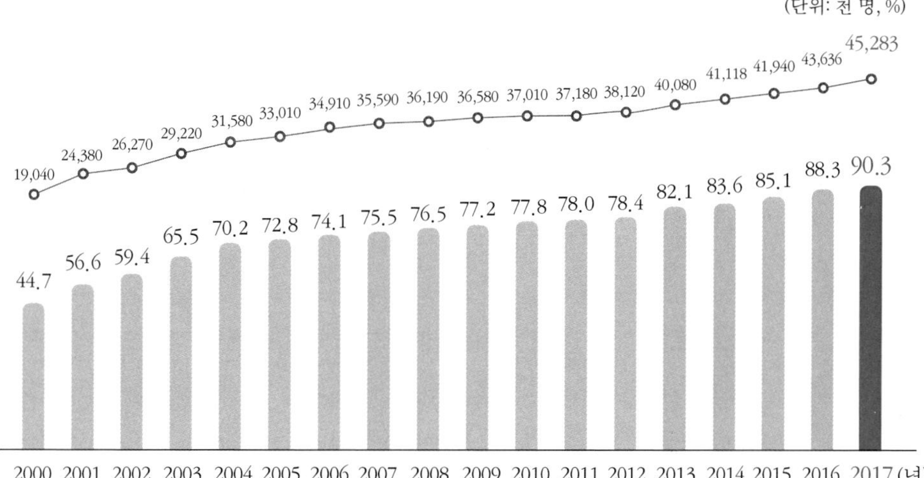

[그림 8-1] 인터넷 이용률 및 이용자 수 변화 추이(만 3세 이상)

*출처: 한국인터넷진흥원(2017).

(2) 연령별 인터넷 이용률 및 이용자 수

연령별로는 우리나라의 10대(99.9%), 20대(99.9%), 30대(99.9%), 40대(99.7%), 50대(98.7%) 인구의 대부분이 인터넷을 이용하고 있는 것으로 나타났다.

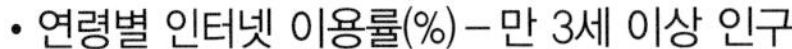

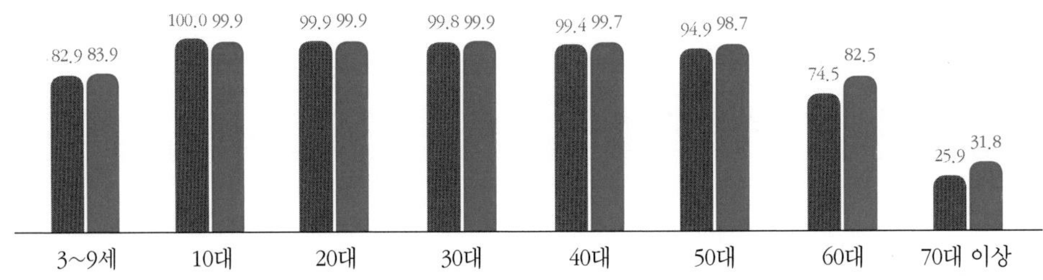

• 연령별 인터넷 이용자 수(천 명) – 만 3세 이상 인구

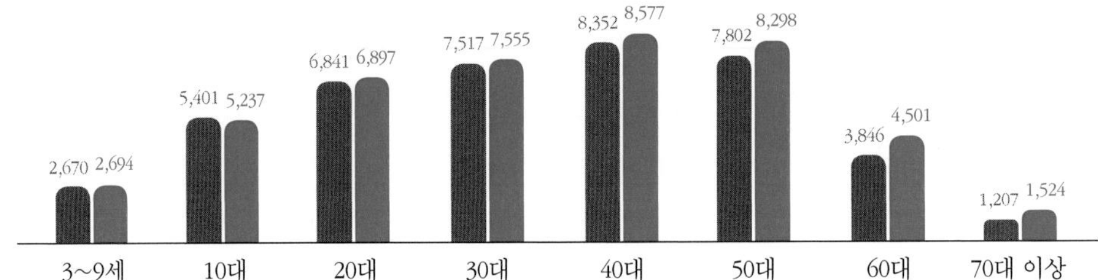

*10대 인터넷 이용자 수가 감소한 이유는 해당 연령대의 전체 인구가 다른 연령대에 비해 감속폭이 크기 때문임(통계청 2017 장래인구추계 기준).

[그림 8–2] 연령별 인터넷 이용률 및 이용자 수 변화 추이(만 3세 이상)

*출처: 한국인터넷진흥원(2017).

(3) 인터넷 이용 빈도 및 시간

만 3세 이상 인터넷 이용자 중에서 하루에 1회 이상 인터넷을 이용하는 사람의 비율은 96.4%이며, 일주일에 평균 14시간 이상 이용하는 사람은 54.9%로 나타났고, 주평균 인터넷 이용시간은 15시간 42분(일평균 약 2시간 15분)으로 조사되었다. 만 3세 이상 인구 중 모바일 인터넷 이용자(최근 1개월 내 스마트폰, 스마트패드, 웨어러블기기 등을 통해 무선인터넷을 이용한 사람)의 비율(2017년 7월 기준)은 88.5%이고, 남자(90.8%)와 여자(86.1%) 중에서 남자가 4.7%p 높게 나타났다. 연령별로는 20대

(99.8%), 30대(99.8%), 40대(99.4%), 10대(97.6%), 50대(97.6%), 60대(81.2%), 3~9세(67.0%), 70세 이상(31.2%) 순으로 나타났다(한국인터넷진흥원, 2017).

(4) 인터넷 이용 행태

만 3세 이상 인터넷 이용자(복수응답)의 94.6%가 인스턴트메신저 · SNS · 이메일 이용 등의 커뮤니케이션 활동을 위해 인터넷을 이용하며, 정보 검색, 신문 읽기 등의 자료 및 정보 획득 활동이 92.9%, 음악듣기, 동영상보기, 온라인게임 등의 여가 활동이 91.5%로 조사되었다.

만 6세 이상 인터넷 이용자 중에서 최근 1년 이내 인스턴트메신저를 이용한 사람의 비율은 95.1%이며, 스마트폰, 스마트패드 등 모바일기기를 통한 이용률은 94.7%이며, 컴퓨터(PC)를 통한 이용률은 28.6%로 모바일기기를 통한 이용률이 3배 이상 높은 것으로 나타났다. 인스턴트메신저 이용 빈도는 일평균 5회 미만(29.2%), 5~10회 미만(21.9%), 10~20회 미만(29.8%), 20~30회 미만(12.2%), 30회 이상(6.9%)으로 나타났고, 자주 이용하는 인스턴트메신저 종류(복수응답)로는 카카오톡(99.4%), 페이스북 메신저(27.5%), 라인(11.3%), 네이트온(8.2%), 텔레그램(2.0%) 순으로 조사되었다. 만 6세 이상 인스턴트메신저 이용자(복수응답)들은 메신저로 대화하기(100%), 사진, 동영상, 일정, 업무용 파일 등 공유(77.2%), 음성 및 영상 통화(44.0%), 게임(38.6%) 등을 주로 이용하는 것으로 나타났다.

만 6세 이상 인터넷 이용자 중 최근 1년 이내 소셜네트워킹서비스(SNS)를 이용한 사람의 비율은 68.2%이며, 모바일기기를 통한 이용률(68.0%)이 컴퓨터(PC)를 통한 이용률(27.1%)보다 2배 이상 높은 것으로 나타났다. SNS 이용 빈도는 주평균 5회 미만(30.2%), 5~10회 미만(11.9%), 10~20회 미만(2.4%), 20회 이상(55.5%)으로 조사되었고, 주평균 23.7회(일평균 3.4회)를 이용하는 것으로 나타났다. 한편, 주평균 SNS 이용시간은 1시간 2분(일평균 약 9분)으로 확인되었다. 주로 이용하는 SNS 서비스(복수응답)로는 페이스북(62.0%), 카카오스토리(47.6%), 인스타그램(30.5%), 네이버밴드(29.7%) 순으로 조사되었다. SNS 서비스를 이용하는 이유(복수응답)로는 친교/교제를 위해서(76.5%), 타인이 게시한 콘텐츠를 살펴보기 위해서(55.3%), 취미/여가활동 등 개인적 관심사 공유를 위해서(43.0%), 정보나 지식, 사건사고 등

을 공유하기 위해서(32.2%), 일상생활에 대한 기록을 위해서(30.3%) 순으로 확인되었다.

만 6세 이상 인터넷 이용자 중에서 최근 1년 이내에 이메일 서비스를 이용한 사람의 비율은 60.2%이며, 성별로는 남자(65.0%)가 여자(55.0%) 대비 10%p 높은 것으로 나타났고, 연령별로는 20대(92.2%), 30대(87.5%), 40대(73.5%), 6~19세(46.0%), 50대(40.2%), 60대(15.6%), 70세 이상(9.0%) 순으로 사용하는 것으로 조사되었다(한국인터넷진흥원, 2017).

(5) 스마트폰 이용률

만 3세 인구 중 스마트폰 이용자(최근 1개월 내 스마트폰을 통해 무선인터넷을 이용한 사람)의 비율은 87.8%로 조사되었고, 남자(90.2%)가 여자(85.3%) 대비 4.9%p 높게 나타났다. 연령별로는 20대(99.8%), 30대(99.7%), 40대(99.3%), 50대(97.1%), 10대(97.2%), 60대(79.6%), 3~9세(63.8%), 70세 이상(29.8%) 순으로 사용하는 것으로 조사되었다. 만 3세 이상 스마트폰 이용자 중 하루에 1회 이상 스마트폰을 이용하는 사람의 비율은 97.8%이며, 주평균 14시간 이상 이용하는 사람은 31.3%로 나타났다. 한편, 스마트폰 이용자의 주평균 이용시간은 10시간 17분(일평균 약 1시간 28분)으로 확인되었다(한국인터넷진흥원, 2017).

2) 인터넷 과의존(중독) 현황

(1) 인터넷 과의존 위험군 비율 및 위험군 수

2015년 만 3~59세 인터넷 이용자 중에서 인터넷 과의존 위험군은 6.8%이고, 인터넷 과의존 위험군 수는 2,628천 명으로 전년 대비 과의존 위험군은 0.1%p 감소하였으나, 인터넷 이용자 수의 확대로 인해 과의존 위험군 수는 61천 명 증가한 것으로 나타났다.

(단위: %)

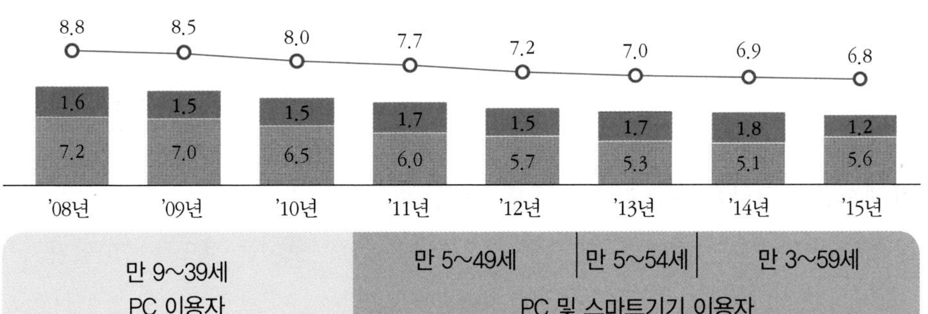

*조사대상 연령 확대 2015년: 만 3~59세(유아동 만 3~9세, 청소년 만 10~19세, 성인 만 20~59세).
2014년: 만 3~59세(유아동 만 3~9세, 청소년 만 10~19세, 성인 만 20~59세).
2013년: 만 5~59세(유아동 만 5~9세, 청소년 만 10~19세, 성인 만 20~59세).
2011년~2012년: 만 5~49세(유아동 만 5~9세, 청소년 만 10~19세, 성인 만 20~49세).
2004년~2010년: 만 9~39세(청소년 만 9~19세, 성인 만 20~39세).
PC 이용자 대상 조사에서 2011년도부터 PC 및 스마트기기 이용자로 대상 확대.

[그림 8-3] 연도별 인터넷 과의존 위험군 비율

*출처: 한국정보화진흥원(2015).

(단위: 천 명)

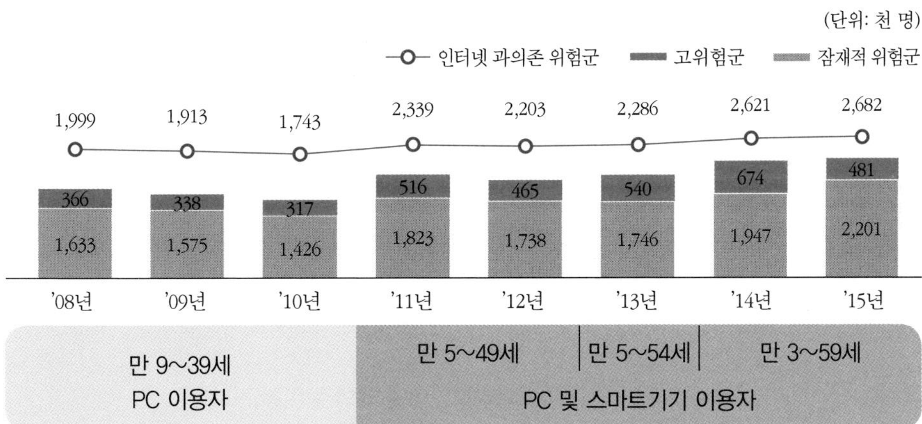

*조사대상 연령 확대 2015년: 만 3~59세(유아동 만 3~9세, 청소년 만 10~19세, 성인 만 20~59세).
2014년: 만 3~59세(유아동 만 3~9세, 청소년 만 10~19세, 성인 만 20~59세).
2013년: 만 5~59세(유아동 만 5~9세, 청소년 만 10~19세, 성인 만 20~59세).
2011년~2012년: 만 5~49세(유아동 만 5~9세, 청소년 만 10~19세, 성인 만 20~49세).
2004년~2010년: 만 9~39세(청소년 만 9~19세, 성인 만 20~39세).
PC 이용자 대상 조사에서 2011년도부터 PC 및 스마트기기 이용자로 대상 확대.
2015년 인터넷 이용자 수(모집단)는 39,236천 명(2014년은 37,872천 명).
스마트폰 과의존 위험군 수 = 만 3~69세 스마트폰 이용자 수 × 과의존 위험군 비율.

[그림 8-4] 연도별 인터넷 과의존 위험군 수

*출처: 한국정보화진흥원(2015).

(2) 연도별 · 대상별 인터넷 과의존 위험군 비율 및 과의존 위험군 수

2015년 만 3~59세 인터넷 이용자 중에서 대상별 인터넷 과의존 위험군은 청소년(13.1%, 761천 명), 성인(5.8%, 1,758천 명), 유아동(5.0%, 163천 명) 순으로 매년 청소년 과의존 위험군이 가장 높은 것으로 조사되었다. 2011년 이후 유아동 및 성인의 인터넷 과의존 위험군은 매년 감소 추세를 보이는 반면, 청소년 인터넷 과의존 위험군은 상승 추세(10.4% → 10.7% → 11.7% → 12.5% → 13.1%)를 보이는 것으로 나타났다.

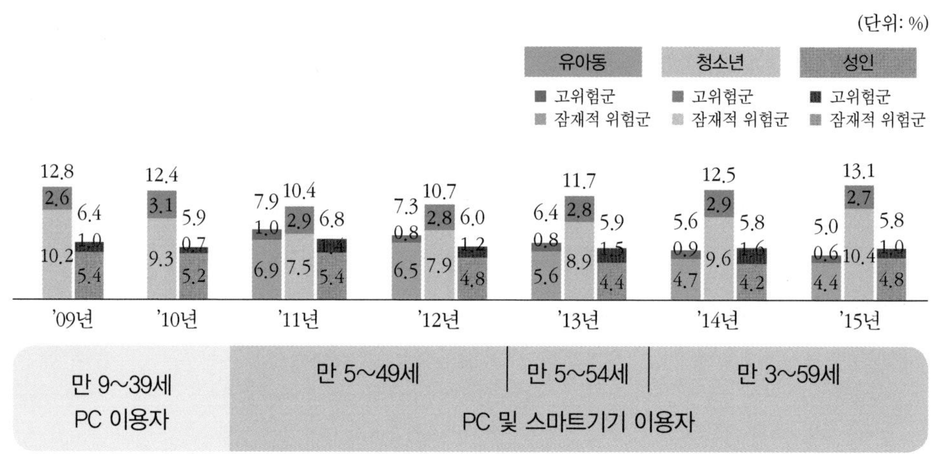

*조사대상 연령 확대 2015년: 만 3~59세(유아동 만 3~9세, 청소년 만 10~19세, 성인 만 20~59세).
2014년: 만 3~59세(유아동 만 3~9세, 청소년 만 10~19세, 성인 만 20~59세).
2013년: 만 5~59세(유아동 만 5~9세, 청소년 만 10~19세, 성인 만 20~59세).
2011년~2012년: 만 5~49세(유아동 만 5~9세, 청소년 만 10~19세, 성인 만 20~49세).
2004년~2010년: 만 9~39세(청소년 만 9~19세, 성인 만 20~39세).
PC 이용자 대상 조사에서 2011년도부터 PC 및 스마트기기 이용자로 대상 확대.
2009~2010: 유아동은 조사하지 않음.

[그림 8-5] 연도별 · 대상별 인터넷 과의존 위험군 비율

*출처: 한국정보화진흥원(2015).

(3) 학령별 인터넷 과의존 위험군 비율

학령별 인터넷 과의존 위험군은 대학생(15.6%), 중학생(15.4%), 고등학생(13.2%), 초등학생(9.6%), 유치원생 또는 어린이집(4.5%) 순으로 초등학생을 제외하고 2014년보다 증가한 것으로 조사되었다.

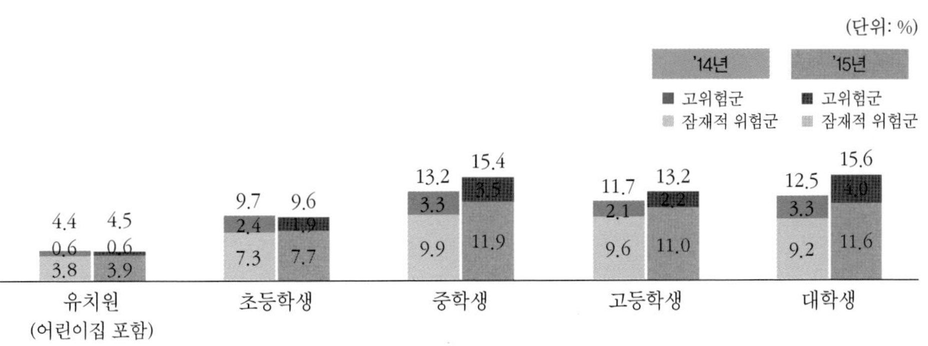

[그림 8-6] 학령별 인터넷 과의존 위험군 비율

*출처: 한국정보화진흥원(2015).

(4) 성별 · 학령별 인터넷 과의존 위험군 비율

청소년의 성별 · 학령별 인터넷 과의존 위험군을 살펴보면, 남자 중학생 인터넷 과의존 위험군이 15.7%로 여자 중학생 인터넷 과의존 위험군 15.0%보다 0.7%p 높게 나타났고, 초등학생 또한 남자(11.1%)가 여자(10.8%)보다 0.3%p 높게 나타났다.

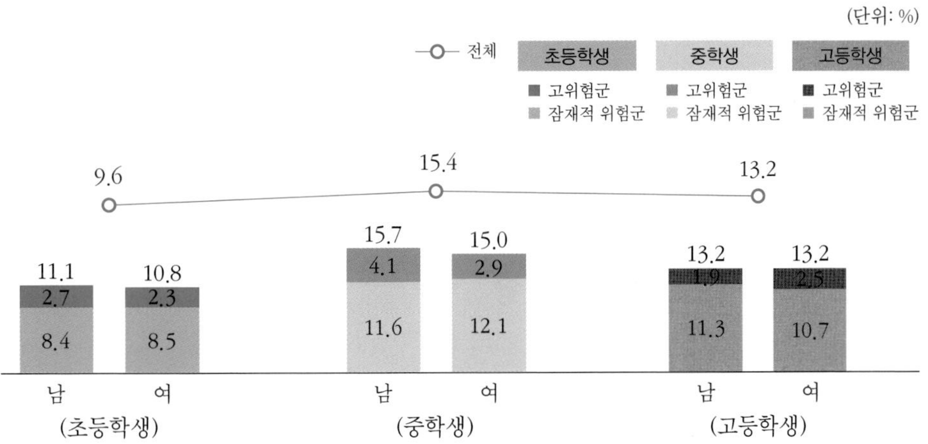

[그림 8-7] 청소년 성별 · 학령별 인터넷 과의존 위험군 비율

*출처: 한국정보화진흥원(2015).

(5) 인터넷 과의존 요인별 특성

만 10~19세 청소년을 대상으로 인터넷 과의존 요인별 분석 결과, 금단요인(31.0%)이 가장 심한 것으로 나타났고, 다음으로 내성(25.4%), 가상세계 지향(23.0%) 순으로 나타났다.

표 8-1 청소년 인터넷 과의존 요인별 특성

(단위: %)

구분			1요인 (일상생활 장애)	2요인 (가상세계 지향)	3요인 (금단)	4요인 (내성)
청소년 전체			22.3	23.0	31.0	25.4
인터넷 과의존 수준별	인터넷 과의존 위험군		47.2	48.4	46.4	61.8
		고위험군	76.2	78.5	61.2	91.7
		잠재적 위험군	39.7	40.6	42.6	54.0
	일반사용자군		18.6	19.2	28.7	19.9
성별	남성		22.2	22.6	31.2	25.7
	여성		22.5	23.5	30.8	25.0
학령별	초등학생		20.6	21.9	30.4	22.9
	중학생		23.0	23.8	32.5	28.1
	고등학생		23.5	23.4	30.2	25.3

*응답비율은 '그렇다+매우 그렇다'의 비율임.

*출처: 한국정보화진흥원(2015).

3) 스마트폰 과의존(중독) 현황

(1) 연도별 스마트폰 과의존 위험군 비율 및 위험군 수

2017년 만 3~69세 스마트폰 이용자 중 과의존 위험군[고위험군(2.7%/1,133명)+잠재적 위험군(15.9%/6,727명)] 비율은 18.6%(7,860명)로 조사되어 전년 대비 0.8%p 상승한 것으로 나타났다. 상승폭은 2015년 2.0%, 2016년 1.6%, 2017년 0.8%로 점차 둔화되고 있는 추세임을 알 수 있다.

(단위: %)

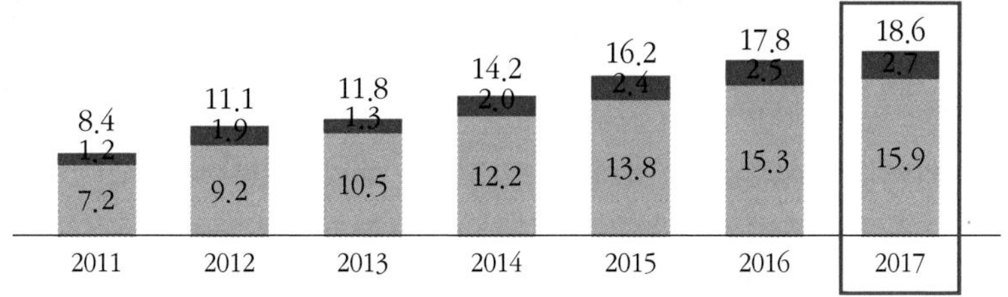

*조사대상 연령 확대 2016년~2017년: 만 3~69세(유아동 만 3~9세, 청소년 만 10~19세, 성인 만 20~59세, 60대 만 60~69세).
2015년: 만 3~59세(유아동 만 3~9세, 청소년 만 10~19세, 성인 만 20~59세).
2014년: 만 10~59세(청소년 만 10~19세, 성인 만 20~59세).
2013년: 만 10~54세(청소년 만 10~19세, 성인 만 20~54세).
2011년~2012년: 만 10~49세(청소년 만 10~19세, 성인 만 20~49세).
스마트폰 과의존 위험군 비율은 조사대상 연령이 앞과 같이 매년 확대되고, 기존 인터넷(K-척도) 및 스마트폰(S-척도) 개별척도를 '스마트폰 과의존 척도'로 2016년에 통합하여 조사함에 따라 단순 비교 불가.
스마트폰 과의존 위험군 수 = 만 3~69세 스마트폰 이용자 수 × 과의존 위험군 비율.

[그림 8-8] 연도별 스마트폰 과의존 위험군 비율

*출처: 한국정보화진흥원(2017).

(2) 연도별 · 대상별 스마트폰 과의존 위험군 비율 및 위험군 수

2017년 만 3~69세 스마트폰 이용자 중에서 대상별 과의존 위험군은 청소년(30.3%/1,523천 명), 유아동(19.1%/576천 명), 성인(17.4%/5,310천 명), 60대(12.9%/451천 명)의 순으로 나타났으며, 청소년이 과의존 위험에 취약한 것으로 나타났다. 청소년은 2015년(31.6%, 최고치) → 2016년(30.6%. −1.0%p) → 2017년(30.3%, −0.3%p) 소폭 감소하는 추세이나 여전히 30%가 넘는 것으로 나타났다. 성인 또한 지속적으로 증가하는 추세이다.

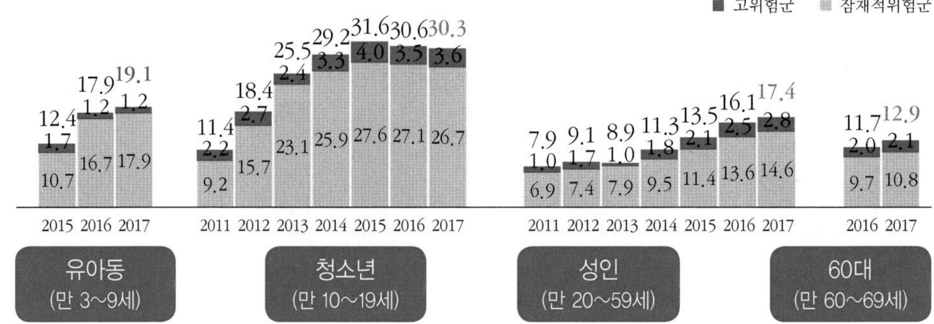

[그림 8-9] 연도별 · 대상별 스마트폰 과의존 위험군 비율

*출처: 한국정보화진흥원(2017).

(3) 학령별 스마트폰 과의존 위험군 비율

2017년 학령별 스마트폰 과의존 위험군은 중학생(34.3%), 고등학생(28.7%), 대학생(23.8%), 초등학생(22.0%), 유치원생(17.9%) 순으로 나타났으며, 고위험군은 중학생(3.9%), 고등학생(3.4%) 층에서 높게 나타나 중 · 고등학생이 과의존 위험에 취약한 것으로 조사되었다.

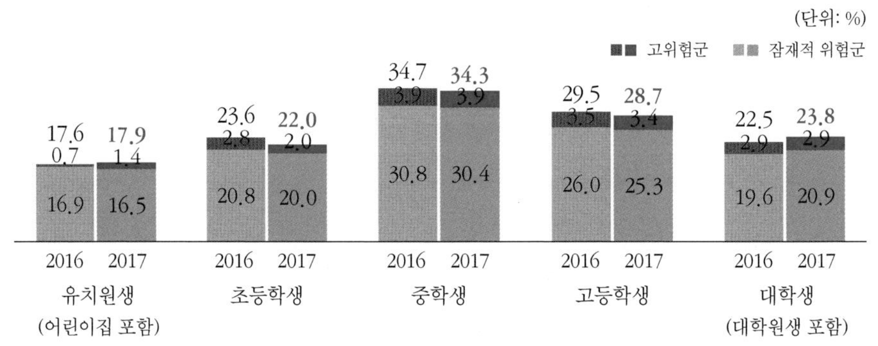

[그림 8-10] 학령별 스마트폰 과의존 위험군 비율

*출처: 한국정보화진흥원(2017).

(4) 스마트폰 과의존 요인별 특성

청소년 스마트폰 과의존 위험군은 조절 실패(2.86점)를 가장 많이 경험하였고, 다음으로 현저성(2.70점), 문제적 결과(2.46점) 순으로 나타났다. 청소년 일반사용자군은 조절 실패(1.89점)를 가장 많이 경험하였고, 다음으로 현저성(1.78점), 문제적 결과(1.75점) 순으로 조사되었다. 과의존 위험군과 일반사용자군 간의 요인별 점수 편차를 살펴보면, 조절 실패 요인의 편차가 0.97점으로 가장 컸고, 현저성은 0.92점의 차이를 보이는 것으로 나타났다(〈표 8-2〉 참조).

표 8-2 청소년 스마트폰 과의존 요인별 특성

(단위: 점)

구분			조절 실패	현저성	문제적 결과
청소년 전체			2.34	2.21	2.08
스마트폰 과의존 수준별	인터넷 과의존 위험군		2.86	2.70	2.46
		고위험군	3.45	3.30	3.06
		잠재적 위험군	2.78	2.63	2.38
	일반사용자군		1.89	1.78	1.75
성별	남성		2.17	2.05	1.96
	여성		2.19	2.07	1.97
학령별	초등학생		2.10	2.00	1.96
	중학생		2.22	2.12	2.00
	고등학생		2.17	2.03	1.92
	대학생		2.29	2.14	2.05

*전혀 그렇지 않다(1점) ~ 매우 그렇다(4점).

*출처: 한국정보화진흥원(2017).

03 인터넷중독과 관련된 현안문제

인터넷은 우리 생활 속에서 보편적인 서비스로 자리 잡았다. 초기의 정보 검색에서부터 의사소통, 교육, 언론, 광고, 오락 및 여가생활에 이르기까지 사회 전반으로

그 기능이 확대되어 다양한 정치적 · 경제적 · 문화적 · 사회적 변화를 창출하고 있다. 특히 스마트폰의 보급으로 인해 인터넷은 삶의 모든 부분에 영향을 미치고 있다(배장훈 · 안성진 · 정진욱, 2010). 인터넷 접속만으로 전 세계의 사회적 이슈들을 실시간으로 접할 수 있게 되었으며, 특히 스마트폰으로 인해 오프라인 어디서나 장소와 시간에 큰 제약 없이 인터넷에 접속할 수 있게 되었다. 특히 기성세대에 비해 스마트폰과 인터넷에 익숙한 청소년들로 하여금 시간과 공간의 제약 없이 인터넷을 사용할 수 있는 환경을 만들어 주었다. 청소년들에게 있어 스마트폰은 단순한 통신수단이 아니라 친구들과의 소통을 위한 메신저이며, 패션이고, 자기욕구의 표출 수단이다(안주아, 2016). 스마트폰을 통한 무선인터넷 이용자 중 십대가 97.2%를 차지하고 있다(한국인터넷진흥원, 2017). 이처럼 스마트폰의 보급으로 인한 인터넷 사용의 증가는 청소년의 생활에 많은 긍정적인 영향을 미치는 반면, 인터넷에 대한 높은 의존성과 과도한 인터넷 사용으로 인해 스마트폰 및 인터넷중독문제와 같은 부정적인 문제들을 야기하고 있다.

인터넷이 청소년에게 미치는 영향을 긍정적인 영향과 부정적인 영향으로 구분하여 더 자세히 살펴보면 다음과 같다.

1) 인터넷이 청소년에게 미치는 긍정적인 영향

첫째, 인터넷은 청소년에게 사회에 참여할 수 있는 통로 역할을 한다. 사이버 공간에서 쌍방향 커뮤니케이션을 통해 자아의식과 사회 참여 의식을 스스로 형성해 나가는 십대를 지칭해 웹 2.0세대 청소년이라고 한다. 이들은 누구나 정보를 생산하고 공유할 수 있는 웹 2.0시대를 살면서 적극적인 사회 참여를 보이고 있다(권이종 · 김천기 · 이상오, 2011). 청소년 세대들이 인터넷을 기반으로 하는 다양한 디지털 미디어 및 소셜미디어를 통해 활발하고 적극적인 사회적 참여 세대로 등장하였다. 청소년들은 블로그, 트위터, 페이스북 등의 통로를 통해 사회적 이슈에 대해 자신의 의견을 표현하고 타인과의 사회적 관계를 형성하며 공동의 집단행동에 참여하는 등 사회 구성원으로서의 역할을 수행하고 있다(안정임 · 서윤경 · 김성미, 2013).

미국의 사회학자 탭스콧(D. Tapscott)은 『N 세대의 무서운 아이들(Growing up

digital: Net generation)』에서 태어날 때부터 인터넷을 일상생활의 동반자처럼 활용하는 세대를 'N 세대(Net generation)'라고 칭했다(허운나 · 유영만 역, 2000). 디지털과 함께 성장한 이들은 익숙한 솜씨로 인터넷을 드나들며 온라인 공간상에서 자신의 생각을 표출하거나 혹은 다른 사람들의 생각을 접하는 등 보다 활발한 소통을 하고 있으며, 매체를 통해 얻게 되는 정보력이 커지면서 자연스럽게 사회 및 정치적 이슈에 대해 갖는 관심 또한 증가하고 있다. 이러한 사회 및 정치적 관심은 소셜미디어를 바탕으로 형성된 동일한 온라인 커뮤니티 내에서 구성원 간의 대화를 통해 유사한 관심을 가진 청소년을 중심으로 한 집합행동으로 연결되기도 한다(이윤주, 2015). 하나의 예로 2008년의 소고기 광우병 사례와 2012년의 반값등록금 논쟁을 들 수 있는데, 이는 다수의 청소년이 정치 · 사회 문제에 관심을 가지고 실천적 행동으로 보여 준 사례로 볼 수 있다. 이처럼 인터넷은 청소년들의 실제적인 사회 참여 통로 역할을 하고 있다고 할 수 있다.

둘째, 청소년에게 인적 네트워크를 형성하고 효율적으로 활용할 수 있게 해 준다. 사람들은 인터넷을 기반으로 한 소셜미디어(SNS)를 통해 자신의 생각과 경험, 정보를 타인과 공유하고 확산시키며 타인과 지속적으로 소통하려고 한다. 토순과 라유넨(Tosun & Lajunen, 2010)도 사람들이 SNS를 사회적 확장(social extension)과 기존의 유대관계를 강화하기 위한 목적으로 활용한다고 하였다. 2016년 십대 청소년 미디어 조사(한국언론진흥재단, 2016)에 따르면, 중학생(80.8%), 고등학생(79.4%), 초등학생(30.9%)이 SNS를 사용하고 있으며, SNS를 사용하는 이유로는 '주위 사람들과의 관계를 관리해 주는 편리한 도구라서(54.9%)' '상대방의 최근 변화를 알 수 있어서(51.4%)' '누군가와 연결되어 있다는 느낌이 좋아서(17.3%)' 순으로 나타났다. 이렇듯 청소년들은 인터넷, 특히 소셜미디어를 통해 타인과 소통하려는 것을 알 수 있다. 조남억(2012)은 자신의 연구를 통해 청소년들은 소셜미디어를 활용해 관계 맺기를 시도한다고 하였으며, 기성세대가 학교 동문이나 동아리 친구, 고향 선후배 등 학연과 지연에 의존하는 반면, 청소년들은 소셜미디어를 통해 나이와 영역에 관계없이 관심분야를 중심으로 친구 맺기를 시도한다고 하였다. 또한 청소년들은 소셜미디어를 통한 소통을 통해 충분한 지지층을 확보하며 자신의 존재를 표현하고 자신에 대한 평가에 민감하게 반응한다고 하였다. 기존의 지지자들의 격려와 관심은

큰 힘이 되며, 익명의 누군가가 형식적으로 던지는 격려에 감동한다. 이처럼 청소년들은 온라인상에서 인적 네트워크를 구축하고 이들과의 소통을 통해 대인관계를 형성 및 유지하고 있는 것을 알 수 있다.

셋째, 인터넷은 청소년에게 다양한 문화콘텐츠의 활용 및 새롭게 창조할 수 있는 기회의 장을 제공한다. 인터넷의 대중화는 청소년들에게 각종 음악과 영화, 애니메이션 등의 문화콘텐츠를 보다 친숙하게 만들어 준다. 청소년들은 디지털의 단순 활용 차원을 넘어 적극적인 활동 주체로 참여하고 있는데, 이들을 일컬어 'C 세대(Contents generation)'라고 부른다. C 세대란 "소비자가 콘텐츠를 창조한다(Consumer's creating contents)."라는 의미를 가진 신조어로 다른 세대들보다 적극적인 계층이라고 할 수 있다(신성철 · 신종우 · 정희정 · 김윤진, 2015). 이들은 다양한 디지털기기를 통해 사진, 음악, 동영상 등의 여러 콘텐츠를 스스로 생산하고(Creation), 이를 선별하여 재구성한 후(Curation), 타인들과 공유하고(Connection), 공동체와 소통(Community)한다.

청소년들이 주로 활용하는 대표적인 컨텐츠로 '유튜브(YouTube)'를 들 수 있다. 앱 분석 업체 와이즈앱이 발표한 2017년 11월 국내 안드로이드 스마트폰 사용자의 세대별 사용 현황에 따르면, 십대가 가장 많이 사용하는 앱은 동영상 플랫폼 유튜브(YouTube)로 나타났다. 그 뒤를 카카오톡, 페이스북, 네이버, 네이버 웹툰 순으로 이용했다. 특히 2위부터 6위까지의 앱 사용시간을 합쳐도 유튜브보다 사용시간이 적었다(쿠키뉴스, 2017. 12. 12.). 동영상 스트리밍 사이트 '유튜브'는 십대들 사이에서 '갓튜브'('최고'를 뜻하는 '갓'과 유튜브의 합성어)로 사랑을 받고 있다. 십대들은 유튜브를 통해 일반적인 동영상 감상뿐 아니라 뉴스 시청, 검색까지 해결한다. 이들은 영상을 만드는 데에도 적극적이다. 이른바 '브이로그'(Vlog: Video와 Blog의 합성어) 열풍이다. 십대 브이로거들은 점심시간의 모습이나 교실의 모습을 담은 평범한 영상을 공유하기도 한다(머니투데이, 2018. 04. 02.). 이처럼 청소년들은 인터넷 속에서 다양한 콘텐츠를 활용하고 있는 것을 알 수 있다.

2) 인터넷이 청소년에게 미치는 부정적인 영향

첫째, 사회 및 학교 부적응을 초래할 수 있다. 인터넷을 사용하는 모든 사람이 중독 증상을 보이는 것은 아니지만, 인터넷중독 증상을 보이는 대부분의 사람이 자신의 일상생활에서 부적응적인 양상을 나타내고 있다(정숙희 · 전명희, 2012). 청소년들 또한 인터넷을 사용하는 시간이 많아지면서 스스로 인터넷 이용시간을 조절하지 못하거나 지나치게 인터넷을 많이 사용함으로써 시간에 대한 감각을 잃어버리고 낮과 밤의 구분이 모호해져서 일상생활에서 어려움을 야기시킨다(Young, 1996). 또한 청소년이 인터넷에 중독될 경우 가상적 대인관계 지향으로 인해 현실에서 대인관계에 어려움을 느끼게 되어 교사 및 친구들과의 관계에서 소외감을 가지게 된다(Stavropoulos, Alexandraki, & Motti-Stefanidi, 2013).

청소년들은 대부분 학교에서 시간을 보내는데 과도한 인터넷 사용으로 인해 학교생활 부적응을 초래하고 있다. 이미리(2006)는 인터넷 과다 사용 고등학교 3학년 학생들은 과소 사용 고등학교 3학년 학생들에 비해서 남녀 모두 학업 및 학교생활, 그리고 친구 관련 자아관이 부정적으로 나타났고, 청소년이 지각한 인터넷중독은 학업 적응에 부정적 영향력을 미친다고 하였다(이주연 · 전종철, 2015). 이처럼 인터넷중독은 청소년들에게 현실세계에서 해야 할 학업을 소홀히 하게 하고, 심할 경우에는 학교에 결석하거나 휴학하고 심지어 제적을 당하게 하는 등 심각한 문제를 발생시킨다(정연순 · 이민경, 2008; 조성연 · 이미리 · 박은미, 2009). 이와 같이 인터넷중독은 미래를 준비해야 할 시기인 청소년기에 기본적으로 습득하고 배워야 할 여러 역량을 습득하기 어려운 상태로 만들어 버린다.

둘째, 신체적 · 심리적 역기능을 가져올 수 있다. 인터넷중독은 우리 신체에 부정적인 영향을 미친다. 인터넷중독 성향이 높을수록 수면 부족, 시력 및 건강 저하 등의 증상이 높게 나타났다(권준모, 2001). 또한 게임중독은 두통, 눈병, 손목 통증, 목 통증, 허리 통증, 영양실조, 빈혈 등의 원인이 된다. 이는 인터넷 게임 중독 여부의 심각성과 관계없이 학생들의 인터넷 게임의 과다 사용으로 인한 증상의 결과이다(최나영 · 김성재, 2010). 김은경(2015)은 인터넷중독군이 약물에 쉽게 노출되고 문제 음주가 많으며 흡연과 유의한 관련성이 있다고 하였다. 또한 과도한 인터넷 사용은

수면 부족을 가져오며, 이로 인해 아침에 늦게 일어나게 되어 아침식사를 거르는 습관이 생긴다고 하였고, 컴퓨터 사용시간이 길어질수록 비만의 위험도가 커지는 것으로 나타났다.

인터넷중독은 심리적 측면에도 부정적인 영향을 미친다. 인터넷중독은 우울, 불안, 자기통제력 저하, 주의력결핍 과잉행동장애 등을 유발하여 청소년들의 정신건강에 심각한 위험요인으로 작용한다(강선경 · 이근무 · 하민정, 2016; 이계원, 2001; 김수경, 2010; 박부환 · 김병영 · 장은정, 2013; 봉은주 · 김은아, 2015). 또한 인터넷중독은 공격성, 외로움과 같은 심리적 문제를 일으키기도 한다(임지영, 2014; Ostovar, Allahyar, Aminpoor, Moafian, Nor, & Friffiths, 2016). 특히 인터넷에 중독된 사람들은 인터넷을 하지 않으면 왠지 초조하고 불안해하며 인터넷상에 무슨 중요한 일이 일어났을 것 같은 생각이 들어 자기도 모르게 인터넷에 접속하게 된다. 인터넷중독자들은 컴퓨터를 통해 인터넷에 연결되는 순간 긴장이 해소되고 금단 증상들이 사라지는 안도감을 느끼게 된다(이명수 · 오은영 · 조선미 · 홍만제 · 문재석, 2001).

셋째, 청소년 사이버 비행(cyber delinquency)에 노출될 수 있다. 인터넷 사용이 증가하면서 인터넷을 이용하는 청소년들은 인터넷과 관련된 문제행동 및 사이버 공간에서의 비행에 직간접적으로 노출되고 있다. 청소년들은 사이버 공간에서 비행에 가담하기도 하고 피해를 입기도 한다. 사이버 비행은 사이버 공간을 중심으로 하여 발생하는 해킹, 불법 소프트웨어 다운, 웹상에서 욕이나 폭력적인 언어 사용 등의 제반 범죄 및 비행 또는 사회통념상 정상적인 행위를 벗어난 인터넷 활동을 말한다(김소정, 2010). 양돈규(2000)는 인터넷의 오남용은 사이버 비행으로 이어질 개연성이 높다고 하였으며, 인터넷중독 성향은 음란물 유포, 해킹, 바이러스 유포, 스팸메일, 악성 댓글, 개인정보 침해, 저작권 침해, 사이버 사기 등 여러 유형의 사이버 비행과 깊은 관련이 있다고 하였다(김경호 · 차은진, 2012). 실제로 선행연구에서도 인터넷 사용시간이 많은 청소년이 그렇지 않은 청소년보다 사이버 비행을 저지를 수 있는 상황을 많이 경험하게 되어 사이버 비행이 늘어난다고 하였다(유상미 · 김미량, 2010; Wilcox, Land, & Hunt, 2003). 사이버 비행은 인터넷 공간에서 익명성으로 비대면의 상황에서 이루지는 경향이 많다 보니 상대방의 피해를 덜 인지하게 되고, 자신의 일탈행위가 나쁘다는 인식과 죄책감도 덜 느끼게 되어 비행에 대한 죄의

식보다는 오히려 컴퓨터 조작 기술을 자랑하는 측면이 나타나기도 한다(정혜원 · 정동우, 2012).

3) 인터넷중독 관련 청소년의 현안문제

최근의 인터넷중독 관련 현안문제를 살펴보면, 첫째, 인터넷이나 스마트폰에 중독되는 청소년의 연령대가 점점 어려지고 있다. 여성가족부가 실시한 '2017년 인터넷 · 스마트폰 이용 습관 진단조사'에 의하면, 인터넷 또는 스마트폰 중 하나 이상에 '과의존' 하는 청소년이 20만 명을 넘어섰고, 인터넷 또는 스마트폰의 사용시간이 점점 증가하여 조절에 어려움이 있는 '주의사용자군'은 약 18만 명, 의존 정도가 심각해 일상생활에 어려움을 겪고 금단 현상을 보이는 '위험사용자군'은 2만 여 명이 넘는 것으로 확인되었다. 연령별로 살펴보면, 인터넷 또는 스마트폰에 과의존하는 현상을 보이는 연령이 점점 낮아지고 있다. 최근 3년 동안 인터넷 또는 스마트폰에 의존하는 고등학교 청소년은 꾸준하게 감소 추세를 보이는 반면, 초등학교 청소년은 뚜렷한 증가세를 보였다. 이러한 결과를 놓고 볼 때, 인터넷중독의 저연령화에 대한 대책이 있어야 할 것으로 판단되지만 현실적으로 이러한 문제를 전반적 · 포괄적 해결을 위한 지원이 쉽지 않다는 점이 한계로 지적되고 있다.

둘째, 인터넷중독 정책에 있어서 부처 간의 업무가 중복으로 이루어지고 있다. 우리나라에서는 정부 부처가 개별법에 근거하여 인터넷중독 예방 및 해소 정책을 추진하고 있다. 2010년부터는 업무의 합리적 조정 기능을 강화하기 위해 관련 부처가 '인터넷중독정책협의체'를 구성하고 공동으로 대응하고 있다. 하지만 이렇게 정부 부처 간의 소관 업무에 따라 역할 분담이 이루어지고 공동으로 대응하기 위해 협의체가 구성되어 있음에도 불구하고 여러 부처가 산발적 · 독자적으로 역할을 수행하다 보니 정책 추진에 있어서 개별적 · 경쟁적으로 추진되어 부처 간의 업무가 중복되고 있다(국가정보화전략위원회, 2012). 이로 인해 유기적이고 연속적인 정책 추진이 어렵다는 점이 한계로 지적되고 있다.

셋째, 인터넷중독에 대한 대책이 여러 법률에 분산되어 규정되어 있다. 현재 인터넷중독 문제만을 지원하기 위한 개별법은 제정되어 있지 않다. 관련 법률로는 「국

가정보화기본법」「정보통신망 이용촉진 및 정보보호 등에 관한 법률」「게임산업진흥에 관한 법률」「청소년기본법」「청소년보호법」 등을 들 수 있다. 일부 법률 내용을 참고로 살펴보면, 「국가정보화기본법」은 인터넷중독 대응정책 총괄부서로 인터넷중독 종합계획 수립에 관한 포괄적인 사항만 규정하고 있어 인터넷중독과 관련된 적극적 · 구체적인 정책 추진의 법적 근거가 미흡하다. 「청소년보호법」에는 청소년만을 대상으로 한 예방 및 보호 내용만을 담고 있어 성인 인터넷중독자에 의해 저질러지는 가정 파괴, 자녀 중독자 양산 등의 사회적 문제를 담지 못하는 측면이 있다. 앞서 언급한 것처럼, 다수 부처가 각각의 개별법에 의해서 정책을 추진하다 보니 인터넷중독 대응의 실질적인 일원화에 어려움이 있다. 이렇다 보니 현행 법체계로는 인터넷중독에 대한 정책을 펼치는 데 한계가 있다(한국정보화진흥원, 2010).

04 도박중독

도박은 인간이 즐기는 놀이의 하나로서 도전과 경쟁의 일련의 과정을 통해 인간 내면에 잠재하고 있는 자극 추구 욕구를 충족시켜 즐거움을 얻는 동시에 게임에 대한 금전적 보상이 즉시 이루어진다는 특성 때문에 다른 놀이에 비해 강력한 중독 효과를 야기한다(김석준 · 강세현, 1995). 특히 청소년의 도박행동은 학업 부진 및 성인이 되기 이전부터 경제적 어려움에 빠지게 될 확률을 높이고, 정상적인 신체적 · 정신적 성장과 발달, 인적 네트워크 형성을 가로막는 등 많은 부정적인 영향을 초래하기 때문에 중요한 '사회문제'로 부각되고 있다(한국도박문제관리센터, 2018). 이처럼 청소년 도박에 대한 관심이 증대되면서 도박의 종류와 특성, 영향 및 폐해를 논의하고 있으나 정작 청소년 도박에 대한 정의는 제대로 규정되지 않고 있다. 이는 청소년 도박을 놀이로 치부하는 데다가 문화마다 경험하게 되는 도박의 종류가 다르기 때문에 이를 정의하는 것이 쉽지 않기 때문이다(최해경 · 유채영 · 신원우 · 박수애, 2009).

광주도박중독예방 치유센터(2013)에서는 청소년 도박에 대한 정의를 '돈내기 게임'으로 하고, "카드나 화투, (인형 등) 뽑기, 스포츠 경기 내기, 복권/토토 등 온라인

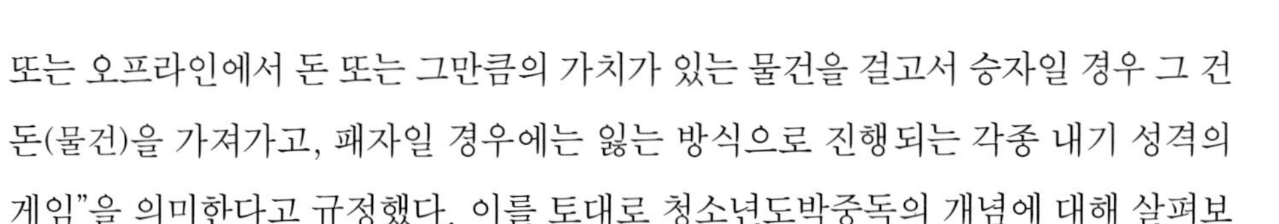

또는 오프라인에서 돈 또는 그만큼의 가치가 있는 물건을 걸고서 승자일 경우 그 건돈(물건)을 가져가고, 패자일 경우에는 잃는 방식으로 진행되는 각종 내기 성격의 게임"을 의미한다고 규정했다. 이를 토대로 청소년도박중독의 개념에 대해 살펴보면, 김교헌(2006)은 도박중독을 도박행동에 대한 만성적인 자기조절 실패로 인해 심리사회적 폐해가 동반되거나 그 위험성이 높은 상태라고 정의하였다. 이러한 도박중독은 도박행동으로 인해서 발생하는 부정적인 결과의 핵심적이고 지속적인 원인이자 중독이라는 상위범주의 한 가지 하위유형에 해당한다고 하였다(김교헌, 2003). 또 다른 연구에서는 도박자 자신의 신체적 건강과 정신적 건강은 물론 가정과 직업, 대인관계, 사회의 도덕성 등을 파괴시킬 정도로 도박에 몰입하여 자신의 의지로는 조절할 수 없는 상태라고 하였다(박상규 외, 2011). 앞의 내용을 토대로 이 장에서는 청소년도박중독을 "청소년들이 자신의 신체적 · 정신적 건강은 물론 가정과 학업, 대인관계, 도덕성 등을 파괴시킬 정도로 온라인 또는 오프라인에서 돈 또는 그만큼의 가치가 있는 물건을 걸고서 행하는 도박행동에 완전 몰입하여 도저히 자신의 의지로는 조절하기 힘든 상태"라고 정의하였다.

1) 도박중독의 실태

청소년 도박의 형태가 놀이의 수준을 넘어서 '문제'를 발생시키는 현상으로 변화하고 있다. 청소년기는 충동을 조절하는 능력이 성인에 비해 취약하고, 오락 및 게임 등에 쉽게 빠질 수 있는 발달상의 취약성을 갖고 있다. 또한 청소년들은 도박에 대한 개념 및 도박행동으로 인해 발생될 문제에 대하여 정확한 인식이 확립되어 있지 않다(김예나 · 권선중, 2016). 청소년들은 평균 12세경에 첫 사행활동을 시작하면서 주로 비문제성으로 분류할 수 있는 오프라인 사행성 게임(뽑기 게임, 내기 게임, 카드나 화투 등)을 통해 '유사 도박'을 경험하다가 온라인 게임 중 사행활동에 해당하는 '확률 아이템 구입이나 아이템 조합' 등을 통해 '도박'에 대한 수용성이나 흥미(호기심)가 높아져 위험 조건이 형성되는 경로를 거치는 것으로 판단된다(한국도박문제관리센터, 2018). 따라서 청소년도박중독의 실태를 파악하여 대책을 마련할 필요가 있다. 하지만 현실적으로 청소년 도박 실태를 파악하는 것은 쉽지 않다. 따라서 공식

통계에 나타난 청소년 도박의 실태를 중심으로 살펴보고자 한다.

한국도박문제관리센터(2018)의 2018년 청소년도박문제 실태조사에 따르면, 청소년 중 '도박으로 인해 어려움을 겪고 있을 가능성'이 있는 '도박문제 위험집단' 비율은 재학 중인 청소년과 학교 밖 청소년을 모두 포함하여 6.4~21.0% 정도로 추정하였다. 이러한 결과는 2018년 성인의 도박중독 유병률(사행산업통합감독위원회의 2018년 사행산업 이용실태 조사를 참조하였다) 5.3%에 비하면 상당히 높은 수준이다. 그리고 '도박문제 위험집단' 비율은 학년 또는 연령이 높아질수록 또는 주변에 돈내기 게임을 하는 사람들이 있거나, 주생활영역에 도박장이 있는 경우에 더 심각한 것으로 확인되었다. 도박문제 발생을 촉진할 수 있는 돈내기 게임 경험비율 또한 최근 3개월 기준 28.4~41.8%에 이르는 것으로 나타났다. 친구나 선후배 중 불법 온라인도박(사다리, 달팽이, 로하이, 그래프게임 등)을 하는 사람이 있다는 응답비율은 재학 중인 청소년은 21.5%, 학교 밖 청소년은 38.6%로 나타났다. 이런 결과는 청소년 도박문제의 심각성에 대한 평가 문항에서 10명 중 6명 정도(재학 중인 청소년의 58.7%, 학교 밖 청소년의 59.1%)가 '심각하다(매우+다소)'고 응답한 것에서 직접적으로 증명되고 있다. 그럼에도 불구하고 예방교육 경험률은 재학 중인 청소년과 학교 밖 청소년을 포함하여 23.4~30.1%에 그치고 있는 상황으로 조사되었다(한국도박문제관리센터, 2018).

2) 도박중독 관련 청소년의 현안문제

도박은 "위험요소가 포함되어 있고, 가치 있는 소유물을 잃거나 따는 사람이 있는 것, 두 명 이상이 참여해야 하며 의식적인 자발적 참여가 있는 것"을 의미한다(Smith & Wynne, 1999). 과도한 도박행동은 개인뿐 아니라 가족, 사회에 부정적인 영향을 미친다. 즉, 개인의 정신건강 및 신체건강의 악화뿐 아니라 자살 등의 문제를 초래한다(전진아, 2015). 특히 청소년 도박문제는 성인기의 도박문제로 이행될 가능성이 높으며, 성인기의 사행산업 참여 가능성을 증가시킬 수 있어 성인보다 도박과 관련된 문제에 취약하다(Lynch, Maciejewski, & Potenza, 2004). 또한 청소년 시기의 문제성 도박과 병적 도박의 발병은 성인에 비하여 4배 이상 높을 뿐만 아니라(Hume &

Mort, 2011), 청소년 도박자는 비도박자에 비하여 물질남용 및 의존 양상, 우울증의 증세가 높은 것으로 보고되었다(Lynch, Maciejewski & Potenza, 2004).

청소년도박중독 관련 현안문제를 살펴보면, 첫째, 불법 온라인 도박에 빠진 청소년들이 늘고 있다는 것이다. 한국도박문제관리센터(2018)의 '2018년 청소년 도박문제 실태조사' 결과에 따르면, 사다리, 달팽이, 그래프게임 등의 온라인 내기 게임(3.6%)과 온라인 카지노, 블랙잭 등 불법 인터넷 도박(1.6%) 등 불법 온라인 도박을 하는 청소년이 증가[2015년 온라인 내기 게임(3.2%), 불법 인터넷 도박(1.1%)]하고 있으며, 소비시간과 사용 금액도 오프라인보다 월등히 높게 나타났다. 지난 3개월 동안 돈내기 게임 경험이 있는 청소년 중 가장 자주한 돈내기 게임 소비시간을 보면, 온라인 내기 게임 95.5분, 불법 인터넷 도박 87.4분으로 평균 39.3분의 2배 이상으로 조사되었다. 그리고 지난 3개월 동안 돈내기 게임 경험이 있는 청소년 중 가장 자주한 돈내기 게임 총 사용 금액은 온라인 내기 게임 251,105원, 불법 인터넷 도박 403,140원으로 평균 34,086원의 7~12배로 나타났다. 특히 온라인 돈내기 게임을 경험한 경우 PC(25.8%)보다는 스마트폰(74.2%)을 통해 접속했다는 응답이 3배가량 높게 나타났다.

둘째, 청소년도박중독은 절도, 인터넷 사기 등 일탈행위로 이어져 청소년범죄자로 전락하는 등 2차 문제가 발생하고 있다는 것이다. 곽대훈(2017)의 '비행청소년의 사이버 일탈행동 실태 및 대응방안 연구'의 결과에 의하면, 무분별한 사행성 게임 및 온오프라인 도박행위는 도박중독의 가능성을 높이며, 이러한 도박중독은 대부분의 사이버 일탈행위와 밀접한 관련이 있는 것으로 조사되었다. 또한 도박중독 수준이 높을수록 사이버 감옥 및 직거래 사기 피해가 증가하는 것으로 나타났다. 경찰청 브리핑 자료(2017. 11. 17.)에 따르면, 도박행위자의 2차 범죄(공금횡령, 절도, 인터넷 사기 등), 가정파탄, 자살에 이르는 사례가 지속적으로 발생하고 있다. 특히 십대 사이버 도박 피의자 수가 2014년 110명, 2015년 133명, 2016년 347명으로 지속적으로 증가하고 있다. 도박행위자 3,676명 중 십대가 5.7%(210명)를 차지하는 것으로 나타났는데, 십대 210명을 조사한 결과 '스포츠도박'을 142명(67.3%)이 가장 많이 하였고, 다른 연령층과 비교했을 때 '미니게임(45명, 21.3%)'과 '소셜그래프(12명, 5.7%)가 높게 나타났다.

05 인터넷 및 도박 중독 예방과 중독청소년 지원 대책

1) 인터넷중독 예방 및 중독청소년 지원 대책

인터넷중독은 스마트폰의 보급 등으로 인해 인터넷 이용이 일상화되고 있어 더욱 심각해질 것으로 보인다. 또한 인터넷은 사용에 따른 부정적인 문제가 있음에도 불구하고 인터넷 없이는 일상생활을 할 수 없을 정도로 보편화되어 이용을 계속할 수밖에 없다는 문제를 안고 있다. 이로 인해 인터넷중독은 이젠 더 이상 개인의 문제가 아닌 사회적 문제로 대두되고 있다. 따라서 인터넷중독을 예방하고 해소하기 위한 적절한 대책 마련을 모색해야 한다.

첫째, 인터넷중독에 대한 생애주기별 맞춤형 예방교육 대상의 연령층을 낮추어야 한다. 조연하(2012)는 디지털 중독문제의 근본적인 해결을 위해서는 무엇보다도 사전적 대책인 예방교육이 중요하다고 하였다. 인터넷중독 정책에 대한 분석 결과, 생애주기별 맞춤형 예방교육의 대상이 청소년기에 집중되는 현상을 보였다. 하지만 컴퓨터, 스마트폰 등의 디지털기기를 이용하기 시작하는 연령층이 점점 낮아짐에 따라 생애주기별 맞춤형 예방교육 대상의 연령층도 낮추어야 한다. 그 이유는 첫 번째로 인터넷 의존도가 높지 않을 때 교육이 이루어져야 예방교육의 효과를 증대시킬 수 있기 때문이다. 두 번째는 인터넷중독 현상이 발생한 이후에 치유하는 데 드는 비용 및 사회적 순응 비용을 절감할 수 있기 때문이다.

둘째, 인터넷중독 관련 독립 법안 제정을 통한 부처 간 역할체계를 명확하게 구분할 필요가 있다. 체계적인 인터넷중독 정책 수립 및 추진을 위해 부처 간 업무의 중복 현상 및 정책 공백에 대해 조사하여 분석해야 한다. 정책공백지대가 발생하는지 또는 업무 중복 현상이 존재하는지, 존재한다면 구체적으로 어떤 영역에서 그와 같은 현상이 발생하는지를 분석하여 부처별 소관 업무나 전문성에 따라 세부과제를 재배치하는 작업이 필요하다(조연하, 2012). 인터넷중독 정책에 있어 결국 중요한 것은 부분적으로 담당하고 있는 부처의 업무를 효율적으로 지원하고 통합하여 실효성 있는 정책 집행과 국가자원 활용의 최적화를 통해 체계적 · 종합적으로 정책을

추진할 수 있도록 부처 간 협력 시스템을 구축해야 한다(이규정 · 고영삼 · 최명순 · 최인선 · 김현경, 2010). 예를 들어, 행정안전부, 문화관광부, 여성가족부의 상담센터 운영을 한 부처로 일원화시키고 다시 센터 내에 전문영역별 상담업무를 세분화시켜 관련 부처와의 연계를 통해 운영하는 방식으로 개선되어야 한다(조연하, 2012). 이를 위해서 정책 추진이 원활하게 될 수 있도록 인터넷중독 관련 독립 법안의 제정을 통해 뒷받침이 이루어져야 한다.

셋째, 인터넷중독 상담이나 중독청소년 치료정책은 단순히 기술 차단에만 초점을 맞출 것이 아니라 보다 총체적으로 접근해야 한다. 현대 생활에서 이미 중요한 도구가 되어 버린 디지털기기를 무조건 차단시키는 것이 아니라 지나친 이용이나 의존으로 생기는 정보 과잉, 피로감, 불량 정보유통 등의 부작용을 줄이고 생활의 균형을 바로잡을 수 있도록 해야 한다. 따라서 인터넷중독 상담이나 치료 프로그램은 반드시 인터넷의 기능을 제대로 이해하고 올바로 이용할 수 있는 교육을 포함해야 하고, 가족과의 대화 단절, 운동 부족 등 인터넷의 과다 이용으로 인해 배제되거나 상실했던 생활이나 경험을 되찾을 수 있도록 해야 한다(조연하, 2012). 강선경, 이근무와 하민정(2016)도 청소년들의 인터넷중독 회복 경험 연구를 통해 인터넷중독 청소년들을 대상으로 한 회복 프로그램으로 등산, 운동, 단체활동 등 몸을 통해 친구 및 일상세계와 친숙하게 만드는 프로그램을 구성해야 한다고 하였다. 또한 중독에 빠져 있는 청소년들뿐만 아니라 중독에 빠지지 않은 친구들과 함께할 수 있는 또래 간의 대화, 집단활동, 공동체험 활동 등으로 구성된 또래 프로그램이 필요하다고 하였다. 이와 더불어 집단 프로그램 못지 않게 개인의 적성과 취향, 소질 등을 고려한 개별적 대처능력 강화 프로그램이 필요하다고 하였다.

2) 도박중독 예방 및 중독청소년 지원 대책

청소년기의 도박경험이 도박문제를 겪게 되면 도박문제의 영향이 성인기까지 지속된다는 문제를 안고 있다. 특히 문제성 및 병적 도박자의 약 70%가 20세 이전에 도박을 시작한 것으로 나타났다(홍영오, 2015). 따라서 청소년도박중독 예방을 위한 대책 마련이 필요하다. 구체적인 예방 대책을 살펴보면 다음과 같다.

첫째, 청소년도박중독 예방을 위해서는 청소년에게 도박에 관한 정확한 사실을 알려 주는 것이 필요하다. 미디어에 의해 부정확하게 전달되는 것보다 훨씬 더 현실적으로 도박에 관한 정보가 제공되면 청소년의 도박에 관한 호기심을 제한하고 도박행동을 억제하는 것이 가능해질 수 있다. 도박자들은 자신의 게임의 결과를 통제할 수 있다고 믿는다. 즉, 통제의 환상이 사람들로 하여금 도박문제를 일으킨다고 한다(Ladouceur & Walker, 1998). 따라서 청소년에게 도박에 관한 정확한 사실과 비합리적인 도박신념을 수정하는 지식과 정보를 제공하는 개입이 효과적일 것으로 판단된다(사행산업통합감독위원회, 2009).

둘째, 스마트폰 등 인터넷 매체를 통한 청소년도박중독을 막기 위한 대책이 필요하다. 한국도박문제관리센터의 '2018년 청소년 도박문제 실태조사' 결과에 의하면, 3개월간 돈내기 게임 경험이 있는 청소년 중에서 가장 자주한 돈내기 게임의 총 사용 금액은 온라인 내기 게임이 25만1,105원이고, 인터넷 불법도박은 40만3,140원이었다. 특히 온라인상에서 돈내기 게임을 경험한 경우, PC(25.8%)보다는 스마트폰(74.2%)을 통해 접속했다는 응답이 3배가량 높게 나타났다. 따라서 스마트폰이 청소년의 돈내기 게임 이용 접근성을 높이는 것으로 확인되었다. 실제 도박 사이트들은 스마트폰으로 쉽게 접근이 가능해 별도의 성인 인증이 필요 없고 가입절차도 통장만 있으면 가능하다. 온라인 불법 도박은 연령 제한 등 뚜렷한 규제가 없으며, 대부분의 청소년은 온라인 도박이 불법이라는 사실을 인식하지 못하고 있다.

처음 접하는 불법 도박 게임인 경우 귀여운 캐릭터들이 등장하는 등 게임의 일부 정도로 생각하기 때문이다. 즉, 청소년들이 일반 게임에 익숙한 점을 노린 불법 도박게임 프로그램들은 이와 같은 점을 파고들어 청소년들을 중독에 빠지게 하고 있다. 청소년 도박은 사실상 집계보다 더 많을 것으로 예상된다. 또한 청소년 도박문제는 갈취 및 사기 등 2차 범죄로 이어지는 일이 잦다. 하지만 급증하고 있는 청소년들의 불법 온라인 도박 등에 대해서는 대책이 전무하다. 따라서 이와 같은 청소년 도박중독을 막기 위해서는 예방이 최우선일 수밖에 없다(양파티브이뉴스, 2019. 05. 03.). 특히 십대 청소년이 인터넷 불법 도박으로 형사입건이 되면 피의자 신분으로 범죄자로 낙인화되면서 성인기에 정상적인 생활이 힘들어지고, 이는 다시 성인기에 더 심각한 도박중독으로 이어질 수 있는 계기가 될 수 있다. 또한 도박을 계속하기 위해 또는 도박 빚을 갚기 위해 강도, 사기, 절도에 이어 살인의 강력범죄까지 저지를 수 있는 원인이 된다.

셋째, 청소년 도박행동을 포함한 복합적인 문제행동 예방을 위한 개입전략이 필요하다. 특정 문제행동에 관여하는 청소년은 다른 형태의 문제행동에도 관여하는 정도가 높다. 위험요인의 수준이 동일한 경우(또는 위험요인에 노출되었을 때) 음주, 흡연 등의 문제행동에 관여하는 청소년의 도박문제가 눈에 띄게 심하였고, 문제행동에 관여하지 않는 청소년의 도박문제 수준은 상당히 낮은 것으로 나타났다.

따라서 각 문제행동의 예방에 초점을 두는 개입전략보다는 2가지 이상의 문제행동을 동시에 예방하는 개입전략을 개발하는 것이 더 효율적이다. 특히 우리나라 교육 여건을 고려할 때 단일 문제행동만을 다루는 접근방식보다는 청소년들이 흔히 보이는 문제들을 동시에 다루는 접근방식이 현실적이다. 학교현장에서는 아직 문제가 발생하지 않은 청소년이 대다수를 차지하므로 도박이라는 부정적 이미지를 강조하기보다 가능한 한 도박을 경험하는 연령을 높이는 보호효과와 충동 조절 등 대처기술을 강화하는 방향으로 강조될 필요가 있다(한국도박문제관리센터, 2017).

요약

1. 인터넷중독은 인터넷 확산과 더불어 인터넷 사용에 대한 문제가 대두되면서 행동중독의 하위유형 중 하나로 제시되었다. 하지만 인터넷중독은 정식 진단명으로 인정되지 않은 상태로 현재까지 여러 유사한 명칭과 혼용되어 사용되고 있다. 그럼에도 불구하고 인터넷중독이라는 용어는 대중과 학계에서 보편적으로 사용되고 있고, 일정 부분 개념화에 따른 합의가 이루어지고 있다. 본 교재에서는 인터넷중독을 "인터넷 사용을 스스로 통제하지 못하고 과도하게 빠져들어 비적응적인 인터넷 사용으로 야기된 중독 지향적 행동으로 내성, 금단, 가상세계 지향, 일상생활장애가 나타나는 상태를 의미한다."라는 개념으로 정의하였다.

2. 인터넷이 청소년에게 미치는 긍정적인 영향으로는, 첫째, 인터넷은 청소년에게 사회에 참여할 수 있는 통로 역할을 한다. 둘째, 청소년에게 인적 네트워크를 형성하고 효율적으로 활용할 수 있게 해 준다. 셋째, 인터넷은 청소년에게 다양한 문화콘텐츠의 활용 및 새롭게 창조할 수 있는 기회의 장을 제공한다. 인터넷이 청소년에게 미치는 부정적인 영향으로는 첫째, 사회 및 학교 부적응을 초래할 수 있다. 둘째, 신체적·심리적 역기능을 가져올 수 있다. 셋째, 청소년 사이버 비행에 노출될 수 있다.

3. 인터넷중독 관련 현안문제로는, 첫째, 인터넷이나 스마트폰에 중독되는 청소년의 연령대가 점점 어려지고 있다. 둘째, 인터넷중독 정책에 있어서 부처 간의 업무가 중복으로 이루어지고 있다. 셋째, 인터넷중독에 대한 대책이 여러 법률에 분산되어 규정되어 있다.

4. 청소년도박중독이란 "청소년들이 자신의 신체적·정신적 건강은 물론 가정과 학업, 대인관계, 도덕성 등을 파괴시킬 정도로 온라인 또는 오프라인에서 돈 또는 그만큼의 가치가 있는 물건을 걸고서 행하는 도박행동에 완전 몰입하여 도저히 자신의 의지로는 조절하기 힘든 상태"이다.

5. 도박중독 관련 청소년의 현안문제로는, 첫째, 불법 온라인 도박에 빠진 청소년들이 늘고 있다는 것이다. 둘째, 청소년도박중독은 절도, 인터넷 사기 등 일탈행위로 이어져 청소년범죄자로 전락하는 등 2차 문제가 발생하고 있다는 것이다.

6. 도박 중독 예방 및 중독청소년 지원 대책으로는, 첫째, 청소년도박중독 예방을 위해서는 청소년에게 도박에 관한 정확한 사실을 알려 주는 것이 필요하다. 둘째, 스마트폰 등 인터넷 매체를 통한 청소년도박중독을 막기 위한 대책이 필요하다. 셋째, 청소년 도박행동을 포함한 복합적인 문제행동 예방을 위한 개입전략이 필요하다.

참고문헌

강선경 · 이근무 · 하민정(2016). 청소년들의 인터넷중독 회복 경험연구-Giorgi의 현상학적 연구 접근-. 청소년복지연구, 18(1), 211-234.

곽대훈(2017). 비행청소년의 사이버 일탈행동 실태 및 대응방안 연구. 충남: 충남대학교 산학협력단.

광주도박중독예방치유센터(2013). 광주지역 청소년 게임도박문제 실태조사 보고서. 광주: 광주도박중독예방치유센터.

경찰청(2017. 11. 17.). "사이버도박 특별단속 결과 4,033명 검거".

국가정보화전략위원회(2012). 인터넷중독 예방 해소 추진 현황 및 2012년 세부 시행계획. 서울: 국가정보화전략위원회.

권이종 · 김천기 · 이상오(2011). 청소년문화론. 경기: 공동체.

권준모(2001). 온라인 게임의 문제점 및 대응방안. 정보문화센터 인터넷중독 대처방안 모색을 위한 전문가 포럼 자료집.

김교헌(2003). 병적 도박 선별을 위한 K-NODS의 신뢰도와 타당도. 한국심리학회지: 건강, 8(3), 487-509.

김교헌(2006). 도박행동의 자기조절모형: 상식모형의 확장. 한국심리학회지: 건강, 11(2), 243-274.

김교헌(2007). 중독, 그 미궁을 헤쳐 나가기. 한국심리학회지: 건강, 12(4), 677-693.

김경호 · 차은진(2012). 중학생의 인터넷중독이 사이버 비행에 미치는 영향: 인터넷 윤리의 매개효과 검증. 보건사회연구, 32(2), 364-401.

김경희(2015). 기독대학생의 인터넷중독과 신앙성숙도에 관한 통합 연구. 고신대학교 대학원 박사학위 논문.

김미영(2003). 중학생의 인터넷중독과 정신건강과의 관계. 공주대학교 대학원 석사학위논문.

김석준 · 강세현(1995). 도박의 실태와 의식에 관한 연구: 제주지역을 대상으로. 형사정책연구원 연구총서, 11-200.

김소정(2010). 인터넷 경험이 청소년 비행에 미치는 영향. 사회복지연구, 41(3), 57-79.

김수경(2010). 청소년의 온라인게임 몰입과 중독에 관한 연구: 자기통제의 영향력을 중심으로. 한양대학교 대학원 박사학위논문.

김은경(2015). 청소년의 인터넷 사용과 건강행태 관련성. 지역사회간호학회지, 26(1), 52-60.

김예나 · 권선중(2016). 한국판 청소년 도박중독 진단 척도(K-DSM-IV-MR-J)의 타당화 연

구, 한국심리학회지: 건강, 21(4), 751-772.

도은영 · 정복례 · 도복늠(2001). 중독(addiction)에 대한 개념 분석. **지역사회간호학회지, 12(1), 261-268.**

머니투데이(2018.04.02). "검색부터 게임까지… 10대는 '유튜브 Only'".

박부환 · 김병영 · 장은정(2013). 청소년의 인터넷중독 과정 경험에 관한 현상학적 연구. **청소년학연구, 20(8), 71-95.**

박상규 · 강성군 · 김교헌 · 서경현 · 신성만 · 이형초, 전영민(2011). **중독의 이해와 상담실제.** 서울: 학지사.

배장훈 · 안성진 · 정진욱(2010). 인터넷이 현대 사회에 미치는 영향력에 관한 연구. **2010년 한국컴퓨터교육학회 하계 학술발표논문집, 14(2), 215-219.**

봉은주 · 김은아(2015). 청소년 음주문제와 인터넷중독이 정신건강에 미치는 영향. **청소년학연구, 22(9), 1-23.**

사행산업통합감독위원회(2009). **도박중독 예방 프로그램 개발-청소년 대상-.** 경기: 사행산업통합감독위원회.

사행산업통합감독위원회(2018). **2018년 사행산업 이용실태 조사.** 경기: 사행산업통합감독위원회.

신성철 · 신종우 · 정희정 · 김윤진(2015). **청소년문화론.** 서울: 정민사.

안미영(2014). 게슈탈트 관계성 향상 프로그램(GRIP)이 인터넷중독 경향을 가진 청소년의 심리 · 사회적 적응에 미치는 영향. 경일대학교 대학원 박사학위논문.

안정임 · 서윤경 · 김성미(2013). 청소년의 디지털 시민성에 관한 연구: 미디어 리터러시와 교육경험의 영향력을 중심으로. **시민교육연구, 45(2), 161-191.**

안주아(2016). 대학생들의 스마트폰 이용행태와 중독. **언론과학연구, 16(4), 128-162.**

양돈규(2000). 청소년의 감각추구성향과 인터넷중독 경향 및 인터넷관련 비행간의 상관성. **청소년학연구, 7(2), 117-136.**

양파티브이뉴스(2019. 05. 03.). "스마트폰 이용한 청소년 도박 중독 예방이 최우선".

여성가족부(2017). **2017년 인터넷 · 스마트폰 이용습관 진단조사.** 서울: 여성가족부

유상미 · 김미량(2010). 실천적 정보통신윤리 교육을 위한 사이버 일탈행위 분석. **한국컴퓨터교육학회 논문지, 13(5), 51-70.**

이계원(2001). 청소년의 인터넷중독에 관한 연구. 이화여자대학교 대학원 박사학위논문.

이규정 · 고영삼 · 최명순 · 최인선 · 김현경(2010). **인터넷중독의 예방과 해소를 위한 법제 정비방향.** 서울: 한국정보화진흥원.

이명수 · 오은영 · 조선미 · 홍만제 · 문재석(2001). 청소년 인터넷중독증과 우울, 사회적 불

안, 또래관계 문제와의 연관성 조사. 신경정신의학, 40(4), 616-626.

이미리(2006). 고3생의 인터넷 사용량에 따른 심리, 행동, 대인관계 특성의 차이. 대한가정학회지, 44(7), 11-20.

이윤주(2015). 의사소통 연결망이 청소년 정치 참여에 미치는 효과: 서울시 어린이청소년참여위원회의 집합적 의사결정을 중심으로. 서울대학교 박사학위 논문.

이주연 · 전종철(2015). 청소년의 인터넷중독이 학업적응에 미치는 영향-정서조절의 매개효과를 중심으로-. 청소년복지연구, 17(1), 287-303.

임지영(2014). 남자 청소년의 게임중독이 공격성에 미치는 영향: 집행기능결함의 매개효과를 중심으로. 한국콘텐츠학회논문지, 14(2), 122-130.

정숙희 · 전명희(2012). 기독대학생들의 인터넷아용과 사회부적응과의 관계-공동체리더십훈련의 동료지지와 자기효능감의 매개효과. 신앙과 학문, 17(2), 175-200.

정연순 · 이민경(2008). 교사들이 지각한 잠재적 학업중단의 유형과 특성. 한국교육, 35(1), 79-102.

정혜원 · 정동우(2012). 청소년의 자기통제력이 사이버비행에 미치는 영향: 부모애착, 애착의 매개 및 조절효과를 중심으로. 청소년학연구, 19(9), 1-23.

조남억(2012). 청소년의 소셜미디어 리터러시에 관한 탐색적 고찰. 청소년복지연구, 14(4), 93-111.

조성연 · 이미리 · 박은미(2009). 학업중단청소년. 아동학회지, 30(6), 361-403.

조연하(2012). 인터넷중독관련 정책 개선방안 연구: 인터넷 '디톡스(detox)'의 관점에서. *Internet & Information Security, 3*(4), 62-85.

조헌국(2017). 4차 산업혁명에 따른 미래사회와 교육환경의 변화, 그리고 초, 중등 과학교육의 과제. 초등과학교육, 36(3), 286-301.

전진아(2015). 도박중독실태와 예방 · 치유 정책 현황 및 과제. 보건복지포럼, 11, 25-33.

최나영 · 김성재(2010). 청소년의 인터넷 게임 중독 정도와 건강생활 습관 양상. 스트레스연구, 18(1), 51-57.

최해경 · 유채영 · 신원우 · 박수애(2009). 도박중독 예방 프로그램 개발-청소년 대상-. 경기: 사행산업통합감독위원회.

쿠키뉴스(2017. 12. 12.). "10~20대 가장 많이 쓰는 앱은 '유튜브', 50대는 '카카오톡'".

한국도박문제관리센터(2017). 도박문제 보호요인과 위험요인에 따른 청소년도박예방 모델 개발. 서울: 한국도박문제관리센터.

한국도박문제관리센터(2018). 2018년 청소년 도박문제 실태조사. 서울: 한국도박문제관리센터.

한국언론진흥재단(2016). 2016 10대 청소년미디어 이용조사. 서울: 한국언론진흥재단.

한국인터넷진흥원(2017). 2017 인터넷이용실태조사 요약보고서. 전남: 한국인터넷진흥원.

한국정보문화진흥원(2005). 인터넷중독 상담 성과 측정 연구. 서울: 한국정보문화진흥원.

한국정보화진흥원(2005). 청소년의 인터넷중독 장기추적 조사 연구. 서울: 한국정보화진흥원.

한국정보화진흥원(2007). 인터넷중독의 대체 용어로서 인터넷 과의존의 개념연구. 서울: 한국정보화진흥원.

한국정보화진흥원(2010). 인터넷중독의 예방과 해소를 위한 법제 정비 방향. 서울: 한국정보화진흥원.

한국정보화진흥원(2011). 2011년 인터넷중독 실태조사. 서울: 한국정보화진흥원.

한국정보화진흥원(2015). 2015년 인터넷 과의존 실태조사. 서울: 한국정보화진흥원.

한국정보화진흥원(2017). 2017년 스마트폰 과의존 실태조사. 대구: 한국정보화진흥원.

홍영오(2015). 도박중독에 대한 효과적인 예방 및 대응방안. 한국형사정책연구원 KIC ISSIE PAPER, 12(8), 1-25.

Block, J. (2008). Issues for DSM-VI: Internet addiction. *The American Journal of Psychiatry*, *165*(3), 306-307.

Corsini, R. J. (1994). *Encyslopedia of psychology*. 2nd ed. 2. New York: John Wiley & Sons.

Hume, M., & Mort, G. (2011). Fun, friend, or foe: Youth perceptions and definitions of online gambling. *Social Marketing Quarterly* , *17*(1), 109-133.

Griffiths, M. D. (1999). Internet addiction: Fact or fiction. *The Psychologist, 12*(5), 246-250.

Goldberg, I. K. (1996). *Internet addiction disorder [Electronic mailing list message]*. Retrieved from http://users.rider.edu/~suler/psycyber/supportgp.html

Ladouceur, R., & Walker, M. (1998). *The cognitive approach to understanding and treating pathological gambling*. In A. S. Bellack & M. Hersen (Eds.), Comprehensive clinical pathology. New York: Pergamon.

Lee, W. J. (1990). Medical Dictionary. Seoul: Academy Publishing Co.

Lynch, W. J., Maciejewski, P. K., & Potenza, M. N. (2004). Psychiatric correlates of gambling in adolescents and young adults grouped by age at gambling onset. *Archives of General Psychiatry, 61*, 1116-1122.

Ostovar, S., Allahyar, N., Aminpoor, H., Moafian, F., Nor, M. B., M., & Friffiths, M. D.

(2016). Internet addiction and its psychological risks(depression, anxiety, stress and loneliness) among Iranian adolescents and young adults: A structural equation model in a cross-sectional study. *International Journal of Mental Health and Addiction, 14*, 257-267.

Sandra, R. (2000). *Addiction treatment: Theory and practice*. Beverly Hills, CA: SAGE Publications Inc.

Smith, G. J., & Wynne, H. J. (1999). *Gambling and crime in western canada: Exploring myth and reality*. Calgary: Canada West Foundation.

Stavropoulos, V., Alexandraki, K., Motti-Stefanidi, F. (2013). Recognizing internet addiction: Prevalence and relationship to academic achievement in adolescents enrolled in urban and rural Greek high schools. Journal of adolescence, 36(3), 565-576.

Tapscott, D. (2000). N 세대의 무서운 아이들(허운나 · 유영만 역). 서울: 물푸레. (원전은 1997년에 출판).

Tosun, L. P., & Lajunen, T. (2010). Does internet use reflect your personality? Relationship between Eysenck's personality dimensions and internet use. *Computers in Human Behavior, 26*(2), 162-167.

Wilcox, P., Land, K. C., & Hunt, S. (2003). *Criminal circumstance: A dynamic multicontextual criminal opportunity theory*. New York: Walter de Gruyter.

Young, K. S. (1996). Internet addiction: The Emergence of a new clinical disorder. *Cyber Psychlogy & Behavior, 1*(3), 237-244.

국립국어원 표준국어 대사전 http://stdict.korean.go.kr.

와이즈앱 wiseapp.co.kr.

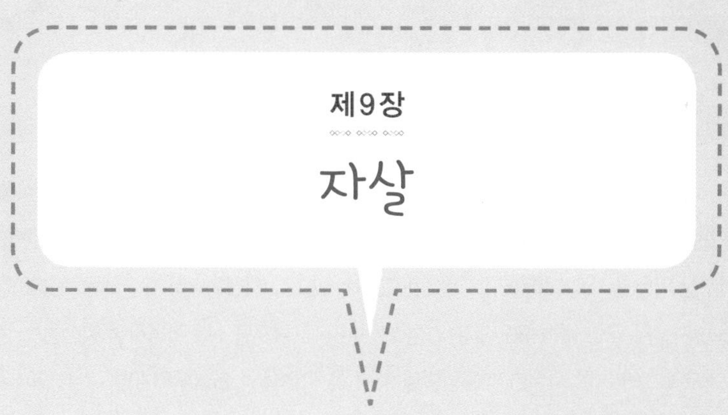

제9장

자살

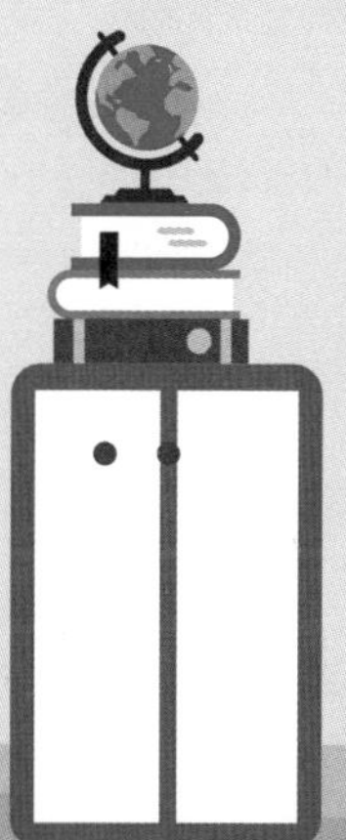

학습개요

우리나라는 2003년 이후 최근까지 OECD 국가 중 자살률 1위를 유지하고 있는 가운데 OECD 평균의 2배 이상의 자살률을 보이고 있다. 자살률의 증가는 사회가치체계에 영향을 주고, 청소년자살 위험 증가로 이어지기도 한다는 점에서 반드시 개선되어야 할 사회적 문제이다.

청소년자살은 개인 내적 요인과 환경적 요인이 복합적으로 상호작용하여 발생하는 결과로, "심한 스트레스에 대한 적절한 대응방법을 찾지 못한 이들의 현실도피방법" "가슴깊이 감추어 둔 호소, 즉 도움을 청하는 극단적 표현"으로 정의된다. 이러한 정의를 살펴보면 오늘날의 청소년은 스트레스가 매우 높고, 이로 인해 도움이 필요한 자신의 상태를 표현하는 방법에 있어 대안이 필요함을 알 수 있다. 이에 이 장에서는 청소년자살의 특성 및 실태를 확인하고 자살예방을 위한 법과 정책을 살펴본 후 청소년자살예방을 위한 과제를 도출하고자 한다.

01 청소년자살의 정의 및 특성

1) 청소년자살의 정의

우리나라는 2003년 이후 최근까지 OECD 국가 중 자살률 1위를 유지하고 있다. 우리나라 자살률은 OECD 평균의 2배 이상으로 연평균 약 1.4만 명이 자살로 사망한 것으로 나타나고 있으며, 자살로 인한 사회적 비용은 약 6.5조 원으로 추산되고 있다(국가정책조정회의, 2016). 자살률이 높다는 것은 그만큼 사회가 불안정함을 반증하는 것이라 볼 수 있다. 자살 급증은 사회적으로 악영향을 미치는데, 2005년 유명연예인의 자살과 같이 유명인사들의 자살 이후 하루 평균 자살자가 일시적으로 2배 이상 증가하기도 했다. 이와 같은 자살률의 증가는 사회가치체계에 영향을 주고, 청소년자살 위험의 증가로 이어지기도 한다(박종익 · 남윤영 · 이해국 · 박지영 · 이명수 · 이수정, 2012).

자살(suicide)이란 스스로 자기 생명을 끊는 행위로, 그 어원은 'sui(자기 자신을)'와 'cide(죽인다)'라는 단어에서 찾을 수 있다(황순길 · 박재연 · 이혜정, 2016). 세계보건기구(WHO)에서는 자살을 "자살행위로 인하여 죽음을 초래하는 경우로, 죽음의 의도와 동기를 인식하면서 자신에게 손상을 입히는 행위"로 정의하고, 자해행위란 "어느 정도의 자살의도를 가지고 그 동기를 인지하면서 자기 자신에게 가한 상해"로 정의하고 있다. 자살과 자해를 구분하는 중요한 개념은 자살의도로, "자살로 인한 치명적 결과를 예상하고, 이러한 결과를 얻으려는 의도"가 포함된 자발적 상해행동을 '자살시도'로 정의하고 있다. 통계청에서도 자살의 사망 원인을 '고의적 자해(자살)'라고 지칭하고 있다.

자살에 대한 관점은 정신 · 심리학적 관점과 사회학적 관점으로 구분할 수 있다. 정신 · 심리학적 관점에서 설명되는 자살은 인간의 인지 · 정서 · 인격 관련 요인과 함께 의식과 무의식의 정신과정, 그리고 생애주기라는 발달적 측면에서 다루어진

다. 이에 비해 자살의 원인이 개인과 사회의 관계 내의 사회적 맥락에 있다고 보는 사회학적 관점 또한 존재한다. 프랑스 사회학자 뒤르켐(E. Durkheim)은 매우 개인적인 것처럼 보이는 자살이 실제로는 사회 세계에 의해 영향을 받고 있음을 밝힌 바 있다(Durkheim, 2008).

청소년자살은 개인 내적 요인과 환경적 요인이 복합적으로 상호작용하여 발생하는 결과로, "심한 스트레스에 대한 적절한 대응방법을 찾지 못한 이들의 현실도피방법"(한국청소년개발원, 2002), "가슴깊이 감추어둔 호소, 즉 도움을 청하는 극단적 표현"(이경진 · 조성호, 2004)으로 정의된다. 이러한 정의를 살펴보면 오늘날의 청소년은 스트레스가 매우 높고, 이로 인해 도움이 필요한 자신의 상태를 표현하는 방법에 있어 대안이 필요함을 알 수 있다(김현주 · 노자은, 2011).

2) 청소년자살의 특성

자살은 실업률의 변화와 같은 거시경제적 측면부터 정신질환을 치료받지 않는 분위기, 자살의 심각성을 인지하지 못하는 인식 등의 사회적 여건, 그리고 직접적 동기로 작용하는 개인적 요인까지 다양한 체계의 영향을 받는다. 우리나라 청소년 자살의 특성을 살펴보면, 첫째, 자살에 영향을 미치는 요인으로 경제문제, 가족, 스트레스 등이 꼽힌다. 둘째, 자살사망자 대부분은 사망 전 언어 · 행동 · 정서 상태(죽고 싶다는 표현 빈도 증가, 주변 정리, 우울 · 불안 증세 등)의 변화를 통해 자살 징후를 드러내는 경고신호를 보낸다. 셋째, 전 연령대에서 정신건강 문제를 경험하는 비율이 높은 가운데 자살에 영향을 미치는 주요 스트레스 요인과 자살 경고신호는 연령대별로 다른 양상을 보인다. 특히 청년은 정신과적 문제, 중장년은 경제적 문제, 노인은 신체질병 문제로 인한 자살이 타 연령보다 높게 나타난다(〈표 9-1〉 참조).

청소년의 자살에는 우울증, 불안장애와 같은 개인적 요인과 함께 학교폭력, 왕따, 학업 스트레스 등과 같이 학령기에 경험하는 부정적 문제들이 복합적으로 영향을 미친다. 이들의 자살은 청장년 또는 노인의 자살과 다르게 대부분 사전 계획 없이 충동적으로 시도된다는 특성을 보인다. 그럼에도 불구하고 부모로부터의 심한 꾸중, 외모에 대한 고민, 이성친구와의 문제, 성적, 따돌림 등 분명한 동기를 가진다는

표 9-1 연령대별 스트레스 요인 및 자살 경고 신호 양상

구분	스트레스 요인 및 자살 경고 신호 양상
청년기 (19~34세)	• 연애관계 스트레스와 학업 스트레스가 높음 • 성인기 이전에 부정적 사건을 경험한 비율이 높음
중년기 (35~49세)	• 직업 관련 및 경제적 문제 스트레스가 높음 • 특히 부채(주로 주택 관련 부채)로 인한 스트레스가 높음
장년기 (50~64세)	• 직장 스트레스, 특히 실업 상태로 인한 문제 및 경제적 문제 스트레스 • 정신건강 치료 및 상담을 받은 경험이 있음 • 과거 자살시도 경험률이 높음
노년기 (65세 이상)	• 신체건강과 관련한 스트레스 비중이 높음 • 사회적 관계가 취약한 경우(혼자 지냄, 친구가 거의 없음)가 타 연령대에 비해 높음
공통 (전 연령)	• 전 연령대에서 우울장애, 물질관련장애와 같은 정신건강 문제를 경험하는 비율이 전반적으로 높음 • 가족 관련 스트레스가 높으며, 연령대의 양상은 다소 상이함 • 대부분의 자살사망자가 사망 전에 자살과 관련된 경고 신호를 보이지만 주변의 가족이나 지인들은 이를 인지하지 못하는 경우가 많음

*출처: 보건복지부 보도자료(2018).

점을 기억할 필요가 있다. 또 다른 측면에서의 청소년자살의 특성은 동반 자살이나 유명 연예인의 자살 보도에 따른 모방 자살과 같은 피암시성이 강하며, 완전한 자살을 목적으로 치사도가 높은 수단을 통하여 자살을 시도한다는 점에서 찾을 수 있다(이종길, 2009).

청소년자살 관련 연구들은 스트레스나 우울 등과 같은 개인 내적인 측면(노혜련 · 김형태 · 이종익, 2005; 문경숙 · 임규혁, 2007; 우채영 · 박아청 · 정현희, 2010; 이지연 · 김효창 · 현명호, 2005; 전영주, 2001; 정영주 · 정영숙, 2007)과 함께 가족, 친구, 학교 및 지역사회 등 이들을 둘러싼 다양한 체계가 청소년자살충동에 미치는 영향력을 주로 분석하였다(김현주 · 노자은, 2011; 박영숙, 2009; 박현숙 · 구현영, 2009; 이민아 · 김석호 · 박재현 · 심은정, 2010; 조아미 · 방희정, 2003). 청소년자살 관련 연구들은 청소년자살이 그 시기적 특성상 다른 연령별 집단과 구별되는 사회적 특성이 존재한다는 점을 반드시 고려하여 그 원인을 밝혀야 함을 강조하였다.

한편, 청소년이 자살이라는 극단적 선택을 하기까지는 자살생각(suicidal ideation), 자살시도(suicidal attempt), 그리고 죽음에 이르는 자살(suicidal completion)의 세 가지 단계를 거친다(Sandin et al., 1998; 지승희 · 구본용 · 배주미 · 정익중 · 이승연 · 김은영, 2007). 자살생각은 자살에 대한 계획과 자살시도에 앞서 나타난다(Kessler et al., 1999). 자살생각이 반드시 자살시도와 실제 자살로 이어진다고 할 수는 없으나 자살 관련 행동에 대한 중요한 예측지표가 되는 것은 사실이다. 따라서 자살생각을 감소시키면 자살시도를 예방할 수 있다(Beck, 1979; Simons & Murphy, 1985; 황순길 외, 2016 재인용).

02 청소년자살 실태

자살은 전 세계적으로 청소년 사망의 주요 원인으로 꼽힌다. 특히 우리나라에서는 2007년부터 계속하여 고의적 자해, 즉 자살이 청소년 사망 원인 1위로 나타나고 있다. 2015년 한국 청소년(10~24세)의 자살률은 7.9명으로 확인되었다. 우리나라 청소년자살률이 2009년 11.0명, 2011년 9.5명, 2013년 8.3명으로 점차 감소하는 경향을 보이는 것은 사실이나, 여전히 OECD 청소년 평균 자살률인 6.2명보다 약 1.3배 높은 수준이라는 점에서 그 심각성을 인식할 필요가 있다(통계청 · 여성가족부, 2017).

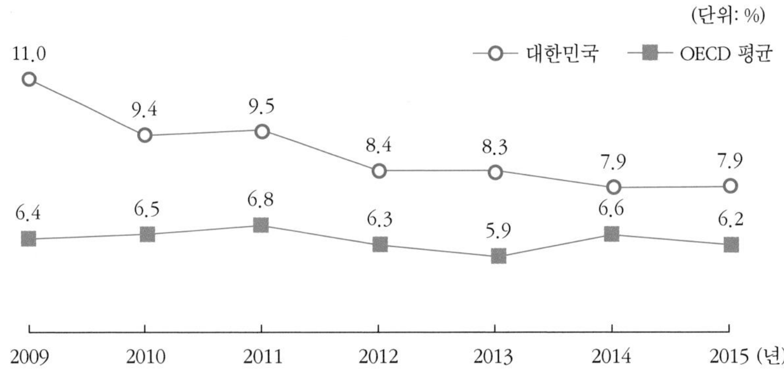

[그림 9-1] 청소년(10~24세)의 자살률 추이

*출처: 통계청 · 여성가족부(2017).

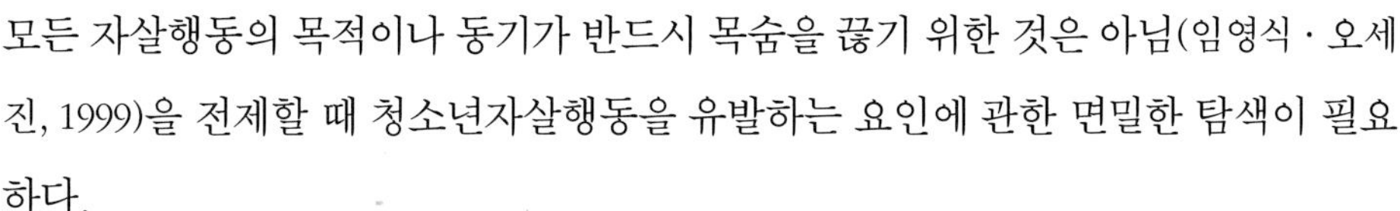

모든 자살행동의 목적이나 동기가 반드시 목숨을 끊기 위한 것은 아님(임영식 · 오세진, 1999)을 전제할 때 청소년자살행동을 유발하는 요인에 관한 면밀한 탐색이 필요하다.

2017년 청소년건강행태온라인조사에 따르면, 중1~고3 청소년 중 12.1%가 지난 1년간 심각하게 자살을 생각해 본 적이 있다고 응답하였다(교육부 · 보건복지부 · 질병관리본부, 2017). 실제 국내 청소년의 자살로 인한 사망률은 최근 5년간 지속적으로 십만 명 당 24% 이상을 유지하고 있다. 연령별 자살로 인한 사망률은 20~24세 청소년이 가장 높고, 성별로는 남자 청소년의 사망률이 여자 청소년에 비해 더 높은 비율을 보이고 있다(통계청, 2013~2017).

청소년자살은 가족은 물론 주변인들과 지역사회에 정서적 손상을 입힐 뿐만 아니라 고령화 사회 내의 활동인구의 감소라는 사회적 문제로 이어진다(권태연, 2012). 청소년자살에 대한 많은 연구는 정신 · 심리학적 모델에 입각하여 청소년이라는 발

표 9-2 자살로 인한 청소년 사망자 수 및 사망률 추이(2014~2018년) (단위 : 명, 십만 명 당 %)

구분		2014		2015		2016		2017		2018	
성별	연령별	사망자 수	사망률	사망자 수	사망률	사망자 수	사망률	사망자 수	사망률	사망자 수	사망률
계	계	13,836	27.3	13,513	26.5	13,092	25.6	12,463	24.3	13,670	26.6
	10~14세	31	1.1	31	1.2	22	0.9	35	1.5	49	2.1
	15~19세	243	7.2	214	6.5	251	7.9	219	7.2	251	8.7
	20~24세	467	13.6	463	13.2	471	13.3	467	13.3	527	15.3
남자	계	9,736	38.4	9,559	37.5	9,243	36.2	8,922	34.9	9,862	38.5
	10~14세	20	1.4	17	1.3	12	1.0	22	1.8	25	2.1
	15~19세	154	8.7	122	7.1	150	9.0	141	8.9	128	8.5
	20~24세	299	16.4	299	16.1	293	15.6	310	16.7	323	17.8
여자	계	4,100	16.1	3,954	15.5	3,849	15.0	3,541	13.8	3,808	14.8
	10~14세	11	0.8	14	1.1	10	0.9	13	1.2	24	2.1
	15~19세	89	5.6	92	5.9	101	6.6	78	5.4	123	8.9
	20~24세	168	10.4	164	10.0	178	10.7	157	9.5	204	12.5

*출처: 통계청(2013~2017).

달 시기의 특성에 초점을 맞추어 개인 내적 요인들로 자살을 설명하고 있다. 그러나 이러한 연구들이 청소년자살을 설명할 때 청소년기에 영향을 미치는 사회적 맥락과의 연관성을 완전히 배제하는 경우는 거의 없다. 그 예로 한국 청소년들이 다른 국가의 청소년과 비교했을 때 우울감 수준이 높음을 밝히거나, 대입경쟁으로 인한 공부 압력과 가족 내 갈등이 자살충동에 미치는 영향력을 밝힌 연구들을 들 수 있다(최원기, 2004; 문경숙, 2006; 김현주 · 노자은, 2011 재인용). 이처럼 청소년자살은 그 시기적 특성상 다른 연령별 집단과 구별되는 사회적 특성이 존재하기 때문에 그 원인에 대해 차별적으로 접근할 필요가 있다(노자은 · 김현주, 2013).

03 청소년자살예방 지원 법과 정책

1) 자살예방 지원법

자살예방을 위한 국가 및 지방자치단체의 정책적 지원 의무에 관한 법적 규정은 「자살예방 및 생명존중문화 조성을 위한 법률」(약칭 '자살예방법')로, 2011년 3월에 제정되어 2012년 3월부터 시행되어 왔다. 이 법에서는 자살을 "사회적 전염성이 커서 조기에 차단하지 못하면 사회 전체를 파멸로 몰아넣을 수도 있다."라고 설명하면서 이에 "국민의 생명을 보호해야 할 일차적 책임이 있는 국가가 나서서 효과적이고 체계적인 예방 대책을 마련하여야 할 것"이라고 명시하고 있다. 국가는 국민의 생명을 보호하고 사회경제적인 손실을 방지하기 위해 성별, 연령별, 계층별, 동기별로 다각적이고 범부처적인 차원의 사전예방 시책들과 생명존중문화 조성을 위한 대책들을 법률에 명문화할 필요가 있다고 법의 제정 이유를 밝히고 있다.

자살예방법은 자살에 대한 국가적 차원의 책무와 예방정책에 관하여 필요한 사항을 규정함으로써 국민의 소중한 생명을 보호하고 생명존중문화를 조성함을 목적으로 한다(제1조). 이 법률의 구성은 〈표 9-3〉과 같다.

자살예방법은, 첫째, 자살예방정책이 사전예방대책과 사회문화적 인식 개선에 중점을 두고 수립되어야 한다는 기본방향과 함께 국가와 지방자치단체의 자살예방

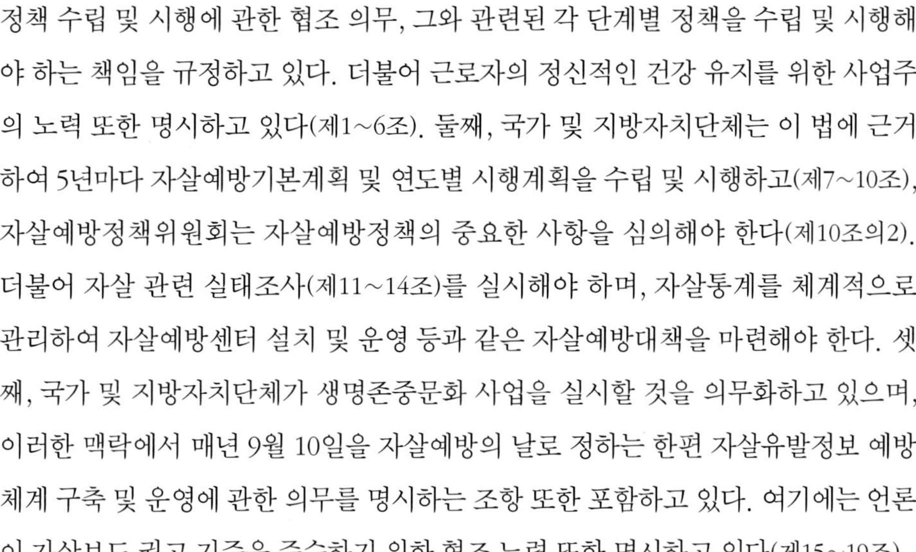

정책 수립 및 시행에 관한 협조 의무, 그와 관련된 각 단계별 정책을 수립 및 시행해야 하는 책임을 규정하고 있다. 더불어 근로자의 정신적인 건강 유지를 위한 사업주의 노력 또한 명시하고 있다(제1~6조). 둘째, 국가 및 지방자치단체는 이 법에 근거하여 5년마다 자살예방기본계획 및 연도별 시행계획을 수립 및 시행하고(제7~10조), 자살예방정책위원회는 자살예방정책의 중요한 사항을 심의해야 한다(제10조의2). 더불어 자살 관련 실태조사(제11~14조)를 실시해야 하며, 자살통계를 체계적으로 관리하여 자살예방센터 설치 및 운영 등과 같은 자살예방대책을 마련해야 한다. 셋째, 국가 및 지방자치단체가 생명존중문화 사업을 실시할 것을 의무화하고 있으며, 이러한 맥락에서 매년 9월 10일을 자살예방의 날로 정하는 한편 자살유발정보 예방체계 구축 및 운영에 관한 의무를 명시하는 조항 또한 포함하고 있다. 여기에는 언론이 자살보도 권고 기준을 준수하기 위한 협조 노력 또한 명시하고 있다(제15~19조).

자살예방법의 제정에 따라 전국 광역 및 기초 지방자치단체 가운데 2017년 3월 기준 서울·세종자치시 등 6개 광역시를 포함한 192곳에서 자살예방 및 생명존중 관련 조례를 제정 및 시행하고 있다. 각 조례는 자살예방법을 근거로 자체적 자살예방계획 수립을 지방자치단체장의 책임과 의무로 규정하고 있다(중앙자살예방센터, 2017).

표 9-3 「자살예방 및 생명존중문화 조성을 위한 법률」의 주요 내용

구분	관련조항	내용
제1장 총칙	제1~6조	• 자살예방법의 목적 • 자살예방정책의 방향 및 용어 정의 • 국민의 국가 및 지방자치단체에 대한 권리와 의무 • 국가 및 지방자치단체의 국민 구조 의무와 관련 정책 수립 의무 • 사업주의 의무 • 다른 법률과의 관계

제2장 기본계획의 수립 등	제7～10조	• 국가의 자살예방기본계획(5년 단위) 수립 의무 • 보건복지부와 관계 중앙행정기관, 지방자치단체의 연도별 자살예방시행계획 수립 의무 • 보건복지부의 시도별 자살예방시행계획 평가 및 심의 · 확정 의무 • 기본계획 및 시행계획 수립을 위해 필요한 기관 및 단체에 대한 협조 요청 권한 • 자살예방정책위원회 심의 내용, 구성
제3장 자살예방 대책 등	제11～14조	• 국가 및 지방자치단체의 자살 실태조사 수행(5년 단위) 의무 및 포함사항 • 심리부검 목적 및 사전 동의 의무 • 국가 및 지방자치단체의 자살 관련 통계수집 및 분석, 관리를 위한 연구기관 지정 운영 권한 • 경찰청 등과 자살예방센터 등 기관 간 정보 연계 체계 구축 • 보건복지부 및 지방자치단체의 자살예방센터 설치, 운영 권한 명시 • 자살위험자를 위한 국가 및 지방자치단체의 환경 조성 및 도구의 개발, 보급 의무 명시
제4장 생명존중문화 조성 등	제15～19조	• 국가 및 지방자치단체의 생명존중문화 조성사업 추진 의무 • 자살예방의 날(매년 9월 10일) 및 자살예방주간 지정(자살예방의 날로부터 향후 1주일) • 지정기관 · 단체 및 시설의 자살예방 상담 및 교육 노력 • 자살예방에 관한 국민의 이해 증진을 위한 국가 및 지방자치단체의 교육 및 홍보 의무 • 정보통신망을 이용한 자살유발정보 유통 금지 • 국가 및 지방자치단체의 자살유발정보 예방체계 구축 · 운영을 위한 행정기관과 관계 단체의 협력 의무 • 언론의 자살보도 권고 기준 준수 및 협조 이행을 위한 노력 • 긴급구조대상자 구조를 위한 관계 기관 간 정보 제공 요청
제5장 보칙	제20～24조	• 국가 및 지방자치단체의 자살시도자 심리상담 · 치료 지원 • 자살자 및 유가족의 사생활 보호 의무 • 자살예방 관련 전문인력 양성 의무 • 자살예방 관련 수행 민간단체 지원 • 「자살예방법」에 따라 직무 수행한 인력의 비밀누설 금지 의무

2) 자살예방 지원정책

자살예방법은 자살예방정책이 "자살 위험에 노출된 개인이 처한 특수한 환경을 고려하여 성별, 연령별, 계층별, 동기별 등 다각적이고 범정부적인 차원의 사전예방 대책에 중점을 두고 수립되어야 한다."라고 그 방향을 명시하고 있다. 이에 국가 차원의 자살예방 정책은 '생명윤리의식 및 생명존중문화의 확산' '건강한 정신과 가치관의 함양' 등 사회문화적 인식 개선에 중점을 두고 수립되어야 한다. 본 장에서는 자살 예방 지원정책에 대하여 자살예방기본계획, 자살예방 국가 행동계획과 함께 자살예방정책 관련 기관들을 살펴보고자 한다.

(1) 자살예방기본계획

자살예방 기본계획 수립 및 시행의 법적 의무가 명시된 것은 2011년 자살예방법이 제정되면서부터이며, 이 법 제7조에 그 근거를 둔다. 이후 2018년 12월에 자살예방법이 개정되면서 자살예방기본계획 수립 및 시행 의무가 '보건복지부장관'에서 '국가'로 변경된 바 있으며, 개정 전에는 '관계 중앙행정기관장과의 협의 → 국민건강증진정책심의위원회 내 자살예방전문위원회의 심의 과정을 거쳐 수립'하던 기본계획을 개정 후에는 '관계 중앙행정기관장과의 협의 → 기본계획안 작성 → 자살예방정책위원회의 심의를 거쳐 확정'하도록 하고 있다(〈표 9-4〉 참조).

표 9-4 자살예방기본계획의 법적 근거

제7조(자살예방기본계획의 수립)

① 국가는 자살예방정책을 효과적으로 추진하기 위하여 자살예방기본계획(이하 "기본계획"이라 한다)을 5년마다 수립하여야 한다.

② 기본계획에는 다음 각 호의 사항이 포함되어야 한다.

1. 생명존중문화의 조성
2. 자살상담매뉴얼 개발 및 보급
3. 아동 · 청소년 · 중년층 · 노인 등 생애주기별 자살예방 대책
4. 우울증 및 약물 중독관리 등 정신건강 증진
5. 정보통신 등 다양한 매체를 이용한 자살예방체계 구축

6. 자살위험자 및 자살시도자의 발견 · 치료 및 사후관리
7. 자살자의 유족에 대한 지원 및 사후관리
8. 자살 감시체계의 구축
9. 자살 수단에 대한 통제
10. 자살예방 교육 및 훈련
11. 자살예방에 대한 연구지원
12. 중앙 및 지역 협력기관의 지정 및 운영 방안
13. 언론의 자살보도에 대한 권고기준 수립 및 이행확보 방안
14. 그 밖에 자살예방대책과 관련하여 필요한 사항

③ 보건복지부장관은 관계 중앙행정기관의 장과 협의하여 기본계획안을 작성하고, 제10조의2에 따른 자살예방정책위원회의 심의를 거쳐 이를 확정한다.

④ 보건복지부장관은 확정된 기본계획을 지체 없이 관계 중앙행정기관의 장 및 특별시장 · 광역시장 · 도지사 · 특별자치도지사(이하 "시 · 도지사"라 한다)에게 통보하여야 한다.

보건복지부는 자살예방법이 제정되기 이전에 국가 자살예방정책 주무부처로서 2004년 12월에 제1차 국가자살예방 5개년 기본계획(2004~2008), 제2차 자살예방종합대책(2009~2013)을 수립 및 시행해 왔으며, 2016년부터 보건복지부의 주도로 제3차 자살예방기본계획(2016~2020)이 시행되고 있다. 제3차 자살예방대책의 주요 내용은 [그림 9-2]와 같다.

제3차 자살예방대책 중 아동 · 청소년 자살예방을 위한 정책은 '2. 맞춤형 자살예방 서비스 제공' 중 '4. 생애주기별 자살예방 대책 추진' 영역에서 부처기관별 세부과제로 제시하고 있다. 주요 내용으로는 첫째, 교육부의 학교 자살예방대책 내실화, 둘째, 여성가족부의 학교 밖 청소년 자살예방, 셋째, 보건복지부의 아동돌봄기관과 연계 강화가 있다.

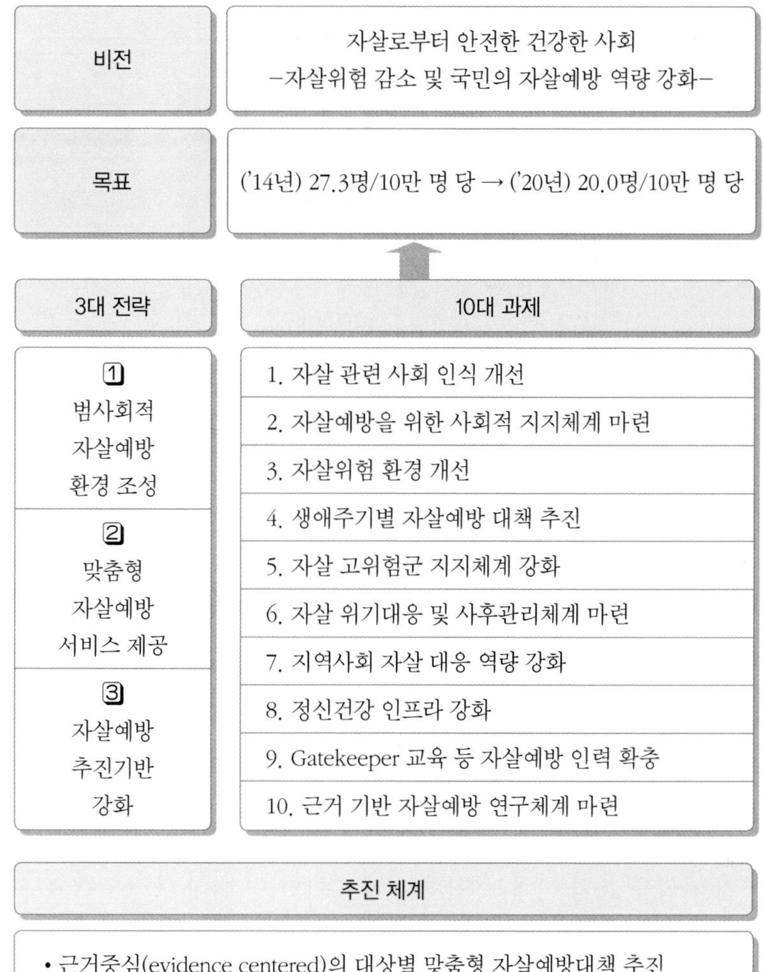

[그림 9–2] 제3차 자살예방대책 개요

*출처: 중앙자살예방센터(2017).

(2) 자살예방 국가 행동계획

자살에 대해 국가차원에서의 더욱 적극적인 대응의 필요성이 강조되면서 '자살예방 및 생명존중문화 확산'이 국정과제에 포함되었다. 이에 따라 정부는 관계부처 합동으로 2018년 1월에 '자살예방 국가 행동계획'을 발표하면서 적극적 자살예방 대책 추진을 위한 전담 부서로 자살예방정책과를 신설하였다. 자살예방 국가 행동계

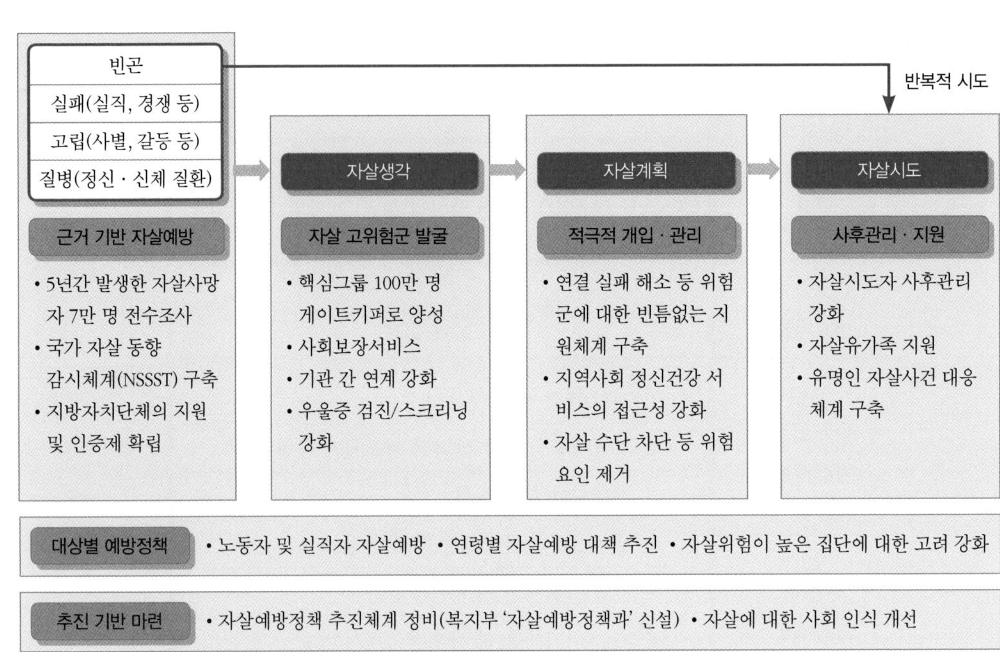

[그림 9-3] 자살예방 국가 행동계획: 자살 원인과 진행과정에 따른 개입전략

*출처: 관계부처 합동(2018).

획은 2016년 자살률 25.6명(자살자 13,092명)을 기준으로 매년 평균 7% 감소를 통해 2022년까지 자살률 20명 이내, 연간 자살자 수 1만 명 이내 달성을 목표로 하고 있다. 자살 원인과 진행 과정에 따른 개입전략 흐름은 [그림 9-3]과 같다.

자살예방 국가 행동계획은, 첫째, 과학적 근거에 기반한 전략적 접근, 둘째, 자살 고위험군 발굴을 위한 전사회적 네트워크 구축, 셋째, 적극적 개입을 통한 자살 위험 제거, 넷째, 사후관리 강화를 통한 자살 확산 예방, 다섯째, 대상별 자살예방 추진 방향을 제시하고 있다. 자살위험군 전체에 대한 입체적인 접근이 주를 이루는 가운데 청소년에 대해서는 자살위험군 선별 강화 및 치료비 지원 확대, 위기문자 상담체계 구축, 정신건강 전문가의 학교 방문 및 지원 확대, 교원의 정신건강 역량 강화 및 청소년 전문 사례관리자(청소년동반자) 확대 배치 등의 정책을 제시하고 있다(〈표 9-5〉 참조).

표 9-5 자살예방 국가 행동계획: 추진 방향 및 과제

추진 방향	추진 과제
과학적 근거에 기반한 전략적 접근	• 5년간('12~'16년) 발생한 자살사망자 7만 명 전수조사(경찰 수사 기록 활용) • '국가 자살 동향 감시체계(National Surveillance System on Suicide Trend: NSSST)' 구축 –사망신고 · 경찰청 통계 등을 신속하게 확보, 자살 동향 분석 및 활용
자살 고위험군 발굴을 위한 전사회적 네트워크 구축	• 지역사회 풀뿌리조직 중심 자살예방 게이트키퍼 100만 명 양성 –주변인의 자살 위험을 신속하게 인지하여 대응하도록 종교기관 및 시민단체, 읍면동 지역사회보장협의체, 이장 및 통장 등 우선 활용 • 사회보장서비스 제공기관(각종 센터) 간의 연계 강화 –학대 예방 및 권익 옹호 기관, 상담 · 사례관리 기관 등 상담인력 전문교육 실시, 정신건강 서비스 연계 강화(희망복지지원단이 컨트롤타워 기능 수행) • 우울증 검진 및 스크리닝 강화 –국가건강검진 상 우울증 검진 확대, 동네의원을 활용한 자살 위험 스크리닝 등
적극적 개입을 통한 자살위험 제거	• 자살 고위험군에 대한 빈틈없는 지원체계 구축 –정신건강복지센터 정신건강사례관리시스템(MHIS) 구축으로 대상자 누락 방지, 보건–복지 등 기관 간 지원 연계, 지역사회 인적안전망 활용 • 지역사회 정신건강 서비스의 접근성 강화 –정신건강복지센터 인력 확충, 자살예방 상담전화 특수번호 부여, 마음건강버스 운영으로 찾아가는 상담 실시 • 자살을 촉발하는 위험요인 제거 –번개탄의 일산화탄소 저감 추진, 신종 자살 수단 관리 강화, 동반자살 모집 등 온라인 상 자살유해정보 유통금지 및 처벌 근거 마련

사후관리 강화를 통한 자살 확산 예방	• 자살시도자 사후관리 강화 –응급실을 방문한 자살시도자의 사후관리 확대, 자살시도자 · 정신질환자 등에 대응하는 정신전문응급의료센터 지정 검토 • 유명인 자살사건 대응 체계 구축 –연예인의 정신건강 상담 지원, 유명인 자살에 대한 복지부–경찰청 공동대응 매뉴얼 마련
대상별 자살예방 추진	• 노동자 및 실직자의 자살예방 –사업장의 보건관리자 등 교육, 특별고용지원 업종 지정 시 자살예방 상담 강화, 사고 및 동료 자살 등 직업적 트라우마에 대한 상담지원 강화 • 자살 위험이 특히 높은 대상에 대한 고려 강화 –[퇴원 정신질환자] 퇴원 후 병원 또는 지역사회 기관이 위기대처능력 등 적응 훈련 등 지원 –[특수 직렬 공무원] △경찰관 상담지원을 위한 마음동행센터 확대, △소방 공무원 자살자에 대한 심리부검 실시 및 복합치유센터 건립, △집배원 노동 개선 대책 추진 등 • 연령별 자살예방 대책 수립 –[노인] 독거노인 친구 만들기 사업 확대, 치매환자 가족 상담 및 휴식 지원 등 –[청장년] 구직자 · 실업자 심리지원 프로그램 개발, 군인 전 장병 자살예방 게이트키퍼 교육 실시 및 병영 생활 전문상담관 확대 등 –[학생 · 청소년] 자살위험군 선별 강화 및 치료비 지원 확대, 위기 문자 상담체계 구축, 정신건강 전문가의 학교 방문 및 지원 확대, 교원의 정신건강 역량 강화 및 청소년 전문 사례관리자(청소년동반자) 확대 배치 등

*출처: 관계부처 합동(2018).

(3) 자살예방정책 관련 기관

① 보건복지부(자살예방정책과)

2018년 자살예방 국가 행동계획을 수립 및 시행하면서 현 정부는 자살예방 대책 추진을 위한 전담 부서로 자살예방정책과를 신설하였다. 자살예방정책과에서는 우

표 9-6 보건복지부 자살예방과의 주요 업무

1. 자살예방에 관한 종합계획의 수립 및 조정
2. 연도별 자살예방 시행 계획에 따른 추진 실적 평가에 관한 사항
3. 자살의 원인 분석 및 실태조사에 관한 사항
4. 자살예방을 위한 조사, 평가 및 연구에 관한 사항
5. 자살예방 사업 및 프로그램의 개발
6. 자살예방 관련 법령에 관한 사항
7. 자살예방 관련 인식 개선 및 교육에 관한 사항
8. 자살예방 전문 인력의 양성 및 지원에 관한 사항
9. 자살 고위험군 발굴 및 대응체계 구축에 관한 사항
10. 자살 고위험군 지원 및 사후관리에 관한 사항
11. 자살자의 가족 지원에 관한 사항
12. 자살과 관련한 언론 모니터링 및 자살유해정보 확산 예방에 관한 사항
13. 지방자치단체 및 민간의 자살예방 사업 활성화 및 지원에 관한 사항
14. 자살 수단 관리 등 자살 위험 해소를 위한 관계기관 간의 협력 체계 구축

리나라 자살률이 OECD 1위라는 현재의 상황은 개인의 문제를 넘어선 사회적 문제라는 인식하에 자살예방정책을 수행하며, 각 부처와 지방자치단체, 자살예방 및 정신보건, 사회복지 서비스 등을 제공하는 다양한 민간위탁기관이 자살예방 관련 업무를 유기적으로 수행할 수 있도록 연계 및 지원하고 있다. 자살예방과의 주요 업무는 〈표 9-6〉과 같다.

② 중앙자살예방센터

중앙자살예방센터는 자살예방법 제13조에 근거하여 설치 및 운영되고 있는 기관으로, 보건복지부와 지방자치단체의 자살예방 사업을 지원하고, 종교계와 의료계 등 사회 각계 민관협력기관과 네트워크를 구축함으로써 민 · 관 · 정의 자살예방 사업 협력활동을 지원하고 있다. 2018년 기준 전국에 7개의 광역자살예방센터와 16개의 광역정신건강복지센터가 운영되고 있으며, 기초자살예방센터는 24개소, 기초정신복지센터는 220개소가 운영되고 있다(중앙자살예방센터, 2018).

표 9-7 중앙자살예방센터 사업(2018)

구분	사업내용
대외협력사업	• 공공자살예방 네트워크 구축 • 지역 자살예방사업 컨설팅 • 민관네트워크 구축 • 범종교계 협력체계 구축 • 국제자살예방네트워크(WHO 협력사업)
자살예방교육 및 인력 양성 사업	• 자살예방교육 전문인력 양성 및 콘텐츠 보급 • 자살예방 프로그램 관리 시스템 구축 및 운영 • 자살예방교육 프로그램 개발
미디어정보사업	• 대언론 활동 • 자살유해정보 예방 • 자살보도 권고기준 개정 및 교육, 홍보
홍보사업	• 자살예방 공익광고 제작 및 송출 • 자살예방 캠페인 수행 • 홍보 콘텐츠 개발 및 보급 • 자살예방의 날 기념행사
연구평가사업	• 자살 관련 DB 구축 및 연구, 분석 • 자살예방백서 제작 및 배포 • 리서치브리프(KSPC) 제작 및 배포 • 자살예방사업 실적 관리체계 구축 • 자살예방 프로그램 인증 시스템 구축
응급실 자살시도자 사후관리사업 지원	• 응급실 기반 자살시도자 사후관리사업 운영 지원 • 응급실 기반 자살시도자 사후관리사업 실무자 역량 강화 • 사업 수행기관 모니터링 및 평가 • 사업 수행기관 보조금 교부 • 자살시도자 의료비 지원사업
중앙자살예방센터 운영 지원	• 중앙자살예방센터 운영위원회 회의 • 사업운영 워크숍 • 중앙자살예방센터 운영 지원

*출처: 중앙자살예방센터(2018).

③ 자살예방 관련 상담기관

자살예방을 위해 국가, 지방자치단체, 시민단체 등 다양한 단위에서 전화상담(〈표 9-8〉 참조)・사이버상담 기관(〈표 9-9〉 참조)을 운영하고 있다. 청소년 상담 대표 전화는 청소년사이버상담센터 1388이 있다.

표 9-8 자살예방 관련 전화상담기관

기관명	대표전화	설명
자살예방핫라인(전국)	1577-0199	정신보건센터 자살상담 대표전화
생명의 전화	1588-9191	민간자살상담 대표전화
보건복지콜센터 희망의 전화	129	보건복지부 상담전화
청소년사이버상담센터	1388	청소년 상담 대표전화
한마음한몸자살예방센터 (청소년자살예방센터)	1393	문화체육관광부의 지원을 받아 종교 법인에서 운영하는 상담전화
국회 생명사다리 상담센터	02-788-0479	국회 사무처 상담전화

표 9-9 자살예방 관련 사이버상담기관

기관명	홈페이지	설명
한국자살예방협회 사이버상담실	suicideprevention.or.kr	자살예방전문가의 상담, 공개・비공개 상담실 운영
생명의전화 사이버 상담실	lifeline.or.kr	e-mail로 답장, 비공개 상담실 운영
서울시자살예방센터 사이버상담실	suicide.or.kr	서울시자살예방센터 직영, 비공개 상담실 운영
수원시자살예방센터 사이버상담실	csp.or.kr	비공개상담 및 문자 실시간 상담 운영
경기도정신건강복지센터 사이버상담실	mentalhealth.or.kr	비공개 상담실 운영, 자살예방 관련 자료 보유
부산광역자살예방센터 상담실	suicide.busaninmaum. com	부산광역자살예방센터 직영, 비공개 상담실 운영

04 청소년자살예방을 위한 과제

청소년기에 경험하는 신체적 · 심리적 발달상의 스트레스를 고려했을 때, 자살은 매우 극단적이고 위험한 선택임에도 불구하고 실상 청소년에게 아주 배제된 대안은 아님을 알 수 있다. 따라서 청소년이 현실에서 벗어나려는 수단으로 자살을 선택할 가능성을 예측하고 이를 예방함에 있어 다각도에서의 적극적이고 체계적인 노력이 절실하다.

앞서 제기한 것과 같이 지난 수년간 자살은 청소년 사망 요인 중 가장 상위를 차지해 오고 있다. 청소년자살은 "심한 스트레스에 대한 적절한 대응방법을 찾지 못한 이들의 현실도피방법" "가슴깊이 감추어 둔 호소, 즉 도움을 청하는 극단적 표현" 등과 같이 정의되고 있는데, 이는 오늘날의 청소년이 스트레스에 대응하는 방법과 자신을 표현하는 방법을 잘 알지 못하고 있음을 의미한다. 따라서 자신이 처한 상황을 판단함에 있어서 다른 시각으로 인지할 수 있도록 돕고, 그 상황을 벗어날 수 있도록 대안들을 제시해 주는 도움을 제공할 필요가 있다. 나아가 청소년자살에 대한 국민 모두의 인식을 재점검해야 할 필요성을 확인할 수 있다.

1) 청소년자살 원인 규명을 위한 다각도의 조사 및 결과 활용 방안 마련

김기헌(2013)은 최고 수준의 자살률을 보이고 있는 우리나라 현실로 볼 때 자살예방사업에 대한 예산 투자가 매우 부족하다는 점을 지적하였다. 이에 청소년의 자살 원인 규명을 위해서 지역별 자살 현황에 대한 역학조사와 더불어 핀란드 등에서 실시한 심리부검의 확대, 청소년자살과 관련된 다양한 자료를 활용한 빅데이터(big data) 분석 등의 필요성을 제기한 바 있다. 자살률을 감소시키기 위한 최선의 방책은 예방이기 때문에 자살의 원인에 대한 다각적이고 체계적인 조사를 통한 자료 구축 작업은 매우 중요하다.

최근 우리나라에서 이에 대한 정책적 관심과 노력이 시작되고 있다. 그 예로 2019년 5월 정부가 발표한 '포용국가 아동정책'을 들 수 있다. 이 정책은 18세 미만인 아동의 삶을 실질적으로 개선하기 위해 보호, 인권 및 참여, 건강, 놀이영역에서의 국가의 책임을 구체화하고 있다. 이 중 아동의 건강권 보장을 위해 제시된 '마음 건강 돌봄 지원 강화 대책'은 마음 건강 위기아동 발견 및 정확한 치료를 위한 정책과 함께 고위험군 관리 방안을 포함하고 있는데, 여기에 자살 위기 고위험군을 발견하여 조기에 개입할 수 있도록 청소년자살 관련 데이터를 활용한다는 계획과 함께 관련 데이터로 자살학생 심리부검 자료 기반 자료(DB), 경찰청 수사기록을 제시하고 있다.

향후 국내 청소년자살률을 더욱 효과적으로 낮추기 위해서는 청소년자살예방을 위한 이와 같은 국가적 노력이 지속되어야 할 것이다. 더불어 이러한 조사 자료 및 결과를 사회적으로 어떻게 공유하고 활용할 것인지에 관한 방안 또한 마련되어야 하는데, 현실적으로 고위험군 청소년에 대한 정보를 공유하거나 이에 대한 외부 기관의 접근이 어려워 이들을 조기에 발견하기가 힘들 뿐만 아니라, 발견하더라도 지원 서비스 간의 연결 실패로 효과적 개입이 불가능한 경우가 많기 때문이다.

2) 청소년자살예방교육 콘텐츠 개발 및 교육 활성화

청소년자살을 예방하기 위한 직접적 개입의 측면에서 청소년을 대상으로 한 교육적 접근이 필요하다. 청소년의 건강한 가치관과 마음 건강은 자살이라는 극단적 선택까지 몰게 하는 위험요인들에 대한 탄력성과 회복력의 근간이 되기 때문이다. 이에 청소년자살예방교육이 그 효과를 극대화할 수 있도록 교육 콘텐츠가 체계적으로 개발되어야 할 것이고, 나아가 청소년 현장에서 이러한 교육이 더욱 활발하게 진행될 수 있는 기반이 마련되어야 할 필요가 있다.

황순길 등(2016)에 따르면, 자살예방교육이 청소년들에게 효과적으로 개입되기 위해서는 그 내용이 학교급별에 따라 차별화될 필요가 있다. 연구자들은 청소년 대상 자살예방교육은 공통교육 내용을 기본으로 교급에 따른 발달단계별 특성을 고려하여 차별화된 교육내용 개발이 필요하며, 이때 교육은 전체적인 흐름 안에서 초등학교에서 중학교, 고등학교 단계별로 심화된 내용으로 진행되어야 한다고 주장하고 있다. 이 연구에서 개발한 초중고 학교급별 청소년자살예방교육 모형의 내용

은 〈표 9-10〉과 같다.

이처럼 청소년자살예방을 위해 일련의 교육적 흐름을 갖추고 발달단계에 따라 차별화된 콘텐츠를 제공하려면 무엇보다도 이렇게 개발된 자살예방교육 프로그램이 학교는 물론 청소년 실천현장에서 제대로 실천되도록 하는 시스템을 갖추는 것이 중요하다. 예를 들어, 자살예방교육을 필요로 하는 청소년 관련 현장에서 관련 교육 콘텐츠나 교육 운영 인력에 대한 정보를 쉽게 얻을 수 있도록 정보체계를 구축하는 것, 학교를 포함한 청소년 실천현장에서 주기적으로 청소년자살예방교육을 실시하는 것, 이를 위한 지역사회 내 관련 기관 및 단체 간의 협조체계 구축과 같은 방안을 들 수 있다.

표 9-10 초중고 학교급별 청소년자살예방교육 내용

구분	내용
교급 공통	개인의 감정조절방법, 자아존중감 향상, 스트레스 대처방안, 부모와의 의사소통방법, 교우관계를 잘하는 방법, 성적 향상방법, 학교폭력 대처방법, 문제해결능력 향상, 생명의 소중함과 삶의 의미 찾기, 주변에 도움을 요청하는 방법
초등학생	우울에 대한 이해, 자기감정 이해, 타인 존중, 긍정적 사고훈련, 초등학생 시기의 심리 및 신체 변화 이해, 자신의 소중함 알기, 생명경시 행동 알기, 자살에 대한 오해 바로잡기, 도움을 주는 방법, 도움을 받을 수 있는 자원 정보, 어려움을 극복한 사람들의 이야기
중학생	우울, 불안 등 정신건강 이해, 감정 자각 및 전달, 타인 존중, 긍정적 사고훈련, 청소년기의 심리 및 발달특성 이해, 가정폭력 대처방법, 미래에 대한 진로교육, 삶과 죽음에 대한 이야기, 생명존중 태도, 생명경시 풍조, 자살에 대한 이해, 자살에 관한 오해, 자살문제 토론, 자살위험이 있는 친구에게 도움을 주는 방법훈련, 사회적 지지자원을 활용하는 방법, 자살위기상황 대처방법, 자살위험신호 알아차리기, 어려움을 극복한 사람들의 이야기
고등학생	정신건강 전반(정신질환 포함)에 대한 것, 청소년기의 심리 및 발달특성 이해, 가정폭력 대처방법, 미래에 대한 진로교육, 삶과 죽음 교육, 생명존중 태도, 생명경시 풍조, 자살에 대한 이해, 자살 관련 가치관 및 편견, 자살문제 토론, 자살위험이 있는 친구에게 도움을 주는 방법훈련, 사회적 지지자원을 활용하는 방법, 자살위기상황 대처방법, 자살위험신호 알아차리기, 자살을 극복한 십대들의 이야기

*출처: 황순길 외(2016).

3) 후기청소년자살예방을 위한 지원체계 마련

우리나라의 청소년자살률을 초기–중기–후기 청소년으로 구분하여 살펴보면 후기청소년의 자살률이 가장 높다. 후기청소년은 초기청년층을 가리키는데, 다른 OECD 국가들과 비교했을 때 점점 그 숫자가 증가하고 있는 우리나라의 20대 청년, 그리고 대학생 자살은 그동안 사회적 문제로서 수면에 드러나지 못해 온 것이 사실이다. 과거에 비해 대인과의 직접적 상호작용이 점차 감소하고 공동체성이 약화된 사회를 살아가는 후기청소년들의 사회적 고립감이 점차 커지고 있는 가운데 청년 실업률의 증가, 취약한 사회 안전망, 소득 불평등의 심화, 가족지지체계 약화 등과 같은 사회 환경 변화에 따른 위기는 이들의 자살 생각 및 시도에 영향을 미치는 주요한 원인으로 꼽힌다. 이에 후기청소년들이 주로 소속되어 있는 조직 및 사회에 대한 관심과 이를 중심으로 한 개선의 노력이 필요하다(이윤주, 2016).

이윤주(2016)는 대학생의 자살예방을 위해, 첫째, 기본 인프라체계 구축, 둘째, 대상 맞춤형 지원체계 구축, 셋째, 사후 위기개입(post-intervention)체계 구축의 필요성을 제기하였다. 기본 인프라체계는 대학별 자살 실태 및 통계 자료 구축을 의미하고, 대상 맞춤형 지원체계는 일반학생 대상 지원체계와 자살위험군 학생 대상 지원체계의 별도 마련 방안을 가리킨다. 이를 자세히 살펴보면, 일반학생 대상 지원체계로는 대학 내 자살예방을 위한 교양 강의 및 소그룹 활동 지원 확대, 대학 캠퍼스 내 심리 안정을 위한 쉼 공간이 필요하고, 자살위험군 학생 대상 지원체계로는 학교와 지역사회 내의 정신건강증진센터, 또는 병원 간 연계시스템을 제안하고 있다. 마지막으로 사후 위기개입체계 구축을 강조하였는데, 여기에는 사후 자살 전염 방지 및 동료 및 학과 구성원 대상 치료지원이 포함되어 있다.

2018년 정부가 발표한 '자살예방 국가 행동계획(2018~2022)' 중 '5. 대상별 자살예방 추진'의 연령별 자살예방 대책에서는 대학생 관련 대책으로 대학 내 상담센터의 기능 강화와 함께 대학생 자살예방 생명지킴이(게이트키퍼) 교육 및 교양강의 활성화 등을 안내하고 있다. 이와 같이 후기청소년들을 대상으로 한 제도들이 대학 내에 정착될 수 있도록 국가를 중심으로 한 제도 검증 및 효과 평가 구조가 마련될 필요가 있다. 더불어 대학 이외에 후기청소년들이 머무는 다양한 현장을 발굴하고, 그러

한 현장에서 청소년자살예방의 중요성을 인식하고 실천할 수 있는 방안을 마련하도록 독려해야 한다.

요약

1. 우리나라는 2003년 이후 최근까지 OECD 국가 중 자살률 1위를 유지하고 있다. 자살률이 높다는 것은 그만큼 사회가 불안정함을 반증하는 것이라 볼 수 있다. 자살률의 증가는 사회가치체계에 영향을 주고 청소년자살 위험의 증가로 이어지기도 한다.

2. 우리나라에서는 2007년부터 계속하여 고의적 자해, 즉 자살이 청소년 사망 원인 1위로 나타나고 있다. 청소년기의 연령별 자살로 인한 사망률은 20~24세 청소년이 가장 높고, 성별로는 남자 청소년의 사망률이 여자 청소년에 비해 더 높은 비율을 보이고 있다.

3. 청소년자살은 개인 내적 요인과 환경적 요인이 복합적으로 상호작용하여 발생하는 결과로, "심한 스트레스에 대한 적절한 대응방법을 찾지 못한 이들의 현실도피방법" "가슴깊이 감추어 둔 호소, 즉 도움을 청하는 극단적 표현"으로 정의된다. 오늘날의 청소년은 스트레스가 매우 높고, 이로 인해 도움이 필요한 자신의 상태를 표현하는 방법에 있어 대안이 필요한 상황이다.

4. 청소년의 자살에는 개인의 정서적 · 정신적 요인과 함께 학령기에 경험하는 부정적 문제들이 복합적으로 영향을 미친다. 청소년자살의 특성으로는 사전 계획 없이 충동적으로 시도된다는 점, 분명한 동기를 가진다는 점, 모방 자살과 같은 피암시성이 강하다는 점, 완전한 자살을 목적으로 치사도가 높은 수단을 통하여 자살을 시도한다는 점을 들 수 있다.

5. 청소년자살은 그 시기적 특성상 다른 연령별 집단과 구별되는 사회적 특성이 존재하기 때문에 그 원인에 대해 차별적으로 접근할 필요가 있다. 모든 자살행동의 목적이나 동기가 반드시 목숨을 끊기 위한 것은 아님을 전제할 때 청소년자살행동을 유발하는 요인에 관한 면밀한 탐색이 필요하다.

6. 자살예방을 위한 국가 및 지방자치단체의 정책적 지원 의무에 관한 법적 규정은 「자살예방 및 생명존중문화 조성을 위한 법률」로, 2011년 3월에 제정되었으며, 자살예방 지원정책으로는 자살예방기본계획, 자살예방 국가 행동계획, 중앙자살예방센터 및 자살예방 관련 전화상담기관과 사이버 상담기관이 있다.

7. 청소년자살예방을 위한 과제로는, 첫째, 청소년자살 원인 규명을 위한 다각도의 조사 및 결과 활용 방안을 마련해야 하고, 둘째, 청소년자살예방교육 콘텐츠 개발 및 교육 활성화가 중요하며, 셋째, 후기청소년자살예방을 위한 지원체계가 마련되어야 한다.

참고문헌

관계부처 합동(2018). 자살예방 국가 행동계획.

교육부・보건복지부・질병관리본부(2017). 제13차(2017) 청소년건강행태온라인조사.

국가정책조정회의(2016). 행복한 삶, 건강한 사회를 위한 정신건강 종합대책. 관계부처합동.

권태연(2012). 청소년의 자살생각 수준 변화에 따른 잠재계층 분류 및 생태학적 요인들과의 관련성 검증. 정신보건과 사회사업, 40(1), 89-118.

김기헌(2013). 청소년자살예방 정책 연구. 서울: 한국청소년정책연구원.

김현주・노자은(2011). 부모, 친구, 교사, 지역사회 지지와 청소년의 자살충동 간 인과관계 분석 : 성별 차이를 중심으로. 한국인구학, 34(2), 135-162.

노자은・김현주(2013). 청소년의 자살충동에 대한 가족 영향력 분석 : 자살충동 궤적에 따른 집단 간 차이를 중심으로. 미래청소년학회지, 10(4), 1-21.

노혜련・김형태・이종익(2005). 가출청소년의 자살생각과 행동에 영향을 미치는 심리사회적 변인에 관한 연구. 한국청소년연구, 16(1), 5-33.

문경숙(2006). 학업스트레스가 청소년의 자살충동에 미치는 영향: 부모와 친구에 대한 애착의 매개효과. 아동학회지, 27(5), 143-157.

문경숙・임규혁(2007). 청소년의 자살충동 소멸, 생성, 지속 집단 간 정신건강 변인의 차이. 교육심리학회, 21(3), 665-683.

박영숙(2009). 청소년자살사고의 보호요인과 위험요인: 인문계 및 실업계 고등학생의 학교생활 스트레스, 우울, 부모관계, 친구관계 및 자살사고와의 관계. 한국청소년연구, 20(3), 221-251.

박종익 · 남윤영 · 이해국 · 박지영 · 이명수 · 이수정(2012). 자살예방기본계획. 보건복지부 · 한국자살예방협회.

박현숙 · 구현영(2009). 청소년의 스트레스와 자살사고와의 관계에서 부모-자녀 간 의사소통의 완충효과. 정신간호학회지, 18(1), 87-94.

보건복지부(2018. 05. 23.). "주의 깊게 살피면 생명을 살릴 수 있습니다."

우채영 · 박아청 · 정현희(2010). 성별 및 학교 급별에 따른 청소년의 인간관계, 스트레스, 우울, 자살생각 간의 구조적 관계. 교육심리연구, 24(1), 19-38.

이경진 · 조성호(2004). 청소년자살 고위험 집단의 심리적 특성. 한국심리학회, 16(4), 667-685.

이민아 · 김석호 · 박재현 · 심은정(2010). 사회적 관계 내 자살경험과 가족이 자살생각 및 자살행동에 미치는 영향. 한국인구학, 33(2), 61-84.

이윤주(2016). 대학생 자살예방을 위한 정책연구. 세종: 한국청소년정책연구원.

이종길(2009). 청소년자살의 원인과 실태 및 해결 방안 연구. 국민윤리연구 72, 299-333.

이지연 · 김효창 · 현명호 (2005). 스트레스, 부모-자녀간 의사소통 및 청소년자살 생각간의 관계. 한국심리학회지:건강, 10(4), 375-394.

임영식 · 오세진(1999). 청소년자살과 예방. 사회과학연구, 12, 141-158.

전영주(2001). 우울증을 매개로 한 청소년의 자살구상에 관한 가족 및 학교환경의 경로분석 모델. 대한가정학회지, 39(1), 151-167.

정영주 · 정영숙(2007). 청소년의 자살생각과 관련된 우울, 인지적 와해 및 친구지지 간의 관계 분석. 한국심리학회지: 발달, 20(1), 67-88.

조아미 · 방희정(2003). 부모, 교사, 친구의 사회적지지가 청소년의 게임중독에 미치는 영향. 청소년학연구, 13(5), 81-102.

중앙자살예방센터(2017). 2017 자살예방백서. 서울: 중앙자살예방센터.

중앙자살예방센터(2018). 2018 자살예방백서. 서울: 중앙자살예방센터.

지승희 · 구본용 · 배주미 · 정익중 · 이승연 · 김은영 (2007). 청소년자살예방체제 구축방안 연구. 서울: 한국청소년상담원.

최원기(2004). 청소년자살의 사회구조적 원인 연구. 사회복지정책, 18, 5-30.

통계청(2013~2017). 사망원인통계. 대전: 통계청.

통계청 · 여성가족부(2017). 2017 청소년 통계.

한국청소년개발원 2002). 청소년자살의 원인 및 예방정책에 관한 국제비교 연구. 서울: 한국청소년개발원.

황순길 · 박재연 · 이혜정(2016). 청소년자살예방교육 모형 개발-초 · 중 · 고 학교급별 중심. 부산: 한국청소년상담복지개발원.

Beck, A. T. (1979). *Cognitive therapy and the emotional disorders.* London: penguin.

Durkheim, D. E. (2008). 자살론 [La Suicide]. (황보종우 역). 경기: 청아출판사. (원저는 1987년에 출판).

Kessler, R. C., Borges, G., & Walters, E. E. (1999). Prevalence of and risk factors for lifetime suicide attempts in the national comorbidity survey. *Archives of general psychiatry, 56*(7), 617-626.

Sandin, B., Chorot, P., Santed, M. A., Valiente, R. M., & Joiner, T. E. (1998). Negative life events and adolescent suicidal behavior: A critical analysis from the stress process perspective. *Journal of adolescence, 21*(4), 415-426.

Simons, R. L., & Murphy, P. I. (1985). Sex differences in the causes of adolescent suicide ideation. *Journal of youth and adolescence, 14*(5), 423-434.

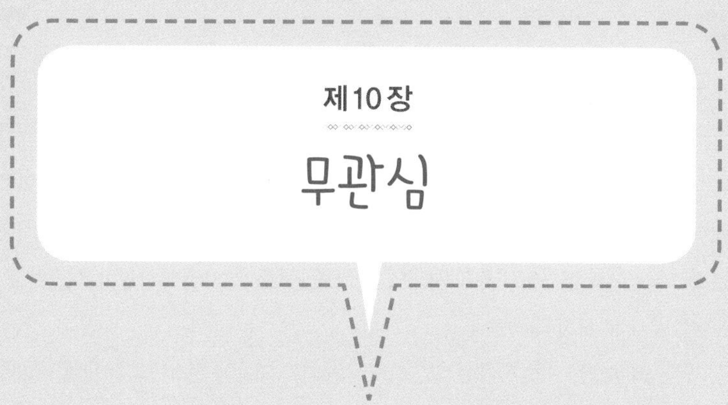

제10장

무관심

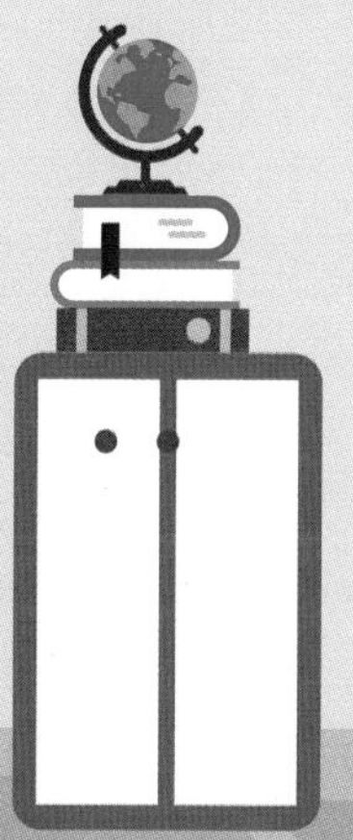

학습개요

무관심은 외계(external world)에 대한 무감동, 무관심한 개인적 태도를 일컫는 용어로 개인의 정서적 측면을 넘어 관계, 나아가 사회적 태도를 설명하는 개념이라 할 수 있다. 무관심이 가진 문제적 특성에도 불구하고 우리 사회의 청소년은 종종 '타인에게 관심이 없는 세대' '사회에 무관심한 세대'로 묘사되곤 한다.

무관심은 사회통합을 어렵게 하는 요인으로 작용하기 때문에 청소년의 무관심 양상에 대해 문제의식을 가지고 주의 깊게 살펴보아야 할 필요가 있다. 나아가 사회 통합적 관점에서 이를 해결하기 위한 정책적 방안을 강구할 필요가 있다.

이 장에서는 청소년무관심의 양상을 방관적 태도와 사회적 무관심, 무업청소년으로 구분하여 살펴보고 이러한 문제를 해결하기 위해 어떠한 노력이 필요한지 알아보고자 한다.

01 청소년의 무관심

무관심은 외계(external world)에 대한 무감동, 무관심한 개인적 태도를 일컫는다. 사회학이나 정치학 용어로는 정치적 무관심(political apathy)의 의미로 사용된다. 즉, 무관심은 개인의 정서적 측면을 넘어 관계, 나아가 사회적 태도를 설명하는 개념이라 할 수 있다. 이러한 정의에 비추어 보면 청소년의 무관심은 심리적 발달 및 사회적 발달 측면 모두에서 위기요인으로 작용할 것임이 자명하다. 무관심이 가진 이러한 문제적 특성에도 불구하고 우리 사회의 청소년은 종종 '타인에게 관심이 없는 세대' '사회에 무관심한 세대'로 묘사되곤 한다. 왜 청소년은 타인, 나아가 사회에 무관심한 태도를 보이는 것일까? 이에 대해 신체적 · 정서적 발달 측면, 사회적 발달 측면, 사회적 환경 측면으로 살펴보고자 한다.

1) 신체적 · 정서적 발달 측면

청소년기에는 생식계의 변화와 함께 2차 성징이 나타나고, 심장과 심혈관계 및 호흡계의 변화, 근육의 크기에 따른 힘의 변화 등 많은 신체적 변화가 동반된다. 이러한 신체적 변화는 청소년 스스로 인지할 수 있을 정도로 빠르게 진행된다. 이처럼 급속도로 진행되는 신체적 변화로 인해 청소년들은 신체적 통증이나 불편함을 느끼기 때문에 직접적으로 청소년 개인의 심리적 변화를 일으킨다. 즉, 청소년의 심리적 변화는 신체 호르몬 변화의 직접적 영향을 받는다.

청소년기에 겪는 급격한 신체적 변화는 일종의 '혼란스러움'을 경험하게 하면서 일상생활에서의 스트레스를 증가시켜 부정적 정서상태를 보인다. 예를 들어, 여자 청소년들은 월경을 부정적이거나 불쾌한 경험으로 여기기도 하고, 남자 청소년들은 사정이나 몽정 등의 경험으로 인해 심리적 갈등과 혼란을 겪기도 한다. 이와 같은 스트레스에 유연하게 대처하지 못하면 충동성이나 폭력성이 증가하고, 반면 움

츠러들거나 상황을 부인하는 등 회피적 태도를 보이게 된다. 나아가 이러한 태도는 자기파괴적 행동으로 이어지거나 대인관계를 어렵게 한다. 즉, 청소년기의 신체적 · 정서적 발달과정에서 보이는 특성은 청소년기의 타인에 대한 관심, 나아가 사회에 대한 관심을 형성하는 데 일차적 위기로 작용한다.

2) 사회적 발달 측면

청소년은 가족, 친구, 교사 등 타인과 상호작용하면서 사회화를 경험하며 그 어떤 생애주기보다 가장 강한 친밀감 욕구를 보인다. 사회화 과정에서 청소년은 자신과 타인의 역할이나 관계를 비롯하여 생각, 감정, 의도 등을 관찰하고 추론하고 개념화하는 사회인지(social cognitive)를 형성한다. 그러나 청소년은 상상의 청중(imaginary audience), 개인적 우화(personal fable) 현상과 같이 독특한 사고와 행동양식을 보이는데, 이는 생애주기 발달상 청소년 초기에 타인에 대해 관심을 가지고 객관적 이해를 하려고 노력하기보다는 자기 스스로에 대한 몰두가 강하게 나타나기 때문이다.[1)]

또한 청소년 세대가 보이는 삶의 방식에서 무관심의 원인을 찾을 수 있다. 현대사회의 청소년들은 정보기술의 발달, 각종 미디어의 출현 등 정보화 시대로의 빠른 진전으로 인해 기존과는 다른 방식으로 지식을 습득하고 타인과 교류한다. 그러나 다양한 정보가 여러 매체를 통해 대량으로 유통되면서 청소년이 직접 경험을 통해 지식을 습득하기보다는 이러한 정보들을 통한 간접 경험이 주를 이루게 되었다. 대량의 다양한 정보 대부분을 휴대전화 등과 같은 매체를 통해 접하며 시간을 보내는 청소년의 삶의 양식은 대상과의 직접적 상호작용의 기회를 감소시킨다. 이로 인해 타인과 직접 관계를 맺거나 이해하는 데 어려움을 겪게 되고, 결과적으로 타인에 대한 관심, 사회에 대한 관심으로의 확장이 어려워진다.

---

1) 자세한 내용은 1장 참고.

3) 사회적 환경 측면

마지막으로 사회적 환경 측면에서의 요인을 들 수 있다. 대학 입시 위주의 교육환경, 높은 실업률로 인한 불안한 미래와 같은 사회구조적 환경은 우리나라 청소년이 처한 과도한 경쟁적 상황들과 맞물려 청소년의 인격 형성이나 사회성 함양을 어렵게 하는 요인으로 작용하여 청소년들로 하여금 서로 돌보고, 신뢰하며, 관계 맺는 것을 어렵게 한다. 현대 사회에 만연한 극도의 경쟁주의는 기성세대와는 달리 강하게 나타나는 개인주의적 가치관과 결합하여 다른 사람들에 대한 무관심을 증대시키는 중요한 요소 가운데 하나로 꼽힌다. 더불어 경제적 불평등의 심화로 인해 계층 간 격차가 커지면서 서로 간에 무관심이 증가하고 있는 사회적 분위기 또한 청소년의 무관심한 태도를 강화시키는 환경적 요인이라 할 수 있다. 이처럼 청소년의 무관심은 개인적 측면의 발달적 위기와 함께 사회구조적 문제로 인해 발생한다.

무관심은 사회통합을 어렵게 하는 요인으로 작용한다. 사회에 대한 무관심은 소외감을 느끼는 사회 구성원을 더욱 증가시킬 것이다. 또한 인류의 역사 속에서 정치적 무관심이 인간 사회에 어떠한 비극적 결과를 초래하는지에 대해 우리는 익히 알고 있다. 이에 청소년의 무관심 양상에 대해 문제의식을 가지고 주의 깊게 살펴보아야 할 필요가 있다. 나아가 사회 통합적 관점에서 이를 해결하기 위한 정책적 방안을 강구할 필요가 있다. 이 장에서는 청소년 무관심의 양상을 방관적 태도와 사회적 무관심, 무업청소년으로 구분하여 살펴보고, 이러한 문제를 해결하기 위해 어떠한 노력이 필요한지 알아보고자 한다.

표 10-1 청소년 무관심의 원인

구분	내용
신체적 · 정서적 발달 측면	• 급격한 신체 변화로 인한 통증이나 스트레스 · 불쾌감 경험
사회적 발달 측면	• 초기 사회화 과정에서 보이는 자기몰두 • 타인과의 직접적 상호작용의 기회 감소
사회적 환경 측면	• 대학 입시 위주의 교육환경, 높은 실업률, 불평등의 심화 등과 같은 사회구조적 환경 • 과도한 경쟁주의, 개인주의 심화 등

02 청소년무관심의 양상

1) 방관적 태도

(1) 방관적 태도의 양상

무관심한 청소년은 자신이 살아가는 삶의 장(場)에서 발생하는 문제들에 대해 방관한다. 이러한 모습은 우리나라 대부분의 청소년이 주로 생활하는 학교에서 특히 학교폭력 현장에서 두드러지게 발견된다. 무관심한 청소년은 집단따돌림이나 학교폭력의 현장에서 방관자로서 그러한 문제를 더욱 심화시키는 존재가 된다. 이에 학교폭력 상황에서 나타나는 역할들을 규명하는 다수의 연구에서 방관자에 대한 교육적 개입을 강조하고 있다(김화숙 · 신경일, 2015; 권영자 · 양지웅, 2016; 서미정, 2008; 오인수, 2014; 윤성우 · 이영호, 2007). 이 중에서 무관심에 기인한 유형을 분류한 김화숙과 신경일(2015)의 연구 결과를 살펴보고자 한다.

중학생을 대상으로 학교폭력 방관자에 관해 분석한 이 연구 결과에 따르면, 학교폭력 방관자의 유형은 자기보호형, 성인불신형, 책임전가형과 함께 무관심형으로 분류된다. 각 유형에 대해 간단히 살펴보면 다음과 같다.

먼저 '자기보호형'은 자신의 안전을 우려하여 조심하는 성향으로 인해 학교폭력 상황을 신고하거나 도움행동을 했을 때 가해자와 또래들로부터 보복을 당하거나 피해를 당할 수도 있다는 두려움을 보이는 방관자 유형을 가리킨다. 다음으로 '성인불신형'은 신고 후 비밀보장이나 가해자에 대한 처벌이 제대로 이루어지지 않거나 상황이 변하지 않는 모습을 보고 교사 등 성인들의 대처방법을 믿지 못하여 신고해도 별 소용이 없다고 생각하는 유형으로 분류된다. 이어서 '책임전가형'은 학교폭력의 원인에 피해자 또는 가해자가 있다고 생각하는 유형으로, 문제가 있는 사람들 때문에 자신이 피해를 볼 필요가 없다는 생각을 가지고 있다.

마지막으로 눈여겨볼 유형은 '무관심형'이다. 무관심형은 기본적으로 남의 일에 관심이 없는 태도를 보이는 응답자들을 포함한다. 이 유형에 속하는 응답자들은 '남의 일에 관심이 없다' '상황을 정확히 모르는데 나섰다가 일을 더 크게 만들 것 같아

표 10-2 학교폭력 방관자 유형 중 '무관심형'

구분	내용
양상	• 기본적으로 남의 일에 관심이 없는 태도를 보이는 유형 • 폭력상황에 나섰다가 피해를 당할 수 있다는 두려움, 가해자나 피해자의 문제적 성향이나 자신과의 친밀도에 대한 평가 등과 같이 어떠한 이유나 동기에 의해 결정된 것이 아닌 자신과 상관없는 일에 대한 무관심 그 자체에 기인
무관심형이 동의한 진술문의 예	• 남의 일에 관심이 없다 • 상황을 정확히 모르는데 나섰다가 일을 더 크게 만들 것 같아 가만히 있는다 • 내 일도 아닌데 나설 필요가 없다 • 나에게 이익이 되지 않는 일에 나서지 않는다 • 남의 일에 관심도 없고, 너무 관계가 많아지면 당하는 수가 있다

*출처: 김화숙 · 신경일(2015)의 연구 결과 중 일부를 정리함.

가만히 있는다' '내 일도 아닌데 나설 필요가 없다' 등의 진술문에 강하게 긍정하는 태도를 보이는 것으로 나타났다(김화숙 · 신경일, 2015). 이들의 방관적 태도는 폭력상황에 나섰다가 피해를 당할 수 있다는 두려움, 가해자나 피해자의 문제적 성향이나 자신과의 친밀도에 대한 평가 등과 같이 어떠한 이유나 동기에 의해 결정된 것이 아닌 자신과 상관없는 일에 대한 무관심 그 자체에 기인한 결과로 볼 수 있다.

교육부의 2019년 1차 학교폭력 실태조사 결과에 따르면 학교폭력을 목격한 학생 전체 중 35.4%가 '아무것도 하지 못했다'고 응답하였다. 학교급별로 살펴보면 초등학생 중에서는 28.4%, 중학생 중에서는 33.7%, 고등학생 중에서는 32.8%가 학교폭력 현장에서 방관한 것으로 나타났다(교육부, 2019). 앞의 연구 결과와 같이 학교폭력 현장에서 청소년들은 여러 가지 이유로 방관하지만, 결과적으로 방관자는 집단따돌림 상황에 개입하지 않고 무관심함으로써 폭력적 상황이 유지되게 한다는 점에서 가해자, 피해자를 포함한 모든 구성원에게 문제적 영향력을 미친다. 즉, 방관자는 명백한 가해상황을 인지하면서도 그에 대해 묵인함으로써 가해자로 하여금 자신의 행동이 암묵적으로 승인된다고 오인하도록 하고(Salmivalli, 1996), 이를 통해 가해자의 관계적 지위를 높여 가해자와 피해자 역할을 고정시키는 결과를 초래

한다. 또한 문제제기를 하지 않고 침묵함으로써 가해자에게 힘을 실어 주게 되면서 폭력문화를 조성하고 지속시키는 데 간접적으로 기여한다(오인수, 2014; Ziegler & Rosenstein-Manner, 1991; Sutton & Smith, 1999; 김화숙 · 신경일, 2015 재인용).

(2) 방관의 문제적 측면

청소년의 방관적 태도는 현대 사회의 타인에 대한 무관심, 즉 개인주의의 부정적인 면이 만연한 현대 사회의 경향을 나타내는 것으로 볼 수 있다. 학교에서 누군가가, 더욱이 친구가 폭력을 당하는 것을 보아도 모른 척하는 행동을 취하는 것은 나에게만 피해가 없으면 다른 사람들에게 어떤 일이 일어나든 상관없다는 태도에 기인한다.

이러한 태도는 자기중심성에서 비롯된 것이라 할 수 있다. 부모의 과잉보호와 입시 위주의 교육 부담 속에서 청소년에게 요구되는 과도한 경쟁적 분위기 가운데 청소년은 자기의 이익만을 추구하게 된 것이다(구본용, 1997). 이러한 자기중심적 경향은 청소년들의 또래 수용능력을 약화시켜 즐거움과 고통을 공감하고 함께 해결하려는 동반자적 삶의 태도를 발전시키기 어렵게 한다(유국화, 2011). 다시 말해, 자기중심성 수준이 높다는 것은 공감능력의 부족을 의미하며, 이로 인해 방관적 태도를 보이게 되는 것이다.

공감은 다른 사람의 입장이 되어서 상대방의 기분, 감정과 생각을 충실하게 경험하고 수용하여 적절하게 표현하는 능력으로 대인관계 형성을 위한 중요한 요소이다(윤보나, 2009; 박은경 · 장석진, 2017). 실제로 공감능력의 부족은 집단따돌림과 같은 학교폭력 상황에서 방관적 태도를 보이는 주요 요인으로 거론되고 있다(서미정, 2008; 심진숙, 2009; 권유란, 2013; 박은경 · 장석진, 2017). 자기중심성에 기인한 방관적 태도로 인해 청소년들은 사회적 관계를 형성하고 상호작용할 수 있는 기회 자체가 부족하게 되고, 더욱이 그러한 상호작용의 질을 향상시키기 어렵게 되는 것이다. 결국 청소년의 이러한 태도는 스스로의 삶에 부정적인 영향을 미치는 구조의 문제를 조성하고 지속시키며 강화하게 된다.

2) 사회적 무관심

(1) 사회적 무관심 양상

현재 우리 사회의 주요 구성원이자 미래를 이끌어 나갈 청소년들이 사회문제에 관심을 가지고 참여하는 것은 이들의 사회적 자본 형성뿐만 아니라 향후 민주사회의 건강한 통합 및 변화를 위해 중요한 일이다. 이에 청소년의 사회 참여 역량 형성 및 강화를 위해 인지적 영역에서의 교육을 넘어 사회적 상호작용을 주요 기제로 한 교육과 관련 연구에 대한 정책적 관심이 증가하고 있다. 그러나 청소년들의 사회 참여 의식을 강조하는 사회적 분위기와는 달리 사회문제에 대한 청소년 자체의 관심 수준은 여전히 저조하다.

한국언론재단에서 2016년에 실시한 '언론수용자 의식조사' 중 미디어 이용 현황 결과에 따르면, 청소년은 성인에 비해 텔레비전, 종이신문, 라디오와 같은 전통 미디어보다는 모바일 인터넷, PC 인터넷, 메시징 서비스, SNS, 1인 방송, 팟캐스트와 같은 인터넷 미디어를 주로 이용하고 있고, 특히 모바일, 즉 스마트폰을 가장 많이 이용하고 있었다. 하루 평균 스마트폰 이용시간은 4.8시간으로, 이 시간 동안 게임이나 동영상 등 재미 위주의 서비스와 SNS를 중점적으로 이용하고 있었다.

이어 청소년이 미디어를 통해 뉴스를 얼마나 보는지에 대해 확인한 결과, 종이신문을 이용하여 뉴스를 접하는 시간은 2.2분, 잡지 뉴스는 0.4분, 라디오 뉴스는 1.4분, 스마트폰 뉴스는 15분에 불과하여 대부분의 미디어를 통한 뉴스 이용률에서 성인에 비해 낮게 나타났다([그림 10-1] 참조). 다만 메시징 서비스, SNS 뉴스와 같이 모바일 매체를 통한 뉴스 이용률은 다소 높게 나타났는데, 이는 비교적 짧거나 연성적인 내용, 즉 읽기 편하고 감각적인 내용이 주를 이루기 때문인 것으로 추측된다(노자은 · 김정민 · 조영미, 2019).

이처럼 대부분의 청소년은 시사와 사회 문제에 무관심하다. 디지털 환경에서 태어나고 성장한 '디지털 원주민 세대(born-digital generation)'로 매체 이용 수준이 높은 청소년(노자은 · 김정민 · 조영미, 2019)이 하루에도 수천 건 이상의 매체를 통해 쏟아지는 시사나 정치 문제에 무관심한 현상은 아이러니한 일이다. 그렇다고 청소년이 사회에 무관심한 이유를 비단 청소년 개인차원에서만 찾는 것은 바람직하지 않

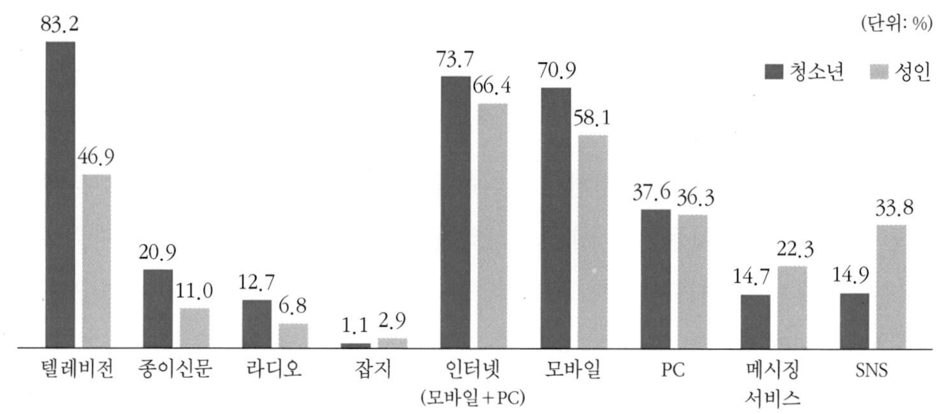

[그림 10-1] 청소년과 성인의 미디어 뉴스 이용률

*출처: 한국언론재단(2016).

다. 구조화된 교육현장에서 대부분의 시간을 보내는 대한민국의 청소년은 시사교육의 기회가 거의 없으며, 사회 제반 문제에 대한 이들의 관심을 가로막는 사회적 규제들 또한 존재한다. 이러한 상황에서 청소년들은 일상 속에서 시사 이슈에 대해 생각해 보고 사회에 대한 관심을 표현하기가 어렵다.

디지털 세대의 정치적 태도에 관한 선행연구들에서는 이들의 정치적 무관심의 이유로, 첫째, 잘못된 정책 또는 정치 · 정책 결정과정으로 형성된 정부와 정치인들에 대한 불신(Funk, 2001; Hibbing & Theiss-Morse, 2001, 2002; Kim, 2009, 2010; Lawrence, 1997; Nye, 1997), 둘째, 취업, 진학 등 이들이 현시점에 당면해 있는 사적인 문제에 대한 몰입, 즉 개인화 추세와 장기적인 경기 침체에 따라 사회의 전체적인 문제보다는 개인적 문제에 더 많은 관심을 보이는 태도를 꼽았다(김강훈 · 박상현, 2011 재인용). 즉, 청소년들은 다른 세대에 비해 공적 신뢰 형성의 기회가 상대적으로 적은 상태(노자은 · 김현주, 2015)에서 정부와 정치인들에 대한 사회적 불신이 높은 환경의 영향을 받아 사회 전체적 문제에 대한 관심보다는 취업, 진학 등 현시점에 당면해 있는 사적인 문제에 더 많은 관심을 보이게 된 것이다.

(2) 사회적 무관심의 문제적 측면

인간은 출생단계에서부터 양육자와 관계를 맺고 이러한 초기 의존적 경험을 기반으로 이후 지속적으로 타인과 접촉하면서 세계를 이해하게 된다. 즉, 인간은 사회적 맥락 속에서 발달한다. 개인심리학에서는 모든 사람에게 자연스러운 타인지향성, 다시 말해 '타고난 사회적 관심'이 있다고 본다. 사회적 관심이란 사회적 상황에 반응하려는 타고난 성향으로, 스스로 사회적으로 유용한 사람이 되고자 타인을 포함하여 자신이 속한 공동체와 공동체를 넘어 모든 인류에 대해 진정한 관심을 가지는 것을 의미한다(김필진, 2007). 이러한 사회적 관심 수준은 개인이 인생을 살아가며 생기는 여러 문제를 대처하는 태도에 영향을 미친다.

사회적 관심은 그 자체로 높은 수준의 정신건강을 나타내는 지표(Sweeney & Witmer, 1991; 이성숙, 2016; 김영아, 2018)로, 사회적 관심의 발달을 통해 건강한 생활양식의 기초가 만들어진다. 사회적 관심이 낮으면 삶에서의 사회적 상호작용에 불만이 생기고, 삶의 문제에 있어 오로지 자신의 것에만 관심을 가지게 되어 사회적으로 유용하지 않은 방식으로 살아가게 된다. 또한 열등의식과 패배감을 느끼는

표 10-3 사회적 관심에 대한 정의

구분	내용
Greever, Tseng, & Friedland(1973)	• 일, 사회, 사랑, 자기중요성의 인생과제에 기꺼이 협동하고 기여하려는 마음
Sulliman(1973)	• 삶의 흐름 속에 있는 감정, 타인의 복지에 대한 관심 • 사회적 · 정서적 성숙, 소속되어 있는 느낌, 사회에 대한 책임 • 공동체, 세계, 우주와의 관계뿐 아니라 타인을 받아들이는 능력
Crandall(1975)	• 타인의 복지, 이익에 대한 관심
하창순 · 최희철 · 강석영 · 김병석(2004)	• 다른 사람들과 협동하고 삶을 나누는 데 참여하려는 의지
정민(2013)	• 사회 공동체에서의 소속감 • 타인에 관한 관심과 흥미 및 사회적 협력을 표현하는 능력
김천수(2017)	• 공동체의 일원이라는 생각과 감정, 그리고 그에 따른 행동경향성

*출처: 김영아(2018).

등 심리적 장애 또는 범죄행동을 유발할 가능성이 높아진다(안영민 · 김원중, 2017; Manaster, Cemalcilar, & Knill, 2003). 사회적 관심은 타인과의 관계에서 상대방을 자기보다 열등하거나 우월하다고 지각하지 않고 동등하게 바라보며 상호 존중하는 태도, 즉 사회적 평등의식과도 연관된 개념이다. 따라서 사회적 관심이 없는 사람들은 자신에게만 초점을 맞추다 보니 결국 타인을 지배하려는 행동으로 나타나게 되어 자신만이 가장 우월하고 강하다고 인식하는 우월성 콤플렉스 혹은 과장된 열등감 콤플렉스에 빠지게 된다(노안영 · 강만철 · 오익수 · 김광운 · 정민, 2011; 윤재원 · 강영신, 2017).

3) 무업청소년

(1) 무업청소년 양상

학생도 아니고 취업자도 아닌 무취업 계층을 가리키는 'NEET족'이라는 용어가 있다. 'NEET'는 '교육이나 고용, 또는 직업훈련에 참여하고 있지 않은(Neither in Employment nor in Education or Training)' 상태를 의미하는 약어이다. 이 용어는 1999년 영국에서 쓰기 시작한 것으로, 영국 내각부의 사회 배제 담당국(Social Exclusion Unit: SEU)에서 발간한 보고서에서 처음으로 등장하였다(Social Exclusion Unit, 1999). NEET는 영국의 복지급여제도가 바뀌면서 학교에 다니지 않고 취업도 하지 못한 16세부터 18세 사이의 청소년 집단을 포용하기 위하여 만든 개념이다(김은비 · 이인수 · 조대연, 2017).

이후 유럽의 각국에서 NEET 개념을 이용하여 청년층의 비활동성을 측정하면서 광범위하게 사용해 왔고(이서정, 2015), 특히 청년실업문제가 심각한 선진국에서는 NEET를 실업률을 설명하는 개념 중 하나로 사용하기도 한다(금재호 · 전용일 · 조준모, 2007). 아시아 국가 중에서는 일본이 1990년대 이후 의욕 저하와 무기력증에 휩싸여 일상적인 직업을 가지지 않고 아르바이트를 하는 청년층이 늘어나면서 이러한 집단을 후리타(フリーター, freeter)라고 부르기 시작했고, 이후 청년층이 취업하려는 의지를 보이지 않는 현상에 대해 영국에서 정의한 NEET와 자국의 후리타를 '무업자(無業者)'라고 지칭하면서 이에 대한 대책을 강구하기 시작했다(오병돈 · 김기

헌, 2013; 김은비 · 이인수 · 조대연, 2017; 김기헌 · 배상률 · 성재민, 2018).

청년실업문제가 심각한 사회문제로 대두되고 있는 우리나라에서도 취업의 문턱을 넘지 못해 구직을 포기한 집단 중에서 청년 NEET가 늘고 있다. 우리나라의 2016년 15~29세 무업청소년의 수는 총 147만 9천 명으로, 이를 연령구간별로 살펴보면 15~19세는 3%대, 20~24세는 13%대, 25~29세는 20%대를 보이고 있는 가운데 최근 3년간 15~24세 구간의 NEET 비율이 상승하고 있는 것으로 확인되었다. 또한 이와 같은 우리나라 NEET 비율은 모든 연령 구간에서 OECD 35개국의 평균보다 높은 비율을 보이고 있다(한국청소년정책연구원, 2017. 09. 21.).

(2) 무업청소년의 문제적 측면

윤철경, 서정아, 유성렬과 조아미(2014)의 연구에 따르면, 청소년들이 NEET로 지내는 이유는 '노는 것이 좋아서(38.0%)' '마땅한 일자리가 없어서(22.5%)' '하고 싶은 게 없어서(18.3%)' 등의 순으로 나타났다. 이들은 학업중단 당시 성적이 낮고 학습부적응과 규범위반 수준이 높았으며, NEET 진입 당시의 상태를 살펴보면 진로계획 및 진로정보 탐색 수준이 낮은 반면 게임중독 수준은 높았다. 이들은 또한 부정적 심리상태를 보였는데, 특히 자아탄력성이 낮고 사회적 낙인감이 강하면서 충동성이 높게 나타났다.

NEET 문제는 개인의 문제행동으로 바라보고 그 원인을 해결하기 위한 개입보다는 이들의 교육, 고용, 이러한 영역에서의 성별 격차 해소와 같은 구조적 문제에 대한 사회적 · 정책적 개입으로 해결되어야 한다. 학교나 사회 양쪽 모두에 소속되지 못하고 근로 없이 여타의 구직활동이나 학업을 해 나가지 못하는 청년 NEET가 증가하는 것은 곧 사회적 손실의 증가를 의미하기 때문이다. 세계 여러 국가는 NEET의 증가 현상, 그리고 NEET 상태가 지속되는 상황에 대해 부정적인 상태로 인식하고 있으며 이에 대해 정책적 개입, 특히 교육정책과 고용정책으로 해결하고자 시도하고 있다.

일례로 독일은 청소년의 학력 수준을 높이는 것, 특히 청소년이 양성훈련을 종료하도록 하는 데 정책수단이 집중되어 있다. 주요정책대상은 단기실업계 중학교(huptschule)나 일반실업계 중학교(realschule)의 학생이며, NEET 문제해결의 주요

한 과제로 이들의 직업선택활동을 지원하고 이들이 양성훈련계약을 체결할 수 있도록 도우며, 더 나아가 양성훈련을 종료할 수 있도록 지원하는 것을 설정하고 있다(채창균 · 양정승 · 김민경 · 송선혜, 2018). 일본은 2011년 15~29세 무업청소년의 수가 257만 명으로 이 연령대 인구의 16.5%를 차지하고 있다가 2012년부터 점차 줄기 시작해 2016년에는 164만 명으로 11.3%까지 줄어들었는데, 이러한 결과는 일본 경제 회복과 더불어 경제활동인구가 감소하면서 무업청소년의 일자리가 상대적으로 증가했고, 출산휴가 제도 등을 실시하는 회사가 늘어나 주부가 줄었고, 청소년 고용정책을 적극적으로 실시한 데 따른 것으로 풀이된다(경향신문, 2017. 09. 25.).

03 청소년무관심 문제해결을 위한 방안

1) 청소년무관심 양상에 대한 사회적 · 정책적 관심 필요

앞서 살펴봤듯 청소년무관심은 개인적 · 사회적 문제의 원인이 된다. 학교폭력 현장에 있으면서도 그에 대해 무관심한 방관자는 결과적으로 폭력상황을 유지하게 만들고, 타인에 대한 공감이나 이해, 소통을 하지 않는 청소년은 자신의 이익만을 추구하게 된다. 또한 사회적 관심이 낮으면 사회적으로 유용하지 않은 방식으로 살아가게 되며 열등의식과 패배감을 느끼는 등 심리적 장애 또는 범죄행동을 보이기도 한다. 청소년문제행동을 반사회적 행동뿐만 아니라 부적응 행동, 즉 비사회적 행동을 포함하는 것(한상철, 2009)이라고 규정했을 때 청소년의 무관심은 현 사회에서 나타나는 새로운 문제행동의 양상이라고 볼 수 있다.

청소년의 무관심은 자기중심적 태도에 기인한 부정적 행동일 뿐만 아니라 이 시기의 대부분의 청소년이 경험하는 통제적이고 수동적인 입시 위주의 교육환경으로 인하여 다양한 사회문제에 대한 참여 경험이 거의 없기 때문에 발현되는 태도이기도 하다. 청소년들이 자신이 속한 사회의 현안에 관심을 가지고 사회에 참여하는 것은 자아정체감 형성이나 가치감 확립과 같은 개인차원의 발달 과업뿐만 아니라 사회 구성원으로서의 역할을 이해하고 습득하는 것과 같은 사회적 발달의 측면에서도 매우 중요하다. 아들러(A. Adler, 1870~1937)는 청소년기에 사회적 관심이 높아지면 불안감이 감소되고 독립적이며 신체적 · 정서적으로 타인에게 의존하지 않고 생산적이며 개인적 · 사회적인 유익을 위해 타인과 협력할 줄 아는, 잘 기능하는 건강한 사람이 될 수 있다고 보았다. 이에 청소년들이 사회적 상호작용에 필요한 역량을 형성하고 사회 구성원으로서의 역할을 이해하고 습득하여 주변의 타인, 나아가 사회에 대해 관심을 가질 수 있도록 청소년 실천현장에서 적극적으로 지원하는 것이 필요하다.

2) 청소년에 대한 고정적 관점 탈피

청소년이 사회 구성원으로서 타인과 사회에 관심을 가지고 행동하는 주체로 성장하려면 청소년지도자들을 포함한 기성세대와 사회, 나아가 국가가 청소년에 대해 '보호' 또는 '육성'이라는 고정적 관점을 적용하는 태도에서 벗어나야 한다. 청소년을 보호받아야 할, 혹은 선도되어야 할, 또는 교화시켜야 할 대상으로만 바라본다면 이들이 자신의 관심을 주변으로 확장시킬 수 있는 기회 자체가 매우 제한적으로 주어질 수밖에 없다.

청소년들은 자신이 사회문제에 대해 관심 수준이 낮은 이유로 대부분의 시간을 머무는 학교에서 시사교육을 거의 진행하지 않아 사회문제를 잘 알기 어렵고, 이에 대해 자신의 의견을 표현하거나 생각을 교환할 수 있는 기회가 거의 없는 현실적 상황을 꼽았다. 더불어 청소년의 눈높이와 현실에 맞추어 시사정보를 전달하는 매체 또한 부족하다는 문제를 제기하였다. 청소년들의 사회 참여 행동을 학교교칙 등으로 제한하는 구조적 제재는 이들의 현실적인 사회 참여를 어렵게 만들고, 결과적으로 청소년들의 사회적 관심 수준을 낮추는 요인이 되고 있음을 알 수 있다(강경민 · 권도영 · 송민기 · 심아윤 · 이주연 · 정다빈, 2017). 노자은과 김현주(2015)는 청소년들이 다른 세대에 비해 공적 신뢰를 형성할 수 있는 직간접적 경험의 기회가 적은 현실을 지적한 바 있다.

청소년은 사회의 여러 장(場, field)을 경험하며 구성원으로서의 자신에게 요구되는 사회적 규율을 습득하고, 주변인들과의 상호작용을 통해 다양한 역할 시도 및 타

인의 여러 가지 반응양식을 경험하면서 스스로에 대한 탐색을 토대로 자신의 관심을 주변으로 확장시킬 수 있어야 한다. 즉, 청소년이 자유롭게 자신의 의견을 표현할 수 있는 환경이 조성되어야 하고, 공동체의 의사결정에 다양한 의견이 자유롭게 소통되면서 합의를 이루어 가는 과정을 경험할 수 있도록 도와야 한다. 이러한 환경은 청소년으로 하여금 사회 구성원으로서 자신의 존재를 인지하게 함으로써 타인과 사회에 대해 관심을 가질 수 있는 기반이 될 것이다.

요약

1. 무관심은 외계(external world)에 대한 무감동, 무관심한 개인적 태도를 일컫는 용어로 개인의 정서적 측면을 넘어 관계, 나아가 사회적 태도를 설명하는 개념이다. 무관심으로 나타나는 청소년의 문제행동의 양상으로 방관, 사회적 무관심이 나타나고, 관련 현상으로는 무업청소년 이슈가 발견된다.

2. 청소년의 방관적 태도는 현대 사회의 타인에 대한 무관심, 즉 개인주의의 부정적인 면이 만연한 현대 사회의 경향을 나타내는 것으로 볼 수 있다. 이는 나에게만 피해가 없으면 다른 사람들에게 어떤 일이 일어나든 상관없다는 태도에 기인한다.

3. 방관적 태도는 자기중심성에서 비롯된 것으로, 여기에는 부모의 과잉보호와 과도한 경쟁적 분위기가 영향을 미친다. 자기중심적 경향으로 인해 청소년들은 자신의 이익만을 추구하게 되고, 또래 수용능력이 약화되며, 공감능력이 부족하게 된다. 더불어 스스로의 삶에 부정적인 영향을 미치는 구조의 문제를 조성하고 지속시키며 강화하게 된다.

4. 사회적 관심이 낮으면 삶에서의 사회적 상호작용에 불만이 생기고, 삶의 문제에 있어 오로지 자신의 것에만 관심을 가지게 되어 사회적으로 유용하지 않은 방식으로 살아가게 된다. 또한 열등의식과 패배감을 느끼는 등 심리적 장애 또는 범죄행동을 유발할 가능성이 높아진다.

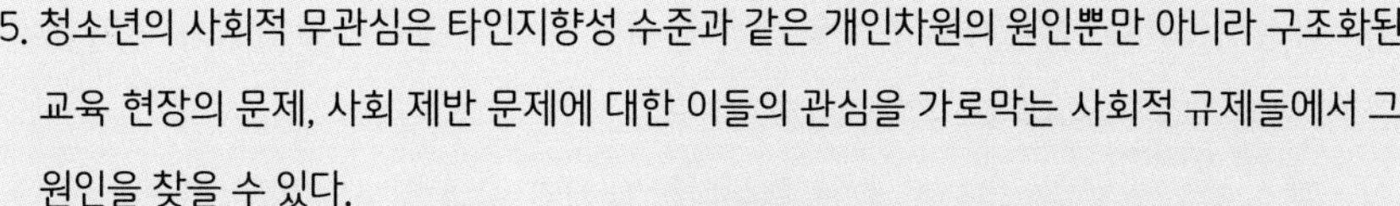

5. 청소년의 사회적 무관심은 타인지향성 수준과 같은 개인차원의 원인뿐만 아니라 구조화된 교육 현장의 문제, 사회 제반 문제에 대한 이들의 관심을 가로막는 사회적 규제들에서 그 원인을 찾을 수 있다.

6. ‘NEET’는 ‘교육이나 고용, 또는 직업훈련에 참여하고 있지 않은(Neither in Employment nor in Education or Training)’ 상태를 의미하는 약어로, 학생도 아니고 취업자도 아닌 무취업 계층을 가리키는 용어이다.

7. 청소년들이 NEET로 지내는 이유로는 ‘노는 것이 좋아서’ ‘마땅한 일자리가 없어서’ ‘하고 싶은 게 없어서’ 등이었다. 이들은 학습부적응, 게임중독, 사회적 낙인감과 충동성 등의 문제를 보인다. NEET 문제는 개인의 문제행동으로 규정하여 개입하기보다는 이들의 교육, 고용, 이러한 영역에서의 성별 격차 해소와 같은 구조적 문제에 대한 사회적·정책적 개입으로 해결되어야 한다.

8. 청소년 무관심 문제해결을 위해서는, 첫째, 청소년 무관심 양상에 대한 사회적·정책적 관심이 필요하고, 둘째, 청소년에 대한 이분법적 관점(보호 vs. 육성)으로부터 탈피해야 한다.

참고문헌

강경민 · 권도영 · 송민기 · 심아윤 · 이주연 · 정다빈(2017). **청소년의 사회참여 활성화를 위한 시사교육 및 제도적 보완방안 제안.** 제8회 청소년사회참여발표대회.

권유란(2013). 특성화고등학생용 집단따돌림 방관태도 감소 프로그램 개발. 경북대학교 박사학위논문.

교육부(2019). 2019년 1차 학교폭력 실태조사. 세종: 교육부.

구본용(1997). **청소년의 집단따돌림의 원인과 지도방안.** 서울: 청소년 대화의 광장.

권영자 · 양지웅(2016). 초등학교 고학년의 집단따돌림 방관경험과 해결방안 인식에 대한 분석. **교육문화연구, 22**(3), 151-178.

경향신문(2017. 09. 25.). “학생도 아니고 직업도 없는 ‘니트족’ 147만 명.”

금재호 · 전용일 · 조준모(2007). 한국형 NEET 개념을 통한 한국형 청년실업의 경제학적 고

찰. 서울: 노동부.

김강훈 · 박상현(2011). 인과지도 분석을 통한 디지털 세대의 정치적 무관심과 정치참여 형태 연구. 한국 시스템다이내믹스 연구, 12(3), 47-66.

김기헌 · 배상률 · 성재민(2018). 청년 핵심정책 대상별 실태 및 지원방안 연구 I : 청년 니트(NEET). 세종: 한국청소년정책연구원.

김영아(2018). 청소년용 사회적 관심 척도 개발 및 타당화. 충북대학교 박사학위논문.

김은비 · 이인수 · 조대연(2017). 선진 4개국의 직업교육정책 및 고용정책 비교분석을 통한 청년 니트(NEET)의 교육행정 지원방안: 미국, 영국, 독일, 일본의 사례를 중심으로. 취업진로연구, 7(4), 139-157.

김천수(2017). 개인심리학 이론에 근거한 사회적 관심 척도 개발 및 타당화. 전남대학교 박사학위논문.

김필진(2007). 아들러의 사회적 관심과 상담. 서울: 학지사.

김화숙 · 신경일(2015). 중학생 학교폭력 방관자 이해. 사회과학연구, 31(4), 359-377.

노안영 · 강만철 · 오익수 · 김광운 · 정민(2011). 개인심리학 상담 원리와 적용. 서울: 학지사.

노자은 · 김정민 · 조영미(2019). 청소년문화. 서울: 학지사.

노자은 · 김현주(2015). 청소년의 신뢰: 구체적 신뢰, 일반신뢰, 공적신뢰. 한국청소년연구, 26(2), 177-207.

박은경 · 장석진(2017). 초등학교 고학년의 공감능력, 인권감수성이 집단따돌림 방관태도에 미치는 영향. 법과인권교육연구, 10(2), 209-230.

서미정(2008). 방관자의 집단 특성에 따른 또래괴롭힘 참여 역할행동. 아동학회지, 29(5), 79-96.

심진숙(2009). 공감훈련 프로그램이 초등학생의 집단따돌림에 대한 방관자적 태도와 도움행동에 미치는 효과. 서울교육대학교 대학원 석사학위논문.

안영민 · 김원중(2017). 청소년의 사회적 관심이 불안에 미치는 영향: 자기격려의 매개효과를 중심으로. 교류분석상담연구, 7(1), 25-41.

오병돈 · 김기헌(2013). 청소년복지정책 대상규모 추정: 학교 밖 청소년을 중심으로. 청소년복지연구, 15(4), 29-52.

오인수(2014). 학교폭력 주변학생의 이해 및 지도. 서울: 학지사.

유국화(2011). 초등학생의 집단따돌림 방관 태도 개선을 위한 집단상담 프로그램 개발. 한국교원대학교 대학원 석사학위 논문.

윤보나(2009). 초등학교 고학년을 위한 공감 중심 집단따돌림 예방 프로그램 개발. 한국교원

대학교 대학원 석사학위논문.

윤성우 · 이영호(2007). 집단따돌림 방관자에 대한 또래지지프로그램의 효과. **한국심리학회지: 임상, 26**(2), 271-292.

윤재원 · 강영신(2017). Adler 상담이론을 바탕으로 한 청소년 사회적 관심 향상 집단 프로그램 개발 및 효과. **한국청소년연구, 28**(1), 99-125.

윤철경 · 서정아 · 유성렬 · 조아미(2014). **학업중단 청소년의 특성과 중단 후 경로: 학업중단 청소년 패널조사 I. 데이터 분석 보고서**. 세종: 한국청소년정책연구원.

이서정(2015). NEET 경험 청년층의 유형과 관련 개인 특성 연구. 서울대학교 대학원 박사학위논문.

이성숙(2016). 아들러 개인심리학 집단미술치료가 청소년의 열등감, 자기효능감, 사회적 관심에 미치는 효과. 조선대학교 일반대학원 석사학위논문.

채창균 · 양정승 · 김민경 · 송선혜(2018). **청년 핵심정책 대상별 실태 및 지원방안 연구 I: 청년 니트(NEET)-해외사례 조사**. 세종: 한국청소년정책연구원.

정민(2013). 사회적 관심 척도의 개발 및 타당화. **상담학연구, 14**(4), 2571-2583.

하창순 · 최희철 · 강석영 · 김병석(2004). 한국판 사회적 관심 척도(korean social interest scale)의 신뢰도와 타당도. **상담학연구, 5**(2), 295-305.

한국언론재단(2016). **2016 언론수용자 의식조사**. 서울: 한국언론재단.

한국청소년정책연구원(2017. 09. 21.). "2017 국제심포지엄 '무업청소년(NEET): 국제적 현황과 대응' 개최".

한상철(2009). **청소년학: 청소년 이해와 지도(2판)**. 서울: 학지사.

Crandall, J. E. (1975). A scale for social interest. *The Journal of Individual Psychology, 31*(2), 106-114.

Funk, C. L. (2001). Process performance: Public reaction to legislative policy debate. In Hibbing, J. R. & Theiss-Morse, E. (Eds.), *What is it about government that american dislike?* (pp. 193-204). Cambridge UK: Cambridge University Press.

Greever, K. B., Tseng, M. S., & Friedland, B. U. (1973). Development of the social interest index. *Journal of Consulting and Clinical Psychology, 41*(3), 454-458.

Hibbing, J. R., & Theiss-Morse, E. (2001). Process preferences and american politics: What the people want government to be. *The American Political Science Review, 95*(1), 145-153.

Hibbing, J. R., & Theiss-Morse, E. (2002). *Stealth democracy: Americans' beliefs about how government should work.* Cambridge: Cambridge University Press.

Kim, G. H. (2009). An empirical study of the types of democratic processes citizens really want: The case of south korea. *The Korean Journal of International Relations, 49*(6), 177-202.

Kim, G. H. (2010). *An alternative democratic process ordinary people really want in south korea: Belief in stealth democracy.* Comparative Democracy Research, 6(2), 131-158.

Lawrence, R. Z. (1997). "Is it really the economy, stupid?". In J. S. Nye, Jr., P. D. Zelikow, & D. C. King (Eds.), *Why people don't trust government.* Cambridge, Mass: Harvard University Press.

Manaster, G. J., Cemalcilar, Z., & Knill, M. (2003). Social interest, the individual and society: Practical and theoretical considerations. *Journal of Individual Psychology, 59*(2), 109-122.

Nye, J. S. Jr. (1997). Introduction: The decline of confidence in government. In J. S. Nye, Jr., P. D. Zelikow, & D. C. King (Eds.), *Why people don't trust government.* Cambridge, Mass: Harvard University Press.

OECD (2017). Youth not in employment, education or training(NEET). doi:10.1787/72d1033a-en

Salmivalli, C. (1996). Bullying as a group process: Participant roles and their relations to social status within the group. *Aggressive Behavior, 22,* 1-15.

Social Exclusion Unit (1999). *Bridging the gap: New opportunities for 16-18 years olds not in education, employment or training.* London: The Stationery Office.

Sulliman, J. R. (1973). The development of a scale for the measurement of social interest. *Dissertation Abstracts Internation al, 34*(6-B), 2014.

Sutton, J., & Smith. P. K. (1999). Bullying as a group process: An adaptation of the participant role approach. *Aggress Behavior, 25,* 97-111.

Sweeney, T. J., & Witmer, J. M. (1991). Beyond social interest: Striving toward optimum health and wellness. *Individual Psychology: Journal of Adlerian Theory, Research & Practice, 47*(4), 527-540.

Ziegler, S., & Rosenstein-Manner, M. (1991). Bullying at school: Toronto in an international context, 328-848. *Toronto: Toronto Board of Education.*

제11장

청소년보호 관련 법과 정책

학습개요

청소년보호 관련 법과 정책은 궁극적으로 청소년의 건강한 성장발달을 위해 필요하다. 그러나 저출산 · 고령화로 인한 인구구조의 변화, 정보통신기술의 혁신적 발달, 신종 유해매체의 증가와 같은 사회 환경의 변화는 같은 청소년기여도 세대마다 다른 경험을 하게 하고, 이들의 발달과정에 영향을 미치는 위험요인과 보호요인을 달라지게 한다. 따라서 '청소년의 건강한 성장발달'을 위한 청소년보호라는 제도적 영역의 역할과 기능이 변화되어야 할 필요성이 제기된다.

이러한 맥락에서 이 장에서는 청소년 보호 관련 법과 정책에 대해 첫째, 주요 내용을 살펴보고, 둘째, 청소년보호 관점에 대한 최근의 논의를 살펴보고자 한다.

01 청소년보호 관련 법과 정책 개요

청소년보호 관련 법과 정책은 궁극적으로 청소년의 건강한 성장발달을 위해 필요하다. 「청소년보호법」 제정 취지에 의하면, 청소년보호정책은 청소년에게 유해한 매체와 약물의 유통 규제, 유해업소의 출입 및 고용 규제, 청소년유해행위의 금지, 청소년을 대상으로 한 성매수 및 알선, 성폭력 등의 금지, 유해환경으로부터의 청소년 선도 및 보호를 목표로 한다. 따라서 특정 집단의 청소년, 즉 약물남용, 성문제, 가출, 폭력 등의 문제를 가지고 있는 청소년집단은 물론 이러한 문제행동을 사전에 예방하고 유해환경으로부터 보호하기 위한 측면에서 일반청소년을 대상으로 하며, 유해환경 규제의 측면에서 업소, 매체(정보통신, 미디어, 간행물, 영상물, 방송 등), 지역사회, 노동환경, 시민사회 등과 함께 청소년보호 의무와 역할을 지니는 가정과 사회, 국가와 지방자치단체에 적용된다(박진규, 2013).

청소년보호정책은 대상이 다양하고 관련 법과 관련 정책을 시행하는 주무부처들이 여러 곳이기 때문에 그 내용이 매우 다양하다. 청소년 정책 주무부처에서 우리나라 청소년들의 현황과 청소년정책을 분야별로 정리하여 매년 발간하는 『청소년백서』에서 제시하고 있는 청소년보호정책의 주요 영역은 〈표 11-1〉과 같다. 청소년보호정책은 '청소년의 안전과 보호' 분야로 제시되어 있으며, 세부적으로는 청소년 안전, 청소년 유해환경, 청소년 매체환경, 사이버 역기능, 성범죄 영역으로 구분하여 관련 정책이 소개되고 있다.

첫째, 청소년 유해환경 개선을 위한 정책으로, 청소년 유해약물 예방 기반을 구축하고, 청소년 흡연·음주 예방 대책을 추진하고 있다.

둘째, 청소년 유해환경 감시 및 정화 정책으로, 청소년 통행금지·제한구역 지정 운영, 청소년 유해업소 격리 및 구획화, 청소년유해환경감시단을 운영하고 있다.

셋째, 청소년의 건전한 매체환경 조성을 위한 정책으로 관련 법·제도를 개선하거나 매체물 심의 등 유해매체환경에 대한 사회적 감시체계를 강화하고 있고, 청소

년보호를 위한 업계자율정화시스템의 구축, 청소년보호책임자 교육 실시, 사업자의 자율정화 지원 등 '청소년보호를 위한 업계자율정화'를 지원하고 있다.

넷째, 사이버 역기능 해소를 위한 대응정책으로 청소년의 인터넷 · 스마트폰 과의존 예방 및 대응정책을 실시하고 있다. 세부 정책으로는 인터넷 · 스마트폰 과의존 대응체계 마련과 함께 인터넷 · 스마트폰 과의존 치유 사업 추진, 학령전환기 청소년 인터넷 · 스마트폰 이용 습관 진단조사 실시, 인터넷 · 스마트폰 과의존 위험 단계별 상담 · 치료 지원, 인터넷 · 스마트폰 과의존 상설치유기관인 국립청소년인터넷드림마을 설립 및 운영, 인터넷 · 스마트폰 과의존 상담 전문성 및 대응 강화, 스마트폰 과의존 청소년 및 과의존 저연령화 대응 강화정책 등이 있다. 일명 '셧다운제'로 불리는 청소년 인터넷게임 건전이용제도 또한 여기에 포함된다.

표 11-1 청소년의 안전과 보호 정책 영역(『청소년백서』)

영역	세부영역
제1장 청소년 안전	1. 청소년수련시설 안전점검 2. 학교폭력 예방 및 대책 3. 아동학대 대책 및 학대피해아동 보호지원 4. 아동실종 예방 및 실종가족 지원 5. 청소년 안전사고 예방
제2장 청소년 유해환경 개선	1. 청소년 유해약물 예방 기반 구축 2. 청소년 유해환경 감시 및 정화 활동
제3장 청소년의 건전한 매체환경 조성	1. 유해매체환경에 대한 사회적 감시체계 강화 2. 청소년보호를 위한 업계자율정화 지원
제4장 사이버 역기능 해소를 위한 대응체계 마련	1. 청소년의 인터넷 · 스마트폰 과의존 예방 및 대응 2. 청소년 인터넷게임 건전이용제도 실시
제5장 성범죄로부터 청소년보호	1. 성매매 피해청소년의 선도보호(재유입방지교육) 2. 성범죄자 신상정보 공개 및 고지 제도 3. 성범죄자 취업제한제도 및 신고의무제도 4. 청소년성문화센터의 설치 및 운영 5. 아동 · 청소년 성 인권교육 실시

*출처: 여성가족부(2018).

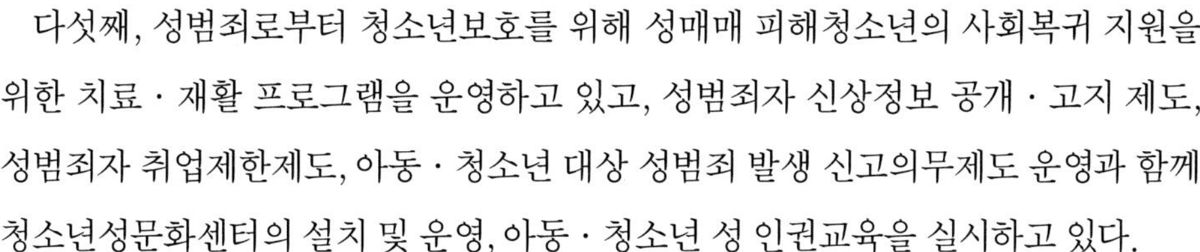

다섯째, 성범죄로부터 청소년보호를 위해 성매매 피해청소년의 사회복귀 지원을 위한 치료 · 재활 프로그램을 운영하고 있고, 성범죄자 신상정보 공개 · 고지 제도, 성범죄자 취업제한제도, 아동 · 청소년 대상 성범죄 발생 신고의무제도 운영과 함께 청소년성문화센터의 설치 및 운영, 아동 · 청소년 성 인권교육을 실시하고 있다.

청소년보호정책 주무부처는 여성가족부이며, 청소년가족정책실의 청소년보호환

표 11-2 청소년 보호업무 담당과(여성가족부)

구분	주요 업무
청소년보호환경과 (청소년가족정책실> 청소년정책관)	• 청소년보호에 관한 계획의 수립 · 시행 • 청소년보호위원회의 운영에 관한 사항 • 매체물, 업소, 약물, 물건 등 청소년 유해성 심의 및 결정 등에 관한 사항 • 청소년 유해환경에 대한 점검, 단속, 규제 및 개선 활동 지원에 관한 사항 • 인터넷중독 등 매체의 역기능 피해의 예방, 치료 및 재활 지원 • 청소년의 건전한 매체 활용능력 증진 및 건전한 매체 문화 조성 등에 관한 사항 • 청소년 대상 인터넷 게임 제공시간 제한제도 등의 운영 및 평가에 관한 사항 • 청소년치료재활센터의 운영에 관한 사항 • 신 · 변종 유해업소 등 청소년유해환경 점검 및 단속 활동 • 지방행정기관 청소년유해환경 개선 유도 및 평가 • 청소년보호종합대책 추진 상황 종합 점검 및 관리 • 청소년유해환경감시단 운영
아동청소년성보호과 (권익증진국)	• 아동 · 청소년의 성보호를 위한 시책의 수립 및 시행 • 아동 · 청소년 성보호 관련 법령의 관리 및 운영 • 아동 · 청소년 성보호 관련 실태에 관한 조사 및 연구 • 아동 · 청소년 대상 성범죄자 신상정보의 열람 및 취업제한제도의 운영에 관한 사항 • 아동 · 청소년 대상 성범죄자에 대한 재범방지대책의 수립 및 시행 • 성범죄 가해 아동 · 청소년의 치료, 재활 및 지원에 관한 사항 • 성보호의식 확산을 위한 대국민 교육 및 홍보에 관한 사항 • 아동 · 청소년 대상 성매수 등 신고포상금 제도 운영 • 청소년성문화센터의 설치 및 운영에 관한 사항

*출처: 여성가족부 홈페이지.[1)]

경과(청소년정책관 소속), 권익증진국의 아동청소년성보호과에서 청소년 보호업무를 담당하고 있다(〈표 11-2〉 참조).

이 장에서는 청소년보호 관련 법을 중심으로 청소년보호정책에 대하여 살펴보고자 한다. 청소년보호정책이 근간하고 있는 법의 목적과 주요 내용은 정책 방향의 토대가 되기 때문이다. 청소년보호 관련 법으로는 「청소년보호법」 「아동 · 청소년의 성보호에 관한 법률」 「소년법」 「학교폭력예방 및 대책에 관한 법률」을 선정하였고, 각 법에 근거하여 시행되는 정책을 검토하였다.[2)]

02 「청소년보호법」과 청소년보호

1) 주요 내용

(1) 「청소년보호법」

「청소년보호법」은 1997년 7월에 제정된 후 2012년, 2013년 전부 개정을 포함하여 2019년 6월까지 약 40회 이상의 개정을 거쳐 왔다. 1997년 제정 당시 "우리 사회의 자율화와 물질만능주의 경향에 따라 날로 심각해지고 있는 음란 및 폭력성의 청소년 유해매체와 유해약물 등의 청소년에 대한 유통과 유해한 업소에의 청소년출입 등을 규제함으로써, 성장과정에 있는 청소년을 각종 유해한 사회 환경으로부터 보호 및 구제하고 나아가 건전한 인격체로 성장할 수 있도록 하려는 것"이라고 제정 이유를 설명하였다. 이에 이 법 제1조에서는 "청소년에게 유해한 매체물과 약물 등이 청소년에게 유통되는 것과 청소년이 유해한 업소에 출입하는 것 등을 규제하고 청소년을 유해한 환경으로부터 보호 · 구제함으로써 청소년이 건전한 인격체로 성장할 수 있도록 함을 목적으로 한다". 「청소년보호법」의 구성은 〈표 11-3〉과 같다.

1) http://www.mogef.go.kr/mi/osg/mi_osg_s001.do(2019.06.12. 인출)

2) 청소년 자살과 관련된 법률인 「자살예방 및 생명존중문화 조성을 위한 법률」과 관련 정책은 9장을 참고하라.

표 11-3 「청소년보호법」 구성

구분	내용	조항
제1장	총칙	제1~6조
제2장	청소년유해매체물의 결정 및 유통 규제	제7~23조
제3장	청소년의 인터넷게임 중독 예방	제24~27조
제4장	청소년유해약물 등, 청소년유해행위 및 청소년유해업소 등의 규제	제28~32조
제5장	청소년 보호 사업의 추진	제33~35조
제6장	청소년보호위원회	제36~41조
제7장	보칙	제42~54조
제8장	벌칙	제55~64조

(2) 청소년보호종합대책

「청소년보호법」에 근거하여 3년마다 관계부처 합동으로 청소년보호종합대책이 수립 및 시행되어 오고 있으며, 2019년 현재 제3차 청소년보호종합대책이 수립 및 시행되고 있다. 그 내용을 살펴보면 다음과 같다(여성가족부 정책뉴스, 2019. 05. 02.).[3)]

제3차 청소년보호종합대책은 '청소년 유해환경 개선 및 자율적 대응 역량 강화'라는 목표 아래 유해매체, 유해약물, 유해업소, 유해행위, 근로보호의 5대 정책영역과 28개의 중점과제로 구성되었다. 유해환경에 대한 노출을 줄이고 청소년 대응 역량을 키우기 위한 방안으로, 첫째, 유해매체 영역은 청소년의 불건전한 만남을 매개하고 조장하는 랜덤채팅앱으로부터 청소년을 보호하는 방안을 강구하는 것, 둘째, 유해약물 영역은 청소년 음주 시 판매한 사업자 외에 동반한 성인에게도 책임을 부과하는 방안을 마련하는 것, 셋째, 유해업소 영역은 학원 등 청소년 생활 주변의 신·변종 업소에 대한 상시 모니터링(점검)을 실시하는 것, 넷째, 유해행위(폭력 및 피해 예방) 영역은 청소년 대상 고금리 대출·갈취 행위에 대해 집중 단속을 실시하

3) 여성가족부 정책뉴스(2019. 05. 02.). "유해환경 노출 줄이고 청소년 대응 역량 키운다" http://www.mogef.go.kr/nw/enw/nw_enw_s001d.do?mid=mda700 (2019. 06. 12. 인출)

는 것, 마지막으로 근로보호 영역은 배달 · 아르바이트 청소년의 안전 및 피해 회복을 위한 산재보험 적용을 확대하는 것을 주요 목표로 하고 있다.

영역별 추진과제의 주요내용을 살펴보면 다음과 같다.

첫째, 매체 이용 환경 개선 및 청소년의 건전한 활용능력 함양을 위한 추진과제들을 제시하고 있다. 먼저 랜덤채팅앱으로부터 청소년을 보호하기 위한 방안, 청소년 스마트폰의 유해정보차단 앱 설치 활성화와 함께 현장 체험형 교육과 가정 내 건강한 미디어 이용 습관 형성 지원 방안을 제시하고 있다. 또한 청소년 사이버 도박 관련 온라인 상담과 치료 지원을 위한 관계기관(한국도박문제관리센터, 청소년상담복지센터, 정신건강복지센터 등)과의 연계 강화 방안을 포함하고 있다.

둘째, 유해약물 접촉 차단에 대한 성인의 책무성 및 광고 관리 강화를 위한 추진과제로, 음식점 등에서 청소년과 동반 · 동석한 가족이나 성인의 음주 권유 또는 강요 시 청소년보호책임을 지우는 한편, 위 · 변조된 신분증 등에 속아 청소년에게 담배를 판매한 사업자에 대한 영업정지 등 행정처분을 감면하는 대책을 제시하고 있다. 더불어 약물중독 청소년의 신속한 치료와 정서 · 행동 문제 청소년의 치료재활을 지원하기 위한 유관기관(정신건강복지센터, 중독관리통합지원센터, 청소년상담복지센터, 아동치료보호시설 등) 간의 협력을 강화하고, 전문기관(국립청소년치료재활센터 등) 확대 방안을 제시하고 있다.

셋째, 유해업소 모니터링(점검) 강화 및 자율적 청소년보호 활성화 방안으로, 무인텔 등 숙박업소에 의무화된 종사자 및 설비에 대한 점검 및 단속을 강화하고 숙박앱 등을 통한 청소년의 혼숙 예방 방안을 마련하고자 계획하고 있으며, 출입자의 연령 및 신분증 진위 여부를 판별하기 위해 종사자 및 설비 등을 갖추도록 의무화하고 있다. 더불어 청소년의 주요 생활지역과 교육환경보호구역 내의 유해업소에 대한 점검 및 관리를 강화하고, 청소년보호 게임 제공 업소 등에 대한 모범영업소지정 특전(인센티브) 부여 등 청소년 출입제한 업소의 자율적인 청소년 보호활동 참여를 유도해 나가는 방안을 제시하고 있다.

넷째, 청소년 폭력 피해 예방 및 회복 지원 강화를 위한 추진과제를 살펴보면, SNS(사회관계망서비스)를 통한 청소년 대상의 고금리 대출행위를 집중 단속하고 청소년 대상으로 한 금융교육과 홍보를 강화하는 대책을 제시하고 있다. 또한 사이버

폭력 등 새로운 방식의 폭력 예방을 위한 교육 콘텐츠를 개발 및 보급하고, 아동 재학대 방지를 위한 가족기능회복 프로그램 운영을 확대하는 대책을 제시하고 있다. 폭력 피해자에 대한 사이버상의 사진 · 동영상 유포 등 2차 피해 확산을 방지하고, 성매매 피해 청소년에 대해서도 신고 · 상담 · 회복 과정에서 발생할 수 있는 2차 피해 방지와 일상복귀를 지원하는 계획을 포함하고 있다.

마지막으로, 청소년의 노동인권 의식제고 및 연계 지원 강화를 위해 배달 아르바이트 청소년의 산재보험 가입 의무화를 추진하고, 현장실습생의 권익보호를 위해 청소년 고용 사업장 모니터링(점검) 및 관리 감독을 강화하며, 업주 및 청소년을 대상으로 찾아가는 노동인권교육을 확대하고, 구인 · 구직 알선 전문사이트(앱)와 협력하여 청소년 근로보호를 홍보하는 방안을 제시하고 있다. 더불어 근로청소년을 위해 상담 및 현장 중심의 '찾아가는 문제해결' 지원을 강화하고, 지역중심의 '청소년 근로권익보호협의체'를 구성 및 운영 계획을 제시하고 있다.

2) 관련 논의

「청소년보호법」이 제정된 지 약 22년이 지난 현대 사회에서 청소년보호의 의미는 다소 변화하고 있다. 저출산 · 고령화로 인한 인구구조의 변화, 정보통신기술의 혁신적 발달, 신종 유해매체의 증가와 같은 사회 환경의 변화는 같은 청소년기여도 세대마다 다른 경험을 하게 하고, 이들의 발달과정에 영향을 미치는 위험요인과 보호요인을 달라지게 한다. 따라서 '청소년의 건강한 성장발달'을 위한 청소년보호라는 제도적 영역의 역할과 기능이 변화되어야 할 필요성이 제기된다. 이에 청소년보호 정책에 근간을 두고 있는 「청소년보호법」에 의하여 청소년의 보호받을 권리가 실질적으로 보장되고 있는가에 대한 검토가 필요하다.

김지연과 정소연(2017)은 현행 「청소년보호법」에 청소년의 안전, (정신)건강에 대한 직접적인 규정이 부재하여 보호범위(coverage)가 제한적이고, 피해청소년의 발굴과 보호 및 지원에 대한 내용이 미흡한 점을 지적하였다. 또한 청소년이 권리주체라는 인식을 기반으로 청소년의 참여 절차를 확보하고, 유해환경의 폐해에 대한 인해와 인식의 개선이 대응 역량 발휘와 피해 예방으로 이어질 수 있도록 정책 추진과

정과 내용을 점검할 필요성을 제기하였다.

이러한 입장의 근간에는 청소년보호정책 개념의 확장이 필요하다는 관점이 존재한다. 배규한(2014)은 사회적 차원에서의 청소년보호는 미래의 바람직한 사회 구성원을 양성하기 위한 것이기 때문에 청소년이 사회의 가치와 규범을 공유하고 구성원으로서 역할을 다할 수 있는 능력을 갖출 수 있도록 지원해야 함을 설명하였다. 이에 청소년보호에 대한 광의의 개념으로 "위험에 노출된 청소년은 물론 모든 청소년이 건강한 성장을 통하여 각자의 잠재적인 역량을 최대한 계발할 수 있도록 제도적으로 보호하고 지원해 주는 것"임을 제시한다. 김지연과 정소연(2017) 또한 이제 청소년보호정책은 유해환경을 규제하고 이에 대한 청소년의 접촉을 차단하는 것에 그치는 것이 아닌, "청소년의 발달과정과 일상생활 장면에서 직면할 수 있는 발달적(developmental) · 상황적(situational) 위기와 위험의 가능성을 예방하고, 성장과 발달을 지원하는 일련의 사회적 노력"을 모두 포함해야 함을 강조하였다. 이처럼 청소년보호정책의 범위를 광의적으로 해석하면 청소년의 모든 생활영역에서 보호를 목적으로 하는 교육, 보건, 복지, 의료, 근로 등 일반 사회정책 상당수가 포함된다(김지연 · 정소연, 2017).

03 「아동 · 청소년의 성보호에 관한 법률」과 청소년보호정책

1) 주요 내용

「아동 · 청소년의 성보호에 관한 법률」(이하 '청소년성보호법')은 2000년 7월에 제정되었으며, 그 목적으로 "아동 · 청소년 대상 성범죄의 처벌과 절차에 관한 특례를 규정하고 피해 아동 · 청소년을 위한 구제 및 지원 절차를 마련하며 아동 · 청소년 대상 성범죄자를 체계적으로 관리함으로써 아동 · 청소년을 성범죄로부터 보호하고 아동 · 청소년이 건강한 사회 구성원으로 성장할 수 있도록 한다."라고 제시하고 있다(제1조).

청소년성보호법은 '청소년의 성을 사는 행위, 성매매를 조장하는 온갖 형태의 중

표 11-4 「아동·청소년의 성보호에 관한 법률」 구성

구분	내용	조항
제1장	총칙	제1~6조
제2장	아동·청소년 대상 성범죄의 처벌과 절차에 관한 특례	제7~33조
제3장	아동·청소년 대상 성범죄의 신고·응급 조치와 지원	제34~37조
제4장	아동·청소년의 선도보호 등	제38~48조
제5장	성범죄로 유죄판결이 확정된 자의 신상정보 공개와 취업제한 등	제49~60조
제6장	보호관찰	제61~64조
제7장	벌칙	제65~67조

간매개행위 및 청소년에 대한 성폭력행위를 하는 자들을 강력하게 처벌하고, 성매매와 성폭력행위의 대상이 된 청소년을 보호 및 구제하는 장치를 마련함으로써 청소년의 인권을 보장하고 건전한 사회 구성원으로 복귀할 수 있도록 하는 한편, 청소년을 대상으로 하는 성매매 및 성폭력 행위자의 신상을 공개함으로써 범죄 예방 효과를 극대화'하기 위해 제정되었다. 즉, 이 법은 청소년 대상 성매매 및 성폭력 행위자에 대한 강력한 처벌의 근거이자 성매매와 성폭력 행위의 대상이 된 청소년에 대한 보호 및 구제 방안의 토대이며, 청소년 대상 성매매 및 성폭력을 예방하기 위한 효과적 장치가 될 것이라는 기대로 제정된 것이라 할 수 있다. 이 법의 구성은 〈표 11-4〉와 같다.

이 법에 근거하여 첫째, 성매매 피해청소년 사회 복귀 지원을 위한 치료·재활 정책이 시행되고 있다. 청소년성보호법은 검사가 성매수 대상 청소년에게 교육과정 또는 상담과정 이수를 결정할 수 있도록 규정하고 있다. 이를 근거로 여성가족부가 지정한 전국 위기청소년교육센터에서 '맞춤형 치료·재활 프로그램' 교육 및 상담과 사례관리를 실시하고 있다. 위기청소년교육센터는 성매매 피해청소년에 대한 치료·재활교육 강화로 성매매 재유입 방지 및 건강한 사회인으로의 복귀를 지원하는 기관으로, 검찰에서 대상 청소년의 교육상담과정 이수결정이 통보되거나 경찰에서 발견 사실이 통보된 대상 청소년, 성매매로 수강명령을 부과받은 청소년, 청

소년지원시설인 대안학교 등의 관련 시설에서 추천한 성매매 피해청소년 및 사이버 또래상담을 통해 연계된 성매매 피해 노출 청소년을 대상으로 한다.

둘째, 성범죄자 신상정보 공개·고지 제도가 있다. 신상정보 공개제도는 아동·청소년 대상의 성범죄 예방 대책 중 하나로, 국가가 성범죄자의 신상정보를 등록하여 관리하면서 인터넷 열람이 가능하도록 하고 있다. 법원에서 공개명령을 선고받은 자는 10년 이내에서 신상정보가 공개되고 있다. 아동과 성인 대상의 성범죄를 저지르고 유죄판결이 확정되어 등록이 완료된 자는 2017년 12월 31일 기준으로 58,053명(법무부)이고, 공개명령이 선고되어 '성범죄자 알림e' 인터넷 사이트에 공개되고 있는 사람은 4,892명이다(여성가족부, 2018).

셋째, 성범죄자 취업제한제도 및 신고의무제도가 있다. 성범죄자 취업제한제도는 성범죄자로부터 아동·청소년을 보호하고자 아동·청소년 관련 기관 등에 성범죄자의 접근가능성을 사전에 차단하고 취업을 제한하는 것이다. 최초 도입 당시에는 취업제한기간이 5년이었으나 2008년 2월부터 10년으로 확대되었고, 2010년 4월부터는 아동·청소년 대상의 성범죄자에서 성인 대상의 성범죄자까지로 적용 범위가 확대되었다. 또한 지방자치단체장(교육감, 교육장)은 아동·청소년 관련 기관의 인·허가 또는 신고등록 시 아동·청소년 관련 기관 등을 운영하려는 자에 대하여 경찰서에 성범죄경력조회를 요청하여야 한다. 다음으로 아동·청소년 대상의 성범죄 발생 신고의무제도는 아동·청소년 관련 기관 등에 해당하는 기관, 시설 또는 단체의 장과 그 종사자는 직무상 아동·청소년 대상의 성범죄 발생 사실을 알게 된 때에는 즉시 그 사실을 수사기관에 신고해야 한다.

2) 관련 논의

우리 사회 내에서 아동·청소년의 성보호를 위한 제도적 노력은 지속적으로 진행되어 왔다. 그러나 여전히 아동·청소년의 성보호와 안전에 대한 불안감이 계속되고 있어 이제는 보다 근본적이고 실효성 있는 대안이 마련되어야 할 시점이다.

이유진(2015)은 아동·청소년 대상의 성범죄를 해결하기 위한 대책이 주로 성범죄자에 대한 강력한 처벌과 감독, 치료 등 가해자중심의 대책이 주를 이루고 있다고

평가하면서 아동 · 청소년 대상의 성폭력범죄의 예방을 위해서는 피해가 발생하기 전에 미리 예방하는 것, 그리고 이미 피해가 발생한 후에는 피해 아동 · 청소년에게 2차 피해가 발생하지 않도록 지원하는 것이 더욱 중요함을 강조하였다. 전자발찌의 소급입법이나 화학적 거세, 성범죄자 주민고지제도 등 가해자 처벌중심의 대책은 성범죄에 대한 국민적 불안감 해소에 어느 정도 기여하지만 범죄 예방을 위한 대책은 아니라는 입장이다.

아동 · 청소년 대상의 성범죄 예방을 위한 근본적 대책을 수립하려면 청소년성보호법에서 제시하는 기준이 포괄적이면서도 아동 · 청소년 대상의 성범죄가 변화해 온 흐름을 제대로 반영해야 할 것이다. 이에 대해 송문호와 홍춘의(2017)가 지적한 현행 청소년성보호법의 문제점 중 기본행위인 '성을 사는 행위'와 객체로서 아동 · 청소년의 기준에 대한 내용을 살펴보고자 한다.

기본행위인 '성을 사는 행위'에 대한 문제제기는 청소년성보호법의 기본범죄 유형이 '아동 · 청소년의 성을 사는 행위'로 구성되어 있다는 점에서 시작된다. 이러한 규정은 결국 아동 · 청소년의 성보호를 성매매에 국한시키고 있어 아동 · 청소년의 성을 사도록 유인, 권유, 알선한 행위들, 즉 아동 · 청소년에 대한 성적 악용이나 남용행위를 기본범죄로밖에 규정하지 못해 강력한 처벌이 불가능할 수 있는 문제를 야기한다. 연구자들은 아동에 대한 성행위는 무관용의 원칙을 적용하는 것이 국제적인 추세이며 우리나라 역시 적극적으로 수용하여야 할 것을 주장하고 있고, 그 근거로 청소년성보호법의 목적에 대해 언급하였다. 즉, 청소년성보호법은 아동 · 청소년을 성범죄로부터 보호하고 직접적으로 그들의 성을 보호하는 데 그 목적이 있기 때문에 사실상 아동 · 청소년에 대한 성적 악용이나 남용이 성매매보다도 더욱 중요하고 강력하게 다루어져야 함을 강조하였다.

연구자들은 또한 청소년성보호법이 아동 · 청소년을 '19세 미만의 자'로 규정하여 아동과 청소년을 구분하지 않고 있음을 지적하였다. 외국의 입법례는 불법의 정도와 구체적 현실을 반영하여 아동의 경우 절대적 보호를, 청소년의 경우 상대적 보호를 추구하는 흐름을 보이고 있음을 설명하면서 우리나라 역시 「형법」과 「성폭력범죄의 처벌 등에 관한 특례법」 체계를 고려했을 때 이러한 흐름이 부합하다고 주장하였다. 그 근거로 청소년성보호법이 「형사법」 체계에 맞게 아동과 청소년을 분리하여

규정하면 다양한 한계사례 해결을 통해 아동과 청소년 각각의 발달단계에 맞는 '보호'가 가능하다는 것이다. 이때 청소년을 아동과 같은 차원에서 규율한다면 "형벌 확장을 통해 젊은 세대에게 보수적인 성 도덕을 강조하는 결과를 초래"하게 되는 반면, 아동과 청소년을 분리하여 규정하면 "보호할 만한 가치가 있는 예술적 · 학문적 가치를 가진 성적표현물들을 「헌법」상 예술 및 학문의 자유와도 조화시킬 수 있는 출구가 마련될 것"이라고 설명하였다.

청소년성보호법에 관한 이러한 문제제기는 청소년 성보호 관련 법과 정책이 근본적 목적을 전제하면서도 변화하고 있는 '보호'의 기능을 제대로 반영해야 한다는 필요성과 함께 구체적인 보완 · 개선 방향을 제시한다는 점에서 의미를 찾을 수 있다.

04 「소년법」과 청소년보호(법무부)

1) 주요 내용

「소년법」은 "반사회성(反社會性)이 있는 소년의 환경 조정과 품행 교정(矯正)을 위한 보호처분 등의 필요한 조치를 하고, 형사처분에 관한 특별조치를 함으로써 소년이 건전하게 성장하도록 돕는 것을 목적(제1조)"으로 1958년에 제정되었다. 이 법은 19세 미만인 자를 소년으로 정의(제2조)하면서 다음 중 어느 하나에 해당하는 소년을 소년부의 보호사건으로 심리하도록 규정하고 있다(제4조). 즉, 형벌 법령에 저촉

- 죄를 범한 소년
- 형벌 법령에 저촉되는 행위를 한 10세 이상 14세 미만인 소년
- 다음 각 목에 해당하는 사유가 있고 그의 성격이나 환경에 비추어 앞으로 형벌 법령에 저촉되는 행위를 할 우려가 있는 10세 이상인 소년
  - 집단적으로 몰려다니며 주위 사람들에게 불안감을 조성하는 성벽(性癖)이 있는 것
  - 정당한 이유 없이 가출하는 것
  - 술을 마시고 소란을 피우거나 유해환경에 접하는 성벽이 있는 것

되는 행위를 한 때에는 「형법」 연령 기준인 14세 이상인 자는 물론 10세 이상인 형사 미성년자에 대해서 소년부의 보호사건 심리를 통해 보호처분을 부과할 수 있도록 규정하고 있다(제4조 제1항).

「소년법」은 형벌을 부과할 때에는 연령에 따른 특칙을 두어 죄를 범할 당시 18세 미만인 소년에 대하여 사형 및 무기형의 완화(제59조), 소년에 대한 부정기형과 형의 감경(제60조), 18세 미만자의 환형처분의 금지(제62조), 소년에 대한 가석방의 특례(제65조, 제66조) 및 자격에 관한 법령의 적용(제67조) 등을 규정하고 있다. 그리고 보호처분 중 사회봉사명령은 14세 이상의 소년(제32조 제3항), 수강명령 및 장기소년원 송치는 12세 이상의 소년을 그 대상으로 한다(동조 제4항; 김혁, 2019). 이처럼 「소년법」이 반사회성이 있는 소년에 대한 보호처분과 형사처분에 관한 특별조치를 규율하면서 다양한 연령 기준을 별도로 설정하고 있는 이유는 행위자의 책임과 형벌 간의 관계를 규율하는 가운데 소년에 대한 보호주의가 적용된 중요한 장치라고 볼 수 있다. 즉, 엄벌주의가 아닌 교육과 치료를 통한 개선의 기회를 제공하는 것이 중요한 전제로 작용된다.

2007년의 개정 또한 이러한 전제를 강화하고 있다. 소년범의 재범률을 낮추기 위해 기존의 처벌 위주의 소년사법에서 교정, 교화를 통한 사회 복귀 및 재사회화를 위한 소년사법으로의 변화를 보였다. 소년 보호사건 절차를 진행 중인 소년이 경우에 따라 법원이 국선보조인을 선정하거나 소년 또는 보호자의 신청에 따라 보조인을 선정할 수 있도록 하고(제17조의2), 피해자 진술권을 보장하도록 했으며(제25조의2), 판사가 소년과 피해자 간의 화해를 권고하고 화해가 이루어진 경우 보호처분 결정에 이를 참작하는 등(제25조의3) 회복적 사법의 이념이 일정 부분 도입되었다. 더불어 소년의 품행 교정을 위해 더욱 적절하고 실효성 있는 처분이 가능하도록 보호처분의 종류를 다양화하고, 수강명령과 사회봉사명령을 독립된 보호처분으로 활용하도록 하는 등(제32조) 소년사법의 효과성을 제고하기 위한 노력이 이루어지고 있다(하권삼 · 양문승, 2018; 노자은 · 손진희, 2018).

2) 관련 논의

2007년 개정 이후 10여년이 지난 현재 소년강력범죄의 증가, 흉포화, 저연령화, 재범률의 증가 등을 이유로 현행 「소년법」에 대한 비판이 지속적으로 제기되고 있다. 그 초점은 이 법의 중요한 전제인 소년보호주의에 관한 것으로, 현재 소년의 상한연령 또는 일부 보호처분 가능 연령을 하향 조정하거나, 특정 강력범죄를 저지른 소년에 대한 특별 조치를 폐지하자는 주장 등 주로 저촉대상의 연령기준을 조정함으로써 소년범죄에 대해 더욱 강력한 처벌이 가능하도록 개정이 필요하다는 입장을 보이고 있다. 과거에 비해 저연령자의 정신적 · 신체적 성숙도가 높아져 성인과 실질적인 차이가 없고, 교육적 조치에 의한 개선가능성을 전제로 형사처벌을 일률적으로 배제하는 것이 타당한지에 대한 검토, 중대범죄 및 강력범죄를 저지른 소년에 대해 형량을 완화시키는 조치는 소년범죄 발생을 억제하기가 어려울 뿐만 아니라 국민 일반의 법 감정과 배치된다는 점 등이 이러한 입장의 이유로 제시되고 있다(김혁, 2019).

소년사법제도의 엄벌화 요구는 소년보호이념 및 「소년법」의 존재 자체를 무의미하게 만들 수 있다(박호현 · 김종호, 2018). 「소년법」은 "별도의 연령 설정을 통해 입법 기술상 일률적으로 규정할 수밖에 없었던 「형법」의 책임 연령 기준을 보완함으로써 법익침해행위를 한 저연령자의 국가 개입의 범위 및 정도를 제한하는 동시에 확장하는 기능(김혁, 2019)"을 하고 있다. 이러한 측면에서 이 법의 목적은 소년을 일방적으로 보호하기 위한 법률이 아니다. 즉, 이 법의 목적이 보호처분 또는 형벌을 수단으로 실질적 책임능력이 있는 소년에게 자신의 행위에 대하여 반성과 반응을 요구함으로써 이들이 건전하게 성장하도록 돕는 것임을 주지할 필요가 있다(김혁, 2019). 소년의 범죄가 가정 내에서 부모의 역할과 기능이 제대로 이루어지지 못한 결과라고 한다면, 국가는 부모의 역할을 대신해야 할 의무도 존재한다(박호현 · 김종호, 2018). 물론 소년이 중대범죄 및 강력범죄를 저지른 경우 사회보호를 위하여 현행법상 형이 완화되는 조건을 상향시키거나 폐지하는 등 소년범죄의 변화 양상에 따른 조치는 필요하다. 중요한 것은 소년에 대한 처벌 내지 엄벌화만이 소년범죄를 예방할 수 있는 방안이 될 수 없다는 인식일 것이다.

05 「학교폭력예방 및 대책에 관한 법률」과 청소년보호(교육부)

1) 주요 내용

「학교폭력예방 및 대책에 관한 법률」(이하 '학교폭력예방법')이 제정 및 시행되면서 학교폭력 예방 및 대처에 필요한 법적·제도적 기초가 마련되었다. 이 법은 "학교폭력의 예방과 대책에 필요한 사항을 규정함으로써 피해학생의 보호, 가해학생의 선도·교육 및 피해학생과 가해학생 간의 분쟁조정을 통하여 학생의 인권을 보호하고 학생을 건전한 사회 구성원으로 육성함을 목적(제1조)"으로 한다.

학교폭력예방법의 주요 내용은 학교폭력의 예방 및 대책에 관한 기본계획의 수립(제6조), 학교폭력대책위원회와 지역위원회 및 협의회의 설치 및 그 기능(제7~10조), 학교폭력대책자치위원회의 설치 및 기능(제12~13조), 전문상담교사 배치와 전담기구 구성(제14조), 학교폭력 예방교육 실시(제15조), 피해학생의 보호와 가해학생에 대한 조치(제16~18조) 등이 있다(〈표 11-5〉 참조).

2004년에 제정된 이 법은 2008년과 2012년에 주요한 개정을 거쳤다. 2008년 3월 개정에서는 학생폭력 개념에 성폭력을 포함시키고 성폭력 피해자의 사생활 보호를 강화하고자 하였으며, 피해자 치료비용에 대한 구상권을 신설하였으며, 가해학생의 보호자도 함께 특별교육을 받게 하도록 하였다. 그러나 학교폭력에 대한 사회적 우려가 지속적으로 제기됨에 따라 2012년 1월과 3월 당시 교육과학기술부의 '학교폭력근절 종합대책' 발표와 함께 「학교폭력예방법」이 대폭 개정된 바 있다(전종익·정상우, 2013).

'제3차 학교폭력 예방 및 대책 기본계획(2015~2019)'은 '행복하고 안전한 학교'라는 비전으로 '학교폭력 및 학생위험 제로 환경 조성'의 목표를 제시하고 있다. 이에 ① 인성교육중심의 학교폭력 예방 강화, ② 학교폭력 대응 안전 인프라 확충, ③ 공정한 사안처리 및 학교의 학교폭력 대응 역량 강화, ④ 피해학생 보호 및 치유와 가해학생의 선도, ⑤ 전 사회적 대응체제 구축의 5대 영역, 16개 추진과제를 제시하고 있다([그림 11-1] 참조). 이를 부처별로 정리하면 〈표 11-6〉과 같다.

표 11-5 「학교폭력예방 및 대책에 관한 법률」 구성

구분	내용
제1~5조	• 목적, 정의, 해석 및 적용의 주의의무 • 국가 및 지방자치단체의 책무 • 다른 법률과의 관계
제6조	• 기본계획의 수립 등
제7~10조	• 학교폭력대책위원회의 설치 및 기능, 구성 • 학교폭력대책지역위원회의 설치 및 기능 등 • 학교폭력대책지역협의회의 설치 및 운영
제11조	• 교육감의 임무, 학교폭력 조사 및 상담 등 • 관계 기관과의 협조 등
제12~13조	• 학교폭력대책자치위원회의 설치 및 기능 • 자치위원회의 구성 및 운영
제14~15조	• 전문상담교사 배치 및 전담기구 구성 • 학교폭력 예방교육 등
제16~18조	• 피해학생의 보호, 장애학생의 보호 • 가해학생에 대한 조치 • 재심청구, 분쟁조정
제19조	• 학교의 장의 의무
제20조	• 학교폭력의 신고의무, 긴급전화의 설치 등 • 정보통신망에 의한 학교폭력 등, 정보통신망의 이용 등 • 학생보호인력의 배치 등, 학교전담경찰관 • 영상정보처리기기의 통합 관제
제21~23조	• 비밀누설금지 등 • 벌칙, 과태료

비전	행복하고 안전한 학교
목표	학교폭력 및 학생위험 제로 환경 조성
전략	• 전반적으로 학교문화 개선과 함께 취약요인 중점 정리 • 대상별 · 유형별 · 시기별 맞춤형 대응 강화 • 단위학교의 실효성 있는 자율적 예방활동 활성화

	5대 전략	16개 추진과제
1	인성교육중심의 학교폭력 예방 강화	1. 인성 함양을 통한 학교폭력 사전 예방 2. 또래활동을 통한 건전한 학교문화 조성 3. 체험중심 학교폭력 예방활동 강화 4. 폭력유형 및 추세에 따른 대응 강화
2	학교폭력 대응 안전 인프라 확충	5. 학교폭력 위해요인을 지속적으로 해소 6. 학생보호인력 확충 7. 학교 밖 안전관리 강화
3	공정한 사안처리 및 학교폭력 대응 역량 강화	8. 학교폭력 조기 감지 및 신고 체계 강화 9. 사안처리의 공정성 확보 10. 학교의 학교폭력 대응 역량 강화
4	피해학생 보호 및 치유와 가해학생의 선도	11. 피해학생 보호 및 치유 지원의 내실화 12. 가해학생 맞춤형 교육 및 선도 강화 13. 관계회복을 위한 프로그램 강화
5	전 사회적 대응체제 구축	14. 가정의 역할 및 교육기능 강화 15. 지역사회의 역할 및 책무성 강화 16. 대국민 인식 제고 및 전 사회적 대응체계 구축

[그림 11-1] '제3차 학교폭력 예방 및 대책 기본계획(2015~2019)': 정책 추진방향

*출처: 법무부 보도자료(2014. 12. 22.).

표 11-6 '제3차 학교폭력 예방 및 대책 기본 계획(2015~2019)': 부처별 주요 추진과제

부처명	주요 추진과제
교육부	〈학교폭력 없는 안전한 교육환경 조성〉 • 학생의 발달단계를 고려한 생명존중의식 함양 등 인성교육 강화 • 또래활동을 통한 건전한 학교문화 조성 • 교과 교육과정 내에 학교폭력 예방교육 체계화 • 단위학교의 자율적이고 학생이 직접 참여하는 예방활동의 활성화 • 학교에 범죄예방환경설계(CPTED) 적용 확대 등 안전 인프라 확충 • 학교폭력 조기 감지체계 구축 및 학교의 대응 역량 강화 지원 • 회복적 관점에서의 피해학생 치유 및 가해학생의 선도 지원
미래부	〈IT 기술을 활용한 사이버폭력 등 대응〉 • 사이버폭력 가상체험 시뮬레이션의 개발 및 보급 • 지능형 CCTV 기술의 개발 및 보급 • 인터넷중독 대응센터(17개 시도) 운영 • 건전한 스마트폰 이용을 위한 연구학교 운영 및 범국민 캠페인 추진
법무부	〈학교폭력 예방을 위한 법질서 의식 함양 지원〉 • 체험형 · 참가형 법교육 프로그램 확대 운영 • 학교폭력 예방을 위한 행복나무, 마음모아 톡톡 프로그램 보급 • 학교폭력 피해학생에게 법률 및 구조금 등 경제적 지원 서비스 확대 • 청소년비행예방센터 등 가해학생 특별교육 지원 확대
행자부	〈지방자치단체를 중심으로 한 학교폭력 관련 대민지원〉 • 학교 주변에 CCTV 설치 및 학교 CCTV와 지방자치단체 통합관제센터와의 연계 확대 • 학교 주변에 범죄예방환경설계 적용 및 유지 관리 • 출생신고 시 부모교육 자료 배포 • 지역위원회(협의회) 운영 활성화 및 지방자치단체 평가에 학교폭력 지표 반영
문체부	〈문화예술 관련 학교폭력 예방 활동 지원〉 • 예절교육 및 체육, 예술 등 체험형 인성교육 지원 확대 • 국립예술단체 지역 순회 공연사업에 학교폭력 관련 내용 포함 운영 • '청소년 언어 청정학교' 지정 및 운영 등 언어문화 개선 운동 전개 • 모범 PC방 인증 및 인센티브 부여 등 건전한 PC방 이용 환경 조성 • 인터넷 · 게임 과몰입 부작용 해소 사업을 지속적으로 추진

복지부	〈피해학생 정신건강 등 치유 지원〉 • 노인일자리사업 연계의 방안으로 교내 CCTV 관제전담요원 배치 • 차상위계층 학생의 U-안심알리미 서비스 비용 지원 • 정신건강 문제군 학생 치유 · 회복 지원 • 국립정신병원 내 '아동청소년정신건강증진센터' 운영
여가부	〈청소년 유해환경, 학생 치유 및 가정교육〉 • 학교 주변 청소년 출입금지 및 제한업소 단속 · 캠페인 실시 • '국립청소년인터넷드림마을' 운영 및 인터넷, 게임, 영상물 등 유해정보의 모니터링 강화 • 성폭력 피해학생 치유, 보호 및 가해학생 특별교육 지원 확대 • 청소년상담복지센터에 사이버폭력 관련 전문상담사 배치 • 가족관계 유대감 강화 프로그램 운영 및 부모교육 활성화
방통위	〈방송 · 통신 매체 중심의 역기능 대응〉 • 스마트폰 과몰입 예방을 위한 '사이버 안심존' 사업 확대 • 유해 콘텐츠 등급 심의 강화 및 차단 프로그램 보급의 활성화 • 청소년보호책임자 지정제도 운영 내실화 • 사이버폭력 예방을 위한 범국민 캠페인 추진
안전처	〈학교 주변 안전한 환경 조성 및 관리 강화〉 • 어린이보호구역 내 CCTV 설치 확대 및 학교 주변 범죄 예방 환경 조성 • 지역위원회(협의회) 운영 활성화 • 학생안전 앱서비스 운영 및 보급 확대
경찰청	〈관내 학교 및 학생의 치안 유지〉 • '청소년 경찰학교' 확대 운영 및 학교전담경찰관 운영 내실화 • 폭력서클 등 고위험학생에 대한 조기 감지 및 대응 강화 • 117 신고 · 상담 센터 접근 매체의 다양화 및 신고 활성화
기타 부처	• 국가, 공공기관 등 직장교육 시 폭력 예방교육 연 1회 이상 실시(노동부, 인사처) • 숲 체험 등 자연과 함께하는 체험형 프로그램 확대(산림청) • 사회복무요원을 교내 CCTV 관제전담요원으로 배치(국방부, 병무청)

*출처: 법무부 보도자료(2014. 12. 22.).

정부는 매해 학교폭력 실태를 분석하고 그 결과를 바탕으로 학교폭력 발생률 감소와 그 예방을 위한 대책을 마련하고 있다. 2012년에는 집단따돌림과 자살문제가 증가하는 학교현장의 문제적 환경에 초점을 맞추어 '학교폭력 근절 종합대책'이 발표된 바 있고, 2013년에는 학교폭력을 4대 악의 하나로 규정한 '현장중심 학교폭력 대책'이, 2015년에는 초등학교 현장에서의 학교폭력을 감소시키기 위해 '초등학생 맞춤형 학교폭력 대책'이 수립 및 시행되었다. 이어 학교폭력 피해응답률이 다소 증가하면서 기존의 학교폭력 대책에 대한 보완을 위해 2017년에 '학교 안팎 청소년 폭력 예방대책'과 2018년에는 '학교 안팎 청소년폭력 예방 보완 대책'이 마련되었다.

2) 관련 논의

학교폭력예방법은 그 목적상 기본적으로 학교폭력을 사전에 방지하고 학교폭력이 발생한 경우 사후조치를 통하여 학생에 대한 교육적 목적을 달성하기 위한 것임을 분명히 하고 있다. 다시 말해 학교폭력예방법의 우선적 과제는 학생폭력이 발생할 수 있는 요인을 분석하고 이를 제거 또는 완화함으로써 학교폭력이 발생하지 않도록 하는 것이다. 즉, 입법 목적에 있어서는 사후적 처벌 모델보다는 사전적 예방 모델을 취하고 있다고 할 수 있다(전종익 · 정상우, 2013).

학교폭력 문제해결을 위한 정부의 지속적인 노력으로 학교폭력이 어느 정도 감소하고, 사소한 장난도 학교폭력이라는 사회적 민감성이 높아지는 등 가시적인 성과가 나타나기도 하였다. 그러나 최근에 신종 사이버폭력 양상이 나타나는 한편, 또래를 납치하여 폭행 및 협박은 물론 성매매나 살인으로까지 이어지는 학교폭력 사건이 연이어 발생하고 있어 현행 학교폭력 예방대책의 취약 요인에 대한 검토가 필요하다.

전명길(2018)은 학교폭력예방법이 여러 번의 개정을 통하여 문제점을 보완해 왔으나 그 중요성이나 취지에 비해 여전히 적지 않은 문제점을 내포하고 있음을 지적하였다. 이 중에서 특히 현재 학교폭력예방법이 규정하는 학교폭력 개념이 폭력 정도의 경중과 관계없이 포괄적으로 규정되어 있기 때문에 범죄행위는 오히려 가볍게 다루어지는 반면, 문제행동 수준의 행위는 모두 범죄행위로 취급되는 문제를 지적하였다.[4] 이에 대해 연구자는 사법적 처리가 필요한 행위를 구별하여 사법적 또는 징계적 모델로 접근하는 방법을 제안했다. 이러한 입장은 학교폭력예방법과 관련 정책의 처벌적 특성을 분리함으로써 회복적 특성을 더욱 보완하는 것이라 할 수 있다.

학교폭력예방법과 정책이 가해학생에 대한 회복적 사법 기능 또한 보완해야 한다는 주장도 있다. 전종익과 정상우(2013)는 가해학생에 대한 선도 및 징계 사항을 심의할 권한을 가지고 있는 「학교폭력예방법」상 학교폭력대책자치위원회가 학교폭력 발생 후 회복적 정의의 실현을 위한 교육과 조정 및 중재라는 기본적인 역할을 가짐에도 불구하고, 현행 법률에서 규정하고 있는 가해학생에 대한 조치들은 징계적 성격이 강한 것이 많으므로 이를 회복적 사법 원리에 맞게 조정할 필요가 있음을 지적하였다. 이에 학교폭력대책자치위원회를 통해 결정되는 가해학생에 대한 조치들이 징계와는 구별되는 프로그램으로 집행될 수 있도록 관련 규정을 정비하고 이를 지원하는 물적 · 인적 지원을 제공하는 것이 필요하다고 주장하였다.

앞서 소년사법에 관한 논의와 마찬가지로, 학교폭력예방을 통한 청소년문제 예방 및 보호에서도 징계나 엄벌주의의 관점만으로 정책적 목적을 달성할 수 없다는 전제를 토대로 행위의 수준 등 차별적 접근을 통해 더욱 효과적으로 '청소년보호'를 실현하는 것이 필요한 시점임을 알 수 있다.

---

4) 학교폭력예방법은 학교폭력을 "학교 내외에서 학생을 대상으로 발생한 상해, 폭행, 감금, 협박, 약취 · 유인, 명예훼손 · 모욕, 공갈, 강요 · 강제적인 심부름 및 성폭력, 따돌림, 사이버 따돌림, 정보통신망을 이용한 음란 · 폭력 정보 등에 의하여 신체 · 정신 또는 재산상의 피해를 수반하는 행위를 말한다(제2조)"라고 규정하고 있다. 이러한 규정은 지능화되고 집단화된 폭력부터 경미한 신체적 폭력을 모두 포함함으로써 그동안 적용대상에서 제외되었던 심리적 · 정신적 폭력까지 법의 적용대상으로 한다는 점에서 학교폭력에 대하여 포괄적으로 대처한다는 의의를 가지고 있다. 그러나 연구자는 현행 학교폭력예방법이 규정하고 있는 학교폭력 유형 중 상해, 폭행, 감금, 협박, 약취 · 유인, 명예훼손 · 모욕, 공갈, 강요 · 강제적인 심부름 및 성폭력 등은 「형법」상의 범죄행위에 해당함에도 불구하고 최종적으로 학교장의 처분에 맡기게 되어 범죄행위가 자칫 가볍게 다루어질 수 있는 문제를 지적하였다. 즉, 폭력의 정도가 중한 경우 형사절차에 의한 해결이 중점이 되어야 함에도 불구하고 동법을 적용하게 되면 과소처벌로 인해 피해자가 이의를 제기하는 악순환이 있게 된다는 것이다. 반면, 폭력개념의 포괄성과 학교폭력예방법의 징계적 성격이 결합할 경우 회복 가능한 문제행동들이 학교폭력이라는 이름으로 확대될 염려 또한 제기하였다. 즉, 학교폭력예방법에서 폭력의 개념을 무리하게 확대하게 되면 경미한 폭력에만 징계가 집중되고, 행위의 경중과 상관없이 모든 가해학생을 자칫 사회에 해악을 끼치는 범죄자로 잘못 인식하게 하는 문제가 생긴다는 것이다. 이에 연구자는 "학교폭력예방법상 폭력의 개념은 '처벌하고 규제해야 하는 「형법」상 폭력의 개념'에서 벗어나 '특별한 교육과 취급이 필요한 문제행동의 발현'이라는 관점에서 다시 정의될 필요가 있다."라고 강조하였다.

요약

1. 청소년보호 관련 법과 정책은 궁극적으로 청소년의 건강한 성장발달을 위해 필요하다.

2. 「청소년보호법」 제정 취지에 의하면, 청소년보호정책은 청소년에게 유해한 매체와 약물의 유통 규제, 유해업소의 출입 및 고용 규제, 청소년유해행위의 금지, 청소년을 대상으로 한 성매수 및 알선, 성폭력 등의 금지, 유해환경으로부터의 청소년의 선도 및 보호를 목표로 한다.

3. 청소년보호정책은 대상이 다양하고 관련 법과 관련 정책을 시행하는 주무부처가 여러 곳이기 때문에 그 내용이 매우 다양하다.

4. 『청소년백서』에서 2019년 현재 청소년보호정책은 '청소년의 안전과 보호' 분야로 제시되어 있으며, 세부적으로는 청소년 안전, 청소년 유해환경, 청소년 매체환경, 사이버 역기능, 성범죄 영역으로 구분하여 관련 정책이 소개되고 있다.

5. 2019년 현재 청소년보호정책 주무부처는 여성가족부이며, 청소년가족정책실의 청소년보호환경과(청소년정책관 소속), 권익증진국의 아동청소년성보호과에서 청소년 보호업무를 담당하고 있다.

6. 청소년보호정책이 근간하고 있는 법의 목적과 주요 내용은 정책 방향의 토대가 된다. 청소년보호 관련 법으로는 「청소년보호법」 「아동·청소년의 성보호에 관한 법률」 「소년법」 「학교폭력예방 및 대책에 관한 법률」이 있다.

7. 급변하는 사회 속에서 '청소년의 건강한 성장발달'을 위한 청소년보호라는 제도적 영역의 역할과 기능이 변화되어야 할 필요성이 제기된다.

참고문헌

관계부처합동(2014). 제3차 학교폭력 예방 및 대책 기본 계획(2015~2019).

김지연 · 정소연(2017). 청소년보호정책 현황분석 및 개선방안 연구. 세종: 한국청소년정책연구원.

김혁(2019). 형사책임연령과 소년법 개정 논의에 대한 비판적 고찰. 비교형사법연구, 21(1), 257-286.

노자은 · 손진희(2018). 가족문제해결중심 보호자특별교육 프로그램 효과 연구. 법과인권교육연구, 12(1), 39-61.

박진규(2013). 청소년보호정책의 평가와 전망. 청소년학연구, 20(2), 367-395.

박호현 · 김종호(2018). 소년법 개정논의에 대한 고찰. 동아법학, 78, 1-26.

배규한(2014). 미래 청소년보호의 바람직한 방향. 한국청소년연구, 25(4), 113-136.

송문호 · 홍춘의(2017). 아동 · 청소년 성보호의 문제점과 개선방안. 동북아법연구, 10(3), 807-833.

여성가족부(2018). 2018 청소년백서. 서울: 여성가족부.

여성가족부 정책뉴스(2019. 05. 02.). "유해환경 노출 줄이고 청소년 대응 역량 키운다".

이유진(2015). 주제발표1 : 아동청소년 성보호 대책에 관한 연구. 한국청소년학회 학술대회, 17-35.

전명길(2018). 학교폭력예방 및 대책에 관한 법률의 문제점 고찰. 인문사회 21, 9(6), 1603-1615.

전종익 · 정상우(2013). 「학교폭력 예방 및 대책에 관한 법률」 개선 방안 연구: 교육과 예방 및 회복 기능을 중심으로. 법교육학연구, 25(1), 205-229.

하권삼 · 양문승(2018). 현행 소년법의 문제점 및 개선방안. 경찰학논총, 13(1), 279-311.

제12장

청소년문제 예방 및 보호에 대한 발전 방향

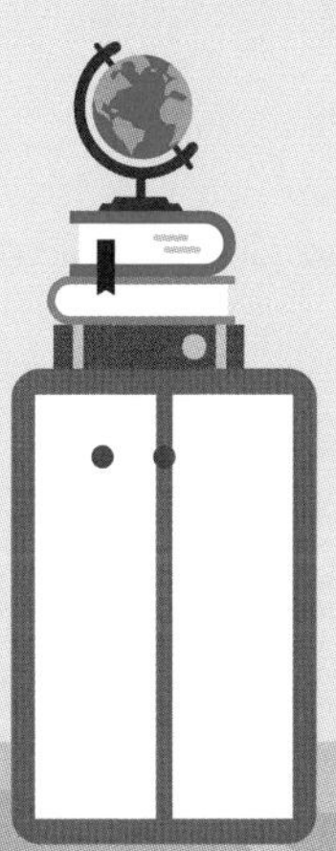

학습개요

청소년들의 문제행동은 성장과정에 겪게 되는 긴장과 압박에 대한 반응 및 자신을 힘들게 하는 다양한 문제에 대한 반항적인 형태로 볼 수 있다. 이러한 행동이 과도하게 나타날 때에는 한 개인의 문제가 아닌 사회의 문제가 된다. 그래서 정부와 지방자치단체, 민간단체는 청소년문제에 대해 관심을 갖고 문제의 사전 예방과 보호를 위해 노력하고 있으나 여전히 청소년문제는 과거와는 조금씩 행태를 달리하면서 보다 복잡한 형태로, 보다 다양한 유형으로 나타나고 있다.

청소년문제는 대부분 가정, 학교, 사회가 청소년을 제대로 보호하지 못해 발생하는 경우가 많기 때문에 이들을 처벌만 할 것이 아니라 청소년문제를 예방하기 위한 노력과 유해한 환경으로부터 청소년을 안전하게 보호하기 위한 방안 마련이 필요하다. 청소년들의 문제행동이나 부정적인 위기결과를 초래하는 개인적 · 환경적 위험요인은 줄이고 보호요인을 강화하려는 노력이 필요하다. 또한 청소년을 보호의 객체로 대상화하는 것이 아닌 청소년보호의 개념을 보다 적극적이고 광의적으로 해석하는 새로운 관점이 요구된다.

청소년의 문제행동은 성장과정에서 겪게 되는 긴장과 압박에 대한 반응 및 자신을 힘들게 하는 다양한 문제에 대해 반항적인 형태로 볼 수 있다. 이러한 행동이 과도하게 나타날 때에는 한 개인의 문제가 아닌 사회문제가 된다(김성봉 · 홍달아기 · 정은미, 2014). 청소년의 문제행동은 흡연, 음주, 가출, 폭력, 인터넷중독, 자살 등의 다양한 형태로 발생한다. 본 교재에서는 이러한 문제행동에 대해 각 장(chapter)별로 구분하여 상세하게 다루었다. 이런 내용을 토대로 발전 방향에 대해 살펴보고자 한다.

01 청소년문제의 양상

정부와 지방자치단체, 민간단체는 청소년문제에 대해 관심을 갖고 문제의 사전 예방과 보호를 위해 노력하고 있으나 여전히 청소년문제는 과거와는 조금씩 행태를 달리하면서 보다 복잡한 형태로, 보다 다양한 유형으로 나타나고 있다. 최근의 청소년문제는 폭력, 가출, 중도탈락, 집단따돌림, 성추행 및 성폭력, 인터넷과 게임 중독, 흡연, 음주 등 대중적인 문제 이외에도 빵 또는 가방 셔틀, 은어 또는 비어 사용 등 새로운 문제들이 나타나고 있다. 또한 이러한 청소년문제들이 빠른 속도로 확산되고 있으며, 특히 다양한 청소년문제의 발생 연령이 하향화되고 있고 그 문제의 심각성이 깊어지고 범위가 점차 넓어지고 있다(김영한 · 조아미 · 이승하, 2013). 따라서 이 장에서는 청소년문제의 저연령화 및 상습화, 청소년문제의 중복화 및 복합화에 대해 살펴보고자 한다.

1) 청소년문제의 저연령화 및 상습화

청소년가출에 있어 가출 연령이 점점 낮아지고 6개월 이상의 장기가출과 반복적인 가출이 늘어나는 경향을 보이고 있으며, 청소년범죄에 있어서도 2016년도와

2015년도를 비교했을 때, 14세 저연령 소년범의 비율이 증가한 반면에 17~18세 소년범의 비율은 다소 감소하였다(여성가족부, 2017). 법무부와 경찰청(2017)의 자료를 분석해 보면, 소년범 중 12~13세 비율은 줄었으나 10~11세 비율은 늘어났다. 특히 10~11세 소년범은 2013년 전체 인원 중 7% 규모에서 2016년에는 15.7%까지 10%p 가까이 증가한 것으로 나타났다(국민일보, 2017. 09. 28.). 학교폭력에 있어서도 저연령화 현상이 뚜렷해지고 있다. 서울특별시교육청(2017)이 발표한 '2017년 1차 학교폭력 실태조사' 결과에 따르면, 서울지역 초등학생(4~6학년)의 학교폭력 피해응답률은 3.2%(6,512명)였다. 중학교(0.7%)에 비해 4.5배, 고등학교(0.4%)와 비교해 8배 높았다. 2015년의 같은 조사에서 초등학생과 중학생 간의 피해응답률의 차이는 3배(초교 3%, 중학교 1.1%) 미만, 초등학생과 고등학생 간의 차이도 6배(초교 3%, 고교 0.5%) 정도였다. 이 비율은 학교폭력 피해응답률 조사 대상 학생 중 본인이 학교폭력을 경험했다고 답한 학생의 비율이다(중앙일보, 2017. 08. 09.). 이처럼 청소년문제가 점점 저연령화되는 양상을 띄고 있는 것을 알 수 있다. 따라서 청소년문제의 저연령화 예방을 위한 청소년 발달단계에 맞춘 예방교육과 프로그램이 제공되어야 한다.

앞서 언급한 것처럼 청소년가출, 청소년범죄 등 청소년문제에 있어서 상습화되는 경향이 나타나고 있다. 최근 6년(2012~2017년 7월)간 보호관찰 대상자의 7.4%가 다시 범죄를 저질렀으며, 이들 중 청소년의 재범률을 한정하면 11.3%로 나타났다. 청소년들은 매년 꾸준히 9.7~12.3%의 재범률을 기록하고 있는데, 이는 성인 재범률(4.1~5.6%)에 비해 2배가량 높다(미디어오늘, 2017. 10. 07.). 법무부(2017)에 따르면, 2016년도의 청소년 재범률은 12.3%이고, 그중 4범 이상 재범한 소년범의 비율은 2007년 6.9%에서 2016년에는 13.6%까지 증가한 것으로 나타났다. 이러한 결과를 놓고 볼 때, 소년범죄의 상습화 문제가 심각해지고 있음을 알 수 있다. 따라서 향후 재범률이 높은 청소년범죄자에 대한 체계적인 교정교육과 지속적인 사후관리가 필요하다(여성가족부, 2017).

2) 청소년문제의 중복화 및 복합화

청소년문제는 계속 심화되고 복합적인 양상을 띄고 있다. 과거에는 주로 빈곤과

개인적인 문제로 인해 발생하는 경우가 일반적이었지만 최근에는 개인과 사회 환경의 영향으로 인해 다양하고 복합적인 원인으로 문제가 발생하는 경우가 많다(구본용 외, 2005). 이제는 청소년문제가 개인의 심리적인 문제라기보다는 청소년을 둘러싼 가정, 학교, 사회와의 상호작용에 의해 일어나는 문제라고 할 수 있다. 학업중단 등으로 인한 학교 밖 청소년의 증가, 가출, 인터넷 및 스마트폰 중독, 학교폭력, 학대, 자살 등 청소년의 문제는 단일적인 양상을 띄기보다 점차 중복적 · 복합적으로 나타나는 경향(윤철경, 2005; 배주미 외, 2010)이 커지고 있다. 이봉주 등(2008)은 '위기청소년에 대한 개념 정립 및 통계화 방안 연구'에서 응답자(1,598명) 중 40.98%가 한 가지 이상의 발현 위험요인이 있는 것으로 나타났고, 대개는 2가지 위험요인이 중복해 발생한 경우가 가장 많았으며, 발현된 위험요인의 수가 많을수록 중복율은 낮게 나타나는 것으로 보고하였다. 발현 위험요인 중복율 가운데 가출-학업중단이 80.81%로 가장 많았으며, 3가지 이상의 위험요인 중에서는 가출-학업중단-인터넷중독이 3.86%로 가장 많은 것으로 나타났다(김형수 · 최한나, 2009).

청소년들은 발달적 · 상황적 위기에 직면했을 때 개인적 · 환경적 위험요인으로 인해 위기상황에 이르고 급기야 문제행동이나 부정적인 위기결과를 초래할 수 있다. 그러나 이러한 과정에서 청소년을 위기결과로 몰아가지 않도록 중간에 지지적인 보호요인이 작용한다면 위험요인의 부정적 영향을 완충해 주어 위기상황으로까지 가지 않을 수 있다(황순길 외, 2016). 이처럼 청소년문제가 중복화 · 복합화 경향을 보이고 있다. 따라서 단일 청소년문제에 대한 개입도 중요하지만 총체적인 측면에서 청소년의 위기문제에 통합적으로 개입하는 것이 중요하다.

02 청소년보호에 대한 변화

1) 청소년의 시대적 중요성

청소년은 중요하다. 하지만 아직도 이 시대에 청소년이 왜 중요한지 제대로 깨닫지 못하고 있는 것 같다. 대부분의 사람은 청소년이 우리의 미래이며 장차 이 나라

를 이끌 주역이기 때문에 중요하다고 생각한다. 사실 청소년은 미래를 위해서만 중요한 것이 아니라, 다음과 같은 이유로 바로 현재 이 시대에 중요하다(배규한, 2014; 한국청소년정책연구원, 2007). 첫째, 청소년은 개별 가정에서는 물론 사회적으로도 기쁨과 활력의 근원이며, 다른 구성원들에게 미래의 희망을 가지게 한다. 청소년들의 행동은 늘 기존 제도에 무조건 순응하기보다 현재를 뛰어넘는 의외성을 지니고 있으므로 청소년은 존재 그 자체만으로도 사회에 활력과 생기를 불어넣는다.

둘째, 이 시대의 청소년은 디지털 사회의 첨병으로서 매우 중요한 역할을 하고 있다. 정보통신기술이 획기적으로 발달하면서 세계는 급속히 만물지능의 디지털 사회로 변모하고 있고, 한국은 그 선두에 서 있다. 청소년은 빠르게 변하는 정보기술을 가장 잘 따라갈 수 있는 세대이며, 사회 변동의 속도가 빠를수록 미래의 개척자로서 청소년의 역할도 더욱 중요해진다. 그들은 정보기술을 기성세대처럼 뒤늦게 학습한 것이 아니라, 성장환경 속에서 자연스레 배우며 체화하였기 때문이다. 그래서 그들을 '정보인'이라 부르는 것이다.

셋째, 청소년은 네트워크 사회의 유능한 정보원이다. 세계는 이제 거미줄같이 복잡한 컴퓨터 네트워크로 연결되고 있으며, 이러한 네트워크 속에서 길을 찾아가거나 정보를 찾아내는 데에는 청소년이 기성세대보다 탁월한 능력을 발휘한다.

넷째, 청소년은 21세기 글로벌 시대의 개척자이다. 세계는 하나의 시장, 하나의 생활권, 지구촌사회를 형성해 나가고 있다. 지역별 또는 나라별로 상이했던 문화의 차이가 감소하며, 수렴과 융합을 통해 새로운 지구적 차원의 문화(global culture)가 만들어지고 있다. 이처럼 수많은 인종과 다양한 문화가 서로 부딪히는 지구촌사회에서 청소년들은 자연스럽게 외국인들과 상호작용하고 어울리며, 새로운 사회를 만들어 나간다.

다섯째, 청소년은 고령사회의 발전 동력으로서 중요하다. 인간의 평균수명이 획기적으로 늘어나고 있다. 여성의 경제활동이 늘어나고, 사회적으로는 삶의 질이 중시되면서 출산율이 크게 낮아지고 있다. 이른바 저출산 · 고령화는 시대적 흐름이면서 시대적 고민이 되고 있다. 고령사회에서 경제수준을 유지하는 길은 생산성을 높이는 것뿐이다. 산업사회에서의 생산성 향상은 주로 기술발달을 통해 이루어졌지만, 정보사회에서는 인적 자본의 증대를 통해서 이루어진다. 고령사회의 생산성

문제를 해결하는 길은 바로 청소년의 잠재력을 최대한 계발하고 그들의 역량을 강화하는 데 있다.

2) 청소년에 대한 인식의 변화

청소년에 대한 인식의 중요성은 일찍부터 대두되었다. 그리스 시대와 중세에 이르기까지 청소년에 대한 인식은 독립된 인격체로서의 관심보다는 성인에 비하여 정신적 · 신체적으로 미성숙하고 판단능력이 부족한, 특별히 보호되어야 할 필요성이 있는 존재로 인식되었다. 이러한 인식으로 청소년은 부모에게 엄격하고 혹독한 훈육을 받아야 하고 부모에게 복종해야 하는 대상이었으며, 이들이 사회규범을 어겼을 때에는 벌이 규정되어 있기도 하였다(이해주 외, 2006).

이후 급격하면서도 많은 사회적 변화를 겪으면서 한국을 비롯한 선진 각국에서 청소년들은 과거에 비해 현저한 사회적 지위와 역할을 획득하였다. 이러한 시대적 변화에도 여전히 사람들은 '청소년'하면 '문제'라는 단어를 떠올리거나 '특별히 보호되어야 할 필요성이 있는 대상' 또는 '청소년의 무절제한 행위에 대한 규제'를 떠올린다. 이는 '청소년'과 '보호'가 결합되면서 성장과정 중에 있는 청소년이 자력으로 충분한 인격체로서의 성숙을 달성할 수 없기 때문에 부모, 사회, 국가가 이를 보호하고 도와주어야 한다는 의미로 해석될 수 있다.

이와 같이 청소년을 미약한 존재로 보며, 성인의 보호가 필요하다고 보는 '청소년보호'는 보호론적 관점으로 협의의 시각으로 볼 수 있다. 보호론적 관점의 정책 기조는 주로 정부 주도적이며 개별행위에 초점을 맞추는 미시적 접근, 즉 청소년의 생활을 규제하는 데 초점을 두고 있다. 이에 대해 다른 청소년학자들은 협의의 시각은 개별주체로서 청소년이 갖는 기본 권리를 축소할 뿐만 아니라 오히려 발달에 방해가 되는 요인을 재생산한다는 주장을 제기하기도 하였다. 따라서 청소년을 보호의 객체로 대상화하는 것이 아닌 청소년보호의 개념을 보다 적극적이고 광의적으로 해석하는 새로운 관점이 필요하다는 논의가 더욱 관심을 받고 있다(김지경 외, 2015; 모경환 외, 2014).

3) 청소년보호에 대한 시대사적 관점의 변화

앞 장에서도 언급되었지만, 청소년보호는 청소년을 어떠한 방식으로 이해하고 바라보는가에 따라 관점이 변화되어 왔으며, 산업사회 이후 사회 변화 속에서 청소년보호를 위한 국가의 개입은 지속적으로 확대 및 강화되어 왔다. 김지경 등(2015)이 주장한 국가의 청소년보호 역할에 대한 시대사적 관점에 대해 살펴보면, 18세기까지 국가의 기능은 야경국가(夜警國家)에 머물렀다. 야경국가란 17세기 중엽~19세기 중엽에 걸친 자본주의 국가의 국가관으로, 국가의 기능은 외적의 방어, 국내치안의 유지, 최소한의 공공사업만을 행하며 나머지는 자유방임에 맡길 것을 주장하였다. 이때까지 청소년은 부(父)에 예속된 존재였으며, 국가는 부(父)의 절대 권한이 행사되는 가정을 사적영역으로 보고, 사적영역 안에 존재하는 청소년에 대해서는 어떠한 개입도 하지 않았다. 19세기 산업혁명 과정에서 아동의 노동착취, 극심한 빈곤과 질병 등의 문제와 더불어 산업사회를 유지하기 위한 숙련노동자에 대한 수요가 발생하였고, 이에 따라 학교교육에 대한 요구가 높아지면서 청소년이 가정과 학교에서 보호받을 수 있도록 하는 국가의 개입이 요구되기도 하였다. 이러한 당시의 사회적 배경을 바탕으로 학교교육제도가 발전되었으며, 청소년들에 대한 인식에 많은 변화가 일어났다.

20세기에는 복지국가가 출현하면서 다양한 복지에 대한 요구가 증가하였고, 국가의 가정영역에 대한 직접 개입보다는 가정의 보호기능을 지원하는 방식으로 변화하였다. 즉, 국가는 다양한 사회보장제도를 통해 자녀 양육수당을 제공하고, 청소년 보호와 교육을 위한 공공지출을 증대시켰다. 1989년에 유엔아동권리협약이 채택된 이후 현재까지 청소년의 개별주체로서의 권리가 강조되면서 이를 보호하기 위한 국가의 적극적 개입이 요구되고 이에 대한 정책적 대응이 이루어지고 있다.

지금까지의 내용을 요약해 보면, 첫째, 국가의 역할이 초기 가족에 대한 불간섭주의에서 점차 국가의 개입과 역할을 강조 및 확대하는 방향으로 변화되었다. 둘째, 청소년에 관한 국가의 이념은 단순한 보호의 차원을 넘어서 점차 권리의 인정과 수용 및 보장의 방향으로 변화되었다. 셋째, 자녀의 양육권에서 보다 청소년의 광범위한 권리를 인정하게 되었고, 이는 20세기 초 아동·청소년권리협약 이후의 일이다.

넷째, 청소년의 권리 보호의 책임이 가족의 책임에서 국가의 책임으로 전환되었다고 할 수 있다(정순원, 2006).

03 청소년문제 예방 및 보호에 대한 발전 방향

청소년문제는 대부분 가정, 학교, 사회가 청소년을 제대로 보호하지 못해 발생하는 경우가 많기 때문에 처벌보다는 청소년문제를 예방하기 위한 노력이 필요하다. 청소년들의 문제행동이나 부정적인 위기결과를 초래하는 개인적 · 환경적 위험요인을 탐색하여 줄이고 보호요인을 강화하려는 노력이 요구된다(한국교육개발원, 2018). 이와 더불어 유해한 환경으로부터 청소년을 안전하게 보호하기 위한 방안 마련이 필요하다. 따라서 본 장에서는 청소년문제 예방 및 보호에 대한 발전 방향에 대해 살펴보고자 한다.

1) 청소년문제 예방에 대한 발전 방향

(1) 청소년문제의 저연령화 및 상습화, 중복화 및 복합화 예방에 대한 발전 방향

청소년문제 예방에 대한 발전 방향은 앞서 청소년문제의 양상에서 청소년문제의 저연령화 및 상습화, 중복화 및 복합화에 대한 방안과 전반적인 청소년문제 예방에 대한 발전 방향에 대해 제시하였다.

먼저 청소년문제의 저연령화 및 상습화, 중복화 및 복합화에 대한 정책은 보편적 접근, 조기발견, 지속적이고 장기적인 대응 등 세 가지 측면을 필요로 한다. 먼저 심리적 문제를 지녔는지 현황을 파악하기 위해 보편적 예방 접근이 요구되며, 이러한 과정에서 잠재적 위험을 비롯한 위험집단을 파악하고, 이들에 대한 전문가 개입이 이루어지도록 단계별로 시행하여야 한다(한국청소년정책연구원, 2013).

첫째, 청소년문제행동의 심리적 요인을 파악하기 위한 연구에 대한 지원이 있어야 한다. 청소년의 심리적 상태는 문제행동과 밀접한 관련이 있음에도 불구하고 가정 · 환경 · 사회적 요인에 비해 문제행동이나 비행을 저지르는 청소년들의 정신적

상황을 종합적으로 파악한 연구를 비롯해 전반적으로 부족한 실정이다. 문제행동의 심리적 요인에 관해서는 문제행동 예방 프로그램 개발에 선행되어야 할 필수적인 과정임에도 불구하고 소홀하게 다루어져 온 것은 문제행동과 관련한 정서적·심리적 요인을 문제행동을 하는 청소년만 치료하면 된다는 치료적 입장에서 본 것과 관련이 있다. 그동안 장기간에 걸친 후속연구를 통해 그 효과를 검증하거나 대단위 샘플에 적용한 사례가 없어 문제행동을 나타내기 전에는 일반적인 청소년의 정신건강이나 심리적 상태에 대해 체계적인 정보가 부족하다.

둘째, 미래의 잠재적 비행 위험집단을 감소시키기 위해서는 사후 치료적 접근보다 사전 예방적 접근이 필요하다. 청소년의 심리적·정신적 문제는 조기발견과 예방이 매우 중요하다. 이미 문제가 심각해진 경우에는 치료가 더욱 길고 힘들며 사회적 자원도 많이 소요된다. 따라서 청소년의 불안, 우울, 폭력, 분노, 자살과 같은 정신적 문제와 관련한 문제행동을 예방하기 위해서는 청소년의 정신건강을 조기에 진단하고 잠재적 위험군이나 위험군을 선별하는 과정이 필수적이다. 이를 위해서는 문제청소년뿐만 아니라 일반청소년을 대상으로 하는 보편적 예방 프로그램의 접근이 유용할 것이다. 어린 시기의 심리적인 불안정이나 정신적인 문제가 추후 문제행동으로 연결될 수 있고, 문제청소년 또한 정신적인 문제를 가지고 있는 경우가 있기 때문에 조기에 발견하는 일이 문제행동 예방에 핵심이다.

셋째, 교급별로 문제행동을 예방하기 위한 교육시스템이 필요하다. 문제행동의 저연령화 예방을 위해서는 아동 중기나 후기의 심리적 문제와 청소년기의 문제를 일으키는 요인이 다를 수 있음을 염두에 두고 아동과 청소년의 발달단계에 따라 문제의 유형과 심각성 수준을 구분해야 한다. 문제행동은 갑자기 발생하기보다는 개인 내 발달적인 요인, 개인을 둘러싼 환경적인 요인이 복합적·누진적으로 작용하여 취약한 시기에 표출된다. 이는 어느 특정한 시기에 특정한 프로그램의 개입으로 문제행동 지도가 근본적으로 이루어지기에는 어려움이 있음을 시사한다. 따라서 인성교육, 생활교육과 같은 넓은 범위에서 교육활동을 제공하되 연령별, 발달단계별로 연계된 예방교육이 제공되어야 한다.

넷째, 지속적이고 장기적인 관리체계가 필요하다. 문제행동 예방 프로그램을 실시한 후, 시간이 경과하게 되면 지속성이 낮아지고 이전의 부정적인 행동패턴으로

돌아가기가 쉽다. 많은 프로그램이 효과성 검증에 있어 이렇다 할 효과를 보여 주지 못하고 있는 것은 지속적인 관리가 이루어지지 않기 때문으로 볼 수 있다. 이것은 전 세계적으로도 문제행동 예방을 위해 강조되고 있는 측면이다. 특히 관리의 지속성을 위해서는 문제청소년을 둘러싼 주변 사람들의 긍정적인 격려가 매우 중요한데, 개입 직후 문제청소년의 행동이 긍정적으로 변화하였다 하더라도 지속적인 지지가 없다면 긍정적인 행동은 점차 줄어들어 이전으로 돌아갈 위험이 크다. 따라서 이러한 행동을 지속적으로 강화하기 위한 부모·교사 교육이나 부모·교사 상담이 이루어질 필요가 있다.

(2) 전반적인 청소년문제 예방에 대한 발전 방향

본 장에서는 '청소년 비행 예방 및 위기청소년 지원 종합대책 방안 연구'에서 제시한 청소년문제 예방에 대한 내용을 중심으로 기술하였다(한국교육개발원, 2018). 첫째, 지역사회 내의 거리상담(아웃리치)을 활성화해야 한다. 이를 위해 아웃리치 전문요원의 배치를 더욱 확대해야 한다. 여성가족부에서 일시청소년쉼터를 중심으로 아웃리치 전문요원을 늘려 가고 있다. 하지만 가정 밖 청소년 수에 비해 전국적으로 활동하고 있는 아웃리치 전문요원이 부족한 상황이다. 청소년문제에 노출될 수 있는 위기청소년을 조기에 발견하여 사회안전망에 연결하는 것은 매우 중요하다. 예를 들어, 가정 밖 청소년 상당수가 거리에서 생존하는 과정에서 성매매, 폭력 등을 포함하여 각종 범죄와 부적절한 사회 경험을 하게 되고 이러한 경험은 성인기 이행 전반에 부정적인 영향을 미치게 된다(김지연 외, 2018). 따라서 청소년유해환경 밀집지역과 청소년들이 운집하는 특정 공간에 대한 아웃리치 활동을 강화하여 사회적 지원이 필요한 청소년을 조기에 발견해서 사회안전망에 연결될 수 있도록 해야 한다.

둘째, 사이버 아웃리치를 확대해야 한다. 최근 청소년문제행동이 온라인과 오프라인을 넘나들면서 발생하고 있고, 랜던채팅앱 등을 통한 청소년의 피해 사례가 빈번하게 발생하고 있는 만큼 검색포털을 포함한 모바일과 PC 어플(랜덤채팅앱, 도박앱 등), 인터넷 가출카페 등에 대한 온라인 모니터링과 사이버 아웃리치를 확대해야 한다.

셋째, 위기청소년 종합관리 시스템을 구축해야 한다. 이를 통해 데이터 수집뿐만 아니라 청소년문제와 관련된 각종 통계를 생산하고 그 정보를 유관기관에 선제적으로 제공하여 대응할 수 있도록 해야 한다. 먼저 기존의 방대한 자료를 수집 및 활용하여 청소년문제 발생이 빈번한 지역과 계절, 요일, 상황 등을 특정하여 아웃리치와 긴급구조 체계의 효율화를 도모하도록 해야 한다. 이를 위해서는 현행과 같은 실적 위주의 데이터 분석에서 벗어나 데이터 베이스(Data Base: DB)를 축적하여 디지털 데이터 기반의 예측 시스템으로 확장해 나아가는 노력이 요구된다. 또한 이러한 노력이 낙인으로 귀결되지 않도록 위기청소년 관련 원시자료에 대한 통합 DB 구축 시 개인정보 익명화, 데이터 변화 기능 등 개인정보 보호체계가 기반이 되어야 한다.

넷째, 취약·위기 가족에 대한 선제적인 지원이 있어야 한다. 다수의 선행연구를 통해 청소년의 문제행동의 이면에는 부모-자녀관계의 어려움과 가족 내 갈등이 존재하는 경우가 많다는 것이 확인된 만큼 실질적인 가족 기능 회복을 위한 지역사회 내 서비스 확충이 요구된다. 이를 위해 가족교육 및 상담, 문화프로그램 제공을 통한 가족 갈등 예방 및 가족관계 증진을 도모할 수 있도록 해야 한다. 특히 조손가족, 한부모가족 등 취약가족이 선제적인 지원을 받을 수 있도록 예방적 지원을 강화해야 한다.

2) 청소년보호에 대한 발전 방향

이 장에서는 청소년보호에 대한 발전 방향을 단편적이고 협의적인 내용이 아닌 바람직하고 미래지향적인 내용을 중심으로 기술하였다. 그래서 청소년보호(정책)의 발전 방향을 청소년보호의 목적과 의의, 현행 청소년보호(정책)의 양상, 청소년보호(정책)의 새로운 방향과 기조, 청소년보호(정책)의 발전적 과제로 구분하여 제시하였다(배규한, 2014).

(1) 청소년보호의 목적과 의의

청소년을 왜 보호해야 하며, 청소년보호가 왜 중요한가? 이 질문에 대한 답은 2가지 차원으로 살펴볼 수 있다. 첫째, 개인적 차원에서 가장 단순하게 생각하면 청소년은 아직 생존능력이 부족하고 약한 존재이므로 안전하게 성인으로 성장해 나갈 수 있도록 지키고 보살펴 주어야 한다. 인간은 출생 때부터 다른 어떤 동물보다 나약하며 따라서 부모 의존 기간도 가장 길다. 인간은 최소 10여년 이상 부모가 양육하지 않으면 홀로 생존하기조차 어려운 존재이다. 이러한 시각에서 보면 청소년보호란 청소년이 성장과정에서 위험요인에 노출되지 않도록 유해한 환경으로부터 청소년을 안전하게 보호하는 것이라는 협의의 개념에 이르게 된다. 둘째, 사회적 차원에서 청소년보호란 미래의 바람직한 사회 구성원을 양성하는 것이다. 사회란 개인들의 집합이므로 사회를 유지하기 위한 가장 기본적인 조건은 사회 구성원을 지속적으로 충원하는 것이다. 나아가 새로운 구성원은 그 사회의 가치와 규범을 공유해야 할 뿐 아니라, 구성원으로서의 역할을 다할 수 있는 능력을 갖춰야 한다. 그러므로 청소년보호에 대한 광의의 개념은 위험에 노출된 청소년뿐만 아니라 모든 청소년이 건강한 성장을 통하여 각자의 잠재적인 역량을 최대한 계발할 수 있도록 지원해 주는 것이다.

(2) 현행 청소년보호(정책)의 양상

청소년보호의 이론적 시각은 크게 보호론적 시각, 자율론적 시각, 주체론적 시각, 미래지향적 시각의 총 네 가지 시각으로 구분된다. 그렇다면 과연 한국의 청소년정책은 네 가지 시각 중 어느 것에 가까울까? 아마도 당위론적으로는 두 번째 자율론적 시각이 옳다고 주장하면서도 실제로는 첫 번째 보호론적 시각에 서 있는 것으로 평가된다. 주체론적 시각이나 미래지향적 시각에 대해서는 일부 청소년학자가 주장하거나 지향해야 할 방향으로 제시하고는 있지만 실제 정책에 반영되고 있다고 보기는 어렵다.

청소년보호정책에서 가장 중요한 기조는 정책 형성 및 집행의 관점이 기성세대의 가치관에 바탕을 두고 있으며 정부 주도적 성격이 강하다는 것이다(송은지 외, 2013). 청소년들이 스스로 잠재능력을 계발하고 건강하게 성장해 나가는 것을 지원

하기보다는 기성세대의 관점에서 설정해 놓은 울타리 내에서 안전을 보장하는 데 초점이 맞추어져 있다. 두 번째는 청소년에게 유해한 환경을 통제하거나 청소년들로부터 차단하는 부정적 접근이다. 이것은 청소년을 대상으로 하는 정책이라기보다 청소년을 대상으로 하는 공급자 및 환경에 대한 규제정책이다. 세 번째는 개인 또는 개별행위에 초점을 맞추는 미시적 접근이다. 그러다 보니 청소년보호는 국가 발전을 위한 정책이 아니라 주로 문제청소년 또는 궤도이탈 미성년자들에 대한 규제 및 보호 위주의 주변부 정책이 되고 있다.

(3) 청소년보호(정책)의 새로운 방향과 기조

청소년보호의 궁극적 목적은 청소년들을 유해환경이나 위험으로부터 보호하는 것만이 다가 아니다. 심신수련이나 복지를 통해 청소년의 삶의 질적 수준을 높이는 것도 아니다. 다시 말하면 단순히 "청소년들로 하여금 안전하고 만족한 생활 또는 행복한 삶을 살게 해 주는 것"이 청소년보호의 궁극적 목적은 아니라는 것이다.

정책이란 개개인의 삶에 관심을 가지지만, 궁극적으로는 국가차원의 발전을 지향하는 것이다. 청소년보호 또한 궁극적으로는 청소년 개개인을 대상으로 하는 것이 아니라 '어떻게 하면 청소년보호정책을 통하여 국가 발전에 기여할 수 있을지 모색하는 것'이다. 그렇다고 청소년보호정책이 청소년 개개인의 삶에 관심을 가질 필요가 없다는 뜻은 아니다. 청소년 개개인을 위한 여러 가지 사업도 중요하지만, '궁극적 지향점은 국가 발전에 있음'을 강조하는 것이다(배규한, 2012; 한국청소년정책연구원, 2007).

미래의 청소년보호정책은 개인보다 국가차원의 발전에 초점을 맞추어야 하며, 사회구조적 · 제도적 진단에 따라 부처 업무를 넘어서는 국가차원의 정책을 지향해야 한다. 청소년보호는 일부 문제청소년 대상의 주변부 정책이 아니라 국가 미래 창조의 핵심정책으로 자리매김할 수 있도록 정책의 폭을 넓혀 나가야 할 것이다. 21세기의 청소년보호정책은 다른 어떤 분야의 정책보다 중요하다. 정보사회의 발전 동력은 인적자본에서 나오고, 미래의 인적 자본은 바로 청소년에게서 찾아야 하기 때문이다. 청소년보호정책이 새로운 미래 창조를 지향하기 위해서는 무엇보다 먼저 청소년의 시대적 의미를 올바르게 인식해야 한다. 청소년을 '보호의 객체'가 아니라

'미래 창조의 자율적 주체'로 인식하고, 청소년보호정책 수립과 집행의 관점을 청소년의 입장에 맞출 수 있어야 한다.

둘째, 청소년보호의 비전과 목표를 '정보사회에 부응하고 정보인에게 적합한 새로운 사회 제도 형성'에 두어야 한다. 미래의 청소년보호정책은 청소년을 산업사회 가치관과 제도적 틀 안에서 안전하게 '보호'하는 차원을 넘어서야 한다. 청소년들이 자신의 관심과 취향에 따라 체험을 통하여 스스로 도전해 나감으로써 잠재적 역량을 계발해 나갈 수 있도록 지원하고 도와줄 수 있어야 한다. 또한 청소년들이 글로벌 수준의 인재로 성장할 수 있도록 국제 기준에 부합하는 청소년 인권 보장을 제도화해 나가야 한다.

셋째, 일부 문제청소년 대신 전체 청소년을 정책대상으로 하며, 보호, 육성, 복지 등 영역별 정책보다 구조적 · 제도적 개선 방안을 모색하는 거시적 접근(macro approach)에 바탕을 두어야 한다.

넷째, 청소년들에게 게임 등을 못하게 하거나 차단하는 부정적 접근이 아니라 대안(alternative)을 제시해 줌으로써 스스로 다른 길을 찾아가도록 하는 긍정적 접근(positive approach)을 해야 한다. 또한 청소년들의 사회화 과정에 주목하여 문화적 활동과 연계하거나 다양한 체험과 참여를 장려함으로써 상상과 모험을 통한 미래의 잠재력 계발을 지원하는 데 주안점을 두어야 한다. 이러한 근본적 방향 전환은 한 차원 더 높은 청소년보호를 가능하게 할 것이다.

(4) 청소년보호(정책)의 발전적 과제

청소년보호정책의 발전을 위해 가장 우선적인 과제는 청소년에 대한 사회적 인식의 전환이다. 미래의 국가 발전을 위해서는 대다수 사회 구성원의 생각이 다음과 같이 바뀌어야 한다. 청소년은 보호받아야 할 미성숙 세대가 아니라 스스로 잠재력을 계발해 나가야 할 중요한 미래 세대이다. 청소년은 기성세대의 가치와 기준에 따라야 할 주변부 세대가 아니라 미래의 공기를 호흡하는 첨단세대이다. 청소년은 미래를 위한 준비세대가 아니라 지금 이 시대, 이 사회에 활력을 불어넣고 혁신을 일으키는 창조세대이다.

둘째, 청소년보호정책의 중요성에 대한 사회적 공감대를 형성해야 한다. 주변부

에 머물러 있는 청소년보호정책을 국가정책의 중심에 두어야 한다. 이제 정보사회의 선진국 진입을 위해서는 무엇보다 인적 자원의 개발이 중요하며, 그 출발점은 바로 청소년보호정책에서 찾아야 할 것이다.

셋째, 청소년보호정책을 통해 국가의 미래를 창조하기 위해서는 청소년의 보호, 육성, 복지, 인권, 참여 등 제반 분야의 정책을 총괄하고 통합적으로 조종해 나갈 수 있는 전담 행정기구를 설립해야 한다. 그동안 청소년 행정 및 정책을 집행하는 부처는 내무부, 교육부, 체육부, 문화관광부, 국무총리실 산하 국가청소년위원회, 보건복지가족부, 여성가족부로 상황에 따라 바뀌어 왔다. 현재는 여성가족부에서 청소년 행정과 정책을 담당하고 있지만 각 부처별로 청소년보호정책이 분산되어 있다. 이러한 행정 기능을 통합하여 효과적으로 추진해 나가기 위해서는 독립적 행정부처를 설립할 필요가 있다. 그리고 여기에서 각 부처에 흩어져 있는 업무를 함께 관장하도록 함으로써 청소년보호정책이 국가의 미래 정책과 긴밀히 연계되도록 해야 할 것이다.

넷째, 청소년보호정책을 국가 발전을 위한 미래지향적 정책으로 바꿔 나가기 위해서는 청소년보호의 개념을 보다 적극적이고 광의적으로 해석하여「청소년보호법」을 개정할 필요가 있다. 유해환경의 차단 및 규제를 넘어 건전한 생활환경을 조성하고 청소년의 일탈 통제 차원을 넘어 건강한 성장을 위한 새로운 사회 환경을 형성할 수 있도록「청소년보호법」의 입법 취지와 실천영역을 보다 확대해야 할 것이다.

요약

1. 청소년의 시대적 중요성으로, 첫째, 청소년은 개별 가정에서는 물론 사회적으로도 기쁨과 활력의 근원이며, 다른 구성원들에게 미래의 희망을 가지게 한다. 둘째, 이 시대의 청소년은 디지털 사회의 첨병으로서 매우 중요한 역할을 하고 있다. 셋째, 청소년은 네트워크 사회의 유능한 정보원이다. 넷째, 청소년은 21세기 글로벌 시대의 개척자이다. 다섯째, 청소년은 고령사회의 발전 동력으로서 중요하다.

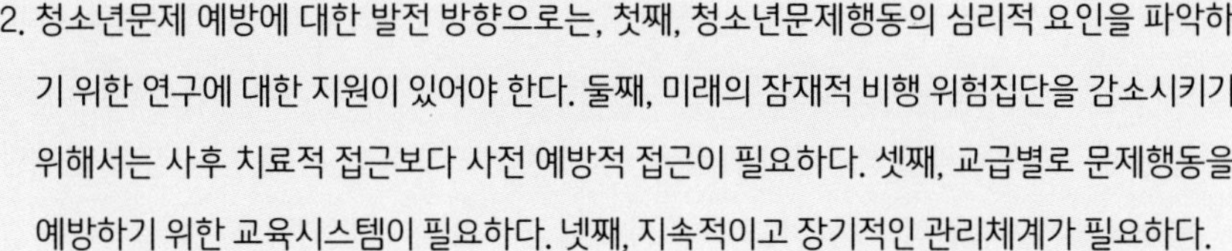

2. 청소년문제 예방에 대한 발전 방향으로는, 첫째, 청소년문제행동의 심리적 요인을 파악하기 위한 연구에 대한 지원이 있어야 한다. 둘째, 미래의 잠재적 비행 위험집단을 감소시키기 위해서는 사후 치료적 접근보다 사전 예방적 접근이 필요하다. 셋째, 교급별로 문제행동을 예방하기 위한 교육시스템이 필요하다. 넷째, 지속적이고 장기적인 관리체계가 필요하다.

3. 전반적인 청소년문제 예방에 대한 발전 방향으로는, 첫째, 지역사회 내의 거리상담(아웃리치)을 활성화해야 한다. 둘째, 사이버 아웃리치를 확대해야 한다. 셋째, 위기청소년 종합관리 시스템을 구축해야 한다. 넷째, 취약·위기 가족에 대한 선제적인 지원이 있어야 한다.

4. 청소년보호의 목적과 의의로는, 첫째, 개인적 차원에서 가장 단순하게 생각하면 청소년은 아직 생존능력이 부족하고 약한 존재이므로 안전하게 성인으로 성장해 나갈 수 있도록 지키고 보살펴 주어야 한다. 둘째, 사회적 차원에서 청소년보호란 미래의 바람직한 사회 구성원을 양성하는 것이다.

5. 현행 청소년보호정책의 양상으로는, 첫째, 청소년보호정책에서 가장 중요한 기조는 정책 형성 및 집행의 관점이 기성세대의 가치관에 바탕을 두고 있으며 정부 주도적 성격이 강하다는 것이다. 둘째, 청소년에게 유해한 환경을 통제하거나 청소년들로부터 차단하는 부정적 접근이다. 셋째, 개인 또는 개별행위에 초점을 맞추는 미시적 접근이다.

6. 청소년보호정책의 새로운 방향과 기조로는, 첫째, 미래의 청소년보호정책은 개인보다 국가차원의 발전에 초점을 맞추어야 하며, 사회구조적·제도적 진단에 따라 부처 업무를 넘어서는 국가차원의 정책을 지향해야 한다. 청소년보호는 일부 문제청소년 대상의 주변부 정책이 아니라, 국가 미래 창조의 핵심정책으로 자리매김할 수 있도록 정책의 폭을 넓혀 나가야 할 것이다. 둘째, 청소년보호의 비전과 목표를 '정보사회에 부응하고 정보인에게 적합한 새로운 사회 제도 형성'에 두어야 한다. 셋째, 일부 문제청소년 대신 전체 청소년을 정책대상으로 하며, 보호, 육성, 복지 등 영역별 정책보다 구조적·제도적 개선 방안을 모색하는 거시적 접근에 바탕을 두어야 한다. 넷째, 청소년들에게 게임 등을 못하게 하거나 차단하는 부정적 접근이 아니라 대안을 제시해 줌으로써 스스로 다른 길을 찾아가도록 하는 긍정적 접근을 해야 한다.

7. 청소년보호정책의 발전적 과제로는, 첫째, 청소년에 대한 사회적 인식의 전환이다. 둘째, 청소년보호정책의 중요성에 대한 사회적 공감대를 형성해야 한다. 셋째, 청소년보호정책을 통해 국가의 미래를 창조하기 위해서는 청소년의 보호, 육성, 복지, 인권, 참여 등 제반 분야의 정책을 총괄하고 통합적으로 조종해 나갈 수 있는 전담 행정기구를 설립해야 한다. 넷째, 청소년보호정책을 국가 발전을 위한 미래지향적 정책으로 바꿔 나가기 위해서는 청소년보호의 개념을 보다 적극적이고 광의적으로 해석하여 「청소년보호법」을 개정할 필요가 있다.

참고문헌

구본용 · 금명자 · 김동일 · 김동민 · 남상인 · 안현의 · 주영아 · 한동우(2005). 위기(가능)청소년 지원모델 개발 연구. 서울: 청소년위원회.

국민일보(2017. 09. 28.). "10~11세 저연령 범죄, 최근 4년 간 50% 증가".

김성봉 · 홍달아기 · 정은미(2014). 문제행동청소년의 가족관계경험에 대한 연구. 한국생활과학회, 23(6), 1155-1170.

김영한 · 조아미 · 이승하(2013). 청소년 문제행동 저연령화 실태 및 정책 과제 연구. 세종: 한국청소년정책연구원.

김지경 · 최인재 · 손희정 · 이계백(2015). 제2차 청소년보호종합대책 수립을 위한 기초연구. 서울: 여성가족부.

김지연 · 이영아 · 정소연 · 서종균 · 임세희 · 유동철(2018). 청소년기 노숙경험과 성인기 이행과정 일 고찰. 한국청소년정책학회, 31(1), 35-70.

김형수 · 최한나(2009). 청소년의 위기 중복 유형 탐색: 서울, 인천지역 청소년(상담)지원센터 위기지원 청소년을 중심으로. 한국심리학회지: 상담 및 심리치료, 21(2), 521-536.

모경환 · 이미리 · 김명정(2014). 청소년 문제와 보호. 경기: 교육과학사.

미디어오늘(2017. 10. 07.). "보호관찰대상 청소년, 재범률이 11.3%".

배주미 · 김동민 · 정슬기 · 강태훈 · 박현진(2010). 2010년 전국 청소년 위기 실태조사. 서울: 한국청소년상담원.

배규한(2012). 21세기 청소년정책의 방향과 기조. 2012 청소년정책방향 정립을 위한 대토론회 자료집. 15-25.

배규한(2014). 청소년보호의 시대적 중요성과 미래의 바람직한 방향. 세종: 한국청소년정책연구원.

법무부(2017). 2017 범죄백서. 서울: 법무부.

법무부 · 경찰청(2017). 청소년 범죄비율 및 연령별 촉법소년 소년부 송치 현황. 서울: 법무부 · 경찰청.

서울특별시교육청(2017). 2017년 1차 학교폭력 실태조사. 서울: 서울특별시교육청.

송은지 · 민경식 · 최광희(2013). 청소년보호 관련 인터넷 규제 개선방향에 대한 제언. Internet & Security Focus, 6, 31-58.

윤철경(2005). 한국의 위기청소년 지원정책 진단 및 정책과제. 2005 국제심포지엄 자료집. 69-97.

여성가족부(2017). 2017 청소년백서. 서울: 여성가족부.

이봉주 · 김동일 · 정익중 · 유순덕(2008). 위기청소년개념정립 및 통계화 방안 연구. 서울: 국가청소년위원회.

이해주 · 이미리 · 모경환(2006). 청소년 문제론. 서울: 한국방송통신대학교출판부.

정순원(2006). 청소년의 인격성장권과 사이버공간에서의 청소년보호. 성공회대학교 대학원 박사학위논문.

중앙일보(2017. 08. 09.). "학교폭력 저연령화 뚜렷… 서울 초등학생, 고등학생보다 8배 높아".

한국교육개발원(2018). 청소년 비행 예방 및 위기청소년 지원 종합대책 방안 연구. 서울: 한국교육개발원.

한국청소년정책연구원(2007). 청소년의 개념과 청소년학의 중요성. 청소년학개론. 서울: 교육과학사.

한국청소년정책연구원(2013). 청소년 문제행동 저연령화 실태 및 정책 과제 연구. 세종: 한국청소년정책연구원.

황순길 · 김동민 · 강태훈 · 손재환 · 김화연 · 김지혜(2016). 2016년 전국 청소년 위기 실태조사. 부산: 한국청소년상담복지개발원.

찾아보기

인명

내용

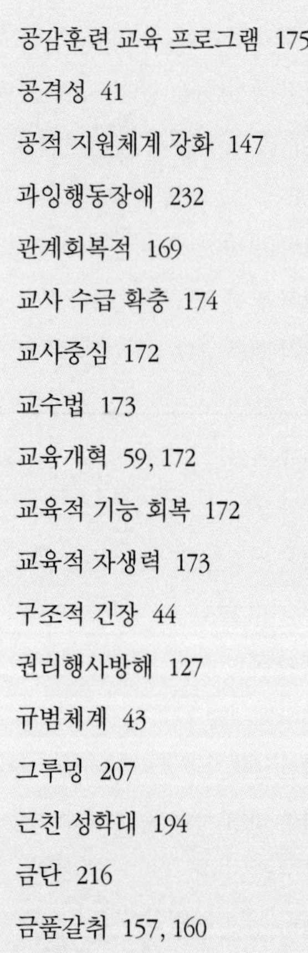

저자 소개

김도영(Doyoung Kim)

제주국제대학교 사회복지학과 교수(사회복지학박사, 청소년전공)

청소년지도사 2급

전 제주시남자중장기청소년쉼터 소장

저서 및 논문 『청소년활동론』(공저, 학지사, 2019)

『청소년복지론』(공저, 학지사, 2019)

「청소년활동 참여행동 예측모형 검증」(2016)

권남희(Namhee Kweon)

순천향대학교 청소년교육상담학과 외래교수(교육학박사, 청소년상담전공)

전문상담사 1급(한국상담학회), MBTI 일반강사(한국MBTI연구소)

휴먼in공감 상담심리센터 대표

저서 및 논문 「청소년의 부모관련변인, 인지적 공감, 정서적 공감과 친사회행동 간의 구조적 인과관계 분석」(2017)

「부모의 양육태도, 친사회행동 및 공감적 태도가 청소년의 친사회행동에 미치는 영향: 청소년의 정서적 공감의 매개효과를 중심으로」(2015)

「청소년 사이버불링 가해에 영향을 미치는 변인 연구」(2013)

노자은(Jaeun Roh)

중앙대학교 외래교수(사회복지학박사, 청소년전공)

청소년지도사 2급, 사회복지사 2급

전 (재)경기도가족여성연구원 청소년정책분야 초빙연구위원

저서 및 논문 『청소년복지론』(공저, 학지사, 2019)

『청소년문화』(공저, 학지사, 2019)

「A Study on the Establishment of Safe Work Environment for Young Workers」(2018)

「청소년 돌봄서비스 영역에서의 인권교육의 현황과 과제」(2018)

「청소년의 신뢰: 구체적 신뢰, 일반신뢰, 공적신뢰」(2015)

청소년학총서④

청소년문제와 보호

Adolescent Welfare

2020년 2월 15일 1판 1쇄 발행
2023년 6월 20일 1판 3쇄 발행

지은이 • (사)청소년과 미래
김도영 · 권남희 · 노자은

펴낸이 • 김 진 환

펴낸곳 • (주) 학지사
04031 서울특별시 마포구 양화로 15길 20 마인드월드빌딩 5층

대표전화 • 02) 330-5114 팩스 • 02) 324-2345

등록번호 • 제313-2006-000265호

홈페이지 • http://www.hakjisa.co.kr
페이스북 • https://www.facebook.com/hakjisabook

ISBN 978-89-997-1850-2 93370

정가 18,000원

저자와의 협약으로 인지는 생략합니다.
파본은 구입처에서 교환하여 드립니다.

이 책을 무단으로 전재하거나 복제할 경우 저작권법에 따라 처벌을 받게 됩니다.

출판미디어기업 **학지사**

간호보건의학출판 **학지사메디컬** www.hakjisamd.co.kr
심리검사연구소 **인싸이트** www.inpsyt.co.kr
학술논문서비스 **뉴논문** www.newnonmun.com
원격교육연수원 **카운피아** www.counpia.com